DROIT CIVIL
Les obligations au Mali

Sékou Faco CISSOUMA

DROIT CIVIL
Les obligations au Mali

L'Harmattan
Mali

Cet ouvrage a été validé par le rectorat de l'Université des Sciences Juridiques et Politiques de Bamako.

Harmattan Mali
ACI 2000 Bamako - immeuble Jean-Marie CISSE
Bureau 10
Tel : +223 76 43 00 66 / +223 66 89 33 72
www.harmattanmali.com

L'Harmattan 2025
5-7, rue de l'Ecole-Polytechnique ; 75005 Paris
http : //www.librairieharmattan.com

ISBN : 978-2-336-52731-4
EAN : 9782336527314

Le droit civil sur les obligations est le droit qui s'applique aux relations volontaires et involontaires des rapports socio-économiques entre créanciers et débiteurs dans le domaine civil d'une part et constitue d'autre part le droit commun (de recours) pour les autres disciplines juridiques comme le droit commercial, le droit des transports, le droit international et même le droit administratif.

SOMMAIRE

AVANT PROPOS

Une réflexion sur le droit des obligations au Mali, parait nécessaire, voire indispensable quoiqu'elle ne s'avère pas, a priori, aisée et évidente, du moins dans l'opinion partagée dans les milieux juridiques et judiciaires. Il est régulièrement allégué le caractère complexe voire aride de ce droit par une bonne partie des juristes pour le conjurer soigneusement. Ainsi, que ce soit les écrits à valeurs pédagogiques comme les mémoires de fin de cycles ou les thèses ou encore les écrits généraux comme les différents ouvrages, il est remarquable aujourd'hui que la tendance se dessine en faveur d'une inclination vers les autres domaines du droit (commercial, assurances, bancaire, transport, au travail) au détriment du droit civil en l'occurrence celui des obligations qui continue de jouer pourtant, pour toutes ces disciplines le rôle de droit de recours dont il constitue le droit commun. C'est dire que le droit des obligations s'impose comme un bréviaire incontournable irrigant sans cesse toutes les autres branches juridiques ; en conséquence, à défaut de le maîtriser à souhait tout juriste se devrait de le respecter par au moins une révision périodique.

L'analyse qui a été conduite d'une part à travers le Régime Général des Obligations du Mali, a été très enrichie par une comparaison avec le Code Civil français (partie relative aux obligations), le Code des Obligations Civiles et Commerciales du sénégal. D'autre part elle (analyse) a permis de relever quelques points pouvant être considérés comme des avancées du texte malien comme la réglementation de la cause en tant qu'élément participatif à la formation et à la validité d'un contrat ou encore une démarche originale dans la réglementation du droit de la responsabilité civile délictuelle à laquelle trente trois (33) articles du Régime Général des Obligations au moins sont consacrés contre 5 articles principaux dans le code civil. Le texte malien a d'abord traité de la responsabilité d'une façon générale : dommage, faute, réparation, lien de causalité... avant de l'envisager par rapport aux acteurs : fait personnel, fait d'autrui, fait des choses. Ce qui est une démarche pour le moins cohérente et méthodique qu'il partage avec le législateur Sénégalais.

De même une approche philosophique de conception et de classification des faits profitables générateurs d'obligations (gestion d'affaire, enrichissement injuste) appelés engagements involontaires par le code civil a été proposée à la suite des acquis du Régime Général des Obligations par l'expression « Actes juridiques de la mutualité sociale », tout comme l'occasion a été propice pour dénoncer à la fois un anachronisme du législateur malien à travers le code de procédure civile Commerciale et Sociale, par le maintien de la contrainte par corps pour le paiement résultant d'obligations contractuelles ainsi que la persistance dans la pratique, des effets (article 211 initial du code pénal ayant abandonné les poursuites pour non paiement de dette civile) des tracasseries policières et de gendarmerie pour les dettes purement civiles.

Malgré toutes ces observations largement favorables au Régime Général des obligations du Mali, un reproche majeur a pu être possible à son endroit relatif à l'oubli monumental qu'il fit par la non adoption de l'équivalent des dispositions de l'article 1147 du code Civil français en son sein sur le fondement même de la responsabilité contractuelle.

La démarche des rédacteurs du Régime Général des Obligations pour la prise en compte dans ce texte de la preuve des Obligations a paru extrêmement logique et perspicace et a donc séduit la réflexion en cours qui a développé le droit probatoire dans celui des obligations dont il est loin de ne constituer qu'un simple appendice.

Pour faciliter une lecture plutôt une exploitation judicieuse de cet ouvrage, il a paru nécessaire et légitime de procéder régulièrement à la citation in extinso de certains textes (articles) et de certains dispositifs de jurisprudence. En effet, l'accès aux ouvrages n'est pas facile car les livres de droit sont chers et souvent rares donc difficiles à trouver. Il a donc paru utile de citer pour permettre aux lecteurs de se retrouver beaucoup plus facilement.

Il convient de rendre hommage à certaines personnes et institutions par des remerciements chaleureux à leur endroit pour toute leur prévenance pour la réussite de ce dur labeur.

Je remercie Monsieur Djibril Koné, juriste pour avoir consacré le temps idoine à la saisie de cet ouvrage.

Dr Fousśeny Togola Magistrat et Professeur à la Faculté des Sciences Juridiques et Politiques de l'Université de Bamako pour avoir consacré de son temps à la lecture et à la correction de ce travail avec toute la rigueur qu'on lui connaît.

Mes remerciements sont renouvelés à l'endroit des membres de mon jury de soutenance de thèse d'Etat pour tout le réconfort qu'ils nous ont donné à l'évènement solennel : il s'agit des Professeurs Abdoul Wahab Berthé qui demeure une icône en Droit privé au Mali ; Daouda Sacko qui est un juriste par vocation et qui continue de nous faire confiance dans la vie universitaire ; Vincent Heuzé de Paris II pour l'exemple qu'il doit constituer pour nous dans les recherches et écrits ; N'Diaw Diouf et Isaac Yankoba N'Diaye dit Jacob de l'université Cheick Anta Diop tous deux professeurs simplement africains par conviction et par vocation, intellectuels rigoureux n'hésitant pas à s'expatrier pour les bonnes causes universitaires dans le cadre du développement de leur pays et de l'Afrique. Que leur exemple puisse être suivi par la jeune génération.

Je remercie tout particulièrement le Professeur Jacob N'Diaye dont chaque phrase prononcée est une gousse qui à l'ouverture donne des graines à consommer ou à semer pour une germination fructueuse. En effet, en me remettant mon attestation de docteur d'Etat en Droit privé, le professeur N'Diaye m'a laissé comprendre en substance que les gens ont beaucoup applaudi à la soutenance et en plus j'ai le droit de graver ce diplôme dans mon salon, mais qu'il n'était pas une fin en soit, que c'est à partir du moment où il me remettait le précieux parchemin que le travail commençait. Qu'il en soit pleinement honoré dans son bureau de Vice-président du Conseil Constitutionnel Sénégalais désormais.

Enfin mes remerciements s'adressent à la Cour Suprême du Mali à travers son Secrétaire Général Monsieur Mama Sinéta dont le bureau a servi de lieu de consultation de la jurisprudence de ladite institution.

Sékou Faco Cissouma
Docteur d'Etat en Droit privé
Bamako, le 23 juillet 2009

PRINCIPALES ABRÉVIATIONS

Al : Alinéa

Ass. Plen : Assemblée Plénière

AUDCG : Acte Uniforme du Droit Commercial Général

AUDSGIE : acte Uniforme sur le Droit des sociétés et du Groupement d'Intérêt Economique

AURCVE : Acte Uniforme pour le Recouvrement des Créances et des Voies d'Exécution

BCEAO : Banque Centrale des Etats des Etats de l'Afrique de l'ouest

CA : Cour d'Appel

Cass : Cour de Cassation

C.Civ : Code Civil

CE : Conseil d'Etat (français)

Cie : compagnie (coauteurs)

Civ : Chambre civile cour de cassation

CMT : Code de Mariage et de la Tutelle

COCCS : Code des Obligations civiles et Commerciales du Sénégal

Com : Chambre commerciale cour de cassation

CPP : Code de Procédure Pénale

CP : Code Pénal

CPCCS : Code de Procédure Civile Commerciale et Sociale

C.S : Cour Suprême

GAJC : Grands Arrêts de la Jurisprudence Civile

Idem : au même endroit

Infra : ci-dessous

JO : Journal Officiel

N° : numéro

Obs : Observations

OHADA : Organisation pour l'Harmonisation du Droit des Affaires

P : Page

PDG : Président Directeur Général

Op.Cit : (Opere citato) ouvrage déjà cité

RGO : Régime Général des Obligations

RTD : Revue Trimestrielle de Droit Commercial

Req : Chambre des requêtes cour de cassation

S : Sirey

Supra : ci-dessus

TGI : Tribunal de grandes Instances

USA : United State of America (Etats Unis d'Amérique)

Voy : Voyez

GÉNÉRALITÉS :
OBLIGATIONS ET SCIENCES SOCIALES

1- L'épanouissement de l'homme en société lui impose l'observance de plusieurs règles sociales ; que ce soit des règles morales, religieuses ou juridiques. Qui parle de règles parle dans le même temps de possibilité de sanctions. La différence entre les différentes règles sociales se situe justement au niveau de la sanction. En n'observant pas des devoirs moraux ou sociaux au sens étroit du terme, l'on ne risque que des sanctions familiales ou communautaires : mise en quarantaine, isolement etc. En fautant sur le plan religieux la sanction de la violation du devoir ne peut se résumer qu'à une simple exclusion de la communauté religieuse.

Lorsque c'est dans le domaine juridique, l'inobservation d'une ou plusieurs obligations entraîne une sanction Etatique, initialement bien réglementée ou conventionnellement choisie.

2- En affirmant que le droit, c'est la vie en société conformément au respect des règles de conduite, l'on relèvera logiquement la prédominance de l'obligation juridique sur les autres types d'obligations sans le respect de laquelle obligation juridique aucune convivialité sociale n'est possible.

Notions d'obligation :

Pour cerner cette notion, il faut l'envisager dans un sens large et dans un sens strict ou technique.

a°) Au sens large :

3- On parle d'obligation juridique toutes les fois qu'une personne est tenue au respect d'une prescription légale ou réglementaire. Par exemple l'obligation de déclarer la naissance d'un enfant pour en obtenir l'extrait de naissance, l'obligation de respecter les dispositions du code de la route, l'obligation spécifique d'assurer les véhicules.

Ces obligations au sens large peuvent être encore appelées obligations institutionnelles[1].

b°) Au sens étroit ou technique :

4- L'obligation désigne un lien de droit entre un créancier et un débiteur en vertu duquel lien le débiteur doit une prestation à son créancier.

5- L'obligation juridique a donc deux faces jumelles reliant d'une part un côté passif, la dette pour le débiteur et une face active, la créance pour le créancier d'autre part. C'est ce que résume la définition légale de l'obligation à travers l'article 2 du Régime Général des Obligations du Mali (RGO) :

> « L'obligation est un lien de droit entre un débiteur et son créancier qui donne à celui-ci le droit d'exiger une prestation ou une abstention et dont l'inexécution est sanctionnée par la loi »[2].

6- A l'opposé des obligations institutionnelles, il peut être relevé (ici) les obligations subjectives car se rapportant sur des personnes considérées individuellement dans leurs rapports. A titre illustratif dans une convention de prêt d'argent, la personne qui a reçu l'argent s'appelle emprunteur et elle est débitrice de la personne qui a octroyé le prêt, prêteur ; en ce sens que l'emprunteur devra obligatoirement, à terme, rembourser le montant reçu, plus, éventuellement les intérêts s'il en a été stipulé.

---

1 Obligations institutionnelles parce qu'elles sont censées être instituées dans l'intérêt de la société toute entière et non individuel même si par effet induit un particulier peut tirer profit d'une telle institution. C'est le cas du banquier qui tire profit de l'ouverture d'un compte ou d'un assureur qui tire profit d'une police d'assurance.

2 Loi n° 87-31 AN-RM du 29 août 1987 fixant le Régime Général des Obligations.

Dans un contrat de vente ou de location, en revanche, les parties deviennent concomitamment créancier et débiteur l'une de l'autre. Aussi le débiteur doit le prix de la chose ou le montant du loyer au vendeur ou au propriétaire et le créancier, de son côté devra la remise de la chose ou assurer la jouissance des lieux (par la remise des clefs) à l'acheteur ou au locataire. (Infra 39).

De même en cas d'accident ou de tout autre évènement malheureux ayant causé un dommage à autrui, la victime devient créancier de l'auteur du dommage et peut exiger de celui-ci, devenu débiteur, la réparation dudit dommage.

Le caractère contraignant de l'obligation

7-Les conventions naissent entre les hommes dans la société pour être exécutées, respectées. C'est le cas heureusement pour la plupart d'entre elles. Mais il arrive aussi que le créancier d'une obligation soit buté à une inexécution. Dans ce cas il a recours à la force publique pour contraindre le débiteur à s'exécuter. Une distinction juste a été opérée, par certains auteurs (allemands) entre la phase exécutée et celle non exécutée de l'obligation en ces termes[3] :

a°) La Schuld qui se définit comme le devoir d'exécution de l'obligation comme le paiement par exemple. Donc une fois que le débiteur s'assume, cette schuld disparaît.

b°) La Haftung qui se conçoit comme la contrainte dont le débiteur peut être l'objet, en cas d'inexécution ou d'exécution imparfaite en vue d'honorer son engagement.

Il faut relever que toutes les obligations n'emportent pas contrainte d'exécution. En effet, les obligations dites naturelles sont reconnues certes par la loi mais leur inexécution n'est nullement sanctionnée.

Il faut spécifier que l'expression « lien » entre créancier et débiteur a recouvré son plein sens à l'origine. En effet le débiteur d'une obligation était lié en ce sens qu'il était tenu de s'exécuter sous peine d'être soumis au créancier par un lien matériel. Il pouvait être enchaîné dans la prison ou pouvait être mis, à volonté, à mort ou être réduit en esclavage[4].

---

3 Mazeau (H) (J) : Obligation. Théorie Générale des Obligations. Tome II 9ème édition par CHABAS (François) Montchrestien.

4 Mazeaud idem. Op. Cit.

Ce rappel est intéressant en droit malien où l'infraction pénale assortie de peine pour assurer le paiement des dettes civiles n'a disparu sous tous ses aspects légaux qu'en 2001[5] laissant subsister désespérément la contrainte par corps. (infra 353).

Il faut relever que toutes les obligations n'emportent pas contrainte d'exécution. En effet, les obligations dites naturelles sont reconnues certes par la loi mais leur inexécution n'est nullement sanctionnée.

Il faut spécifier que l'expression « lien » entre créancier et débiteur a recouvré son plein sens à l'origine. En effet le débiteur d'une obligation était lié en ce sens qu'il était tenu de s'exécuter sous peine d'être soumis au créancier par un lien matériel. Il pouvait être enchaîné dans la prison ou pouvait être mis, à volonté, à mort ou être réduit en esclavage[6].

Ce rappel est intéressant en droit malien où l'infraction pénale assortie de peine pour assurer le paiement des dettes civiles n'a disparu sous tous ses aspects légaux qu'en 2001[7] laissant subsister désespérément la contrainte par corps. (infra 353).

Droits personnel et droits réels[8]

8- La théorie générale des obligations est donnée pour être la mise en œuvre juridique des rapports économiques entre les hommes dans la société.
Le droit réel est celui reconnu à une personne d'avoir une emprise pleine et directe sur une chose. Son prototype est le droit de propriété dont l'exercice permet par exemple au propriétaire d'une maison d'y habiter lui-même, de la mettre en location ou même de la vendre ou d'en faire un don à autrui.

Par contre, le droit personnel s'exerce essentiellement entre des personnes avec un objet de nature pécuniaire (ou économique).

5 En effet le code pénal de 2001 ne parle de dette civile (loi n°01-079 du 20/8/01 ne fait plus aucune allusion au non paiement de dette civile.

6 Mazeaud idem. Op. Cit.

7 En effet le code pénal de 2001 ne parle de dette civile (loi n°01-079 du 20/8/01 ne fait plus aucune allusion au non paiement de dette civile.

8 TERRE (F) et Cie. Droit Civil : les Obligations. 8ème édition.

9- La distinction droit personnel, droit réel présente un triple intérêt.
D'abord (pendant que) le droit réel tisse un lien solide direct entre une personne et une chose, d'où son caractère absolu opposable erga omnes (à l'endroit de tous), le droit personnel, lui, est relatif en ce sens qu'il établit un lien entre une personne et seulement une autre personne appelée le débiteur. C'est seulement le débiteur qui doit la prestation, objet du droit.

Ensuite le droit réel comporte les droits de suite et de préférence conférant à leurs titulaires des avantages certains : d'une part s'agissant du droit de suite il permet la possibilité de suivre et de saisir en quelques mains qu'elle se trouve, la chose. Par contre, le droit personnel n'est censé octroyer qu'un gage général sur le patrimoine du débiteur au profit du créancier. Le créancier n'a aucun droit spécifique sur tel ou tel bien du débiteur sauf si ce bien fait l'objet d'une saisie judiciaire à son profit ; d'autre part s'agissant du droit de préférence, il constitue un avantage exclusif reconnu au seul titulaire de droit réel à l'exclusion du titulaire de droit personnel. Exemple : dans le cas d'un contrat de dépôt, lorsque le dépositaire devient insolvable, ses créanciers ne peuvent saisir l'objet déposé. Donc le déposant pourra enlever tranquillement son bien sur lequel il a un droit absolu.

Enfin, le dernier intérêt est opportunément que le créancier d'un droit personnel peut exercer certaines actions ou recours juridiques et judiciaires sur les débiteurs de son débiteur en vue d'obtenir certains paiements sur lesquels il se fera désintéresser aussi ; ou encore le créancier pourra s'opposer par les voies de droit à certains agissements tendant à offusquer la garantie d'exécution de son obligation comme les cas de fraudes, ou autres cas de mauvaise foi. Il s'agit respectivement de l'action oblique et de l'action paulienne. (infra 659 et 662).

Caractère patrimonial de l'obligation :

10- L'acception moderne de l'obligation, c'est-à-dire l'obligation en dehors de toute contrainte physique, fait d'elle un élément certain du patrimoine car l'obligation est un lien juridique de nature pécuniaire.
A certains égards, une nuance s'installe à l'occasion de l'exécution de certaines obligations qui ne présentent pas un caractère patrimonial à priori. C'est le cas de certaines obligations familiales entre époux, parents à travers l'obligation alimentaire.

Naissance des obligations :

11- « Les obligations naissent des actes juridiques et des faits juridiques » dispose l'article 4 RGO.
Le droit des obligations confère des droits légaux ou conventionnels à des titulaires selon qu'ils ont voulu s'engager les uns envers les autres ou qu'ils se sont trouvés engagés à telle ou telle prestation sans le vouloir. On parle selon le cas d'actes juridiques ou de faits juridiques. Il y a acte juridique lorsque les parties ont voulu passer une convention entre elles en vertu de laquelle chacune doit une prestation connue à l'autre et dans un délai donné. Donc la volonté de s'engager est palpable.

Il y a fait juridique lorsque le créancier et le débiteur se retrouvent en rapport juridique contraignant sans que le débiteur l'ait voulu. C'est le cas quand une victime d'accident exige de l'auteur du préjudice subi, le paiement d'une somme d'argent en dommage intérêts.

L'état de la législation applicable

12- L'on sait que c'est le droit français qui inspire d'une façon générale le droit de tous les pays d'expression française dans toutes ses composantes : législation, doctrine, jurisprudence et autres pratiques. Le Mali, ne faisant pas exception à la règle, son droit est aussi fortement inspiré par le droit français au point même que beaucoup de juristes maliens ignorent soit l'existence, soit l'applicabilité d'un code des obligations adopté au Mali et remplaçant en partie le code civil français.

a°) En France :

13- Le droit des obligations est régi par le code civil des articles 1101 à 2278. Entre ces deux extrêmes sont intercalés plusieurs textes pris dans un souci d'adaptabilité du droit aux réalités et à la modernité. A titre d'exemples il peut être cité l'adoption d'un texte sur le droit de la consommation qui régit les rapports contractuels entre consommateurs et vendeurs ou fournisseurs (distributeurs) généralement appelés professionnels et non professionnels. Ce droit de la consommation est protecteur et partisan dans sa mise en œuvre en faveur des non professionnels ou consommateurs.

En matière de responsabilité la prudence a conduit le législateur français à circonscrire une responsabilité civile spécifique dite responsabilité du fait des produits défectueux à travers la loi n°98-389 du 19 mai 1998.
Rappelons qu'il existe plusieurs autres textes adoptés en France pour mieux opérationnaliser le droit des obligations. Cela est très logique, du reste, dans la mesure où le code civil originel est vieux de plusieurs siècles (adopté en 1804).

b°) Au Mali :

14- Le droit des obligations est régi par un texte spécifique connu sous le nom de la Loi n° 87-31 AN-RM du 29 août 1987 fixant Régime Général des Obligations.

En effet, au Mali toute législation devant régir les obligations ressortit à la compétence de l'Assemblée Nationale à travers la Loi qui en définit les principes et les détails. C'est ce que révèle en substance l'article 70 de la Constitution du 29 février 1992 :

« La loi fixe les règles concernant... :

> -La nationalité, les droits civils, l'état des personnes, les régimes matrimoniaux, les successions et libéralités, le régime de la propriété, des droits réels et des obligations civiles et commerciales, le régime des sociétés, l'expropriation. »

En conséquence, aucun règlement, décret, arrêté ne peut être pris pour régir quelque aspect que ce soit du droit des obligations au Mali. Logiquement et conséquemment la jurisprudence devrait donc y avoir un rôle important à jouer dans l'interprétation des textes législatifs.

La constitution a visé les obligations à la fois civiles et commerciales et à la suite le RGO qui affirme dans son article premier que :

> « Sauf dispositions particulières, la présente loi s'applique sans distinction aux obligations civiles et commerciales ».

15- Rappelons tout de même que le Mali avait adopté effectivement plusieurs textes en matière commerciale ainsi que deux codes de commerce successifs[9]

9 Cf Recueil des codes et textes usuels de la République du Mali 1959-1992.

avant l'adoption du traité de l'OHADA et de différents textes Uniformes dans le domaine du commerce[10].

C'est dire que le RGO régit essentiellement le domaine du droit civil et ne constitue qu'une simple référence de droit commun pour les obligations commerciales dans le sens du respect des grands principes régissant les contrats et la responsabilité civile.

Une question légitime égratigne à présent les esprits, à savoir le droit français est-il encore applicable au Mali ?

La réponse, à l'évidence est positive. Oui, ce droit continue à prévaloir au Mali mais comment ?

Pour raison écrite :

16- La raison écrite serait un mécanisme imaginé par Jean Bouvet pour combler les lacunes de la législation coloniale par le recours aux textes français initialement non étendus aux colonies[11].

- Décret n° 71 du 7 juin 1971 déterminant les modalités d'application de l'ordonnance n° 27 du 29 juin 1970 portant statut général des auxiliaires de commerce.
- Ordonnance n° 37CMLN du 15 octobre 1971 portant réglementation des baux à usage commercial, industriel, artisanal ou professionnel.
- Ordonnance n° 58CMLN du 14 octobre 1975 portant réglementation de la profession de commerçant en République du Mali (rectificatif ordonnance n° 64 CMLN du 18 novembre 1975).
- Décret n° 189 du 14 novembre 1975 portant organisation du commerce en République du Mali.
- Loi n° 86-002AN-RM du 27 mars 1986 portant code de commerce du Mali.
- Loi n° 92-13AN-RM du 27 août 1992 portant code de commerce du Mali.

10 -Traité relatif à l'Harmonisation du Droit des affaires en Afrique, signé à Port Louis le 17 octobre 1993.

- Règlement de Procédure de la Cour Commune de Justice et d'Arbitrage adopté le 18 avril 1996 in Journal Officiel. Organisation pour l'Harmonisation en Afrique du Droit des Affaires. OHADA 1ère année n° 04 1er novembre 1997.
- Acte Uniforme portant sur le Droit Commercial Général.
- Acte Uniforme portant Organisation des Sûretés.
- Acte Uniforme relatif au Droit des Sociétés Commerciales et du Groupement d'intérêt économique.
- Acte Uniforme portant organisation des Procédures simplifiées de recouvrement et des voies d'exécution.
- Acte Uniforme portant sur le Droit de L'Arbitrage dans le cadre du traité de l'OHADA
- CIMA- Droit des Assurances.

11 OHADA. Akueté (Pédro) Santos ; Toé (Jean Yado) Droit commercial Général. Collection

Selon le besoin, les législations nationales des pays, anciennes colonies françaises, s'ouvrent encore à l'application des textes et droit français et ce, tant qu'une législation nationale n'est pas intervenue pour régir le ou les domaines (incriminés) concernés.

Généralement cette raison écrite est exprimée dans les dispositions finales de toutes les constitutions des Etats africains.

Particulièrement au Mali, cela a été clairement exprimé dans l'article 119 de la Constitution du 25 février 1992 en ces termes : « *La législation en vigueur demeure valable dans la mesure où elle n'est pas l'objet d'une abrogation expresse* ».

Ce qui est une reproduction dans les termes à peu près identiques de l'article 81 de l'ancienne constitution du 02 juin 1974 qui disposait :

> « La législation actuellement en vigueur au Mali reste applicable, sauf intervention de textes nouveaux, en ce qu'elle n'a rien de contraire à la présente constitution ».

En vertu de cette raison écrite tous les travaux théoriques et pratiques peuvent se passer conformément aux textes de droit français au Mali, sauf si le législateur malien, en prenant des textes, les exclut expressément. Jouent en ce moment les mécanismes d'abrogation expresse et tacite. Dès qu'un texte est pris pour régir un domaine précis, les dispositions similaires du droit français s'écartent normalement. C'est le cas du Régime Général des Obligations du Mali qui remplace en partie le code civil français dans ses dispositions relatives aux obligations.

La raison écrite permet au législateur malien de s'inspirer du droit français lorsqu'il est résolu à légiférer. De même les universitaires, les praticiens s'inspirent tous du droit français que ce soit sa doctrine ou sa jurisprudence. Cependant la raison écrite soulève quelques difficultés notamment dans l'hypothèse où ayant légiféré dans un même domaine que le droit français comme c'est le cas dans le domaine des obligations et que la législation malienne se révèle moins riche. En ce cas, le droit malien peut-il s'inspirer du droit français pour le surplus ou doit-il légiférer pour suppléer la lacune ?

Droit Uniforme Africain. Bruylant . Bruxelles 2002.

Il y a l'hypothèse également de la jurisprudence française sur ces points. Peut-elle ou doit-elle inspirer la jurisprudence malienne pour ce surplus ?
En esquisse de réponse, il peut être conseillé au législateur malien d'avoir un rythme plus accru d'initiatives ; à la doctrine de s'assumer en écrivant ; à la jurisprudence de s'inspirer des dispositions qui préservent nos valeurs locales et nationales tout en veillant à une bonne pratique dans le respect des obligations entre parties.

La pratique dans l'exécution des obligations.

17- En théorie, il n'existe aucun problème pour l'exécution des obligations. La convention devenant la loi des parties selon l'article 77, elles (parties) doivent l'exécuter de bonne foi dans tous les termes convenus. En cas de difficultés dans l'exécution c'est le juge civil, le tribunal précisément qui est compétent pour amener la partie défaillante à s'exécuter. Pour ce faire le juge civil passera par les dispositions du code de procédure civile, commerciale et sociale (CPCCS) et l'Acte Uniforme pour le recouvrement des créances et voies d'exécution pour la mise en œuvre.

Dans la pratique, il est très souvent noté des réalités tout à fait différentes dont l'explication tient aux dispositions de l'ancien article 211 du code pénal malien.

a°) L'article 211 du code pénal ancien :

18- En effet, l'article 211 ancien de l'ancien code pénal malien[12] prévoyait purement et simplement un emprisonnement pour dette civile pour obliger les débiteurs défaillants à honorer leurs engagements sous l'appellation de « Non paiement de dette civile ». Donc, dès qu'un débiteur ne se manifestait pas au terme d'un délai convenu, le créancier de l'obligation pouvait engager une procédure pénale contre lui qui déclenchait l'action publique pouvant aboutir à une condamnation de privation de liberté. Le débiteur défaillant restait en prison pour exécuter toute la peine à laquelle il a été condamné sauf s'il mettait entre temps le créancier de l'obligation dans ses droits en le payant.

Sous une forme apparemment plus douce l'article 211 du code pénal a été repris en ces termes :

12 Ancien code pénal 1961.

> « Sera puni de un à cinq ans d'emprisonnement, quiconque, condamné à payer une dette à, depuis l'échéance de cette dette, premièrement dissimulé, détourné, vendu au dessous de leur valeur ou donné des objets dépendant de son actif, fait remise d'une créance, ou acquitté une dette fictive.
> Deuxièmement, reconnu comme réelles, des dettes ou obligations en tout ou en partie fictives ; troisièmement, avantagé l'un des créanciers au détriment des autres ; quatrièmement, soustrait ou volontairement altéré ses livres »[13].

Que ce soit l'article 211 ancien qui sanctionnait simplement l'état d'insolvabilité du débiteur pour obliger les parents à porter secours en payant ou l'article 211 nouveau qui sanctionnait la mauvaise foi d'un débiteur en quête de couverture d'infortune, ce texte a été l'objet de beaucoup de critiques.

En effet, le caractère rétrograde, anachronique du droit malien a été mis en avant par les critiques pour dénoncer cette pratique qui réduisait encore le débiteur en esclave du créancier par sa mise en prison à la volonté du créancier. Le nouveau code pénal du Mali[14] a définitivement ignoré la dette civile pour se mettre en phase avec les législations modernes contemporaines[15].

b°) Critiques :

19- Les cendres de l'article 211 CP continuent encore de suffoquer les débiteurs inconfortables. En effet, les gens (créanciers) non informés ou mal informés continuent de s'adresser aux parquets, aux compagnies de gendarmerie ou aux commissariats de police pour obtenir paiement de leurs dettes.
Ces gendarmeries et commissariats, parfaitement bien informés du caractère civil du droit des obligations, se prêtent dangereusement au jeu des créanciers pour séquestrer les débiteurs. En le faisant, ils (commissariats et gendarmeries) pensent pouvoir amener les parents à payer à la place du débiteur alors qu'ils ont des patrimoines différents ou vaincre la mauvaise foi de ceux-ci (débiteurs) qui dissimuleraient encore quelque possibilité. Ainsi ils réduisent

13 Loi n° 91-045 /AN-RM du 23 février 1991.

14 Code pénal de 2001.

15 Cependant il reste toujours la contrainte par corps règlementée par le code de procédure civile commerciale et sociale.

le débiteur en esclave du créancier en l'enfermant ; C'est tout le droit civil des obligations qui est ainsi dénaturé.

20- Cependant, quelques fois l'intervention des gendarmeries et commissariats se justifie. C'est le cas dans l'hypothèse où le créancier, pour s'assurer de son paiement, se fait remettre, dès le départ, un chèque par son débiteur, qui deviendra un chèque sans provision à l'échéance violant la loi pénale. C'est ainsi que l'article 276 du Code Pénal malien réprime l'émission de chèque sans provision :

> « Ceux qui, de mauvaise foi, émettent un chèque sans provision préalable, suffisante et disponible, retirent après l'émission, tout ou partie de la provision ; ou fait défense au tiré de payer, seront punis de un à trois ans d'emprisonnement et d'une amende au moins égale au montant du chèque émis ».

Même là l'émission d'un chèque sans provision est constitutive d'une infraction violant les intérêts de la société et d'un individu créancier d'un autre individu débiteur mais il faut se garder de tout excès dans la procédure.

21- Il reste l'hypothèse où les créanciers qui, ignorant qu'il faut envoyer des huissiers de justice ou autres personnes, à leurs débiteurs, se présentent eux – mêmes pour réclamer l'exécution (paiement) aux débiteurs. Il y a très souvent des échanges verbaux aigres desquels résultent vraisemblablement des injures, ce qui est constitutif d'infractions pour lesquelles on procède à une convocation au commissariat ou à la gendarmerie.
Dans un cas (chèque) comme dans l'autre (injures) la police judiciaire profite pour « pincer » le débiteur dans le sens du paiement de la dette, ce qui est anormal et illégal.

22- En interpellant, pour « non paiement » de dette civile, la police judiciaire viole deux importants articles de la constitution du Mali. Il s'agit d'une part, de l'article premier qui consacre le caractère sacré et inviolable de la personne humaine ainsi que son droit à la liberté ; et d'autre part l'article 3 qui interdit la soumission à la torture, aux sévices...à tout traitement humiliant et ajoute que « tout individu, tout agent de l'Etat qui se rendraient coupables de tels actes, soit de sa propre initiative, soit sur instruction, sera puni conformément à la loi ».

23- Enfin sur un plan strictement civil, l'ingérence de la police judiciaire gène les intérêts d'un autre corps professionnel les huissiers de justice[16] dont l'article 2 alinéa 2 de leur statut précise : « Les huissiers de justice procèdent au recouvrement amiable ou judiciaire de toutes créances... ».
Sur un tout autre plan cette intervention fait échec, au détriment du débiteur, aux dispositions favorables de l'article 526 du code de procédure civile commerciale et sociale. Ce texte institue la possibilité d'octroi d'un délai de grâce en faveur du débiteur insolvable : « En dehors de la volonté du créancier et quelque soit la nature de l'obligation, le débiteur peut bénéficier de délai de paiement par suite d'un moratoire légal, ou d'un délai de grâce que lui accorde les tribunaux hormis le recouvrement des dettes fiscales, cambiaires et alimentaires et des condamnations pénales (amendes) et sauf dispositions contraires de la loi, les juges peuvent, en considération de la situation du débiteur et des besoins du créanciers, accorder des délais modérés ne pouvant excéder une année, pour le paiement de n'importe quelle obligation et faire surseoir à la continuation des poursuites ».
Comme il est aisé de le noter, le recouvrement de dettes civiles, lorsqu'il est effectué conformément à la loi, peut laisser une soupape de rattrapage au débiteur en terme de délai d'exécution.

Classification des obligations : (sources et objet).

25- Les rédacteurs du régime Général des Obligations ont, in limine, c'est-à-dire dans le titre I portant sur les dispositions générales, procédé dans son chapitre II à l'énumération des différentes obligations. C'est ainsi que l'on retrouve dans une première section les obligations de moyen et les obligations de résultat, dans une seconde section les obligations de donner, de faire ou de ne pas faire, et dans une troisième et dernière section les obligations dites à plusieurs créanciers ou à plusieurs débiteurs reparties entre obligations divisibles, obligations indivisibles et obligations solidaires.
Le législateur, sous le couvert d'un intitulé général « différentes catégories d'obligations » a remonté et mis ensemble incongrûment des obligations à satisfaction matérielle directe comme celles de moyen, de résultat ou de donner... et celles à satisfaction matérielle indirecte, passant par des personnes au moyen de mécanismes juridiques précis lorsqu'il y a plusieurs créanciers ou débiteurs.

16 Loi n°95-069 du 25 août 1995 portant statut des huissiers de justice dans Recueil 2000. Codes et Textes Usuels de la République du Mali Tome II.

La classification des obligations d'après leur source (supra 6) renvoie au rôle de la volonté du débiteur ; s'est-il volontairement engagé, ou s'est il trouvé engagé malgré lui ?

26- La classification des obligations d'après leur objet permet de distinguer d'une part les obligations de moyen et de résultat, et d'autre part les obligations de faire, de ne pas faire ou de donner (article 7 à 11 RGO).
Les obligations de donner ont un caractère généralement patrimonial car se rapportant sur des biens précis comme des sommes d'argent, des droits. Le débiteur doit s'assumer lui-même ou en secouant son patrimoine.
L'obligation de faire amène le débiteur à s'investir personnellement sur le plan physique ou intellectuel pour satisfaire le créancier. Exemple : prestation d'un travailleur ou d'un entrepreneur.

L'obligation de ne pas faire sous entend nécessairement une abstention de faire quelque chose. Exemple : le propriétaire d'un fonds servant ne doit obstruer le service du fonds dominant ou encore l'obligation d'un travailleur démissionnaire de ne pas s'établir dans un certain rayon pour mener la même activité que son ancien employeur.
Les obligations de résultat et de moyen comportent toutes deux une obligation de faire quelque chose correctement et de très bonne foi. Les deux se distinguent seulement au niveau des résultats. Dès que le résultat n'est pas atteint dans le premier cas, la responsabilité du débiteur est automatiquement engagée alors qu'il faut rapporter la preuve d'une défaillance quelconque dans le second cas.

L'Etat du droit des obligations de nos jours :

27- Le droit des obligations et un droit originellement « civil » avant de constituer une source d'inspiration pour d'autres disciplines juridiques comme le droit commercial ou des affaires, le droit des assurances, le droit des transports, le droit maritime etc.
Des réalités internes spécifiques ont conduit ces différentes disciplines à s'octroyer une entité propre par rapport au droit des obligations. Cette distance apparente qu'elles prennent conduit souvent à penser qu'elles ont le souci, de la simplicité, d'une plus grande opérationnalisation du droit. De même beaucoup d'universitaires juristes, en appui à cette pensée, tentent de confirmer que les disciplines séparatistes ont raison de s'écarter progressivement d'un

droit des obligations extrêmement complexe, difficile à pénétrer pour en maîtriser les règles, les principes et exceptions.
En réalité, les auteurs d'une telle pensée se trompent car les autres disciplines n'ont qu'une autonomie et non une véritable indépendance par rapport au droit civil des obligations originel. En effet, dans les domaines respectifs de ces nouvelles disciplines, aucune étude véritablement intellectuelle ne peut être menée sans faire allusion aux principes du droit commun qui sont ceux du droit des obligations contractuelles et celui de la responsabilité civile avant d'enchaîner leurs réalités spécifiques.
Les auteurs français François Terré et Cie notamment se posent la question suivante :

> « Au sujet du droit des obligations plus qu'en toutes matières, si à la longue l'excès maladif des règles ne le tuera pas »[17].

Disons en guise de réponse que non, le droit des obligations ne sera jamais mort, il demeurera le droit de référence de toutes les autres disciplines qui se fondent sur ses acquis pour pouvoir se libérer progressivement de leurs béquilles et encore en cas de crise, lui refont recours pour se maintenir.
Cependant la préoccupation des auteurs peut être déplacée sur la personne même des juristes. En effet, sous le prétexte d'une complexité du droit des obligations, les juristes modernes dans leur majorité sont entrain de se spécialiser dans d'autres domaines et s'intéressent très peu aux droit des obligations. Ce faisant, la formule suivante convient, « il y a de plus en plus de diplômés en droit que de juristes qui sortent des facultés et instituts de droit ». Comment peut on concevoir un juriste qui ne soit pas bien imbibé en droit des obligations ?

Concept-débat :

28- Le code civil n'est plus applicable au Mali pour sa partie relative à la réglementation du droit des obligations, du moins dans sa totalité.
Le législateur malien a qualifié cette réglementation de régime Général des Obligations plutôt que de l'appeler Code des Obligations. Si dans la pratique les juristes maliens parlent indifféremment de code des obligations ou de régime Général des Obligations, beaucoup de juristes insistent pour que cette règlementation soit retenue sous son appellation légale « Régime Général des Obligations ».

17 TERRE François et Cie Droit des Obligations. Op. Cit.

Un certain nombre de questions peut être posé par rapport à ce débat. Les rédacteurs du RGO ont ils parlé de Régime parce que le texte n'a pas la dimension du code civil français ? Où le mot Code aurait-il un autre sens qu'un ensemble de règles édictées pour gérer un domaine donné ? Vouloir répondre à ces questions entraîne des idées qui nous amènent à nous perdre en conjectures et de façon complètement inutile.

29- De notre point de vue le législateur malien a manqué de perspicacité sur la question ; car il fallait plutôt parler de code des obligations du Mali plutôt que de Régime. En effet, dans la doctrine française, le Régime Général des Obligations est retenu comme les règles de droit qui s'appliquent aux obligations, retenues en dehors de leurs sources[18]. Il se trouve que le législateur dans ce qu'il a appelé Régime Général des Obligations, a procédé à la fois à la détermination des sources et autres modalités applicables aux obligations d'où devrait se justifier sans ambages, l'appellation de Code des obligations.

Pour appréhender dans son ensemble le Régime Général des Obligations il peut être proposé un plan d'étude en deux parties : d'une part la classification des obligations d'après leur origine où les actes juridiques, les faits juridiques seront exposés et d'autre part la versatilité et l'efficacité des obligations où sont exposés la transmission et l'exécution des obligations ainsi que leur preuve.

18 François Terré et Cie Droit civil. Les obligations 8ème édition Dalloz.

PREMIÈRE PARTIE

LA CLASSIFICATION DES OBLIGATIONS D'APRÈS LEUR ORIGINE

30- Cette classification renvoie à la source des obligations (supra 6) qui constitue la détermination même de la nature des obligations. Le régime général des obligations sur ses six (VI) titre a consacré les trois premiers à la généralité et l'origine des obligations. Dans les généralités, il définit l'obligation d'une part et cite les différentes catégories d'obligations d'autre part. (infra 317 et s). Dans les deux autres titres les rédacteurs du régime général ont procédé à la définition des principes concernant le rôle de la volonté dans les obligations.

L'étude va suivre ce cheminement du législateur sur les trois premiers titres en commençant par les actes juridiques c'est-à-dire le contrat et les quasis contrats la responsabilité civile délictuelle et quasi délictuelle.

CHAPITRE I

LES ENGAGEMENTS VOLONTAIRES : CONVENTIONS ET CONTRAT

31- En droit français, l'étude des actes juridiques, conduite strictement, renvoie à, l'étude des contrats avec des nuances périphériques saisissant, au besoin la notion de convention qui n'est pas définie par le code civil.
De même il ressort une catégorie particulière d'engagements pris en compte juridiquement a posteriori dits quasi contrats comme la gestion d'affaires, la réception de l'indu ou l'enrichissement sans cause.
En revanche, en droit malien, l'étude des actes juridiques ouvre la voie à plusieurs raisonnements (socio juridiques) qui permettent une meilleure analyse de la notion de convention dans la mesure où elle a fait l'objet d'une définition légale dans l'article 20 du Régime Général des Obligations.

Il a fallu, en droit français, raisonner à partir de la notion de contrat pour trouver celle de convention non prévue légalement. Après avoir établi une certaine différence entre les deux notions (contrat et convention) les auteurs français admettent désormais que les deux termes peuvent être employés l'un pour l'autre.

Au Mali le RGO a procédé dans deux articles distincts à la définition de l'une et l'autre notion. En procédant ainsi, le législateur malien veut établir clairement une différence entre convention et contrat qui peuvent avoir les mêmes effets mais peut-être pas les mêmes manifestations de volonté à l'origine. Par conséquent le juriste malien devrait réfléchir à une nouvelle structuration des engagements volontaires dans le droit des obligations du Mali.

Les conventions :

32- L'article 20 RGO dispose :

> « La convention est tout accord de volontés ayant pour objet de créer, de modifier ou d'éteindre un droit ».

Cette définition inspirée certainement par le droit français, va retrouver ses particularités au fait qu'elle a été expressément prise en compte par un texte. Il conviendra dès lors de lui trouver un sens étroit et un sens large.

A°) Sens étroit :

33- La convention présente les mêmes caractéristiques que le contrat. D'abord il s'agit pour les parties de s'entendre sur quelque chose en se mettant d'accord sur des prestations précises à se devoir.
Ensuite, l'accord a un objet plus ou moins large c'est-à-dire extensible. Si les parties peuvent modifier ou étendre des droits dont elles auraient l'entière disponibilité, c'est surtout dans la possibilité de création de droit que l'intelligence humaine se fera distinguer parce que pour peu que des volontés convergent au tour de tel ou tel objectif, les parties peuvent créer indéfiniment des engagements de diverses natures auxquels une obligation d'exécution ne serait pas absolument réservée. (infra 312).

B°) Sens large :

34- La convention s'intéresse à l'homme dans sa dimension sociale. (infra 433).
En effet, l'homme est avant tout un être humain vivant harmonieusement et intelligemment avec ses semblables dans la société. Par conséquent tout ce qui est humain l'engage.
Aussi les dictionnaires français définissent les conventions comme un corps de règles de la vie en société qu'il est convenu de respecter[1]. Ce respect de règles sociales commence par la convivialité et s'étend à l'amertume au gré des évènements d'état civil comme les naissances, les mariages et les décès où les gens vivant en communauté, en famille se retrouvent pour leur gestion dans la joie ou dans la tristesse.

1 Larousse français de 60000 mots.

En suivant la courbe du respect de ces règles sociales l'on s'apercevra que certaines disciplines juridiques s'en inspirent pour imposer certaines obligations sous peine de sanctions. C'est le cas notamment dans l'hypothèse d'assistance de personne en péril, en droit pénal.
C'est ainsi que dans d'autres disciplines et pour gérer des situations comportant certaines réalités le législateur a reconnu les effets contractuels à certains agissements humains comme de véritables engagements volontaires des débiteurs. Il s'agit de ce qu'on appelle improprement les engagements involontaires c'est-à-dire les gestions d'affaire, la répétition de l'indu, l'enrichissement sans cause auxquels on peut ajouter la convention d'assistance.
Dans tous les cas de figures ci-dessus cités, le créancier de l'obligation, du simple fait qu'il vit dans la même famille, dans la même communauté que le débiteur est tenu s'il en a les moyens (réalités) d'exécuter, de rembourser ou de payer spontanément pour sauver ou équilibrer une situation donnée. Le débiteur, une fois qu'aucun reproche ne peut plus être fait à la façon dont il a été servi, est tenu comme dans les liens d'une convention juridiquement protégée. Il s'agit-là des contrats de vie sociale qui seront développés plus tard (infra 433 et s).
Ces deux conceptions (sens étroit et sens large) se complètent pour faire de la convention une notion juridique prenant en compte les engagements involontaires.

Le contrat :

35- Peut-on imaginer une vie commune quelconque sans contrat ? Que ce soit les personnes publiques (État, Commune, etc.) ou les personnes privées (individus et groupements) tous passent par des contrats pour s'épanouir et se développer.
L'État, les communes passent par ce qu'on appelle les contrats administratifs[2] pour construire les édifices publics, les routes etc. Les individus et groupements se servent mutuellement de ce qu'on appelle les contrats de droit commun[3].
La vie en société doit son harmonie, sa cohérence à un échange divers entre différents éléments de cette même société. Ces échanges portent sur les besoins des individus par rapport d'abord à leur protection –questions de santé,

2 Ces contrats sont régis par le droit public et répondent à une réglementation spécifique où au nom de l'intérêt général, le système de contrôle et de résiliation est différent de celui des contrats de droit privé.

3 Les contrats qui sont originellement régis par le droit civil, se retrouvent aujourd'hui diversement réglementés selon leur domaine d'activité régis par le droit civil, commercial, social, etc.

d'habillement, de logement, etc. ; ensuite par rapport à leur essor, questions de travail, de déplacement, de formation société de distraction…
C'est au moyen des contrats que les hommes résolvent l'ensemble de ces besoins de leur existence. D'où la nécessité naturelle du contrat qui est un mécanisme incontournable dans la société. Dès lors ce mécanisme utilitaire doit faire l'objet d'une réglementation assez précise pour pouvoir apporter la sécurité dans les relations humaines de tous les jours.

369- Au Mali, le Régime Général des Obligations définit le contrat dans son article 21 en ces termes :

> « Le contrat est une convention par laquelle une ou plusieurs personnes s'obligent envers une ou plusieurs autres à donner, à faire ou à ne pas faire quelque chose ».

À travers les termes de …s'obligent à donner, faire ou à ne pas faire, il est aisé de relever effectivement l'infinie variété de contrats qui peuvent s'établir entre personnes de la société.
Il faut reconnaître à ce sujet la perspicacité du législateur sénégalais, lequel dans une formule simple et concise a défini le contrat comme : « un accord de volonté générateur d'obligations »[4]. Par ces quelques mots on note une combinaison à la fois de la définition du contrat (article 21 RGO) et de la convention (article 20 RGO). En effet, la définition du contrat dans le code sénégalais, axée sur le fait que le contrat génère des obligations, résume conjointement le fait d'un accord de volontés « de créer, de modifier ou d'éteindre un droit » (convention) et aussi le fait de s'obliger « à donner, à faire ou à ne pas faire quelques chose » (contrat). La résultante dans ces deux cas est une obligation dans laquelle les parties se lient.
Dans le schéma du Régime Général des Obligations la section I relative aux différentes catégories de contrats du chapitre I laisse sous entendre une certaine autonomie de la volonté humaine de choisir l'un des contrats décrits ou d'en imaginer pour ses besoins pourvu que l'ordre public et les bonnes mœurs soient préservées. D'où le plan suivant : Section I classification des contrats, elle permettra d'opérer une étude comparative entre RGO et Code Civil français et Section II l'autonomie de la volonté quant à la formation et au contenu des contrats.

---

4 Article 40 Code des Obligations Civiles et commerciales du Sénégal annoté.

SECTION I : CLASSIFICATION DES CONTRATS

37- La loi a classé les contrats en procédant symétriquement selon leur nature spécifique souvent en contraire (§ I). Elle (loi) a laissé entrevoir une possibilité de rallonge selon les besoins de l'imagination humaine (§ II).

Paragraphe I : Classification opérée par la loi.

Dans cette classification légale, le Régime Général des obligations du Mali et le code civil se partagent une partie et l'autre est propre au RGO qui en a ajouté.

A°) Réglementation commune aux deux législations :

Les contrats qui font l'objet de cette réglementation à la fois en droit malien et en droit français sont constitués de trois ensembles.

1°) Le contrat synallagmatique et le contrat unilatéral :

38- Il est défini dans l'article 22 RGO et les articles 1102 et 1103 du code civil français.

> « Le contrat est synallagmatique ou bilatéral lorsque les contractants s'obligent réciproquement l'un envers l'autre.

Il est unilatéral lorsqu'il engendre des obligations à la charge d'une seule partie » dispose l'article 22 RGO.

a°) Le contrat synallagmatique :

39- C'est le même qui est encore désigné sous le vocable de contrat bilatéral c'est-à-dire littéralement dans les deux sens. Un contrat est dit synallagmatique ou bilatéral lorsqu'il consiste à un échange d'intérêts entre contractants. Donc c'est un contrat qui fera naître des obligations et des droits à la charge des parties. Aussi les parties au contrat deviendront respectivement et concomitamment créancière et débitrice l'une de l'autre. Exemple : les contrats de vente et de bail.

Dans le premier cas le vendeur doit livrer la chose convenue et l'acquéreur devra à son tour payer intégralement le prix arrêté.

Dans le second cas, le propriétaire de l'immeuble loué doit réunir constamment les conditions d'une paisible jouissance des lieux et le locataire ou preneur devra s'acquitter régulièrement des loyers aux échéances convenues.

b°) Le contrat unilatéral :

40- C'est celui qui ne charge qu'une seule des parties en faisant naître des obligations par rapport à elle seule. Celle-ci est débitrice et l'autre, créancière.

Exemples :
Dans le contrat de donation, l'obligation naît à la seule charge du donateur, car la donation est un acte à titre gratuit où en vertu d'un accord bipartite, les parties conviennent que le donataire reçoive du donateur un avantage sans contrepartie.

Il importe de savoir que le créancier peut refuser le don et il n'y a pas contrat. Dans le contrat de dépôt, où transparaît en filigrane l'obligation de restitution, le déposant remet une chose mobilière à un dépositaire qui accepte de la garder en l'état et s'engage à la restituer à la demande du déposant. Ce contrat crée des obligations à la seule charge du dépositaire.

41- Y aurait-il un intérêt à distinguer contrat synallagmatique et contrat unilatéral ? Naturellement que oui dans la mesure où il n'y a pas de barrière étanche et que selon les détails de leurs rapports un même contrat peut revêtir les deux formes. Ainsi les parties peuvent rendre synallagmatique un contrat normalement unilatéral. En fait le contrat de dépôt cité comme contrat unilatéral peut devenir bilatéral si une rémunération quelconque a été convenue entre dépositaire et déposant. En effet, dans ces cas l'obligation du dépositaire de garder et de restituer aura un pendant pécuniaire chez le déposant qui devra verser une rémunération.

De même, dans l'hypothèse d'une donation avec charge, le donateur donne un immeuble à un donataire et le charge de garder dans une chambre un de ses (donateur) parents.

Il reste le cas où on parle de contrats synallagmatiques imparfaits qui sont des contrats unilatéraux au départ mais revêtent la forme bilatérale à la suite de certaines impenses. Exemple : le dépositaire qui a été amené à payer les impôts d'un bien gardé ou procéder à son assurance parce que la police initiale concomitante au dépôt venait d'épuiser.

2°) Contrat onéreux et contrat à titre gratuit :

Ils sont définis dans l'article 23 du Régine Général des Obligations du Mali qui correspond aux articles 1106 du code civil français.

a°) Le contrat à titre onéreux :

42- L'article 23 alinéa 1 définit ce contrat comme étant celui où « chacune des parties reçoit un avantage ». Les contrats à titre onéreux sont des contrats dans lesquels chaque cocontractant reçoit quelque chose de l'autre C'est-à-dire que les prestations s'échangent entre parties. Il s'agit des contrats d'usage de la vie économique et sociale dans la société : contrat de vente, de travail, de transport etc.

b°) Le contrat à titre gratuit :

43- Il est indifféremment appelé contrat à titre gratuit ou contrat de bienfaisance par l'article 23 alinéas 2 RGO. Il est ainsi caractérisé lorsque l'une des parties procure à l'autre un avantage sans contrepartie. C'est un contrat dans lequel l'un des contractants se résout à procurer un avantage à l'autre sans rien recevoir en échange l'exemple type est le contrat de don. C'est un contrat qui crée un déséquilibre voulu entre les patrimoines des cocontractants ; par conséquent le côté psychologique et personnel y est très important. Ce qui veut dire qu'il exclut toute hypothèse d'erreur sur la personne pour être efficace. Ce sont des contrats purement et simplement désintéressés. Par exemple ce désintérêt se fait voir dans le contrat de dépôt car le dépositaire entend servir le déposant sans contrepartie. Idem dans le contrat de mandat où le mandataire entend soulager le mandant en le servant sans contrepartie.

3°) Le contrat commutatif et le contrat aléatoire.

Ils font l'objet d'une définition dans l'article 24 du RGO contre les dispositions de l'article 1104 du code civil.

a°) Les contrats commutatifs :

44- Par rapport à la substance même d'un contrat commutatif, le texte malien est plus explicite que le code civil français.

Aussi le code civil dans le premier alinéa de l'article 1104 dispose qu'on parle de « contrat commutatif lorsque chacune des parties s'engage à donner ou à faire une chose qui est regardée comme l'équivalent de ce qu'on lui donne ou de ce qu'on fait pour elle ». Alors que l'article 24 alinéas 1 RGO précise que « le contrat est commutatif lorsque chacune des parties, dès la conclusion du contrat, peut apprécier le montant de sa prestation et l'avantage que le contrat lui procure ».

Il ressort qu'en cas de mésintelligence entre cocontractants l'application du texte malien donnera lieu à moins de difficultés d'interprétation que le code civil dont le texte rédigé en de termes plus généraux, se rapportent plus à la définition d'une façon générale.

Malgré cette observation sur le texte, les différents aspects de ce type de contrat ont été bien perçus par la doctrine française dans son ensemble qui conçoit que le contrat est commutatif lorsque les prestations mises à la charge de chacune des parties sont définitivement fixées au moment de la conclusion du contrat.

C'est le cas par exemple quand on achète dans un magasin ou quand on procède à la vente d'un immeuble.

b°) Le contrat aléatoire :

45- Selon l'article 24 alinéa 2 : « Le contrat est aléatoire lorsqu'il crée pour chacune des parties une chance de gain ou de perte résultant d'un évènement incertain ».

Dans un contrat aléatoire, ne comptent ni le temps d'exécution pendant lequel une des parties s'assume, ni le quantum de la prestation à devoir puisque la vie du contrat est liée à un évènement incertain ou dont la certitude (mort d'un cocontractant) semble imprécise.

Le substrat de ce type de contrat tourne autour d'une chance de gain ou d'un risque de perte. Exemple : le contrat d'assurance où un assuré peut renouveler plusieurs polices sans jamais commettre ou être impliqué dans un accident.

Un autre exemple fréquent en droit français sur l'étendue de la prestation, lorsqu'on vend un immeuble moyennant une rente viagère. Dans ce cas l'acheteur s'appelant débit rentier, devra payer des arrérages pendant un temps plus ou moins long en fonction de la date de décès du crédit rentier (propriétaire de l'immeuble vendu).

Le grand intérêt ici est l'anéantissement du caractère rescindable du contrat de vente d'immeuble. La lésion des 7/12 est exclue car il n'était pas possible dès la conclusion du contrat de rente viagère de déterminer la prestation du débit rentier qui, du reste, constitue un espoir de vie pour le crédit rentier. Les contrats commutatifs restent soumis à la nullité pour lésion.

Consécutivement à cette réglementation commune des deux législations, celle du Mali a réglementé d'autres types de contrats qu'on disait être sous entendus par le code civil.

Réglementation complémentaire du Régime Général des Obligations :

46- Profitant de plusieurs siècles de différence d'âge d'avec le code civil (1804) le RGO malien, né seulement en 1987, en a profité pour prendre en son compte certaines classifications qui revenaient dans la doctrine. Il s'agit d'abord des contrats à exécution instantanée et ceux à exécution successive, ensuite des contrats de gré à gré à gré et ceux dits d'adhésion.

Enfin il est à noter une certaine ouverture des deux textes sur une catégorie de contrats dits contrats innommés.

1°) Le contrat et le temps.

47- Une autre distinction a pu être trouvée entre contrats. Selon le délai de leur exécution, en contrats à exécution instantanée et en contrat à exécution successive. L'article 25 RGO les définit dans les termes suivants : « Le contrat est à exécution instantanée lorsqu'il s'exécute en un trait de temps. Le contrat est à exécution successive lorsqu'il implique pour son exécution l'écoulement d'un certain temps. Soit que les prestations aient été échelonnées. Soit qu'il existe entre les parties un rapport continu d'obligation ».

a°) Le contrat à exécution instantanée :

48- Sont ainsi caractérisés les contrats dans l'exécution desquels les prestations incombant aux parties sont à mesure d'être exécutées dans l'immédiat même si elles ne le sont pas effectivement.

Exemple : l'achat dans la boutique : le client peut verser l'argent et le boutiquier livrer l'article immédiatement.

b°) Le contrat à exécution successive : (infra 420)

49- Le délai d'exécution peut être lié d'une part à la nature du contrat qui ne peut s'exécuter en une fois ou à la volonté délibérée des parties contractantes. Ainsi les prestations s'exécutent en s'échelonnant dans le temps. C'est le cas dans les contrats de travail, de location ou de vente à livrer. Dans les deux premiers cas c'est la nature du contrat qui en échelonne l'exécution et dans le troisième cas c'est la volonté des contractants parce que c'est volontairement que les parties conviennent que le débiteur fournisse des marchandises au créancier à des échéances successives et régulières.

50- Cette classification présente plusieurs intérêts sur le plan de la théorie du droit. Premièrement, dans le contrat à exécution instantanée, il peut donner lieu à l'application d'un mécanisme important dans les contrats synallagmatiques : il s'agit de l'exceptio non adimpleti contractus. Lorsque le client ne tend pas l'argent (prix d'achat) au boutiquier, celui-là aussi est en droit de refuser de livrer l'article et le tout sans qu'une des parties puisse poursuivre l'autre juridiquement.

Deuxièmement, les effets lorsqu'il y a annulation ou résolution de ces deux types de contrats sont différents. Dans l'hypothèse du contrat à exécution instantanée, nullité et résolution ont un effet entièrement rétroactif. Dans ce cas le juge va ordonner la restitution des prestations. Dans un contrat de vente, l'acquéreur restituera la chose et le vendeur le prix.

Troisièmement, les effets dans l'hypothèse du contrat à exécution successive se situent dans une logique d'avenir. En effet, la restitution de toutes les prestations n'est pas possible. Si c'est un contrat de bail qui est résilié, le propriétaire pourra restituer le loyer mais le locataire, lui, ne pourra pas restituer la jouissance de la maison habitée.

2°) Le contrat et la libre discussion :

51- Le contrat se conçoit en principe, comme un accord de volonté de s'engager et de discuter librement la prestation. Est-ce le cas toujours ? Il semble que la libre discussion reste le principe, la règle, mais amoindrie par une catégorie de contrats de plus en plus importants que sont les contrats d'adhésion. C'est ce que reconnaît le législateur dans l'article 27 RGO qui dispose :

> « Un contrat est dit de gré à gré lorsque les clauses qu'il contient sont discutées individuellement et adoptées par les parties.
> Il est d'adhésion lorsque l'ensemble des clauses, rédigé à l'avance par l'une des parties, est proposé à l'autre qui ne peut que l'accorder ou le refuser ».

a°) Les contrats de gré à gré :

52- On parle de contrats de gré à gré lorsque l'accord de volontés est le résultat d'une discussion ou d'une négociation entre les deux parties contractantes lesquels contractants sont généralement libres et égaux.

b°) Les contrats d'adhésion :

53- Ce type de contrats est fréquent dans tous les domaines où les parties ne présentent pas les mêmes forces socio économiques. Généralement une partie est en position de force par rapport à l'autre qui est économiquement plus faible.

Ainsi les conditions essentielles dans le contrat sont l'œuvre d'une seule partie qui s'adresse (par voie d'offre) au public et non à une seule personne déterminée, en proposant un contrat précis. Ce contrat est rédigé à l'avance le plus souvent et ne laisse d'autres initiatives au cocontractant d'y adhérer qu'en signant purement et simplement. Il n'y a pas de place pour une discussion quelconque. C'est le cas des contrats d'assurance, de transport, ceux avec la société Energie du Mali, de prêt auprès des banques etc.

Cependant, il serait juste de rappeler que deux éléments raffermissent le caractère contractuel du contrat d'adhésion. Il s'agit d'une part de l'étude que mène la partie réputée forte sur les réalités sociales et économiques avant de rédiger et proposer au public un contrat-type ; et d'autre part le fait que les parties économiquement faibles qui sont amenées à adhérer se constituent très souvent en association sous diverses appellations dont la plus fréquente est Association des Consommateurs pour obliger le contractant fort à aller dans le sens de certains de leurs intérêts plus tard.

3°) Les contrats nommés et les contrats innommés.

54- L'article 26 RGO dispose :

> « Les contrats nommés sont ceux qui correspondent à des types préétablis par la loi.
> Les contrats innommés sont ceux qui ne correspondent à aucun type particulier de contrat réglementé par des textes spéciaux ».

Le contrat nommé est un contrat expressément réglementé par une loi qui en fixe les conditions de formation, de validité et les effets. C'est le cas des contrats de vente par voie de commissaire priseur (adjudication) de bail etc.

55- Les contrats innommés sont ceux qui n'ont pas fait l'objet de réglementation particulière. C'est le cas des contrats de déménagements nationaux et internationaux, contrats d'hôtellerie, contrat de parking. On les appelle encore les enfants de la liberté contractuelle.

Le Régime Général des Obligations du Mali, du point de vue classification, réglemente plus de contrats que le code civil.
Les dispositions des articles 26 RGO et 1107 du code civil constituent des dispositions transitoires vers une ouverture sur les contrats sous entendus par la loi.

PARAGRAPHE II : LA CLASSIFICATION SOUS ENTENDUE

56- Le contrat est essentiellement l'œuvre de la volonté humaine. Les hommes selon leurs besoins et leur perception créent une infinie variété de contrats que le législateur et la jurisprudence essaient de saisir pour la sécurité des transactions dans les divers rapports socio-économiques. Mais le législateur pourra-t-il jamais réglementer tous les contrats un jour ? La réponse, à l'évidence, est négative parce que l'intelligence humaine est sans limite comme des vagues de mer. D'où l'opportunité du caractère transitoire des textes maliens et français.

A°) Le principe d'ouverture :

57- C'est une véritable ouverture vers l'extensibilité que prônent les articles 26 RGO et 1107 du code Civil.

L'article 26 RGO alinéa 2 dispose que :

> « Les contrats innommés sont ceux qui ne correspondent à aucun type particulier de contrat réglementé par les textes spéciaux ».

L'article 1107 alinéa 1 du code civil de son côté, affirme que :

> « Les contrats, soit qu'ils aient une dénomination propre, soit qu'ils n'en aient pas, sont soumis à des règles générales... ».

A la lecture de ces deux articles, il peut être établi que les hommes pour l'harmonie de leurs convenances sociales ne devraient pas se priver de leur liberté de passer des contrats quels qu'ils soient, pourvu seulement qu'ils respectent l'ordre public et les bonnes mœurs. Donc ce n'est pas le prétexte d'une réglementation initiale des contrats qui pourrait contenir les initiatives des personnes vivant en société pour la satisfaction de tel ou tel besoin.

Puisque le législateur en est conscient, il a donc raisonnablement ménagé cette ouverture légale qui ferait admettre, à priori, toutes les conventions passées entre cocontractants sous réserve de respect des principes de vie fondamentaux.

B°) Autres classifications :

Il peut être retenu entre autres, les contrats consensuels et les contrats non consensuels, les contrats égalitaires et les contrats de consommation, les contrats complexes et les groupes de contrats...

1°) Les contrats consensuels et non consensuels :

58- Cette classification n'a de particularité que sur le plan strictement théorique car dans la pratique tous les contrats sont consensuels ou réels et solennels (infra 202).

Le contrat consensuel est un contrat qui se forme par le seul échange de consentements sans qu'aucune forme ne soit imposée. Ce qui est de règle.

59- Le contrat non consensuel est celui où l'échange verbal de consentement est nécessaire mais pas suffisante. Il faut encore satisfaire à d'autres exigences. Ainsi il requiert en plus l'accomplissement de certaines formalités. Ce qui est l'exception. Ces contrats sont encore appelés contrats formalistes et comprennent d'une part les contrats solennels où la formalité exige un écrit soit sous la forme sous seing privé soit sous la forme notariée comme les contrats d'hypothèque, de mariage, de vente immobilier etc. D'autre part s'ajoutent les contrats réels car ils ne se forment que par la remise de la chose qui en est l'objet comme dans les contrats de prêt et de dépôt. Par exemple un instituteur qui décide de confier sa vache à un cultivateur pour la période hivernale. Ce contrat ne sera formé valablement que lorsque la vache arrivera dans l'enclos du cultivateur dans son champ.

2°) Les contrats égalitaires et les contrats de consommation :

60- Tout contrat régulièrement formé devient la loi des cocontractants, dit en substance l'article 77 RGO. Or, une loi a pour première vertu d'être égale pour tous. Les contractants sont en principe engagés les uns envers les autres sur une base d'égalité fondée sur la fermeté des prestations une fois l'accord scellé. D'où le caractère égalitaire de principe des contrats.

61- Toutefois, de nos jours, avec le développement multiforme du commerce et des industries, ces professionnels ont développé plusieurs moyens pour mieux résister à la concurrence et réussir donc une distribution abondante de leurs produits. Ce qui passe par l'élaboration de politiques diverses de marketing management qui réduisent les clients à des acquéreurs impuissants voire involontaires.

A un échelon plus réduit le client ordinaire qui se rend au grand marché « Dabanani » ou au marché « Dibida » ne s'aperçoit pas après demande de produit précis, qu'on le fait acheter inconsciemment ce dont il n'a pas besoin du point de vue genre ou qualité. Tant ces agents de commerce se font passer pour de fins connaisseurs de tous les articles. Ce n'est qu'au retour à la maison que le client s'aperçoit qu'il s'est mépris parce qu'il n'a pas soit l'article, ou la qualité souhaité. C'est évident que n'étant pas professionnel, il n'a pas pu poser un bon jugement en tant que consommateur et il a été surpris par le professionnalisme des cocontractants.

Ce phénomène qui est en parfait essor aujourd'hui a conduit très souvent à la création de plusieurs associations de consommateurs qui ont pour but de tenter ou de s'interposer entre les professionnels commerçants et industriels et les citoyens ordinaires clients.

Un tel jeu a pu s'établir au profit des consommateurs appuyés par le législateur qui va conférer un surplus de droits aux consommateurs et d'obligations aux professionnels.

Ainsi pour l'efficacité de certains contrats les professionnels sont tenus à une obligation d'information du client, de ne pas insérer des clauses qui restreignent l'appréciation du client. Surtout les clients disposent après passation des contrats de consommation, d'un certain délai pour dénoncer sans conséquences juridiques pour eux. Le jeu s'équilibre entre la candeur du consommateur et la technicité ou l'expertise du professionnel.

3°) Les contrats complexes et les groupes de contrats :

62- La théorie des contrats procède entre autres à la consécration de la théorie de l'autonomie de la volonté, de la classification des obligations, des contrats etc. Les contrats sont individualisés par des noms précis conformément à leur objet : contrat de vente, de dépôt, de bail, de transport… et peuvent revêtir selon le même objet la nature civile ou commerciale.

En vertu de l'autonomie de la volonté, les citoyens sont conduits à envisager des opérations juridiques, dans divers rapports, impliquant souvent plusieurs contrats individuels. Selon le degré d'implication de chaque contrat pour l'atteinte de l'objectif il est fait distinction entre des contrats complexes et des groupes de contrats que la doctrine[5] n'a pas manqué de caractériser et de décrire.

a°) Les contrats complexes :

63- Lorsque plusieurs contrats individuellement distincts se retrouvent dans le cadre d'une même opération juridique qui se révèle être un grand contrat de synthèse, on parle d'une combinaison de contrats (Terré François) qui « forme une unité cohérente » (Malauvice).

Le contrat est complexe parce qu'il implique pour la réalisation de son objet et la perspicacité de sa cause l'intervention d'une série d'autres contrats tous importants les uns que les autres pour l'équilibre de l'ensemble.

Par exemple en droit malien on peut citer le contrat de pèlerinage sur les lieux saints de l'islam. Dans ce contrat que les futurs pèlerins passent avec les agences de voyage de la place (TAM-Voyage, Azur Voyage, etc.) ils (pèlerins) s'attendent à un ensemble de prestations avec les agences résultant de divers contrats impliqués dans le grand contrat de pèlerinage. Ainsi il y a un contrat de soins relatif à leur santé un contrat d'hôtellerie en vertu duquel ils seront logés à la Mecque, un contrat de transport aérien en vertu duquel l'Agence de voyage doit trouver un avion pour les y amener et les faire retourner saints et saufs, et même un contrat de guidage sur les lieux saints. C'est l'ensemble de ces contrats qui constituent le contrat de pèlerinage qui est de toute évidence un contrat complexe.
Il en est de même d'un contrat de donation avec charge où i peut être ressenti un contrat de vente et un contrat de don.

Un autre contrat fréquent au Mali illustre parfaitement le contrat complexe, il s'agit des contrats de location-vente portant sur les logements sociaux que le gouvernement offre à certains citoyens. En effet, ce contrat se caractérise par une location d'abord en ce sens que le bénéficiaire paye mensuellement une somme correspondant au loyer mensuel légal de l'appartement.

---

5 Malauvice (PH) Aynès (L). Les contrats spéciaux. Edition Gripas éditions 1995-1996. Pages 19 et 20.
Terre (F) et Cie. Droit civil : les Obligations Op. cité P. 88 et 89.

Ensuite le bénéficiaire qui a pu honorer ces paiements pendant un certain temps (25 ans généralement) en devient propriétaire en vertu du contrat de location vente. S'il n'a pas pu honorer l'engagement, il encourt l'expulsion des lieux et les sommes versées sont acquises au service du logement comme loyer dus. Enfin une série de sous contrats entrent en ligne pour la cohérence et l'agrément de la vie dans ces logements comme le contrat de branchement eau et électricité avec EDM, les contrats d'ouverture de compte auprès de la Banque Malienne de l'Habitat (BHM) ou autres banques ou l'employeur s'engage à procéder au virement des salaires et traitements des bénéficiaires[6].

b°) Les groupes de contrats.

64- Dans l'hypothèse du groupe de contrat, autant les contrats juridiquement distincts se retrouvent dans le cadre d'une même opération, autant ils gardent leur individualité, leur relative indépendance dans l'interférence cohérente nécessaire à la réalisation de l'objet.

Par exemple pour obtenir un prêt auprès d'une banque, elle (banque) exige que le client fasse une assurance-vie et verse ce document au dossier. En fait le contrat d'assurance-vie n'a aucune incidence directe sur le cours normal du contrat de prêt et de son remboursement. Il n'y est fait recours que très exceptionnellement dans l'hypothèse où l'emprunteur décède ou devient incapable alors que ses ayants cause universels ne peuvent rembourser ; A ce moment l'assurance intervient pour rembourser, le prêteur (Banque). Il s'agit aussi des contrats de sous-location.

Pour encore décrire ces groupes de contrats, la doctrine[7] a parlé de chaîne de contrat, fréquent, dans le domaine commercial relativement à la distribution c'est-à-dire la phase entre la production et la consommation. On parle de grossistes, de semi grossistes et de détaillants dans le cheminement de livraison des produits et marchandises du constructeur, producteur au consommateur. En fait, il y a un même objet qui est la satisfaction de la demande du consommateur mais qui implique à des degrés divers voire indépendants du point de vue responsabilité différents acteurs. Il faut signaler que c'est dans les groupes de contrats que l'occasion est donnée de constater l'application de

6 Cet aspect implique deux engagements en réalité ; le bénéficiaire et la banque pour l'ouverture du compte et l'engagement de domiciliation des salaires entre l'employeur et la banque.

7 Aynes. Malauve, Terre (F) idem.

l'action directe ou de l'action en représentation conjointe[8] qui permettent au créancier de l'engagement ou aux consommateurs d'assigner le débiteur de l'obligation principale pour lui réclamer en dommages intérêts.

8 La loi reconnaît la faculté aux dirigeants d'associations de consommation d'assigner en justice les producteurs au nom de leurs adhérents membres par cette action.

SECTION II : L'AUTONOMIE DE LA VOLONTÉ DANS LA CONCLUSION DES CONTRATS

65- Le mot « autonomie » qui serait d'origine latine juxtapose deux termes significatifs en un seul. Il convient de comprendre en effet, « autos » qui veut dire soi-même et nomos qui veut dire norme ou loi[9]. Donc l'autonomie de la volonté traduirait dans les faits l'indépendance dans la vie (conclusion et gestion) des contrats et conventions. Une fois conclus ils deviennent des lois avec toutes les caractéristiques possibles pour les cocontractants. Ainsi posée, l'autonomie de la volonté s'expliquerait et se comprendrait mieux dans un exposé à travers une idée générale et sa portée d'une part (§I) et aussi d'autre part à travers sa socialisation dans les limites qui lui ont été apportées (§II).

PARAGRAPHE I : IDÉE ET PORTÉE DU PRINCIPE

Pour trouver une force impulsive au contrat, le législateur et la doctrine ont dû s'abreuver dans une autre discipline des sciences sociales qui est la philosophie où la liberté de penser a certainement ouvert les horizons de légitimation du rôle de la volonté dans les contrats.

A. L'idée Générale :

66- C'est une doctrine de philosophie juridique qui inspire l'idée selon laquelle l'obligation repose exclusivement sur la volonté des parties. Une telle doctrine établit le postulat qu'une obligation contractuelle n'a de légitimité que lorsque seulement elle est fondée sur la volonté de l'homme. Ce qui lui laisse un vaste champ de liberté contractuelle.

Cette théorie trouve échos dans dispositions législatives à la fois dans le Régime Général des Obligations du Mali et dans le code civil français. L'idée selon laquelle les hommes peuvent passer tout type de contrat est exprimée dans l'article 20 RGO qui définit la convention comme « *Tout accord de volonté ayant pour objet de créer, de modifier ou d'éteindre un droit* ». Subséquemment, tout ce qui n'est interdit ou qui n'est pas socialement gênant peut faire l'objet de contrat.

9 Cours du Droit des Obligations Mme Coelo. ENA 1985 inédit.

Le mérite revient au législateur sénégalais qui a consacré textuellement le principe de l'autonomie de la volonté à travers la liberté de contracter. Ainsi l'article 42 COCC dispose :

> « Libres de contracter ou de ne pas contracter, d'adopter toute espèce de clauses de modalités, les parties ne peuvent cependant porter atteinte par convention particulières à l'ordre public et aux bonnes mœurs ».

Par ces dispositions législatives, les rédacteurs du Code des Obligations Civiles et Commerciales ont extrait le principe de l'autonomie de la volonté du domaine philosophique pour lui donner un sens juridique précis par les limites qui lui sont apportées par le respect de l'ordre public et des bonnes mœurs.

67- Il est un principe fondamental en droit malien inspiré par l'article 6 du code civil français : « *On ne peut déroger par des conventions particulières aux lois qui intéressent l'ordre public et les bonnes mœurs* ». L'ordre public est un ensemble de règles d'application ou d'observance impérative dans les domaines socio-économiques et politiques, auxquels personne ne peut déroger. Sous réserve des règles impératives, la volonté humaine est libre de conclure des conventions aux conditions et contenus voulus. C'est une mise en balance de l'accord des cocontractants et des lois votées par les pouvoirs publics.

C'est à partir de là qu'une grande portée a été reconnue au principe.

B- Portée du principe :

Le principe de l'autonomie de la volonté sous entend la liberté de s'engager dans un lien contractuel ou pas et si l'on s'engageait de déterminer le contenu du contrat comme on l'entend.

1°) La conclusion du contrat :

68- C'est une simple question de bon sens dans la mise en œuvre de l'autonomie de la volonté. En effet, chacun est libre de vouloir s'engager ou de refuser de s'engager dans les liens contractuels. Personne ne doit pouvoir obliger l'autre à conclure. Dans la même logique, en voulant s'engager, l'on est libre du choix du cocontractant. Donc c'est une théorie dominée par le principe du consensualisme. Les parties à un contrat s'obligent mutuellement par le seul échange de leur volonté sans qu'on ne puisse leur imposer de l'extérieur telle ou telle formalité. C'est la règle.

2°) Le contenu du contrat :

69- Les parties déterminent ou fixent à leur convenance leurs droits et leurs contreparties entre elles dans le cadre des contrats nommés. Les parties sont encore libres de créer des contrats innommés. Dans cette hypothèse, en cas de conflit, le juge doit apprécier la validité du contrat en tenant compte de la volonté intrinsèque des paries.

Le principe de l'autonomie de la volonté qui a connu son apogée au 19ème siècle[10] avec les philosophes des lumières qui mettaient les droits individuels au dessus de tout, a été l'objet de nouvelles réflexions qui l'ont circonscrit davantage.

PARAGRAPHE II : LES LIMITES DE L'AUTONOMIE DE LA VOLONTÉ.

Au fil de l'évolution l'autonomie de la volonté s'est prêtée à beaucoup de critiques qui ont dû lui apporter plusieurs tempéraments dans l'intérêt de l'équilibre social.

A°) Les critiques du principe :

70- Les reproches ont consisté dans un premier temps à dénoncer la trop grande liberté laissée à la volonté individuelle dans les contrats qui ne cherche qu'à satisfaire des intérêts purement personnels et à vouloir trouver un juste milieu entre ces intérêts personnels et les intérêts de la société. Par conséquent il a été convenu que le législateur et le juge doivent pouvoir contrôler ce que les parties ont voulu et pourquoi elles l'ont voulu.

Dans un second temps il a été remarqué que sur le plan économique des déséquilibres criards peuvent être relevés entre les opérations (contrats) entre parties, s'expliquant concrètement par l'inégalité des hommes en intelligence, en savoir, en puissance économique etc. et aussi que les hommes s'orientent

10 Benabent (A) Droit des Obligations Op. Cit. P. 12.

vers plutôt des activités qui leur sont rentables mais pas nécessairement utiles à la société. Donc, il fallait en quelque sorte corriger de tels déséquilibres en restreignant, au moyen d'une législation impérative, la liberté contractuelle individuelle et en trouvant une meilleure adéquation entre intérêts individuels et intérêts généraux. D'où un certain déclin du principe[11].

B- Le déclin du principe de l'autonomie de la volonté :

L'essor, hors mesure, de l'autonomie de la volonté a été ramené par diverses réactions.

1°) Réactions doctrinales et jurisprudentielles :

71- La doctrine a développé largement la notion d'ordre public et de bonnes mœurs en découvrant un ordre public politique, moral, social et économique. En cela, elle a inspiré la jurisprudence qui a apporté des limites à la liberté contractuelle en interprétant plus largement les différentes catégories d'ordre public à travers l'ordre public virtuel[12]. Aussi il est possible à la jurisprudence de déclarer illicite toute conversion ou clause de son propre chef en dehors de tout texte de loi[13].

2°) Réactions législatives :

72- Elles sont enregistrées en différents points :

D'abord sur l'expression du consentement, l'article 58 RGO dispose :

> « Aucune forme n'est requise pour la formation du contrat, sous réserves des dispositions exigeant un écrit ou d'autres formalités pour la validité du contrat ».

Or, les dispositions exigeant effectivement un écrit ou certaines formalités dites substantielles sont de plus en plus nombreuses comme condition de validité des conventions. Par exemple certains contrats, pour exister, doivent être rédigés

11 Mazeaud. Op. Cit. TERRE et Cie Op Cit.

12 L'ordre public virtuel encore appelé ordre public non textuel est l'ordre public jurisprudentiel dans Alain Benabend. Droit civil : Les obligations. 3ème édition

13 Idem.

par écrits sous seing privés ou passés devant un notaire : contrats de sociétés, de mariage, baux professionnels, hypothèques, de plus de 50 000fr CFA.

D'autres contrats doivent faire l'objet de publicité dans des journaux ou organes précis RCM Registre du Commerce et du crédit mobilier pour être opposables au public (tiers) : vente ou mise en garantie de fonds de commerce, hypothèque.

Ensuite, des réactions sont allées dans le sens d'atteinte à la liberté contractuelle pour, dit on, mieux ménager l'intérêt général. Par exemple dès que l'on acquiert un véhicule (voiture, camion) ou tout engin, l'on est soumis aux obligations de passer en visite technique et de passer des contrats d'assurance pour couvrir les risques possibles qu'on fait courir aux autres. Il faut quand même spécifier que si le citoyen est contraint de s'assurer il est en revanche libre de le faire avec la compagnie d'assurance de son choix.
De même pour certains contrats le législateur peut imposer d'autorité leur contenu. C'est le cas dans certains contrats d'adhésion ; L'article 53 RGO dispose : « L'objet du contrat est l'opération juridique envisagée par les parties dans les limites apportées à la liberté contractuelle ».

Donc la loi laisse transparaître la possibilité de limite. Le meilleur exemple est fourni par le contrat du travail qui doit même être visé par l'inspection du travail après vérification du contenu[14].

73- Enfin, quelque fois la force obligatoire de certains contrats peut être mise en cause par le législateur. Exemple fixation des loyers dans les baux à usage d'habitation, prévision de délai de grâce pour abandonner un local ou pour exécuter certains contrats.

Comme cela est relevé, à juste titre, il s'agit d'un véritable principe qui caractérise l'autonomie de la volonté. Pour des réalités d'équilibre social, de ménagement de l'intérêt général le principe a subi et continue de subir plusieurs exceptions qui rendent raisonnable son application.

Cependant, il est aisé de remarquer que quoi qu'étant diminuée par des atteintes de textes nature, l'autonomie de la volonté reste la charpente, la règle mère du droit des obligations contractuelles.

---

14 Articles L2+6 et suivants du code du travail.

SECTION III : DE LA FORMATION ET DE LA VALIDITÉ DES CONTRATS :

74- L'article 28 RGO énonce que :

> « Quatre conditions essentielles sont requises pour la validité du contrat :
> Le consentement ;
> La capacité ;
> L'objet ;
> La cause ».

Cet article est une reprise de l'article 1108 du code civil français avec quelques nuances rédactionnelles qui ne touchent en rien l'essence des principes défendus. C'est ainsi que par exemple le code civil parle du consentement de celui qui s'oblige, de l'objet certain qui forme la matière de l'engagement, d'une cause licite dans l'obligation etc.

La satisfaction de ces conditions est cumulative pour qu'un contrat puisse connaître une vie régulière et produire ses pleins effets. Dès que l'un des éléments manque, ou est entaché, la vie du contrat est compromise ou peut être compromise.

Ces éléments seront analysés dans l'ordre où le texte les énumère pour être complétés par un dernier paragraphe portant sur la forme des contrats.

PARAGRAPHE I : LE CONSENTEMENT.

75- Il est un élément cardinal dans la formation du contrat. Tout se fonde sur lui. C'est ainsi que le consentement doit être exprimé sans équivoque parce qu'il constitue l'accord qui engage dans les liens de diverses obligations. Son étude porte sur la manière dont il peut être exprimé d'une part et sur les différentes étapes qu'il emprunte pour être complet (l'offre et ses conditions).

A- L'expression directe du consentement.

L'échange d'accord dans la conclusion d'un contrat peut et doit être fait entre les parties en personne (article 29 RGO). Pour cela, les parties doivent être dans un état psychophysique irréprochable (article 35 RGO).

1°) L'intéressé face à ses cocontractants :

76- L'article 29 RGO dispose :

« Chaque contractant peut exprimer sa volonté lui-même... ».

L'usage du verbe peut (pouvoir) n'en fait pas une exclusivité sur la personne des contractants qui s'engagent. Mais ce serait plutôt l'idéal que toute personne qui s'engage, ou engage ses biens en nature ou en numéraire de devoir le faire elle-même. En effet, personne d'autre n'est censé connaître mieux les intérêts d'un individu plus que lui à priori. En concluant en personne le contractant est présumé avoir bien réfléchi, bien apprécié ses intérêts ; par conséquent on ne saurait lui causer de torts. Mais en cas de mauvaise appréciation aussi ou de méprise totale, l'intéressé ne pourra s'en prendre qu'à lui-même et le dicton est connu au Mali : « *L'oiseau aura volé (en s'échappant) des mains de son propriétaire* ».

Pour éviter ou pour limiter les cas de méprise l'état du contractant doit être normal.

2°) L'état psychophysique du consentement :

77- Le contractant devrait présenter un état physique et psychophysique bien équilibré ; Dès qu'il est physiquement trop diminué ou psychologiquement dérangé, son engagement devient inefficace. C'est ce que confirme l'article 35 alinéa 1 et 2 :

« La volonté de chacun des contractant doit être libre et éclairée.
Elle doit émaner d'une personne saine d'esprit et en état de discernement... ».

Pour se faire une opinion plus éclairée sur cet aspect, il serait convenable de distinguer les états d'incapacité habituelle, minorité, démence etc. de certains états voisins qui ne renvoient pas automatiquement et immédiatement à l'incapacité sans une longue période d'expectative à l'effet de se faire une idée précise.

Pour étayer cet aspect des choses il faut se reporter sur l'article 146 et suivants du code du mariage et de la tutelle[15].

---

15 Loi n° 62- 17/ AN-RM du 03 février 162 portant code du mariage et de le tutelle complétée

Traitant de l'interdiction et de ses causes l'article 146 CMT dispose :

> « Le majeur qui est dans un état habituel d'imbécillité,...de fureur doit être interdit, même lorsque cet état présente des intervalles lucides. Les états psychophysiques ici décrits peuvent ne pas être faciles à établir par la communauté ou les parents des personnes intéressées qui continueront à passer des contrats, à gérer leurs affaires dans une certaine indifférence mais probablement contre leurs propres intérêts ».

Il faut logiquement d'ailleurs plusieurs actes ou comportements illogiques pour que le doute s'installe sur la personne.

C'est ainsi que l'article 154 alinéa 3 CMT dispose que :

> « Les actes antérieurs à l'interdiction pourront être annulés si la cause de l'interdiction existait notamment à l'époque où ces actes ont été faits ».

Pour plusieurs raisons, le consentement du contractant pourrait être exprimé par une autre personne ou organe spécial, on parle de Représentation.

B°) L'expression indirecte du consentement : La représentation.

78- L'article 29 RGO énonce que chaque contractant peut faire exprimer sa volonté par un représentant. Quels que soient les actes ou conventions que l'on veut passer la loi laisse la liberté et la possibilité d'y pouvoir procéder par soi même ou par représentant ou mandataire. Le code civil l'a défini en son article 1984 comme : « un acte par lequel une personne donne à une autre le pouvoir de faire quelque chose pour le mandant et en son nom ».

L'état des textes :

79- Un aperçu comparatif permet d'établir que le Régime Général des Obligations ne s'est intéressé de la représentation que dans cinq articles de 29 à 34 alors que le code civil trait du mandat dans 27 articles de l'article 1984 à 2010.

par la loi n° 63-19 du 25 janvier 1963. L'article 146 et suivants traitent de l'interdiction.

Il faut comprendre que la représentation ou le mandant joue d'une façon générale dans tous les actes de la vie. Les contrats eux mêmes sont en partie de ces actes et il semble que le législateur malien n'ait visé que la représentation dans les contrats et dans certains de ces aspects laissant le reste des aspects au code civil.

1°) Notions similaires et importante de la représentation :

La représentation a bien de synonymes dans le langage juridique et devient de plus en plus importante dans la vie quotidienne des gens.

a°) Notions similaires :

80- Plusieurs notions partagent la même réalité terminologique avec la représentation. Il s'agit du mandat et de la procuration. Ces trois expressions ont le même sens et sont utilisées l'une pour l'autre théoriquement et pratiquement. Le texte malien parle de représentation, le code civil, lui, parle de mandat ou procuration, (article 1984).

Les deux premiers alignent des substantifs bien usités : représenté, représentant, mandant, mandataire, mais à leur différence le troisième, procuration, ne sort pas les substantifs usités.

La raison semble, en effet, psychologique, si les gens aiment parler de procuration, ils évitent soigneusement le mot procureur parce que ce substantif s'est spécialisé dans le monde judiciaire et du côté de la répression. Le procureur est un fonctionnaire de la justice chargé de requérir l'application de la loi. Il est du ministère public qui a pour mission auprès de chaque tribunal de requérir l'exécution de la loi au nom de la Société malienne dont il défend les intérêts. En claire, le procureur de la république est un mandataire, un représentant de la société. Mais comme l'évocation de ce nom rappelle inconsciemment l'épouvantail judiciaire de poursuites susceptibles de se transformer en mandat de dépôt les gens ont préféré se passer des expressions comme Procurant pour mandant ou procureur pour mandataire ou représentant.

Dans la pratique, le mécanisme de la représentation joue un rôle très important.

b°) Importance de la représentation :

81- L'évolution de la société avec des règles de plus en plus exigeantes impose aux acteurs citoyens de mettre en branle le système de représentation dans beaucoup d'actes qu'ils seraient amenés à passer ou à assumer dans l'intérêt de l'essor de leurs affaires de tous genres. Tout cela sans préjudice des conditions d'âge, de commodité etc.
En, effet, lorsqu'on est d'un certain âge, ou lorsqu'on est sujet à certaines péripéties de santé, la représentation semble un moyen de soulagement pour le représenté.
Dans le cas des personnes morales, associations, sociétés de commerce, sociétés de secours mutuels, associations culturelles, congrégations religieuses etc. la représentation est une exigence naturelle mettant toutes les manifestations des personnes sus visées au compte de leurs organes de direction, lesquels organes sont assurés par des personnes physiques qui en sont mandataires.

82- La représentation peut revêtir différentes formes. C'est ce qu'affirme l'article 30 alinéa 2 : « Lorsque la loi exige, pour la conclusion d'un contrat, des formes particulières, le pouvoir de passer ce contrat doit être donné au représentant dans la même forme ».
Si le contrat envisagé doit être passé sous la forme libre, ou sous seing privé ou sous forme authentique, cela veut dire que le mandat emporte une telle autorisation (article 1086 du code civil) en se conformant à la même exigence de forme.
Le contrat de représentation est un contrat unilatéral. Il est gratuit et ne profite qu'au représenté ou mandant (article 1986 du code civil).
Lorsque le représenté autorise à gérer une affaire précise, il donne un mandat spécial, mais lorsqu'il fait du représentant un substitut général pour l'ensemble de ses affaires, il émet au profit du représentant un mandat général (article 1987 du code civil). Le représentant est tenu d'observer les limites décrites dans le contrat de mandat pour ne pas compromettre outre mesure les intérêts du représenté. C'est dire qu'il n'a pas le pouvoir de transiger au-delà des termes du mandat (article 1989 du code civil).
La représentation présente une autre spécificité, c'est que toute personne peut l'assumer même des incapables, mineurs et autres articles 33 RGO et 1990 du code civil.
Les sources de la représentation sont diverses.

Sources de la représentation :

L'article 30 RGO dispose que le représentant peut être autorisé à agir au nom de son mandant par trois voies possibles, soit par un contrat, soit par la loi ou par décision de justice ; c'est dire qu'un mandat ne vient pas ex nihilo et on ne saurait, de son seul gré, se proclamer représentant d'une personne ou d'une institution.

L'origine légale et juridictionnelle.

83- Il existe plusieurs cas où la loi donne à une personne précise le pouvoir de représenter une autre en gérant ses affaires et intérêts comme la personne elle-même agirait. Il est possible de relever entre autres : l'articles 10 CMT relativement à l'expression du consentement des futurs époux à un mariage :

> « Dans l'expression du consentement au mariage devant l'officier de l'état civil, en cas d'éloignement d'un des futures époux, l'époux empêché peut donner son consentement par un acte dressé par l'officier d'état civil chargé de procéder à la célébration du mariage.
> Dans ce cas, le mariage devra être obligatoirement célébré devant un représentant dûment mandaté de l'époux empêché.
> Le consentement des parents ou représentants légaux peut être donné dans les mêmes conditions ».

De même l'article 37 CMT précise que :

> « La femme mariée a, sous tous les régimes, le pouvoir de représenter le mari pour les besoins du ménage et d'employer pour ce objet les fonds qu'il laisse entre ses mains… ».

La nature du régime, séparation ou communauté de biens n'a aucune incidence sur cette représentation. Dans le cas des mariages polygamiques ce devrait être les conditions habituelles et c'est la première épouse qui joue ce rôle de représentation[16] en principe.

16 Dans la pratique au Mali, en cas de polygamie, la représentation est généralement et de fait assurée par un frère ou un ami du mari et non la première épouse.

Dans les réunions du conseil de famille, la représentation est possible par mode spécial en cas d'empêchement d'un membre selon l'article 110 CMT. Lorsque le conseil désigne un tuteur pour des enfants mineurs ou autres incapables, celui-ci, en plus de l'obligation qui lui est faite de prendre soin de la personne du mineur, devra le représenter dans tous les actes civils (article 122 CMT).
C'est la même position exprimée dans l'article 155 CMT où un tuteur sera désigné pour représenter l'interdit dans les actes civils et un subrogé tuteur pour régler les difficultés en cas de conflit entre les intérêts de l'interdit et ceux de son tuteur.
Toujours, sur le plan familial17 la droit de puissance paternelle exprimé dans les articles 82 et suivants du code de la parenté font des parents (du père en premier lieu) les représentants légaux et généraux des enfants.
En dehors de la famille et dans un cadre professionnel de défense des intérêts : les avocats ont qualité de ...représenter les parties en toutes matières devant les diverses juridictions nationales extra nationales et internationales18.

84- Le pouvoir de représenter peut être conféré encore par une juridiction à un particulier pour gérer les intérêts d'une personne ou d'une institution (société commerciales).
Un exemple est fourni par l'article 146 CMT par rapport à l'interdit dont l'état y est décrit : état habituel d'imbécillité, démence, fureur excessive etc. Cet état qui peut être dénoncé par tout parent de l'interdit, ne saurait avoir d'effets de plein droit. Il est obligatoire d'avoir une décision de justice qui le consacre. L'article 147 CMT dit que : « *Toute demande en interdiction sera présentée au tribunal* »[19]. Dès que le jugement ou l'arrêt à autorité de la chose jugée, il sera pourvu à la nomination d'un tuteur pour représenter l'interdit dans les actes civils et d'un subrogé tuteur pour régler les difficultés ou conflits entre les intérêts de l'interdit et ceux de son tuteur[20].

17 Cf. Ordonnance n° 73-036 du 31 juillet 1973 portant code de la parenté.

18 Cf. article 11 de la loi n° 94-042 du 13 octobre 1994 portant création et organisation de la profession d'avocat.

19 Ce sera le tribunal de première instance ou la justice de paix à compétence étendue et la loi a prévu dans ce cas, au besoin, que le tribunal se déplace au domicile de l'interdit pour l'interroger et se constater son état.

20 Il s'agit de conflit d'ordre patrimonial dans le sens de gestion des biens des intéressés.

Quand on se reporte sur les Actes Uniformes, celui relatif au Droit des Sociétés commerciales et du Groupement d'Intérêt Economique offre un exemple précis de représentation judiciaire dans son article 226 qui énonce que :

> « La décision de justice qui ordonne la liquidation de la société, désigne un ou plusieurs liquidateurs ».

Le liquidateur est la personne professionnellement qualifiée qui va se substituer aux dirigeants sociaux pour gérer au mieux la liquidation dans l'intérêt des différentes parties, créanciers, sociétés, travailleurs etc.
Pour exprimer la constance de la présence judiciaire, l'article 227 du même acte ajoute que : « *La durée du mandat du liquidateur ne peut excéder 3 ans renouvelables par décision de justice…* ».

b°) L'origine conventionnelle :

85- Il s'agit de la forme la plus fréquente en matière de représentation. Elle est aussi la plus expressive en matière de mécanismes techniques en droit : « Chaque contractant peut exprimer sa volonté lui-même ou la faire exprimer par un représentant ».
La personne qui exprime en lieu et place du représenté se confond avec lui dans la mesure où tout se passe, par rapport au représenté, comme s'il avait agit en personne. Il peut arriver qu'il y ait des effets juridiques à gérer par rapport à une représentation à l'origine de laquelle il n'y eût pas de pouvoir. Le Régime Général des Obligations du Mali ne prévoit pas l'hypothèse. C'est en droit sénégalais qu'elle (hypothèse) a été envisagée à travers l'article 55 COCC[21]. Il a été précisé qu'un pseudo mandataire ou un mandataire sans pouvoir ne peut lier le tiers (mandant) que sous réserves de la ratification par ce dernier de ces actes. Toutefois dans la pratique, cela ne va pas sans difficultés. Qu'en est il lorsque le représentant va au-delà des pouvoirs que son mandant lui avait donné, c'est-à-dire lorsque le représentant prend trop d'initiatives.

3°) Le mandat apparent :

86- Les difficultés du mandat apparent ont pour source l'inobservation de l'article 31 RGO qui énonce que :

21 Les termes de l'article 55COCC énoncent : « Lorsqu'une personne contracte sans pouvoir au nom d'un tiers, celui-ci n'est lié que par la ratification du contrat. Cette ratification rend le contrat opposable au tiers du jour de sa conclusion ».

> « Au moment de la conclusion du contrat, le représentant doit faire connaître au tiers contractant qu'il agit pour autrui et justifier de ses de ses pouvoirs ».

En s'en tenant aux termes du contrat de représentation, il ne devrait en principe plus y avoir de problèmes subséquents à résoudre parce que le représenté serait censé exécuter à la lettre ce qui lui a été demandé de faire ou encore de nos jours, à l'heure du téléphone portable, opérationnel à tout moment, le représentant est censé s'être fait autorisé avant de conclure avec le tiers au nom du représenté. Car précise l'article 1989 du code civil :

> « Le mandataire ne peut rien faire au-delà de ce qui est porté dans son mandat. Or, le pouvoir de transiger ne renferme pas celui de compromettre », dit l'article 1989 in fine en substance.

c°) Définition du mandat apparent :

87- Le mandat apparent est un mandat ordinaire qui a été extraordinairement exécuté. Le mandataire est bien l'homme de confiance du représenté dans l'opération envisagée mais il (mandataire) s'y est pris au-delà de ce qui est normalement ses attributions conventionnelles initiales. Il peut l'avoir fait pour donner plus de chance à la conclusion du contrat d'aller plus ou moins rapidement, ou en se fondant sur ses rapports particuliers avec le mandant (liens de parenté, d'amitié) ou encore en se disant qu'il est un professionnel comme ce peut être le cas évoqué dans l'Acte Uniforme portant sur le droit Commercial Général sur l'agent commercial. En effet, l'article 184 AUGCG dispose :

> « L'agent commercial est un mandataire qui, à titre de profession indépendante, est chargé de façon permanente de négocier et éventuellement de conclure, des contrats de vente, d'achat, de location ou de prestation de service, au nom et pour le compte de producteur, d'industriels, de commerçants ou d'autres agents commerciaux, sans être liés envers eux par un contrat de travail ».

Dans tous les cas de figure le principe est que le mandant n'est pas tenu des actes ou des engagements accomplis ou donnés par le représenté par le représentant au-delà de ses pouvoirs sauf s'il donne un nouvel accord complétif couvrant les actes susvisés. Ce qui s'appelle ratification. Le représenté en ratifiant valide rétroactivement les actes de son représentant. ; Ce qui aura des conséquences pour lui.

d°) Conséquence du mandat apparent :

88- En cas de ratification le mandant sera tenu de s'assumer trait par trait dans l'exécution du contrat vis-à-vis de son cocontractant.
Dans l'hypothèse où le mandant ne ratifiait pas l'acte ou l'engagement, le contractant pourrait toujours l'y contraindre par voie judiciaire car il lui a été donné de croire légitimement que le mandataire le représentait pour l'ensemble des pouvoirs conduisant aux actes et engagements. Ainsi un arrêt la Cour d'Appel22 a reconnu l'engagement d'une banque envers l'administration des domaines (impôts) un cautionnement solidaire signé du seul P.D.G alors qu'en principe il fallait la signature de deux administrateurs. La banque a été condamnée à verser la somme objet du cautionnement au motif, ajoutera la Cour de Cassation plus tard, « que le mandant peut être engagé sur le fondement d'un mandat apparent, même en absence d'une faute susceptible de lui être reprochée, si la croyance du tiers à l'étendue des pouvoirs du mandataire est légitime… »[23].
Cette croyance légitime met le contractant dans des prédispositions qui ne l'autorisent plus à vérifier les pouvoirs du tiers (représentant).
Les faveurs du mandat apparent ne doivent cependant pas amener les contractants à ne pas vérifier les pouvoirs des représentants. Car cela est toujours dans leur intérêt immédiat à priori que d'avoir à passer par des procès longs pour reconnaître à posteriori ces intérêts.
Le contrat de mandat présente plusieurs types de rapports dans sa configuration.

4°) Les effets de la représentation :

Le schéma de la représentation donne une configuration qui juxtapose trois (3) personnes à des obligations différentes qui sont le représenté, le représentant et le tiers contractant. Quels rapports existent entre ces trois personnes ?

a°) Rapport entre tiers contractant et représentant :

89- L'article 31 RGO oblige le représentant à révéler au tiers contractant qu'il agit pour autrui en donnant la preuve et l'étendue de ses pouvoirs. Il n'est pas

22 Poitiers mai 1957.
23 Assemblée plénière 13 décembre 1962. D 1963. 277, note J Calais-Auloy, JCP 1963 III 13105, note P. Esmein, RTD. Civ. 1963 ; 572 obs. Cornu page 559. Dans Les Grands Arrêts de la Jurisprudence Civile Tome 2. Obligations, Contrats spéciaux, Sûretés 11ème édition 2000.

nécessaire que le représentant soit majeur (article 33 RGO). Même un mineur peut représenter.
Cependant, l'efficacité de son consentement est requise pour la validité du contrat envisagé. Chaque fois que le consentement du représenté a été vicié, le représenté peut ne pas être engagé sauf s'il y a confirmation (article34 RGO). En plus le représentant qui décline ses qualités au tiers contractant ne peut être tenu de garantir ce qui a été fait sauf s'il s'engage personnellement. En effet, le représentant peut s'engager personnellement auprès du contractant sur la conclusion et l'exécution du contrat en se portant fort (promesse de porter fort art 84 et s).De même il peut toujours s'engager par voie de cautionnement aux côtés du représenté pour garantir l'exécution du contrat au contractant. Cela aura pour conséquence de permettre au tiers contractant de pouvoir poursuivre le représentant pour l'exécution du contrat.

b°) Rapports cocontractant et représenté :

90- L'article 32 RGO dispose : « Les droits et obligations dérivant du contrat passé par le représentant naissent directement sur la tête du représenté ». La personne du représentant dans un contrat régulier, s'efface pour laisser place à celle du représenté, qui devient soit créancier soit débiteur ou les deux selon la nature du contrat. C'est lui (représenté) la vraie partie contractante ; Il exercera les droits ou sera tenu des obligations nées du contrat ; Il répondra également des fautes commises par son représentant vis-à-vis du cocontractant.

c°) Rapports représenté représentant :

91- Le Régime Général des Obligations est muet quant aux rapports représentés représentant. Le code civil énumère une série d'obligations entre le mandataire et le mandant.
Le mandant doit rembourser au mandataire les avances et frais que ce dernier est amené à engager dans la remise de l'opération (article 1999 code civil). Il devrait l'indemniser aussi des pertes éventuelles que celui-ci (représentant) a essuyées à l'occasion de sa gestion. Toutefois cette indemnité ne joue pas en cas d'imprudence imputables au représentant (article 2000 code civil).

Il arrive qu'un mandataire ait aussi son propre mandataire dans une même affaire. En cas de problème la loi a prévu que le mandant puisse agir directement contre cette personne que le mandataire initial s'est substitué (article 1994 code civil).

Il faut signaler que la cour de cassation française s'est fondée sur une relation symétrique de l'article 1994 pour dire que puisque le mandant peut agir directement contre le substitut du mandataire « Que par voie de conséquence, le substitué jouit d'une action personnelle et directe contre le mandant pour obtenir le remboursement de ses avances et frais et le paiement de la rétribution qui lui est due »[24].
Dans le cadre des contrats, le représentant a une obligation qui pèse sur lui soit en cours d'opération soit en fin d'opération de rendre compte au représenté. « Tout mandataire a une obligation de rendre compte » dit l'article 1993 du code civil le représenté peut, par la voie de l'action de reddition de compte, obliger le représentant à lui rendre compte.
Il est des cas où le représentant peut être intéressé lui-même par l'objet du contrat de représentation ou il peut être le représentant de deux mandants dans un contrat synallagmatique.

5°) Le contrat avec soi même.

Deux hypothèses sont fréquentes dans la conception de ces contrats.

a°) Première hypothèse : Mandataire partie :

92- Elle joue lorsque le mandataire s'est retrouvé en position de cocontractant de fait de son représenté. Exemple il veut vendre un immeuble lui appartenant, une autre personne le charge de lui trouver un immeuble à acheter correspondant aux descriptions du sien. Le représentant peut il opportunément céder son immeuble à son mandant dans le cadre du contrat de représentation qui les lie ?
La difficulté ne semble que théorique, liée à la définition du contrat qui est un accord de deux volontés alors que dans ce cas, seule une volonté est exprimée, celle du mandant car théoriquement le représentant n'est pas le cocontractant du représenté[25].
En réalité, il n'y a pas de difficultés majeures, le contrant peut bien se conclure sans autre incidences. Mais à condition que le mandataire soit resté de très

24 Civ. 1ère section civ. 27 décembre 1960.
D. 1961 note Bigot-RTD. Civ. 1961. 700. Obs. Cornu. B. CS... dans les Grands Arrêts de la Jurisprudence Civile Tome 2. 11ème édition 2000.
25 Il faut distinguer le contrat de représentation entre le représenté et le représentant de celui qui résulte de ce pouvoir entre le représenté et le tiers trouvé par le représentant.

bonne foi, c'est-à-dire bienveillant sur les intérêts de son mandant. Il devrait donc pouvoir gérer en équité le contrat en préservant tous les intérêts. Sinon au fond ce sera l'expression de deux volontés dans la conclusion de ce contrat. Ce devra être la règle.

93- Dans certains cas le législateur lui-même a juste pris quelques dispositions pour mieux équilibrer les choses soit en imposant l'intervention d'autre personne soit en interdisant carrément le contrat avec soi même. Par exemple l'article 122 CMT qui fait du tuteur des mineurs son représentant dans tous les actes civils, lui interdit de pouvoir acheter les biens du mineur ou de les prendre à ferme sauf si le conseil de famille autorise le subrogé tuteur à lui en passer bail. Le subrogé tuteur est une personne désignée par le conseil de famille qui intervient dans la gestion du patrimoine du mineur toutes les fois que les intérêts de celui-ci peuvent être opposés à ceux de son tuteur.
Dans un cas d'interdiction, il faut rappeler les dispositions de l'article 39 du statut des Commissaires priseurs qui précise que : « Il est interdit au commissaire priseur à peine de destitution ou de se rendre directement adjudicataire des objets qu'il est chargé de priser ou de vendre »[26]. Le commissaire priseur est un officier ministériel chargé de vendre à leur place, sur autorisation de la justice, les biens des débiteurs saisis.

b°) Seconde hypothèse Mandataire entre parties :

94- Dans certains domaines (commerce) il existe des mandataires professionnels tels les agents commerciaux et autres intermédiaires (courtiers et commissionnaires). Dans la vie courante, certaines personnes sont reconnues dynamiques et dignes de confiance sur lesquelles beaucoup de pensées convergent lorsque l'on veut céder ou acquérir des biens. C'est pourquoi il n'est pas rare qu'une même personne puisse se retrouver mandataire de deux autres qui, elles, ne se connaissent pas. Ainsi une personne peut charger le représentant d'acheter un bien déterminé et l'autre de vendre un bien de même nature. Ce représentant peut il être fondé à conclure le contrat au compte de deux représentants par sa seule volonté ?
Ici aussi, la difficulté n'est que théorique en ce qu'une seule volonté se substitue à deux volontés requises. A y regarder de près, le mandataire représente

26 Loi n° 88-04-AN-RM du 27 février 1978 portant institution de charge et statuts des commissaires priseurs.

deux volontés, aux pouvoirs qui se rencontrent en lui. On ne devrait pouvoir lui (représentant) imposer qu'une rigueur de loyauté morale pour agir au mieux des intérêts du cédant et de l'acquéreur.
Dans les deux hypothèses évoquées ci-dessus, force doit rester à la conclusion et à la validation des contrats où le représentant s'est retrouvé cocontractant ou co-représentant de principe. Néanmoins, les juridictions devraient être plus exigeantes sur certains critères et mécanismes juridiques comme la lésion dans les ventes immobilières, le dol dans l'intégrité du consentement...
La représentation est-elle définitive ?

6°) La fin de la représentation :

Le Régime Général des Obligations n'en fait pas cas et c'est donc le code civil français qui donne certaines orientations en plus d'autres textes en vigueur au Mali.

a°) Causes :

95- L'article 2003 du code civil dispose que « Le mandat finit :

Par la révocation du mandataire ;
Par la renonciation de celui-ci au mandat ;
Par la mort naturelle ou civile, la tutelle des majeurs ou la déconfiture, soit du mandant, soit du mandataire ».

L'analyse de cet article renvoie à la conformité avec les principes juridiques habituels sauf pour le premier cas où il y a un certain excès.
En effet, il est établi que dans la révocation du mandataire, le mandant peut le faire ad nutum (article 2004 du code civil) c'est-à-dire à tout moment. C'est dire que le représentant est dans une position de constante fragilité l'asseyant dans un siège éjectable dont le mécanisme de propulsion hors, dépend de la seule volonté du représenté. Cependant, l'évolution de la vie avec ses exigences multiformes met le représentant dans une position de débiteur constant. En effet le représentant peut prendre plusieurs petits engagements au près de diverses personnes et ou institutions pour la conduite et la réussite d'une opération dont il est chargé. C'est le cas lorsqu'un immeuble doit être vendu, il faut faire le tour de plusieurs services publics comme privés au Mali pour minimiser les risques infestante. S'il est permis au propriétaire de cet immeuble de dessaisir ; comme bon lui semble, il mettrait le représentant dans

une situation très inconfortable. C'est ce qu'on a appelé précarité du contrat de mandat[27]. Il est évident qu'il y a un excès légal dans cet alinéa.
L'hypothèse où le mandataire peut renoncer est prévue, mais il semble évident que cette possibilité ne jouera que pour des raisons sérieuses et bien fondées. Il y a en outre (dernier alinéa) les cas de mort naturelle, il s'agit de la mort biologique, la mort civile résulterait de décisions de justice qui établissent des incapacités de jouissance par le mandataire ; la tutelle du mandant ou du mandataire suppose l'altération de leurs moyens mentaux pour des troubles. Enfin, la déconfiture, est la faillite des personnes civiles c'est-à-dire celles qui n'ont pas la qualité de commerçant.

96- La rigueur du code civil semble trouver un tempérament dans l'Acte Uniforme portant sur le Droit Commercial Général qui vise la cessation du mandat de l'intermédiaire dans son article 156 :

> « Le mandat de l'intermédiaire (agent commercial, courtiers commerciaux) cesse :
> par l'accord entre le représenté et l'intermédiaire ;
> par l'exécution complète de l'opération ou des opérations pour lesquelles le pouvoir a été conféré ;
> par la révocation à l'initiative du représenté ou par la révocation de l'intermédiaire.
> La fin du mandat est assouplie dans sa manière et dans ses conséquences. ; L'accord des deux parties est prévu, l'exécution complète de la tâche est prévue révocation et renouvellement sont mis en balance ».

b°) Conséquences de la fin du mandat :

97- Tout mandataire est tenu à une obligation de compte rendu à son mandant (article 1993 du code civil) suivi de la remise éventuelle au mandant de l'acte du mandat écrit sous seing privé ou original de la procuration (article 2004 du code civil).

Le code civil prévoit même une possibilité d'indemnisation du mandant par le mandataire lorsque celui-ci renonce à poursuivre le mandat. Il n'en serait dispensé qu'à la seule condition que la poursuite du dit mandat lui cause un préjudice considérable (article 2007 du code civil).

27 Précarité du contrat de mandat in TERRE (F) et Cie op. Cit.

Une fois encore, c'est le texte de l'Acte Uniforme sur le Droit Commercial Général qui établit l'équité dans l'alinéa 2 de l'article 156 :

> « Toutes fois, le représenté qui révoque de manière abusive le mandat confié à l'intermédiaire doit l'indemniser des dommages causés. L'intermédiaire qui renonce de manière abusive à l'exécution de son mandat doit indemniser le représenté des dommages causés ».

La précarité du mandat cède le pas à sa consistance désormais et les expressions comme « bon lui semble » ou « ad nutum » se rationalisent davantage. L'importance croissante de la représentation liée à l'évolution socio économique du monde rend nécessaire la compréhension affinée des différents mécanismes du mandat.
Le consentement est-il un phénomène simple ou complexe dans son expression ?

C.- Les étapes du consentement :

98- L'article 35 RGO alinéa 3 dispose :

> « Il n'y a point de contrat sans consentement émanant de l'une et de l'autre partie ».

Le contrat se trouve à la croisée des deux consentements, celui de la personne qui propose et celui de la personne qui répond positivement. On parle respectivement d'offre et d'acceptation qui met en scène un mécanisme juridique extrêmement important et intéressant à analyser.

Importance :

99- Les aspects sociaux et économiques de la vie de tous les jours se gèrent autour de ces deux notions (offre et acceptation) et leurs conséquences. Sur le plan social, les emplois s'obtiennent suite à l'expression de besoin par l'Etat, les collectivités, les entreprises ou les particuliers, on parle d'offre. A l'inverse, pour caractériser l'acceptation, le terme de demande est utilisé, mais pour des raisons apparemment pragmatiques.

En effet, il y a généralement plus de demandeurs (personnes susceptibles d'accepter) que de places offertes.

Sur le plan économique et financier, par exemple l'offre se fait constater dans les banques et institutions financières, qui, par leur seul établissement, proposent de prêter de l'argent à ceux qui acceptent leurs conditions.
De même des professionnels appelés commerçants font des offres de vente au public sur des étales ou fonds de commerce, les transporteurs et taximen font des offres de transport payant à des clients qui acceptent leurs propositions. Il peut être affirmé donc que le système offre acceptation est le mécanisme déclencheur du mouvement des activités conventionnelles dans la société.
100- Il faut également préciser que les contraintes de l'offrant et l'acceptant ne sont pas les mêmes. « On peut être obligé de vendre, mais on est jamais obligé d'acheter » dit-on. Cela est vrai à double échelle. D'une part, à l'ordinaire les gens ne font des offres de vente de leurs biens que lorsque cela devient le seul moyen de s'équilibrer sur le plan patrimonial ou de tenir certains de leurs engagements. D'autre part, dans les procédures judiciaires et juridiques, les voies d'exécution permettent la conversion des saisies conservatoires en saisies vente dans des conditions prévues à l'article 70 de l'Acte Uniforme sur les procédures simplifiées de Recouvrement et des Voies d'exécution. L'article 70 dispose :

> « A l'expiration d'un délai de huit jours à compter de la date de l'acte de conversion, l'huissier ou l'agent d'exécution[28] procède à la vérification des biens saisis…
> Dans ce procès verbal il est donné connaissance au débiteur qu'il dispose d'un délai d'un mois pour vendre à l'amiable les biens saisis… ». Les conditions d'une telle vente (offre) sont déterminées dans les articles 115, 116 et 117 du présent Acte.

C'est ce qu'on appelle pudiquement « les dispositions favorables de l'article 70 ». Cette seconde contrainte est extrêmement poignante sur l'offrant qui doit trouver un acquéreur à son (ses) biens meubles29 et ou immeubles dans un court délai de 30 jours francs.

---

28 Acte Uniforme portant Organisation des Procédures Simplifiées de Recouvrement et de voies d'exécution adoptées dans le cadre du Traité relatif à l'Harmonisation du Droit des Affaires en Afrique notamment en ses articles 2 et 5 à 12.

29 Il est vrai que la saisie immobilière est beaucoup plus complexe (voir N'Diaw Diouf Saisie immobilière OHADA op cit.) Il est vrai que la saisie immobilière suit un parcours assez singulier (voir N'Diaw Diouf saisie immobilière) mais elle se termine également par une adjudication en l'espace de quelques jours.

Etat de la législation :

101- Le Régime Général des Obligations du Mali a réglementé l'offre et l'acception dans 6 articles (de l'article 42 à 47) alors que le code civil s'en tient aux conditions générales décrites dans l'article 1108. Tous les développements assortis de principes sur l'offre et l'acceptation sont l'œuvre de la doctrine et de la jurisprudence.

Ensuite au Mali et dans un cadre régional Africain (OHADA) des dispositions législatives[30] viennent réglementer de façon spécifique la formation du contrat de vente de l'article 210 à 218 du présent Acte. ; Dans ces articles, le législateur OHADA apporte assez de précisions, sur l'offre et l'acceptation dans le cadre de vente de marchandises.

1°) L'offre ou pollicitation :

L'article 42 RGO énonce que le contrat se forme par une offre faite par la personne qui consent à vendre ou à recruter pour un emploi précis etc.

a°) Définition :

102- L'offre de contrat est une proposition qui comporte tous les éléments du contrat projeté31. L'article 210 de l'Acte Uniforme sur le Droit Commercial Général dispose que :

> « Une proposition de conclure un contrat, adressée à une ou plusieurs personnes déterminées, constitue une offre si elle est suffisamment précise et si elle indique la volonté de son auteur d'être lié en cas d'acceptation ».

L'offre se distingue des simples pourparlers qui se déroulent avant la manifestation réelle de la volonté de s'engager dans les liens contractuels. Les pourparlers ne sont qu'une phase préparatoire ne comportant pas tous les éléments du contrat.
Pour constituer une véritable offre, la proposition doit revêtir certaines caractéristiques.

30 Acte Uniforme sur le Droit Commercial Général. Livre V titre II dans Recueil 2000 des Codes et Textes Usuels au Mali. Tome 1.

31 Benabent (Alain) Droit civil, les Obligations 3ème édition 1991 Montchrestien page 31.

b°) Caractéristiques de l'offre :

Les caractéristiques tiennent à deux qualités substantielles : la précision et la fermeté de l'offre.

b-1. La précision :

103- L'offre lie son auteur dès lors qu'elle précise les éléments principaux du contrat proposé sous réserve d'une volonté contraire (article 44 RGO). La précision est exigée puisque l'offre qu'elle caractérise doit donner naissance à une convention dès son acceptation. Dans le code civil le contrat de vente est soumis par l'article 1583, pour sa conclusion, à l'entente entre parties sur la chose et sur le prix. Mais les parties peuvent ménager autrement leurs rapports si elles le veulent communément.
Dans la vente commerciale, une proposition est suffisamment précise si elle indique la volonté de l'offrant d'être lié par n'importe quelle acceptation (article 210 AUGCG).

b- 2°) La fermeté.

104- Elle est une qualité de l'offre qui impose de ne laisser entrevoir aucun doute possible sur l'intention de conclure de l'offrant. C'est l'état univoque de la volonté du pollicitant de s'engager dans les liens du contrat projeté.
D'une façon générale, l'offre peut revêtir plusieurs formes : elle peut être expresse auquel cas elle est manifestée par des paroles, écrits, ou attitudes positive, exemple marchandises exposées dans une vitrine. Elle (offre) peut être tacite auquel cas on l'a déduit d'un acte, d'un comportement. Exemple : un locataire qui n'évacue pas les lieux à la fin du bail, fait état de sa volonté de renouvellement du bail. L'offre peut par ailleurs être faite soit au public ou à personne indéterminée : cas de publicité par la presse écrite ou audiovisuelle, soit à personne déterminée. Dans ce dernier cas l'offrant choisit directement et personnellement son cocontractant. Par exemple un frère qui décide de vendre un bien qu'il a hérité et le propose à un autre de ses frères (cohéritier).

c°) La révocation de l'offre :

105- « Le pollicitant peut rétracter l'offre tant qu'elle n'a pas été acceptée. Cependant, lorsqu'un délai a été fixé pour l'acceptation ou que ce délai résulte

des circonstances, la révocation de l'offre ne peut intervenir avant qu'il ne soit expiré » article 44 dernier alinéa.
Une offre « libre » peut toujours être rétractée par l'offrant. En faisant l'offre à une personne déterminée, ou au public, le pollicitant peut revenir rapidement sur sa volonté tant que cette offre n'est pas parvenue à la personne ou qu'un client, preneur ne s'est manifesté.

106- L'Acte Uniforme sur le Droit Commercial Général circonscrit davantage les exigences de l'offre qui ne peut prendre effet que lorsqu'elle arrive à son destinataire tout en ajoutant qu'elle (offre) est révocable si la révocation parvenait au destinataire avant que celui-ci n'ait expédié son acceptation (article 211). Pour cette dernière hypothèse, il peut y avoir quelques difficultés. En effet, à quel moment précis la conclusion du contrat intervient entre la réception de l'offre et la manifestation de volonté d'accepter ? L'offre parvenue n'est elle pas synonyme d'échange de contrat dans certains cas ? Des problèmes qui résultent de telles situations constituent des questions de fait que les juges du fond analyseront souverainement.
Le terme (délai) compromet la liberté de rétractation de l'offre. Le pollicitant dont la volonté est assortie d'un délai expressément fixé en faveur de l'acceptant ou que ce délai résulte des circonstances, n'est plus libre de se reporter avant que ce temps s'écoule (article 44 in fine RGO). Au critère de délai du Régime Général des Obligations, l'Acte Uniforme sur le Droit Commercial Général ajoute un autre critère intrinsèque dans le cas où l'offre elle même préciserait qu'elle est irrévocable (article 211 AUDCG).
Une offre se disant irrévocable se maintient jusqu'à ce que son destinataire la reçoive et se prononce. Une telle offre ne peut prendre fin que quand son rejet parvient au pollicitant.

d°) La caducité de l'offre :

107- Quand l'offre devient inopérante, inefficace, on parle de caducité. L'offre caduque est imputable à deux causes essentielles selon l'article 44 alinéa 2 RGO qui énonce que : « L'incapacité ultérieure ou le décès du pollicitant rendent l'offre caduque ». Donc la survenue malheureuse d'une incapacité juridique ou du décès de l'offrant étouffe subséquemment l'offre.

d.- 1°) L'incapacité de l'offrant.

108- L'offrant est présumé une personne en bonne santé mentale ; mais s'il est découvert plus tard un état de démence même alternant (avec des moments de lucidité) ou s'il devient débile, fou, furieux à l'excès, il ne peut plus s'engager sans l'assistance de son tuteur. Par conséquent l'offre qu'il proposait devient automatiquement caduque.

d.-2°) Le décès de l'offrant :

109- C'est une question de pure logique, la mort met fin à la proposition de l'offrant parce que sa volonté a disparu. Or, les héritiers ne peuvent pas s'engager à la place du déçu jus. Du reste ils n'héritent pas de l'offre par conséquent son maintien ne leur est pas opposable.
Toutefois, dans le cas de la vente conformément aux dispositions favorables de l'article 70 de l'Acte Uniforme sur la procédure Simplifiée et des Voies d'Exécutions, l'offre faite peut être maintenue dans l'intérêt des héritiers.
L'offre n'est efficace que lorsqu'elle a une réponse favorable.

2°) L'acceptation :

L'acceptation est la réponse positive que le cocontractant apporte à l'offre du pollicitant. Outre sa définition, l'acceptation implique certaines caractéristiques et forme et surtout pose un problème particulier lorsqu'elle doit être déduite d'un silence.

a°) Définition :

110- L'acceptation dans les étapes de passation d'un contrat se présente comme la manifestation d'adhésion pleine et entière de l'acceptant au contrat proposé par l'offrant. Le Régime Général des Obligations ne la définit pas, mais le législateur OHADA y supplée dans l'article 212 de l'Acte Uniforme sur le Droit Commercial Général en disposant :

> « Une déclaration ou tout autre comportement du destinataire indiquant qu'il acquiesce à une offre constitue une acceptation ».

L'acceptation a ses caractéristiques propres.

b°) Caractéristiques :

111- Tout comme l'offre, l'acceptation peut être tacite ou expresse. L'article 45 RGO se confine à dire que « l'acceptation peut être tacite sous réserves d'un mode acceptation imposé par le pollicitant... ». A y analyser de près, l'adjectif tacite s'évalue par rapport à expresse ; surtout que cela peut être exigé par le pollicitant conformément aux termes de l'article 45 RGO. En effet, l'expression « sous réserves d'un mode d'acceptation imposé par le pollicitant » traduit la possibilité offerte à l'offrant de se faire répondre dans telle ou telle forme ou telle ou telle manière par l'acceptant.
D'une façon expresse l'acceptation peut être exprimée par parole, écrit ou résulter d'acte ou geste non équivoque. Exemple dans une vente aux enchères, la personne qui lève la main devient enchérisseur. De même un client qui ouvre la porte d'un taxi...
D'une façon tacite, l'acceptation suppose un acte où l'on déduise la volonté de s'engager dans des liens contractuels. Exemple lorsqu'un commerçant envoie effectivement les marchandises ou articles commandés, il est présumé avoir accepté le contrat de commande de l'offrant (demandeur).
En plus l'offrant peut demander à être répondu par téléphone, télex, télécopie ou autre moyens de communication instantanés article 215 AUD CG.

c°) Formes de réponses :

112- L'acceptation doit être pure et simple dans son expression de manière à conjurer toute interprétation conflictuelle. La réponse appropriée à une offre est « oui » ou « non ». Mais lorsque des nuances doivent interférer sur cette réponse deux hypothèses se dégagent à travers l'article 214 AUDCG qui énonce dans son alinéa premier que : « Une réponse qui tend à être l'acceptation d'une offre, mais qui contient des éléments complémentaires ou différents, n'altérant pas substantiellement les termes de l'offre, constitue une acceptation ». Le « oui » ou plutôt l'accord peut être déduit d'un accord de principe donné à l'offre présentée. En vertu de l'accord de principe, l'acceptant avalise les éléments principaux du contrat mais se réserve le droit de discuter quelques modalités secondaires[32].
L'alinéa 2 du même article (214) spécifie qu'« Une réponse qui tend à être l'acceptation d'une offre, mais qui contient des additions, des limitations ou

32 Benabent (A) Op. Cit.

autres modifications doit être considérée comme un rejet de l'offre et constitue une contre offre ».

113- Ce second segment de l'article 214 AUDCG semble dire « Offre sur offre ne *vaut* ». En principe, l'offrant est la personne qui a réfléchi à ses actes, à son objectif à atteindre à travers sa volonté de céder tel ou tel bien de son patrimoine, ou d'offrir telle ou telle prestation pour en tirer profit. Par conséquent sa volonté doit être soit acceptée soit rejetée dans sa plénitude. Mais il ne doit pas être permis au tiers de contrarier sa volonté en lui (offrant) imposant sa volonté car l'acceptant n'est pas obligé de contracter alors que l'offrant est certainement obligé d'offrir à conclure.
Cependant il faut faire remarquer que le législateur n'en fait pas une cause péremptoire, il dit « doit être considérée comme rejet ». Ce qui veut dire que lorsque les contre propositions ou la contre offre du probable acceptant conviennent à l'offrant, le contrat peut être conclu valablement. Et les opérations du genre sont extrêmement fréquentes dans la vie courante où les contrats sont conclus aux souhaits de l'acceptant.
Par exemple une personne en difficulté financière offre de louer sa concession rurale à une autre pour un hivernage afin de pouvoir régler certains problèmes de famille. Le tiers (acceptant) lui propose d'acheter au lieu de louer. En cas de vente, le contrat est bien valable.
Un commerçant propose un stock de produits en vente unique (globale) une personne se présente avec l'intention ferme d'acheter mais exige au commerçant et envoie à sa charge le transport desdits produits jusqu'à destination voulue.

d°) Rétractation de l'acceptation :

114- L'article 216 AUDCG dispose que : « L'acceptation peut être rétractée si la rétractation parvient à l'auteur de l'offre avant le moment où l'acceptation aurait pris effet ».

La rétractation est la renonciation à une offre initialement acceptée mais qui n'a pas encore commencé à produire effets (article 216 AUDC). C'est un oui (accord) donné mais immédiatement effacé par une nouvelle annonce contraire à l'intéressé. La seule condition est que l'acceptation du contractant ne soit pas parvenue au terme du délai accordé par l'offrant. Lorsque c'est par écrit (télégramme ou lettre) le délai d'acceptation court au jour de l'émission, le cachet de l'administration de la poste faisant foi ; lorsque c'est par voie de

communication instantanée (téléphone, télexe télécopie etc.) le délai de l'acceptation court au moment où l'offre parvient au destinataire (articles 215 AUDCG).
Donc la rapidité dans la réaction, semble le critère le mieux indiqué dans la rétractation d'une acceptation.

e°) L'offre et le silence :

115- L'article 45 RGO dispose :

> « ...Le silence vaut acceptation lorsque les relations d'affaires existant entre les parties, les dispensent de toute autre manifestation de volonté ou lorsque l'offre a été faite dans l'intérêt exclusif du destinataire ».

De son côté l'article 212 AUDCG énonce que : « Le silence ou l'inaction à eux seuls, ne peuvent valoir acceptation ».
Ces deux articles expriment en Droit OHADA et malien, un principe et ses amendements ou exceptions.

e- 1.- Le principe :
116- Il est exprimé dans l'article 212 AUDCG en termes très clairs « Le silence ou l'inaction, à eux seuls, ne peuvent valoir acceptation »[33]. C'est cette même position qu'a instituée la Cour de Cassation française dans un arrêt de principe (Civ. 25 mai 1870) où des actions avaient été souscrites au nom d'une personne, qui, malgré une lettre d'information, n'avait réagi. Et les souscripteurs croyaient à son accord par son silence. C'est que la cour de cassation redressa en ces termes :

> « Attendu, en droit, que le silence de celui qu'on prétend obligé ne peut suffire, en l'absence de toute autre circonstance, pour faire preuve contre lui de l'obligation alléguée ».

L'adage bien connu, « qui ne dit mot consent » n'opère pas en droit en général. « Décider que le silence vaut consentement serait porter atteinte à la liberté des individus car ce sera les contraindre à répondre aux offres qui leur sont adressées »[34]. En clair, le silence ne vaut pas automatiquement consentement en droit.

33 H Capitant F. terré. Y. Legretre. Les grands Arrêts de la Jurisprudence Civile. Tome 2 pages 13.
34 Cf. 25cmai 1870. DP 70-1-257, S. 70-1. 341 dans Les Grands Arrêts de la Jurisprudence

e.-2- Exceptions :

117- Elles sont exprimées dans l'article 45 RGO. En effet, le silence vaut acceptation dans les relations d'affaires et dans le cas de l'intérêt exclusif du destinataire. La logique dans le cas des affaires est liée à la répétition et la fréquence des contrats antérieurs entre les parties en relations régulières d'échanges.
Le second cas est une simple question de bon sens qui repose sur une forte probabilité que la personne bénéficiaire d'un « intérêt exclusif » ne réagirait jamais négativement. Donc son silence vaudra acquiescement.
A ces deux amendements légaux, un troisième d'origine jurisprudentielle vient s'ajouter. Lorsque les parties –offrant acceptant- appartiennent à un même milieu professionnel où les usages autorisent un contournement du principe « le silence ne vaut pas consentement ». Aussi le destinataire d'une offre est présumé accepter sauf s'il exprime clairement son refus.[35]
Une fois l'acceptation donnée en bonne et due forme, intervient la jonction des volontés.

3°) La rencontre des volontés :

118- Elle est l'acte générateur du consentement plus précisément du contrat comme le confirme l'article 42 RGO « Le contrat se forme par une offre ou pollicitation suivie d'une acceptation ».
En fait chacune de l'offre ou de l'acceptation quitte son autonomie hétérogène pour fusionner en un objet homogène unique qui devient la source plénipotentiaire du contrat.

a°) La rencontre directe des volontés :

119- C'est heureusement le cas le plus fréquent où les parties se retrouvent en un lieu (ville, village) donné et à un moment précis pour discuter et convenir de leurs convention ou contrat soit par elles-mêmes, soit par le truchement de leurs représentants spéciaux ou généraux. Il n'est pas nécessaire pour que le contrat naisse que les parties arrêtent tous les détails du dit contrat car le

---

Civile Tome 2. Obligations Contrats spéciaux Sûretés Dalloz 11ème édition.

35 Civ. Sat. Com. 21 mai 1951, Bull. Civ II n° 168. P. 128 ; com 9 janv.1956.Bull. Civ. III n° 12. P 131 dans Grands Arrêts de la Jurisprudence Civile. Déjà cité.

contrat est réputé conclus à partir du moment où un accord de principe est acquis entre elles sur les clauses essentielles (article 43 RGO)[36].

Dans l'hypothèse où l'acceptation serait tacite, le contrat sera réputé être formé au moment de cette forme tacite c'est-à-dire par l'écoulement d'un temps sans réaction négative par exemple.
L'échange direct entre parties présentes au moins deux avantages :
Premièrement : les parties ou leurs représentants munis de mandats spéciaux signent leur contrat selon la forme légale requise (contrat consensuel : échange verbal, contrat non consensuels : passage devant notaire). Que ce soit adprobationem ou ad-validitem, le contrat ne souffrira d'aucun retard dans son exécution.
Deuxièmement : en cas de conflit relatif à la formation où l'exécution, les règles de compétences juridictionnelles sont déjà connues. C'est le tribunal de la commune ou de la ville où les parties ont conclu ensemble sauf convention contraire.

b°) La rencontre à distance des volontés :

120- L'article 46 RGO dispose qu'« Entre absents, le contrat se forme comme entre personnes présentes au moment et au lieu de l'acceptation… ».
Par rapport à ce point, le défaut de fixation de principes directifs par le code civil a donné l'occasion à la doctrine française et, à sa suite, à la jurisprudence de ratiociner pour camper le moment et le lieu de formation du contrat entre absents. Ainsi ont été développés plusieurs systèmes en théories dites de l'émission, de l'expédition de la réception ou de l'information. Ces différents systèmes sont très bien exposés par les auteurs Terré (F) et compagnie[37].
En affirmant que le contrat entre absents est formé au moment et au lieu de l'acceptation les rédacteurs du régime général des obligations (RGO) ont vite opéré un choix utile entre les différents systèmes développés par la doctrine français.
En effet, c'est le système de la réception renforcé par sa version exigeante le système de l'information qui a été retenu par le législateur malien et précisé par le législateur OHADA.

36 Des clauses constituent les différentes parties d'un contrat exprimé en articles ou paragraphes.
37 Terré (F) Simler (P) Leguette Y) Droit civil. Les Obligations 8ème éditions. Dalloz 2002. Pages 170, 171, 172, 173 et 174.

Le système de réception voudrait, pour qu'il y ait contrat, que l'acceptation soit portée à la connaissance du pollicitant. Lorsque l'on pousse la logique du système de réception, il intervient ce qu'on appelle le système de l'information qui se fonde sur une véritable rencontre de volonté. Ce système (information) n'admet pas la naissance d'un lien obligatoire « sans que le pollicitant ait pris connaissance de la réponse affirmative et concordante de son correspondant, car nul e peut être obligé sans le savoir »[38].

121- Deux articles de l'Acte Uniforme sur le Droit Commercial Général apportent la preuve que le législateur régional africain a choisi le système de la réception complété par celui de l'information.
D'abord l'article 213 AUDCG alinéa précise que « L'acceptation ne prend pas effet si cette indication (déclaration d'acquiescement) ne parvient pas à l'auteur de l'offre... ». C'est dire qu'il est obligatoire que le destinataire de l'offre fasse connaître son acceptation à l'offrant pour que le contrat naisse.
Ensuite l'article 218 AUDCG dispose que : « L'offre, une déclaration d'acceptation, ou toute autre manifestation d'intention est considérée comme étant parvenue à son destinataire lorsqu'elle lui a été délivrée par tout autre moyen au destinataire lui-même, à son principal établissement ou à son adresse postale ».
Les parties doivent s'informer, par réception mutuelle des offres et réception afin qu'il y ait contrat, c'est la condition en droit malien et OHADA. Cet article (218 AUDCG) apporte quelques souplesses aux modalités d'information in fine. Ainsi l'information est réputée être donnée lorsqu'elle parvient indifféremment au destinataire lui-même ou à son principal établissement ou à son adresse postale (boite postale) et certainement à son adresse mail (Internet).
Le consentement est donc une opération navettante entre offre et acceptation que l'accord conjoint vient concilier en un moment donné pour que le contrat naisse.
Celui qui promet simplement de conclure un contrat perd il sa liberté de choix du cocontractant ?

***La promesse de contrat.**

122- A la lisière du jeu de l'offre et de l'acceptation, se trouve un autre mécanisme exprimé dans l'article 47 RGO « Sauf disposition expresse de la loi, celui qui s'engage à conclure un contrat est lié par sa promesse. Le bénéficiaire

38 Terré (J) et Cie idem. Page 170.

de la promesse doit lever l'option dans le délai prévu. Le contrat produit à ce moment tous les effets ». Dans la pratique les promesses de contracter sont plutôt fréquent dans le domaine de la vente où on parle de promesse unilatérale de vente.
Cette promesse de contrat met en scène un promettant qui consent à un bénéficiaire la faculté d'acheter un bien déterminé à un prix également déterminé. En cas de réaction positive du bénéficiaire on dit qu'il lève l'option et devient subséquemment acheteur. C'est une opération fréquente. Elle peut avoir pour source un texte mais c'est surtout l'origine contractuelle qui est fréquente. Par exemple la clause de préemption dans un contrat de bail.

123- Cependant par l'idée d'arrhes assez répandue dans les législations pour reconnaître un retrait auto-sanction dans les contrats, la possibilité est reconnue aux parties de se dédire. Il est vrai que ce cas n'a pas été expressément décrit dans le cas de la promesse de contrat dans le Régime Général des Obligations du Mali, mais il est institué à la fois dans le code civil et le code sénégalais des obligations (article 98 COCC). En cas de retrait c'est à dire que lorsque l'une des parties se dédit, elle perd les arrhes si elles avaient versées ou elle les restitue en les doublant, si elle les avait reçues[39]. Les arrhes sont ainsi comme une variante de clause pénale mais qui portent sur un montant déjà disponible pour garantir le respect d'une promesse et non l'exécution du contrat.
La promesse de contracter emporte une offre et une préférence d'une part et une levée d'option d'autre part.

a°) L'offre de contracter :

124- Une offre est adressée à personne déterminée, le bénéficiaire d'acheter et de devenir cocontractant. Tant que le bénéficiaire n'a pas levé l'option en répondant « oui » il n'est pas engagé dans les liens contractuels avec le promettant. Toute la rigueur contractuelle se joue du côté du promettant par rapport à qui la promesse de vente vaut vente. Il ne sera libéré de son engagement que lorsque le délai qu'il avait imprimé, à la promesse arrive à terme alors que l'option n'est pas levée.

39 L'article 98 COCCS dispose : « Les arrhes remises à titre de dédit lors de la conclusion d'une promesse de contrat ou d'un contrat permettant à chacun des contractants de se départir du contrat en perdant les arrhes s'il les a versées, en les restituant au double s'il les a reçues ».

Toutefois, il reste évident que le promettant conserve son droit réel de propriété sur le bien proposé. D'abord en cas de perte fortuite, c'est à ses risques et périls ; ensuite en cas de vente à un tiers avant la levée de l'option, l'aliénation reste évidemment valable parce qu'il (promettant) n'a vendu que son propre bien mais en violation de la promesse initiale. Par conséquent le bénéficiaire de la promesse a un recours contre lui en responsabilité contractuelle qui se résout en dommages intérêts.
Le bénéficiaire n'est pas propriétaire mais il est juste créancier.

b°) Le pacte de préférence ou convention de préemption :

125- Il s'agit du droit de pouvoir acheter le premier. C'est une convention en vertu de laquelle le propriétaire d'un bien promet à une autre personne (dans les liens d'un autre contrat) de lui en proposer l'achat prioritairement. Généralement le locataire d'un immeuble bénéficie de cet égard juridique lorsque le bailleur veut vendre son immeuble. Cela résulte de clauses insérées dans le contrat de bail lorsque celui-là est écrit.
Il existe une nuance importante à ce niveau. Dans la convention de préemption le promettant n'est pas obligé de vendre d'abord. Ce n'est que quand il décide de vendre, qu'il est obligé de proposer au titulaire du droit de préemption qui dispose d'un délai pour lever l'option.

c°) La levée de l'option :

126- La levée de l'option est elle-même source de transfert de propriété du bien qui quitte en principe le patrimoine du promettant pour celui du bénéficiaire qui en supporte désormais les risques en cas de perte fortuite.
Le consentement, étant une condition essentielle pour la formation du contrat, il doit encore être exempt de tout vice pour être efficace.

d°) L'efficacité (intégrité) du consentement :

127- En suivant de près le processus de naissance d'une convention ou d'un contrat, l'on se rend compte qu'un élément plus que les autres suscite la curiosité de toutes les personnes intéressées directement ou indirectement par le contrat projeté. Cet élément est bien le consentement. Chacun a souci qu'il soit obtenu car sans lui il n'y a pas de contrat.

Toutefois, pour l'avoir il n'est pas rare que certains cocontractants et certains tiers utilisent des moyens moralement et juridiquement condamnables (cas du dol et de la violence) ou innocemment que la partie qui donne le consentement se trompe elle-même (erreur). Tout cela est condamnable juridiquement et ces éléments infestant mettent en épreuve la vie du contrat. C'est ce que résume l'article 36 RGO en énonçant : « Il n'y a point de consentement valable si le consentement n'a été donné que par erreur, s'il a été surpris par dol ou extorqué par la violence ».
Pour qu'un consentement soit réputé valable il est nécessaire que celui qui le donne ne se trompe pas (erreur) 1°) ; qu'il ne soit pas trompé (dol) 2°) ; ou qu'il n'ait subi aucune contrainte (violence) 3°).

1°) L'erreur :

C'est le premier vice qui peut affecter le consentement donné. Il est un élément psychologique caractérisant une méprise personnelle du consentement sur une chose ou sur une personne.

*Comparaison des textes :
128- L'article 37 RGO dispose :

> « L'erreur ne vicie le consentement que lorsqu'elle est déterminante. Elle doit porter sur un élément essentiel du contrat ou que les parties considéraient comme tel.
> L'erreur sur la personne n'est une cause de nullité que si la considération de cette personne est la cause principale de la convention ».

De son côté, le code civil énonce que :

> « L'erreur n'est une cause de nullité de la convention que lorsqu'elle tombe sur la substance même de la chose qui en est l'objet.
> Elle n'est point une cause de nullité lorsqu'elle ne tombe que sur la personne avec laquelle on a l'intention de contracter, à moins que la considération de cette personne ne soit la cause principale de la convention ».

Pour les adeptes de l'école de l'exégèse, il existe bien une différence de style dans la rédaction de ces deux articles cités. Le texte malien commence par dire : « L'erreur ne vicie le consentement que… » et le texte du code civil s'insinue par : « L'erreur n'est une cause de nullité de la convention… ».

L'on peut relever aisément la volonté du législateur malien de contenir l'erreur que dans son carcan d'affectation du consentement que la victime peut couvrir ou pas ; alors que l'article 1110 du code civil érigea à priori, l'erreur comme une cause immédiate de nullité du contrat. Il semble que le texte malien ait pris plus de précautions pour la suivie du contrat entaché que le code civil. Aussi, l'annulabilité pour erreur semble dictée par le code civil alors qu'elle est simplement entrevue par le régime général des obligations.

Au demeurant, rien ne peut être relevé à l'actif du régime général des obligations qui, grâce à sa postérité au code civil, a bénéficié de l'inspiration de celui-ci ainsi que de la doctrine et de la jurisprudence françaises. Le seul mérite du législateur malien est d'avoir su s'inspirer.

a°) Définition :

129- L'erreur n'est pas définie par le Régime Général des Obligations, pas plus que le code civil aussi. Cette définition est l'œuvre de la doctrine. « L'erreur serait la situation d'une personne qui se représente inexactement la réalité, soit qu'elle considère comme vrai ce qui est faux, soit qu'elle considère comme faux ce qui est vrai »[40]. A la lumière de ce qui précède, il peut être proposé la définition suivante de l'erreur.

Elle (erreur) est l'état psychologique d'une personne qui se méprend sérieusement et réellement sur une chose ou sur une personne, laquelle méprise l'a déterminée à s'engager dans les liens conventionnels précis. Ainsi définie, l'erreur peut conduire à s'engager indûment par rapport à une chose donnée ou avec une personne donnée. Par exemple un acheteur croyant avoir acheté une œuvre d'art de tel artiste précis alors que l'antiquaire lui fournissait l'œuvre d'un autre ou encore un homme croyant épouser la fille de telle personne, mais l'épouse n'était que sa fille adoptive et non sa propre fille, etc.

Pour pouvoir se prévaloir d'une erreur, il faut qu'elle ait certaines caractéristiques.

b°) Caractéristiques de l'erreur :

« L'erreur ne vicie le consentement que lorsqu'elle est déterminante... ».

40 Terre (F) et Cie.. Droit civil : les Obligations déjà cité. Page 211.

Le caractère déterminant de l'erreur emporte son importance dans le jugement de la victime à contracter. Donc l'erreur se manifeste dans deux domaines principaux : les choses (b1) et les personnes (b2).

b1°) L'erreur sur les choses

130- La chose qui est l'objet du contrat doit être spécifiée dans sa nature, sa composition et comprise comme tel dans la plénitude de ses attributions. Un bracelet en or ou en argent est un outil exclusivement composé d'or ou d'argent. L'analyse ne doit lui ajouter aucune autre substance. C'est pourquoi on parle d'erreur sur la substance de la chose. Aubry et Rau ont défini l'erreur sur les qualités substantielles comme « les qualités que possède ou devrait posséder la chose dans l'opinion »[41].

Il est admis que l'erreur puisse être invoquée à la fois sur la prestation que l'on reçoit ou que sur celle qu'on fournit pourvu que ce soit l'élément essentiel ou que les parties ont considéré comme tel (article 37 RGO).

La substance n'est pas la matière dont est faite la chose, objet du contrat, mais la qualité qui a déterminé le consentement d'une partie : celle-ci ne se serait pas engagée si elle avait connu la vérité relativement à cette qualité[42].

L'exemple le plus éloquent sur la substance de la chose est fourni par une décision du Tribunal de Grandes Instances de Paris[43] qui n'a acquis la force l'autorité de la chose jugée qu'après quinze années de procédure entre cours d'appel et cour de cassation. Un vendeur (deux époux) avait cru vendre une œuvre d'art venant de l'école de canachese ; après vente il découvre par les plus hautes autorités artistiques que l'œuvre était du célèbre peintre français du 18ème siècle Poussin. Le point crucial est si l'œuvre est de Poussin et non de l'école des Canacheses, le prix de vente devrait en conséquence être nettement différent positivement pour le vendeur ou probablement il n'aurait même pas pris la décision de vendre l'œuvre. C'est un cas d'erreur sur la substance découvert bien après l'opération de vente et invoquée par la personne qui a fourni la prestation.

41 Cours de Ceolo. Op. cit.
42 Civ. 28 janvier 1913. S 1913. 1487. GAJC déjà cité.
43 TGI Paris 13 décembre 1972. Idem P ; 34.

131- Il existe par ailleurs des cas où les parties se trompent de l'interprétation de certaines situations juridiques. On parle d'erreur de droit. Par une personne a renoncé à une succession parce qu'elle croyait n'hériter que d'une nue propriété des biens or elle héritait de l'usufruit. Ici c'est l'ignorance des règles sur la dévolution successorale.

L'erreur obstacle est souvent évoquée pour parler des cas de méprise sur la nature même du contrat. Tel croyait à un contrat de don alors que l'autre croyait au contrat de dépôt ou encore une erreur sur l'objet ou la cause. Tel croyait acheter tel bien alors qu'un autre lui était proposé. Ou enfin un homme croyait faire don à son enfant naturel, mais découvre plus tard que cet enfant a un autre père que lui.

Dans le principe, les difficultés relatives à l'erreur constituent des questions de fait dont l'appréciation est laissée aux juges du fond qui procèdent selon les cas à une appréciation in abstacto ou in concreto.

b2°) L'erreur sur la personne.

132- L'article 37 alinéas 2 dispose :

> « L'erreur sur la personne n'est une cause de nullité que si la considération de cette personne est la cause principale de la convention ».

Cette erreur est forcément d'application réduite dans la pratique par rapport à l'erreur sur les choses. En revanche, lorsqu'elle est justement invoquée sa pertinence devient très logique.

D'une façon générale les transactions se mènent sans considération particulière entre les hommes en société. Quand quelqu'un vend, peu importe la personne de l'acheteur. C'est la règle dans la quasi-totalité des contrats synallagmatiques.

Dans les contrats à titre gratuit où quelques fois dans les contrats à titre onéreux intervient la considération de la personne du bénéficiaire ou du cocontractant.

Exemples : un don à l'endroit de son enfant naturel, la conclusion d'un contrat de représentation qui traduit une confiance envers une personne précise, commander une œuvre d'art de tel sculpteur précis, ou dans la création d'une société commerciale de personnes, le choix des associés. Dans tous ces exemples cités la considération du contractant est importante.

133- Par ailleurs le nom, l'âge ou la nationalité qui constituent des éléments d'identité d'une personne n'opèrent pas en principe dans le cas d'erreur sur la personne. Toutes fois dans certains cas il leur est fait droit. Par exemple l'âge du client qui sollicite un prêt à longs termes est très important pour le banquier ; le passé d'un ancien condamné de justice est important dans son recrutement et maintien dans une entreprise. Le nom peut être important dans le consentement des parents à donner leur enfant en mariage à quelqu'un.

Enfin la nationalité d'un travailleur peut être déterminante pour son recrutement à un poste précis (poste de comptable ou d'économie).

Il arrive quelques fois qu'on entende parler d'erreur sur les qualités substantielles d'une personne physique. Par exemple en cas d'impossibilité médicalement établie que l'un des époux ne peut faire d'enfant, ou d'incompatibilité absolue de groupe sanguin. Une partie peut demander la nullité du mariage.

Dans sa forme la plus exigeante l'erreur sur les qualités substantielles de la personne du cocontractant peut aller jusqu'à répondre à des critères religieux ou autres cas de liberté de conscience. Ce sera le cas de l'exigence de virginité entre époux à leur union[44]. Ainsi un des époux peut être fondé à demander la nullité du mariage au motif que son conjoint n'était pas vierge.

Qu'elle se rapporte à la chose ou à la personne l'erreur produit les mêmes conséquences.

c°) Les conséquences de l'erreur.

La reconnaissance de l'erreur dans une convention passée peut avoir plusieurs conséquences qui se succèdent dans leur mise en œuvre.

44 Dans une affaire en cours devant les tribunaux français, la nullité d'un mariage entre époux musulmans a été accordée à la demande du mari pour non virginité de l'épouse. En accordant une telle nullité le juge français a accordé la primauté au contrat au détriment de l'institution sociale qu'est le mariage.

c-1 Le consentement vicié :

134- Pour que le consentement soit vicié ou infecté par une erreur, il faut que cette erreur soit déterminante. L'erreur déterminante doit être entendue comme une erreur « pénétrante » c'est-à-dire celle qui laisse très peu de place à un doute quelconque et qui fonde toute personne moyennement intelligente à concéder le fait incriminé qui peut arriver à beaucoup de personnes. Il est évident que tout peut s'arrêter là néanmoins et que la vie du contrat continue au bon vouloir de la victime.

Comme cela a été démontré plus haut (supra 128) le législateur malien ne fait pas de la nullité une priorité mais juste une simple possibilité.

c-2 L'action en nullité.

135- La victime qui sentirait que l'erreur a des conséquences néfastes sur ses intérêts dans un seuil dépassant sa possibilité de tolérance, elle pourrait demander l'annulation de la convention par le truchement de l'action en nullité que lui fait bénéficier l'article 41 RGO.

Cette action, si elle aboutissait, entraîne la nullité du contrat entre parties. Le caractère relatif de la nullité explique que la partie demanderesse puisse renoncer à l'exercer ou à s'en prévaloir à quel que niveau de la procédure que ce soit. En effet, malgré la nullité, le contrat incriminé qui peut continuer sa vie normale et produire effets par la volonté de l'errans. On parle en ce moment de confirmation qui peut être expresse ou tacite (écoulement d'un certain temps sans réaction).

En cas d'exercice de l'action en nullité, la victime doit apporter la preuve de son erreur. L'erreur étant un fait, elle (victime) pourra apporter cette preuve par tous moyens, écrit, témoignages, présomption etc.

L'on admet que l'erreur peut aussi être provoquée.

2°) Le dol :

136- Les observations faites ci-dessus (supra128) gardent encore leur vigueur quant au dol article 38 RGO et article 111 du code civil.

a°) Définition :

137- L'article 38 RGO définit le dol comme une tromperie provoquée par des manœuvres que l'un des contractants a pratiquées à l'encontre de l'autre pour l'amener à donner son consentement. Cela peut être le fait d'un tiers aussi. Le dol consiste en des comportements et attitudes tantôt positifs : manœuvres, tantôt négatifs, silence sur certaines choses (réticence) pour amener le co-contractant à échanger son consentement.

S'il est une expression juridique qui traduit la difficulté de cerner l'intelligence humaine, lorsqu'elle se décide à agir mal, c'est bien le dol dont la définition ne donne lieu qu'à l'alignement de mots au contenu vague et souvent fuyant comme, tromperie, manœuvres réticence etc. Il s'agit, à chaque fois que l'erreur provoquée chez le contractant est caractéristique, de rechercher un lien de rattachement solide et de conclure à un dol.
Le dol présente plusieurs caractéristiques.

b°) Les caractéristiques du dol :

Ces éléments tiennent tant à l'acte dolosif qu'au comportement dolosif (auteur et tiers).

b-1 L'acte dolosif.

138- L'acte dolosif peut consister en une manifestation active, manœuvres artifices ou autres faits malicieux ; comme en un simple silence observé.

— La tromperie provoquée par un mensonge caractérisé, des manœuvres. C'est les artifices et machinations qui donnent une bonne impression apparente au cocontractant. Aussi le dol supposait originellement une erreur provoquée par un comportement positif à l'exclusion du silence. Par exemple un vendeur de véhicules qui truque les compteurs en dissimulant les distances parcourues ; l'emprunteur qui apporte un faux bilan à son banquier sur la base duquel il lui est octroyé un gros prêt.

— De plus en plus une obligation de renseignements du tiers par le proposant de contrat a fait son chemin au point d'être consacrée par la cour de cassation française[45]. Au comportement positif caractérisant le dol, s'est greffé un comportement tacite, le silence de la partie proposante sur certains vices, ou handicaps sur l'objet du contrat, la jurisprudence a parlé de réticence dolosive.

Au départ la réticence dolosive se limitait à certains silences coupables relevant du seul ressort de l'auteur du dol qui s'est tu intentionnellement pour laisser s'induire en erreur son cocontractant. Par exemple le garagiste qui ne signale pas que le véhicule d'occasion qu'il vend a subi précédemment un accident grave ou encore un futur conjoint qui cache son groupe sanguin complètement incompatible.

La cour de cassation a poussé la rigueur jusqu'à mettre une seconde révélation au compte de l'auteur du dol. Ainsi dans le cas où le dol porte sur le défaut d'information portant sur un texte qui est en principe publié au journal officiel. Le proposant l'offrant de contrat aurait l'obligation de le signaler encore à son cocontractant sous peine de réticence dolosive. C'est ainsi qu'elle a décidé que le fait qu'une servitude non apparente ait été publiée ne dispense pas le vendeur d'informer l'acquéreur de la dite servitude[46].

139- Il est fait parfois distinction en droit, entre bon dol (bonus dolus) et mauvais dol (malus dolus) où dans le premier cas des personnes seraient amenées à vanter avec quelques excès les qualités de leurs produits et articles en vente. Cela semble une règle de la vente tolérée. Dans le second cas c'est la mauvaise intention qui est décrite ci haut.

Par ailleurs le dol, étant un délit civil, il peut avoir des excroissances pénales à travers un délit pénal précis dénommé escroquerie qui est décrit et puni par l'article 275 du code pénal malien[47]. La peine prévue peut être l'emprisonnement d'un à cinq ans avec possibilité d'une amende de 120.000 à 1.200.000 Fcfa.

Les dispositions de l'article 275 du code pénal in fine permettent d'établir que sur le plan civil, il soit possible de prononcer la nullité du mariage d'une fille promise initialement à une autre personne.

---

45 Civ. 3ème 2 octobre 1974. (Bull. Civ. III. N°330P. 251. D. 1974. IR 252.Rec. Ge lois et jurisp. 1975. 569, n°458. Obs. Bloc. GAJC déjà cité.

46 ReG. 30 décembre 1940. DC. 1941. 107. Note Carbonier. GAJC déjà cité.

47 Loi n° 01- 079 du 20 août 2001 portant code pénal.

b-2°) Le comportement dolosif :

140- Le comportement résulte de la volonté d'une personne, l'auteur du dol qui agit sciemment dans le but de provoquer l'erreur chez son cocontractant. Se faisant il commet une faute intentionnelle qui compromet sa bonne foi sauf s'il agit dans le cadre d'un bonus malus.

Un tiers peut être à la base d'un dol dans les rapports contractuels entre parties. Ce sera le cas notamment lorsque les manœuvres dolosives sont l'œuvre de ce tiers malveillant.

Le comportement dolosif doit aussi atteindre son but qui est d'amener la partie trompée à conclure effectivement. Chez la victime le juge tiendra compte de sa naïveté, de ses connaissances et de son inexpérience. C'est pourquoi on parle d'appréciation inconcréto.

Une fois établi, le dol a des conséquences juridiques importantes.

c°) Les conséquences du dol.

Toute convention surprise de dol est viciée et peut être annulée comme elle peut être confirmée aussi.

c-1°) Le consentement vicié :

141- L'intention coupable d'une partie de provoquer l'erreur « contractive » chez le cocontractant répond à diverses formes. Lorsque le dol a déterminé la victime à donner faussement son consentement sur des éléments importants, on parle de dol principal. Lorsque ne sont concernés que les aspects secondaires, on parle de dol incident. Le contrat subsiste au dol incident, mais peut donner lieu à des dommages intérêts de correction ; sinon le contrat entaché par un dol principal même, peut continuer une vie, ou une exécution normale si la victime renonce à son droit de demander annulation ou nullité.

c-2°) Possibilité d'exercice de l'action en nullité.

142- L'action en nullité d'une convention entachée de dol est reconnue par l'article 41 RGO. La victime qui choisirait de faire annuler le contrat, a l'obligation de prouver le dol évoqué car le dol ne se présume pas, il doit être prouvé, dit l'article 1116 du code civil. Tout comme l'erreur, le dol peut se prouver par tous moyens sauf par présomption car convient-on, un contrat désavantageux n'est pas forcément un contrat dolosif.

L'action en nullité est l'apanage de la seule victime qui peut en plus de la nullité du contrat demander et obtenir des dommages intérêts. Donc par application de l'article 41 RGO, le contrat peut être annulé et par celle de l'article 125 RGO des dommages intérêts peuvent être alloués.

Malgré l'existence de tous ces droits, la victime a la possibilité juridique de laisser continuer le contrat sans aucune réaction. Ce serait par la voie de la confirmation du dol principal.

A l'erreur simple et à l'erreur provoquée vient s'ajouter un autre élément heureusement rare, susceptible de contrarier le consentement.

3°) La violence :

La violence est le dernier des vices qui peut, dans ses différentes postures (physique, morale, directe ou indirecte), compromettre le consentement dans son existence. Heureusement, il n'est pas donné à la justice de se prononcer beaucoup de fois sur elle.

a°) Définition :

143- L'article 39 RGO définit la violence comme :

> « Une contrainte physique ou morale de nature à faire impression sur une personne raisonnable et l'amener à contracter de crainte à exposer sa personne ou ses biens à un mal considérable et présent ».

La violence est fondée sur la crainte inspirée par un mal pouvant frapper sa personne, celle des proches ou ses biens et qui enlève toute liberté de choix à contracter ou non chez la victime ; Donc la victime dit « oui » au contrat vicié afin de sauver sa vie, son intégrité physique ou morale ou celle de ses proches.

Une définition claire fut trouvée depuis le 18ème siècle par la doctrine française dans laquelle « la violence a été comprise comme :

> « Toute impression illicite qui porte une personne contre son gré par la crainte de quelque mal considérable à donner son accord qu'elle ne donnerait pas si sa liberté était dégagée de cette impression ».[48]

C'est le défaut de liberté qui constitue la différence d'avec l'erreur et le dol où la victime, étant libre, n'a pas consenti seulement en connaissance de cause.

b°) Caractéristiques de la violence :

Ces caractéristiques tiennent à la nature de la violence exercée ou supposée comme tel.

b 1 °) La violence illégale.

144 - La violence illégale est d'abord une contrainte physique. Dans tous les cas où le cocontractant s'est retrouvé dans des mailles au travers des quelles il ne peut pas passer pour exprimer ordinairement sa volonté. Il n'y a qu'un choix : signer approuver le contrat proposé ou subir les foudres de l'autre partie qui connaissent même dans certains cas un début d'exécution. Les exemples à ce niveau sont offerts par les contrats conclus sous la torture, la force, la séquestration, sous l'effet de la drogue ou de l'alcool etc.

Selon l'article 1113 du code civil il y a violence encore si les mêmes voies de faits ont été exercées sur les proches du cocontractant. Il s'agit dans ce cas de victimes indirectes, conjoints, parents (ascendants) progénitures.

A l'inverse également il y a violence même si l'auteur est un tiers autre que celui qui en profite (article 1111 du code civil). Cela constitue un élément de différence avec l'erreur.

145- Sur le plan physique il convient de retenir également les contrats passés dans un cadre de nécessité socio-économique. Lorsqu'un travailleur mieux diplômé ou qualifié accepte un certain salaire (dérisoire) afin de pouvoir subvenir aux besoins élémentaires de sa famille, la violence peut être retenue. La jurisprudence est allée jusqu'à consacrer la violence dans le cas de force majeure

48 Domat 18ème siècle cours de droit civil Madame Coelo Ecole Nationale d'Administration (ENA) du Mali. Bamako 1986 inédit.

ayant amené un capitaine de navire à conclure un contrat de remorquage avec un sauveteur. La cour de cassation a déclaré en l'espèce que la victime n'a souscrit à l'engagement litigieux que pour sauver son navire[49]. Donc il n'avait plus la liberté de refuser les conditions imposées par le sauveteur.

146- Ensuite la violence est d'ordre moral. Pour son plein épanouissement psychologique et social l'être humain doit pouvoir vivre totalement libre dans sa chair et dans son honorabilité. L'équilibre est facilement rompu lorsque l'homme est atteint dans son honorabilité ou est simplement menacé de l'être. Il peut s'engager a tout pour éviter que cet équilibre soit faussé ; y compris signer des contrats ou passer autres actes afin que certaines choses ne soient pas connues du public comme son contraignant menace de le faire. Par exemple une personne respectée du quartier avait commis une infraction sur les mœurs mais présentement couverte par la prescription. Mais son cocontractant l'ayant su en son temps, menace d'en parler s'il ne signe pas le contrat proposé. Donc il s'agit de tous les cas où la victime risque une diffamation ou un chantage.

147- Il y a violence enfin lorsque la menace porte sur le patrimoine de la victime ou même celui de ses proches. C'est ce que reconnaît l'article 39 in fine. Dès que le contractant approuve un contrat pour sauver un bien ou un ensemble de biens de son patrimoine, elle peut invoquer la violence pour obtenir l'annulation de ce contrat plus tard.

En revanche lorsque la menace ne contrarie en rien la loi ou constitue même un droit que son titulaire peut exercer contre la victime, il n'y a pas violence. C'est le cas lorsque sous la menace d'une grève, un employeur signe une certaine convention collective avec ses employeurs ou lorsque le créancier menace d'opérer une saisie sur les biens de son débiteur.

b-2°) La violence légitime :

148- La violence ne peut être invoquée par la victime lorsqu'elle est exercée dans certains cas.

C'est ce que révèle l'article 40 RGO qui dispose que :

49 Req. 27 avril 1887 cours de Coelo.

> « N'est pas considérée comme violence la menace d'user légitimement d'un droit ou la crainte inspirée par le respect des parents sans *q'il y ait violence physique* ».

Dans ce cas la violence est réduite à son expression physique. La notion de parents doit être comprise dans son acception la plus large possible, père, mère, frères, parents adoptifs. La victime ne pourra invoquer la violence que lorsque la contrainte qu'elle a subie est d'ordre physique exagérée. Le cas fréquent au Mali se rencontre dans le domaine du mariage où les fiançailles, intervenant très tôt, amènent les parents consentants à prédestiner leurs enfants filles à tel ou homme de telle ou telle famille. A l'âge de puberté, la jeune fille n'encaisse souvent que les coups d'œil et propos menaçants frayant son chemin vers l'union souhaitée par ses parents.

c°) La sanction de la violence.

149- Aux termes de l'article 41 RGO toute convention entachée de violence donne droit à une action en nullité.

Par rapport à la nature de la nullité, la position de la doctrine a évolué. La doctrine classique faisait un distinguo entre violence physique à laquelle convenait la nullité absolue pour inexistence de consentement, et la violence morale où intervenait la nullité relative.

Présentement la doctrine admet que dans toutes ses formes la violence ne doit entraîner qu'une nullité relative[50]. C'est pourtant cela l'esprit de l'article 1115 du code civil qui explique que le contrat devient exempt si à la fin de la violence (physique, morale patrimoniale) la victime l'acquiesce expressément ou tacitement c'est-à-dire en laissant passer le temps de restitution fixé par la loi.

La violence s'apprécie in concreto en ce sens que le juge tiendra compte de la situation physique et psychologique de la victime comme l'âge, l'état mental, les conditions d'approbation du contrat.

150- La victime de la violence a la charge de la preuve qui parait facile parce qu'elle se prouve par tous les moyens y compris les présomptions.

50 Terré (F) et Cie déjà cité P. 249. 250.

Tout comme le dol, la violence peut donner lieu à des poursuites pénales (voir articles 208 et 209 du code pénal).

Une fois le consentement acquis, elle doit provenir d'une personne majeure ou saine d'esprit.

PARAGRAPHE II : LA CAPACITÉ

151- Elle est la seconde des quatre conditions énumérées à l'article 28 RGO pour la formation et la validité des contrats.

La capacité répond à la question : « Qui peut donner le consentement ? » C'est le cocontractant capable c'est-à-dire le contractant non mineur, non interdit qui peut dire « oui » ou « non » à un contrat à offrir ou à accepter.

*** Etat législations :**

152- Les rédacteurs du Régime Général des Obligations ont consacré quatre (4) articles (de 48 à 51) à la capacité avec un renvoi formel, à travers l'article 50 RGO, aux dispositions du code du mariage et de la tutelle relativement à la représentation.

Le code civil y consacre beaucoup plus d'articles avec la grande observation que :

— D'une part les dispositions des articles 1123 à 1125 sont améliorées par la loi n°68-5 du 3 janvier 1968.

— D'autre part les dispositions de l'article 488 et suivants ont été améliorées par la loi n° 74- 631 du 5 juillet 1974.

*** Notions et contours.**

153- Par une reproduction textuelle de l'article 1123 du code civil, l'article 48 RGO dispose que :

> « Toute personne peut contracter si elle n'en est pas déclarée incapable par la loi ». La capacité à contracter semble la règle universelle sauf lorsqu'un texte de loi ou une décision de justice y apportent une limite.

Il importe de rappeler que dans les deux définitions complétives du droit d'une façon générale à savoir la réglementation de la vie en société et la reconnaissance de droits aux particuliers dont ils peuvent se prévaloir dans leurs rapports avec les autres personnes, le législateur vise une harmonisation de la vie en société, par la conciliation d'intérêts divergents. Il se trouve que dans plusieurs hypothèses un déséquilibre est à même de s'installer entre intérêts divergents.

Selon les conditions physiques, mentales, professionnelles des hommes. D'où la nécessité de procéder par précaution provenance afin de sauvegarder les intérêts de certaines personnes en position de faiblesse. C'est tout le sens de la réglementation de la capacité des contractants.

L'homme capable doit être celui qui sait faire la part des choses objectivement entre ses intérêts et ceux des autres. C'est celui qui doit pouvoir bien ménager, dans le sens de la conciliation, ses intérêts avec les intérêts d'autrui. C'est à ce prix qu'il y a la justice.

Certains auteurs[51] distinguent les incapacités générales et celles spéciales, les incapacités de protection et celles d'ordre public en plus des incapacités de jouissance de celles d'exercice. Le texte malien ne retient que les dernières (incapacité et jouissance et incapacités d'exercice).

En réalité, à l'analyse les autres incapacités citées ne sont que des variantes des incapacités retenues par le régime général des obligations.

A°) Les incapacités de jouissance.

154- D'une façon générale l'incapacité de jouissance est évoquée lorsqu'un individu est privé d'un droit, spécialement la privation d'accomplir tel ou tel acte juridique précis. C'est une incapacité pleine qui ne permet aucun contournement dans la mesure ou la personne ne peut exercer le droit même par représentation. Elle est fréquente dans certains milieux professionnels où résultent de certaines opportunités juridictionnelles. Dans sa conception étroite :

51 Weill (A) et Terré (F) Droit Civil : les Obligations. Quatrième édition 1986. Dalloz et Tapo (A.G) Cours de droit des obligations Éditions Jamana.

L'incapacité de jouissance enlève à l'incapable le pouvoir de passer des contrats ayant pour objet le droit dont il est privé.

1°) Exceptions légales.

155- Il n'existe pas d'incapacité de jouissance sans texte de loi précis dont souvent la mise en œuvre peut être faite par opportunité juridictionnelle. L'incapacité de jouissance est toujours une exception légale.

Les exemples d'incapacité de jouissance sont très nombreux dans le domaine professionnel juridique et judiciaire où divers intérêts de particuliers sont gérés[52]. Aussi l'article 47 du statut des avocats interdit à tout avocat de se rendre directement où indirectement adjudicataire de biens dont il poursuit la vente, ce qui correspond à l'article 24 du statut des huissiers de justice. C'est une large liste d'interdictions qui continue par :

L'interdiction de prélever sur les sommes encaissées pour honoraires sans le consentement formel du client ou encore de percevoir plus d'honoraires que la loi n'ait prévu.

De même le statut des notaires dans son article 27 interdit aux notaires, par eux-mêmes ou par personnes interposées de procéder à certains actes dont celui de prendre intérêt dans toute affaire dans laquelle il est professionnellement intervenu.

Il en va de même pour le commissaire priseur qui ne peut acquérir lui-même les biens qu'il est chargé de priser ou de vendre (article 39 de leur statut).

156- Par ailleurs, en cas de condamnation à une peine criminelle la cour d'assises peut condamner à d'autres interdictions. Aussi en vertu de l'article 5 du code pénal, les biens du condamné seront gérés par un tuteur ou subrogé tuteur pendant le temps de condamnation.

52 Loi n° 94- 042 du 13 octobre 1994 portant création et organisation de la profession d'avocat.
Loi n° 95-069 du 23 août 1995 portant statut des huissiers de justice
Loi n°96-023/AN-RM du 21 février 1996 portant statut des notaires.
Loi n°88-04/ AN6RM du 27 février 1988 portant institution de charges et statut des commissaires priseurs

Désormais il lui sera interdit d'après les termes de l'article 6 du code pénal[53] entre autres d'être assesseur, expert, témoin de faire partie d'un conseil de famille, d'être tuteur, curateur, d'être enseignant ou de tenir une école privée, d'être professeur.

Sur le plan familial, il n'est pas possible, par le code du mariage et de la tutelle (article 122) que le tuteur achète les biens du mineur, ou de les prendre à ferme (bail) sauf autorisation expresse du conseil de famille.

Comme cela se voit aisément les incapacités de jouissance sont nombreuses mais sont toutes contenues dans des textes de loi.

2°) Sanctions :

157 Les incapacités de jouissance sont sanctionnées de diverses manières :

— D'abord, sur le plan civil, la sanction encourue est la nullité qui peut être absolue ou relative selon la nature du droit violé et de l'intérêt protégé (infra 233 et 235).

— Ensuite sur le plan disciplinaire ce sont des peines disciplinaires allant de l'avertissement à la radiation ou destitution dans les professions juridiques, judiciaires ou autres professions organisées en passant par la réprimande, l'interdiction temporaire d'exercer[54].

A cet effet c'est l'article 39 du statut des commissaires priseurs qui est le plus explicite. « *Il est interdit au commissaire priseur, à peine de destitution ou de se rendre directement adjudicataire des objets qu'il est chargé de priser ou de vendre.* »

— Enfin les sanctions disciplinaires ne mettent pas les contrevenants à l'abri de poursuites judiciaires ou selon la gravité des faits ils seront condamnés pénalement. Il en sera de même lorsque une peine accessoire prononcée par la cour d'assises serait bravée.

53 Loi n°01- 079 du 20 août 2001 portant code pénal.

54 Voir les statuts des professions déjà citées.

Si les incapacités de jouissance ont un caractère artificiel, car émanant de texte toujours, celles dites d'« exercice se fondent sur un sentiment naturel d'équilibre social par une protection expresse des faibles ».

B°) Les incapacités d'exercice.

158- L'incapacité d'exercice ne vise pas le droit mais plutôt la forme. Il ne prive pas le titulaire de son droit à contracter mais l'oblige à passer par d'autres personnes qui sont à même de mieux apprécier ses droits que lui-même ne le réussirait. C'est cela l'esprit de l'article 50 RGO. Au Mali, il est pressenti que l'individu ne peut être muni d'un bon discernement sur le plan civil que lorsqu'il atteint 21 ans et reste exempt de toute atteinte mentale ou psychique. Le Régime Général des Obligations est muet sur le critère d'âge alors qu'en France c'est le code civil qui fixe cet âge à 18 ans (article 488).

La capacité de contracter n'est pas reconnue aux mineurs non émancipés d'une part et aux majeurs interdits d'autres part (article 51 RGO) sous peine de sanction.

1°) Les personnes concernées

L'incapacité d'exercer un droit soi même concerne les mineurs et les majeures interdits.

a°) Les mineurs non émancipés.

159- C'est à travers des textes épars que l'on relève l'âge de 21 ans comme âge de la majorité au Mali. Dans le cas des professions juridiques et judiciaires par exemple tous les statuts concordent sur cet âge de 21 ans[55] (article 15, avocats, article 14, huissiers, article 9, notaires, et article 10 commissaires-priseurs). C'est dans le code de la nationalité[56] que l'âge de la majorité est aussi reconnu dans son article 5 qui précise : « L'âge de la majorité au sens du présent code est de 21 accomplis ».

55 Textes déjà cités.

56 Loi n°62-18/AN-RM du 3 février 1962 portant code de la nationalité malienne.

A partir de 21 ans toute personne est capable d'accomplir tous les actes de la vie civile. Il Est assimilé au majeur de 21 ans le mineur qui acquiert l'émancipation. Le mineur émancipé est généralement une personne qui a, entre 18 et 21ans, qui bénéficie de la pleine capacité juridique d'exercer ses droits lui-même comme un majeur. Elle peut être offerte par la loi (le cas d'un, garçon qui se marie à 18 ans devient majeur émancipé) ou accordée spécialement par les autorités (ministre de la justice). C'est le cas dans l'exercice des professions juridiques et judiciaires où un autorisation spéciale du ministre de la justice peut dispenser de la condition d'âge de 21 ans pour l'accès d'une personne mineure qui réunit les autres critères : diplôme, moralité etc.

160- Le régime de cette incapacité laisse transparaître quelques nuances importantes souvent. C'est aussi qu'il est reconnu que le mineur peut reconnaître seul son enfant naturel, ou exercer l'action en recherche de paternité. Sinon pour tous les actes graves se rapportant à son patrimoine, (administration, ou disposition de ses biens) il doit être représenté conformément à l'article 122 du code du mariage et de la tutelle dans ces actes.

Il revient au cocontractant du mineur de se prémunir en s'assurant de son âge car la simple déclaration de majorité provenant du mineur ne lui est pas opposable. Il peut demander l'annulation de l'acte et exiger la restitution de la prestation (article 1307 du code civil) nonobstant sa déclaration mensongère.

Dans un cadre d'affaires (droit des sociétés) le mineur peut être actionnaire dans les sociétés de capitaux comme les sociétés anonymes ou les sociétés à responsabilité limitée conformément à l'article 7 AUDCG. Ce droit ne lui est logiquement dénié que dans le cas des sociétés de personnes comme la société à nom collectif. Cette négation vise à le protéger contre les poursuites éventuelles des créanciers pour dettes sociales qui se feront au-delà de ses apports (article 8 AUDCG).

b°) Les majeurs interdits.

161- Il s'agit des personnes ayant 21 ans et plus mais qui ne jouissent pas pleinement de toutes leurs facultés mentales et psychiques. Que ce soit les majeurs sous tutelle, en curatelle ou sous sauvegarde de justice.

L'article 146 CMT énonce que :

> « Le majeur qui est dans état habituel d'imbécillité, de démence ou de fureur, doit être interdit, même lorsque cet état présente des intervalles lucides... ».

Ces dispositions présentent des similitudes avec celles de l'article 488 du code civil qui ajoutent les cas de prodigalité, d'oisiveté de la personne majeure qui pourraient la faire tomber dans le besoin ou compromettre le respect de ses obligations familiales.

Ces états de la personne humaine ci-dessus visés correspondent à des critères médico-psychiques différents pouvant exiger, selon le cas et la nature une représentation carrément ou une simple assistance dans les actes notamment dans la conclusion des contrats qu'ils (majeurs interdits) seraient amenés ou tentés de faire. Dans tous les cas de figure dès qu'il est constant qu'une personne doit être interdite, l'article 155CTM prévoit :

> « Qu'il soit pourvu à la nomination d'un tuteur et d'un subrogé tuteur à l'interdit pour la représentation dans les actes civils ».

Le tuteur est le représentant officiel désigné par le conseil de famille ou le tribunal pour gérer le patrimoine de l'interdit. En cas de transaction entre les deux patrimoines (celui du tuteur et celui du mineur) le subrogé tuteur intervient pour veiller à la balance c'est-à-dire à l'équilibre des choses.

2°) Sanctions.

Les sanctions des incapacités d'exercice sont à double détente.

a°) Du tuteur : Dommages intérêts.

162- Il est fait obligation au représentant (tuteur) d'administrer les biens en bon père de famille et en cas de mauvaise gestion, il devra des dommages intérêts au mineur, (article 122 CTM). L'article 157 CTM assimile au mineur l'interdit pour ce qui concerne sa personne et (pour) ses biens. Le tuteur, en sa qualité de représentant officiel, devrait observer des règles strictes d'honnêteté, de moralité quand aux éléments actifs et passifs du patrimoine du mineur ou de l'interdit. Sinon il expose son propre patrimoine pour le paiement de dommages intérêts compensatoires.

b°) Nullité des actes passés :

162 Les actes passés par le mineur ou le majeur interdit seront soumis, selon le cas à une nullité absolue ou relative. Il en sera de même pour les actes passés par le tuteur en violation des intérêts de l'incapable.

Dans le cas spécifique du majeur interdit, il importe que tous les actes passés par lui après la fixation de son interdiction et sans l'assistance du conseil sont nuls de droit.

Dans l'hypothèse où les actes seraient passés avant l'interdiction, ils demeurent annulables s'il peut être prouvé que la cause de l'interdiction était notoire au moment de leur passation et surtout si l'interdit n'y a pas ou n'y a que très peu d'intérêt.

Dans l'hypothèse de décès de l'interdit, l'acte ou la convention sera annulée si l'acte (écrit) qui constate la convention laisse entrevoir, d'une façon intrinsèque, la cause de la démence par exemple. Sinon l'acte devrait rester valable et produire ses pleins effets.

164- La capacité est un fait juridique susceptible de compromettre le contrat entre parties lorsque ses causes étaient ignorées ou lorsque la mauvaise foi s'installe.

La loi, excluant toute possibilité dans le cas des incapacités de jouissance a prévu en revanche les moyens de contournement par le biais de la représentation dans le cas des incapacités d'exercice supra 158 et s).

Les conditions de formation et de validité du contrat se rapportent également sur l'objet du contrat conclu.

PARAGRAPHE III : L'OBJET DU CONTRAT.

165- La validité de toute convention, de tout contrat lui impose d'avoir un objet non contraire à l'ordre public et aux bonnes mœurs, ce qui constitue selon la loi (article 28 RGO et 1108 du code civil) le troisième critère qui vient en conjugaison avec les trois autres.

Toutefois le style de rédaction des dispositions relatives à l'objet dans le code civil ne profite pas à une analyse convergente de la doctrine française. Ces éléments deviennent intéressants lorsque l'on s'autorise une comparaison avec le style de rédaction du Régime Général des Obligations malien.

*** Éléments de droit comparé.**

166- D'abord dans les intitulés le Régime Général des Obligations parle de « l'objet du contrat » tandis que le code civil parle de l'objet et de la matière des contrats . Sans que le code civil ne le spécifie, l'intitulé révèle que le contrat a un objet et une matière certainement les prestations qui seraient, elles aussi, objet de cet objet. C'est assurément ce qui a fait dire par certains auteurs[57] que de l'article 1126 à 1128, le code civil parle de l'objet du contrat et de l'article 1129 à 11230. Il décrit l'objet de l'obligation. Face à ces éléments de distinction déduits, le RGO a l'avantage de la précision à travers les articles 53 et 54 ou il définit l'objet du contrat et l'objet de l'obligation en les expliquant subséquemment.

Ensuite dans son raisonnement la doctrine française[58] affirmant que l'objet du contrat et l'objet de l'obligation traduit la même préoccupation donc constitue la même chose, s'adonne à des développements qui laissent entrevoir des différences entre les deux expressions. En effet, ils font ressortir à travers leur raisonnement les problèmes de lésion et de licéité par rapport à l'objet du contrat d'une part, et le problème des prestations mêmes, que, les parties se doivent mutuellement par rapport à l'objet de l'obligation d'autre part.

Enfin on peut donc affirmer que le texte malien, sur cet aspect, présente deux avantages par rapport au code civil. Ce sont ceux de la précision et de la prudence.

---

57 Terré (F) et Cie déjà cité et Mazeaud (H et L) et Cie les Obligations. Tome déjà cité.

58 Terré (F) et Cie idem. P. 269 et ss.

En effet, le RGO a clairement opéré une option en distinguant l'objet du contrat de l'objet de l'obligation et dans l'article de base, il s'est confiné à ne parler que de « l'objet » alors que le code civil voulant préciser des aspects, parle « d'un objet certain qui forme la matière de l'engagement ». Cette différence de rédaction peut toujours donner lieu à plusieurs interprétations possibles.

*** Définition et contours :**
167 Les articles 53 et 54 RGO donnent deux définitions complétives de l'objet du contrat. L'objet du contrat serait l'opération juridique projetée c'est-à-dire la nature du contrat que les parties veulent créer. Par exemple un contrat de vente d'immeuble, de transport, de prêt d'argent, de parking, de sponsoring etc.

A l'évidence dans de tels contrats comme dans tout contrat d'ailleurs chacune des parties devra assumer sa quote-part d'obligation à travers sa prestation pour que le contrat puisse exister d'où l'objet de l'obligation des parties. Ce serait par exemple la mise à disposition de l'immeuble contre le dépôt à vue de l'argent ou la remise d'un chèque comme prix d'achat dans la vente de l'immeuble ; ou encore dans le contrat de transport, ce serait l'achat du billet ou du ticket donnant droit, contre la mise à disposition collective du moyen de transport : car, avion, bateau etc.

La définition suivante peut être proposée :

> « L'objet du contrat est l'objectif visé ou réalisé par les parties contractantes, à travers la fourniture ou l'abstention mutuelle de prestations précises, en vue de la formation et de l'exécution d'un contrat précis de la vie juridique et ou économique. »

168- L'expression « objet du contrat » qui se dédouble dans sa définition semble se fonder sur un postulat bien désarçonné. En effet, pour n'avoir su prendre les précautions idoines, le RGO malien, le code civil et la doctrine française se sont retrouvés face à un problème à double équation : objet du contrat et objet de l'obligation.

D'un point de vue objectif et pragmatique il fallait simplement concevoir et instituer la double appellation possible de chaque contrat de la vie juridique et ou économique et toutes les difficultés théoriques se seraient réglées d'elles mêmes, dispensant tous les acteurs (législateurs et auteurs) de raisonnements souvent fuyants et instables.

En fait, les appellations actuelles des contrats penchent vers le côté du contractant privilégié a priori, c'est-à-dire le mieux placé sur la scène ; celui dont le consentement ou la prestation détermine plus la formation du contrat au détriment de l'autre. Ainsi le contrat de vente peut être appelé contrat d'achat. Donc l'objet du contrat c'est la vente ou l'achat et l'objet de la prestation s'y trouve intrinsèquement à savoir le vendeur doit la chose, l'acheteur doit le prix d'achat. De même rien ne s'oppose à ce que tous les autres contrats aient leur appellation jumelle : le contrat de travail peut s'appeler contrat d'emploi, le contrat de transport peut s'appeler contrat de déplacement, le contrat de sponsoring s'appeler contrat de publicité circonstanciée, le contrat de don répondre à l'appellation de contrat d'acceptation de libéralité etc.

Comme on le voit l'objet de chacun de ces contrats emporterait l'objet de l'obligation de chacune des parties en même temps.

A°) L'objet du contrat et de l'obligation :

L'objet du contrat et de l'obligation doit exister doit et pouvoir faire l'objet de commerce juridique, être déterminé ou déterminable, être acceptable dans certains cas lorsqu'il porte sur des choses futures et surtout ne pas contrarier l'ordre public et les bonnes mœurs.

1°) L'existence de l'objet.

169 Elle concerne la possibilité de l'objet entre les parties. L'idéal est que les parties concluent un contrat dont l'objet est contemporain physiquement ou matériellement à l'échange de consentements. C'est ce que dit l'article 54 alinéa2 : « La prestation doit être possible ». Donc l'échange de consentement devrait être suivi rapidement de l'échange des prestations sauf si la nature du contrat retardait ce dernier. Cependant, de bonne foi, des parties peuvent conclure mais se retrouver buttées à un problème dans l'échange des prestations. Exemple : deux parties s'entendent sur la vente et l'achat d'un bien donné qui a été volé la veille à l'insu du vendeur ou encore une partie s'étant mis d'accord avec une autre pour acheter son immeuble se rend compte qu'il ne peut procéder à un retrait bancaire pour cause de faillite de cette dernière (banque).

Aussi le législateur reconnaît la validité à certaines conventions dont l'objet ne peut se réaliser effectivement qu'après l'écoulement d'un certain temps plus ou moins long. Donc l'échange des prestations est suspendu et n'est donc pas consécutif à l'échange de consentements. C'est ce que reconnaît l'article 54 in fine.

« La prestation peut porter sur les choses futures ». Des opérations, du genre sont fréquentes et s'expliquent par la nature même de certains contrats. Par exemple dans le domaine agricole un cultivateur peut vendre sa récolte sur pied. C'est le cas dans les cultures de contre saison dans les zones irriguées où les paysans cultivent du maïs, du gombo etc. A un moment donné, ils vendent l'ensemble des semis du champ à un seul client qui peut leur verser tout ou partie du prix[59].

Un autre exemple est offert par certains industriels de la haute métallurgie qui vendent des véhicules (voitures, camions, tracteurs) avant de les fabriquer trois ou six mois après.

170 Le droit émet de sérieuses réserves sur la moralité de certains actes surtout lorsqu'ils ne peuvent produire effet que dans un avenir se rapportant à la vie humaine. Il s'agit des pactes sur succession future qu'il (droit) s'interdit d'admettre. C'est un refus équilibré. En effet :

— aucun successible ne peut renoncer à une succession non ouverte ;

— et il ne peut opérer aucune opération juridique de spéculation sur le patrimoine du futur decujus, C'est-à-dire la personne dont on entend hériter après sa mort. Cette règle est d'observance rigoureuse parce que même si le decujus donne son accord ou que le successible soit son seul successeur possible, la convention ne saurait se légitimer. Car en droit chaque homme gère son patrimoine seul, fait son testament et le change à sa guise jusqu'au jour de sa mort. Rien ne peut porter atteinte à cette liberté.

Cette rigueur du droit est à saluer car elle permet aussi la sécurité physique du futur decujus. Il est possible qu'après une opération réussie le successible soit tentée de précipiter la mort de son auteur.

59 Généralement les acheteurs de récoltes sur pied sont surs de réaliser des profits après coup. Par exemple la personne qui achète le maïs de contre saison procède à des grillades en pleine saison sèche où tout le monde est friand du produit par rareté.

Les parties à un contrat de travail (employeur ou employé) ne peuvent renoncer, à l'avance, à allouer ou à demander des dommages intérêts en cas de rupture du contrat de travail (article 57 du code de travail).

2°) L'objet et le commerce :

171 La notion de commerce doit être fortement nuancée. Il ne s'agit pas de « commerce » dans le sens technique d'opérations reconnues et gérées par le droit commercial, mais plutôt tout ce qui, se détachant des droits de la personnalité, peut faire l'objet de transaction juridique et ou économique entre les hommes pour la satisfaction de leurs divers besoins. Que ce soit des opérations civiles ou commerciales, c'est ce que traduit par exemple l'article 1598 du code civil qui dispose :

> « Tout ce qui est dans le commerce peut être vendu lorsque des lois particulières n'en ont pas prohibé l'aliénation ».

Le Régime général des obligations précise de son côté que :

> « La prestation doit porter sur des choses qui sont dans le commerce »

L'article 54 alinéa 2 qui doit être complété par les dispositions de l'article 1128 du code civil dispose :

> « Il n'y a que les choses qui sont dans le commerce qui puissent être l'objet des conventions ».

Le principe est donc que tout objet peut alimenter les transactions entre hommes sous réserve de son interdiction formelle ou de sa nature (impossibilité de tomber dans le commerce).

Deux catégories de biens sont généralement reconnus comme ne pouvant faire partie du commerce.

a°) Les biens du domaine public :

172 Cette exclusion répond à une logique de bon sens. Les biens du domaine public servent, permanemment et indéfiniment, l'intérêt général, la communauté nationale toute entière. Aussi l'article 5 du code domanial et foncier parle du domaine public en termes précis.

« Le domaine public est constitué de l'ensemble de biens de toutes natures, immobiliers ou mobiliers classés ou délimités dans le domaine public, affectés ou non à l'usage du public »[60]. On dit que ce sont des biens incessibles en principe, insaisissable et imprescriptibles.

b°) Les droits de la personnalité.

Ils peuvent être analysés sous un double plan.

b-1. Sur le plan : être humain personne sociale.

173- L'être humain en tant que personne physique sociale et dans les droits nés et associés es qualité sont hors de commerce. Ainsi d'abord la personne humaine est elle-même hors du commerce à la fois dans son intégrité (ensemble) comme dans ses éléments (organes et membres).

En plus certains textes certaines prescriptions extrêmement importantes sur la personnalité des êtres humains existent dans le droit positif. Les exemples sont nombreux en droit malien.

L'article 5 du code du mariage et de la tutelle indique que :

> « Les époux ne peuvent faire aucune convention ou renonciation dont l'objet serait de changer l'ordre légal de succession, soit par rapport à eux-mêmes dans la succession de leurs enfants ou descendants, soit par rapport à leurs enfants ».

Le code de la parenté[61] prescrit que le nom est immuable, imprévisible et inaliénable sauf si la loi même le prévoit. Le nom ne s'acquiert guère que par trois voies : la filiation, le mariage, ou par voie d'autorité (administrative ou judiciaire).

Tous les droits ici conférés sont des droits extrapatrimoniaux. Toutefois, même dans le domaine patrimonial une convention peut être annulée lorsqu'elle est patrimoniale mais consécutive à l'exercice de certains droits d'origine extra-patrimoniale. C'est le cas de l'article 163 CTM qui interdit toute convention

60 Loi n°86-91/AN-RM du 12 juillet 1986 portant Code Domanial et Foncier dans le Recueil 2000. Textes Usuels et Codes de la R.M tome I.

61. Ordonnance n°73- 036 du 31 juillet 1973 portant code de la parenté Recueil 2000 déjà cité.

entre tuteur et mineur devenu majeur, dispensant le tuteur de la reddition de compte et de remise des pièces justificatives relativement à la gestion des biens pendant la minorité.

b-2. Sur le plan : être humain personne biologique.

174- Il n'est pas reconnu de validité aux conventions qui portent sur l'homme dans sa dimension biologique. On observe des tolérances par nature d'opération mais jamais une règle dégagée. Que ce soit dans le domaine de la procréation, de la gestion physique (traitement pour acquérir une beauté d'emprunt) ou les prélèvements et dons d'organes. Cependant dans une série législative hésitante, le droit français reconnaît, par voie de contrat unilatéral et don[62].

Il faut expliquer que l'opération fréquente de don de sang contre le paiement d'une certaine somme d'argent n'est pas le prix de vente ou d'achat du sang avec l'hôpital par le malade. Le sang humain est hors de commerce et l'argent versé par le malade (modique d'ailleurs) n'a d'autre objet que de réunir les conditions d'acquisition par voie de don d'une autre qualité ou qualité de sang destinée à remplacer utilement et opportunément la quantité injecté (au malade).

Sur une toute autre rubrique, on parle de l'incessibilité des clientèles civiles. Il s'agit des clientèles des fonds d'encadrement (écoles privées) des clients des offices ministériels (notaires, huissiers etc.). La raison du rejet est simple. Ces clientèles sont acquises suite à une confiance placée au praticien ou à l'école choisie[63].

3°) L'objet déterminé ou déterminable :

175- L'alinéa 3 de l'article 54 ajoute que :

> « La prestation doit être déterminée ou déterminable quant à son espèce et à sa quotité ». Dès lors que les échanges ont pour objet les biens, il ne devrait pas y avoir de problèmes à les identifier comme tels.

Si l'objet est un corps certain : voiture, concession, il doit être immédiatement :

62 Mazeaud (H. et L) et Cie déjà cité page 240.

63 Thèse d'État en droit privé Sékou F Cissouma « Statut de l'Enseignement privé ».

— individualisé à travers ses éléments d'identité. La voiture a une carte grise qui porte son numéro minéralogique ; la concession est bâtie sur une parcelle de lotissement qui a ses éléments distinctifs des autres parcelles.

Le caractère déterminable quant à l'espèce et la quotité est intéressant que dans l'hypothèse où l'objet est une chose fongible c'est-à-dire a une individualité propre. Donc le débiteur ou l'une des parties peut se libérer en fournissant une espèce ou une quantité correspondante ou équivalente. L'illustration en droit malien est fournie par la loi relative à l'usure dans son article 6 :

> « En Cas de prêt sur des denrées ou autres choses mobilières et dans les opérations de vente ou de troc à crédit, la valeur des choses remises ou le prix payé par le débiteur, en principal et accessoires, ne pourra excéder la valeur des choses reçues d'un montant supérieur à celui correspondant au taux d'intérêt légal existant »[64].

Ce texte joue sur les deux registres de qualité et d'espèce consciemment ou non. En effet lorsqu'une convention de prêt a pour objet des denrées ou autres choses mobilières, le débiteur de la convention pour se libérer pourra rembourser la même quantité de choses pourvu qu'elles aient la même nature, riz, mil, maïs etc.

Lorsque la convention avait pour objet une vente à crédit un troc, le versement du prix devrait tenir compte à l'échéance ou au paiement du principal, du taux d'intérêt applicable en sus qui sera le taux légal à l'exclusion du taux conventionnel.

4) L'objet du contrat face à l'ordre public.

176- C'est un principe fondamental du droit que d'imposer que tous les actes de la vie juridique respectent l'ordre public et les bonnes mœurs. C'est ce qu'exprime péremptoirement l'article 6 du code civil français :

> « On ne peut déroger, par des conventions particulières, aux lois que intéressent l'ordre publique et les bonnes mœurs ».

L'ordre public est tout ce qui est essentiel à l'Etat dans sa propre gestion ainsi que dans la gestion des populations qui relèvent de son autorité tant dans

64 Loi n°95-065 du 02 août 1995 relative à l'usure et du taux d'intérêt légal dans Recueil 2000 déjà cité.

leurs rapports entre elles individuellement ou dans leurs rapports avec l'Etat lui-même.

Les bonnes mœurs constituent ainsi donc la variante morale de la définition ci-dessus proposée.

La nature d'ordre public des textes peut être définie par la loi elle-même. C'est le cas de l'article 102 de l'acte Uniforme sur le Droit Commercial Général en législation OHADA qui précise que les dispositions des articles 69, 70, 71, 75, 78, 85, 91, 92, 93, 94, 95, 98 et 101 du présent Acte Uniforme sont d'ordre public.

De même les dispositions de l'article 1599 du code civil français relatives à la vente de la chose d'autrui sont d'ordre public :

« La vente de la chose d'autrui est nulle... ».

En droit de la famille malien, l'article 165 CMT interdit impérativement tout traité qui pourra intervenir entre le tuteur et le mineur devenu majeur sous peine de nullité lorsqu'une telle convention aura pour objet d'épargner le tuteur de la reddition de compte pour sa gestion.

177- L'ordre public peut être déterminé aussi par les juridictions, on parle d'ordre public jurisprudentiel encore appelé ordre public « virtuel » ou non « textuel »[65].

En plus des dispositions législatives, le caractère d'ordre public peut être relevé par les juges pour déclarer illicites certains actes ou conventions. En cela, le pouvoir de préserver l'intérêt général et une bonne moralité est reconnu aux tribunaux. On dit que « la jurisprudence est gardienne de l'ordre public »[66]. L'intervention de la jurisprudence a été remarquée dans les conflits de commerce illicite et de concurrence déloyale.

Il est fait distinction entre l'ordre public classique relatif aux domaines politique et morale et l'ordre public moderne dans le domaine socio-économique.

65 Jean Carbonnier dans Benabend (A) déjà cité.

66 Benabend (A). Droit civil : les Obligations 3ème édition Montchrestien 1991.

L'ordre public économique s'est largement développé en se fendant en deux entre d'une part un ordre public de protection qui vise à protéger des catégories de contractants faibles comme les consommateurs, locataires et d'autre part un ordre public de direction qui vise à réguler les rapports économiques et financiers des citoyens. Exemple au Mali, les mesures relatives à la lutte contre la pauvreté, orientent l'action de certaines institutions financières[67] à accorder les prêts à des taux d'intérêt relativement raisonnables.

B°) Le déséquilibre dans l'objet de l'obligation : la lésion.

178- Les discussions résultant de la question de savoir « si la lésion est un vice du consentement » sont devenues des discussions purement françaises entre auteurs de droit français. Elle (discussion) a effectivement lieu d'être dans la mesure où le code civil a immédiatement décrit la lésion dans la périphérie des vices du consentement.

Le législateur malien semble avoir épargné les discussions du genre dans la mesure où, lui, a décrit la lésion dans le paragraphe de l'objet du contrat où elle sort comme un vice du l'objet du contrat concomitamment à sa formation. Donc en droit malien, la lésion est un vice de l'objet du contrat et non un vice possible du consentement. C'est un choix qui a l'avantage de la précision et qui ne nuit en rien aux autres conditions et caractéristiques de la lésion.

L'article 55 RGO est le troisième article après les articles 53 et 54 RGO qui réglemente l'objet du contrat.

L'objet de l'obligation étant les prestations promises ou fournies par les parties, une vision naturelle, sécuritaire, juste voudrait qu'elles soient équilibrées. Placées dans la balance (qui symbolise la justice) les prestations devraient s'équilibrer, le prix reçu devrait refléter la valeur réelle de l'objet (immeuble) vendu, la part reçue devrait être la même en quantité ou en valeur que celle des autres copartageants. Un contrat lésionnaire serait un contrat déséquilibré par les prestations des parties à une proportion intolérable.

1°) Naissance et fondement de la lésion :

La lésion naît d'un acte volontairement passé et repose sur certains éléments.

67 Micro finance. Caisses de crédit mutuelles.

a°) Naissance de la lésion :

179- La lésion naît de l'objet du contrat plus précisément d'un déséquilibre dépassant le seuil tolérable entre les différentes prestations. Ce déséquilibre est contemporain à la formation du contrat ce qui le distingue facilement de l'imprévision ou le déséquilibre entre prestations s'installe lorsque le contrat passe à la phase d'exécution. Logiquement aussi le fondement philosophique du contrat aléatoire écartela lésion. Elle est opérante, lorsque la loi la prévoit, elle est fréquente dans les contrats onéreux synallagmatiques et commutatifs lorsque toutes les conditions et éléments constituant les prestations respectives ont été entièrement définies. Aussi en droit malien, plusieurs cas de déséquilibre sont prévus dans les textes. Dans la loi réglementant l'usure, est qualifié de prêt usuraire, tout prêt d'argent ou toute convention dissimulant un prêt d'argent consenti, en toute matière effectué à un taux global excédant le double du taux d'escompte de la banque centrale qui est la BCEAO[68].

Le texte réglementant les loyers des locaux à usage d'habitation précise dans son article 5, que « Le prix du loyer est fixé à 11% (onze pour cent) de la valeur réelle de l'ensemble… »[69].

Dans le souci d'instituer un équilibre souhaité entre les prestations des parties à certains contrats le législateur OHADA donne des indications où édicte quelques mesures subséquentes[70]. Ainsi en matière de paiement de prix l'article 236 AUDCG institue que « si le prix est fixé d'après le poids des marchandises, c'est le poids net qui, en cas de doute, détermine le prix ». Le même législateur affirme dans l'article 84 AUDCG le caractère libre des loyers entre parties mais ajoute dans l'article suivant (85) qu'à défaut d'accord écrit, le tribunal peut être sollicité par la partie la plus diligente afin de fixer ledit loyer. Le tribunal devrait s'y prendre en tenant compte :

- de la situation des locaux
- de leur superficie
- de leur état de vétusté

68 Article 1er de la Loi n° 95-065 du 02 août 1995 relative à l'usure et au taux d'intérêt légal.

69 Décret n° 146 / PG-RM du 27 septembre 1967 portant réglementation des loyers des locaux d'habitation en République du Mali.

70 L'Acte Uniforme sur le Droit Commercial Général déjà cité.

- du prix des loyers couramment pratiqués dans le voisinage pour les locaux similaires.

180- Par ailleurs en droit français[71] l'illustration la plus parfaite sur le déséquilibre est offerte par l'article 1674 et suivant du Code Civil dans les transactions portant sur les immeubles. L'article 1674 dispose : « Si le vendeur a été lésé de plus de *7/12ème dans le prix d'un immeuble, il a le droit de demander la rescision de la vente quand bien même, il aurait expressément renoncé dans le contrat à la faculté de demander cette rescision et qu'il aurait déclaré donner la plus-value* ». D'une façon caricaturale un immeuble qui a une valeur réelle de 12 millions, si son propriétaire vendeur ne gagne pas au moins 5 millions, il sera fondé à attaquer le contrat de vente pour vice sur l'objet du contrat de manière à obtenir sa rescision ou nullité et ce, même si il avait promis à l'acheteur de ne pas y recourir, ou s'il lui avait déclaré qu'il lui faisait don de la différence éventuelle du prix. En effet, l'immeuble a toujours été considéré comme un élément important du patrimoine personnel ou même familial. Par conséquent il n'est admis de le laisser bradé au gré des circonstances.

Enfin dans le domaine du partage (successoral par exemple) l'article 887 du Code Civil vient au secours des copartageants n'ayant pas bénéficié des mêmes avantages au quart près. L'article 887 énonce : « ...Il peut aussi y avoir lieu à rescision lorsqu'un cohéritier établit à son préjudice, une lésion de lus du quart ».

b°) Fondement de la lésion :

181- Trois théories ont été dégagées par les auteurs français par rapport à la notion de lésion.[72]

D'abord une thèse dite subjective, qui, se fondant sur le voisinage de l'article 1118 avec les articles réglementant les vices du consentement, a conclu que la lésion est aussi un vice du consentement. Ceux qui réfutent cette théorie posent la question de savoir pourquoi la lésion en tant que vice de consentement n'a pas été étendue à tous les contrats.

71 Toujours applicable sur ces aspects au Mali pour raison écrite.

72 Mazeaud.- TERRE et Cie. Weill.

Ensuite la seconde thèse, appuyée par la jurisprudence dans les contrats commutatifs fonde la lésion sur le déséquilibre entre prestations.

C'est cette thèse objective qui convient en droit malien parce qu'ici c'est dans l'objet du contrat qu'intervient la lésion même si c'est de façon exceptionnelle.

Si l'affirmation est faite que c'est un vice de l'objet, cela est logique dans la mesure où la lésion est mise en œuvre lorsque la prestation fournie n'est pas exagérément ou est loin d'être l'équivalent de l'avantage reçu. Et aussi de plus en plus dans un cadre de développement de l'ordre public économique de direction les cas légaux de déséquilibre contractuels se multiplient.

Enfin entre ces thèses une autre, complètement fondée sur la morale et développée à l'origine par le philosophe italien du moyen âge Saint Thomas d'Aquin (13ème siècle) qui conseille aux différentes parties au contrat ceci : « *Faites vous vendeur en achetant et acheteur en vendant* »[73]. A cette condition, ainsi même si le prix est déclaré libre, il va être juste.

2°) Les sanctions de la lésion :

182- Selon les termes de l'article 55 RGO, la sanction encourue dans les contrats où il y a déséquilibre exagéré et condamné entre les prestations des parties est la nullité relative c'est-à-dire une nullité dépendant de la volonté exclusive de la partie victime du déséquilibre.

a°) Dans les contrats de vente d'immeubles :

L'article 1674 rappelle le droit pour le vendeur de demander la rescision pour lésion de plus de 7/12 dans le prix. La loi oblige la victime à agir dans un délai plus ou moins court (article 1676). En effet, au-delà de deux (02) années l'action en rescision n'est plus recevable. C'est un délai préfix c'est-à-dire qui court contre tout le monde, femme mariée, absents, interdits, mineurs.

En cas de nullité ordonnée par le tribunal, l'immeuble est retourné à son propriétaire qui rembourse également le prix encaissé et on retourne dans le statu quo ante.

---

73 Cf coursMme Coelo. Op. Cit. inédit.

b°) Dans les autres contrats :

183- Dans le prêt d'argent usuraire la loi décide que le surplus perçu par le prêteur est imputé de plein droit sur les intérêts ou éventuellement sur le capital de la créance. C'est une sanction qui consiste à réaménager la dette de telle sorte qu'une partie de la dette serve à rembourser la dette elle-même.

Si la créance est éteinte en capital et intérêt, le surplus devrait être restitué avec intérêts légaux (article10 loi).

L'article 7 de la même loi prévoit même des sanctions pénales à l'encontre des personnes convaincues de prêts usuraires allant de 2 mois à deux ans d'emprisonnement et ou 100 000 à 500 000 Fcfa d'amende.

En cas de récidive, le maximum de la peine sera prononcé et l'amende portée jusqu'à 15 millions de Francs CFA.

En matière de sous-location dans les maisons à usage d'habitation l'article 8 de décret (déjà cité) impose au locataire principal de ne pouvoir fixer un loyer de sous location supérieur au loyer principal sauf s'il meublait les locaux sous loués. Si ce n'est pas le cas, la sanction devrait être la nullité.

C°) La fraude :

184- Dans certains cas et pour arriver à un objet d'intérêt commun entre elles, les parties, à un contrat, peuvent tenter de contourner la rigueur d'une loi dans leur convention.

1°) Définition :

185- Il est question de fraude lorsqu'une loi est contournée dans ses dispositions impératives par un ou plusieurs artifices. Le contournement ou sa tentative peut provenir de certains services de l'administration publique.

<u>Par exemple</u> : le code des marchés publics[74] donne compétence à la Direction des Marchés publics de passer sous certaines formes les contrats de fourniture

74 Décret n° 95-401/P-RM du 10 novembre 1995 portant code des marchés publics.

de biens, de prestation de services ou d'exécution de certains travaux au-delà d'un certain montant (par voie d'adjudication d'appel d'offre ou par entente directe) qui commence à 10 millions. Dans le but « d'arranger » une personne précise la direction peut fractionner un marché de plusieurs dizaines de millions en des tranches de 10 millions. Cela est une fraude à la loi. Elle (fraude) peut être du chef des parties à un contrat qui choisissent de passer par un assemblage d'artifices pour éluder un texte. Par exemple deux personnes décident de se marier dans le seul but de bénéficier mutuellement de la nationalité l'une de l'autre.

Un exemple frappant est offert au Mali actuellement dans la gestion des logements sociaux : Pour préserver l'acquisition d'un logement social dont il n'en avait pas droit le bénéficiaire fait passer l'occupant d'un beau fils (époux de sa fille) ce que ce dernier acceptent apparemment alors qu'en réalité ils ont un contrat de location à usage d'habitation qui simule le lien de parenté allégué.

Enfin dans le domaine des régimes matrimoniaux, surtout dans les régimes de communauté de biens où en plus des biens communs, chacun des époux gère ses biens propres, les risques de fraude à la loi sont nombreux liés à des combines entre époux. C'est ce que prévient l'article 46 CMT en avertissant que les « actes passés entre époux peuvent être attaqués par les tiers s'ils sont faits en fraude de leurs droits ». Dans ce dernier cas, c'est l'hypothèse de fraude aux droits des tiers qui est visé.

2°) Les éléments constitutifs de la fraude :

Pour pouvoir donner lieu à une sanction la fraude doit reposer sur deux éléments constitutifs : un élément matériel et un élément intentionnel.

a°) L'élément matériel :

186- C'est l'artifice malveillant qui contourne ou tente de contourner les dispositions impératives du texte visé : division artificielle du marché en tranches acceptables ; acceptation d'être le beau fils dans le logement social, dispositions prises pour le mariage entre deux étrangers, etc.

b°) L'élément moral :

187- Il résulte de la volonté consciente « de passer à côté » en conjurant la norme pour atteindre son objectif. Les « fraudeurs » se sont préparés psychologiquement à éviter la rigueur que contient le texte de loi « obstacle ». Cela suppose bien évidemment des personnes majeures, non interdites.

3°) Sanctions :

188- La sanction sera classifiée en fonction de la nature et de l'importance de la fraude faite à la loi par les acteurs. Ce peut être la nullité dans quelques cas sinon dans la majorité des cas on parle « d'inefficacité de la manœuvre »[75]. L'acte est privé de l'effet frauduleusement recherché. Ainsi les époux mariés ne bénéficieront pas de la nationalité ou le bénéficiaire du logement social verra son contrat rompu au profit de l'occupant présumé beau fils etc.

75 Benabent (A). Déjà cité. Page 78.

PARAGRAPHE IV : LA CAUSE DU CONTRAT

189- Elle est la dernière des quatre conditions de base édictées par l'article 28 RGO (1110 du code civil) pour la validité d'un contrat. La cause en droit malien est réglementée dans ses dispositions générales par les articles 56 et 57 du Régime Général des Obligations. Elle a des paramètres qu'il faudrait bien connaître d'abord, ensuite analyser les questions autour de son existence dans les conventions pour enfin noter les sanctions que son inexistence peut entraîner.

Approche philosophique :

190- La cause des contrats est une notion bien difficile aux contours intellectuellement délicats à saisir. Plus le volume des écrits grossit à son propos, plus les effluves des arguments doctrinaires brouillent la compréhension des étudiants en droit et de beaucoup d'autres juristes. Qu'on dise que le droit des obligations est compliqué ou complexe, la cause semble une des plus belles illustrations en ce sens à travers des textes doctrinaux très souvent arides, difficiles à pénétrer, certaines confusions volontairement entretenues entre objet et cause des contrats, au prix d'enlisements fréquents. Il est intéressant en droit malien de relever une volonté de séparation nette du législateur malien, lequel, parlant de la cause, est passé directement à son caractère déterminant à travers le motif qui pousse à conclure (article 56 RGO).

Pour une meilleure intelligibilité de la cause, il semble plus que jamais nécessaire de revenir à une réflexion quelque peu originale par rapport à la notion même. Si les juristes réussissaient un tel exercice, le côté épouvantail du droit des obligations s'amenuiserait.

A°) Paramètres de la cause :

191- Pour éviter de superposer parfois la cause à l'objet du contrat ou plutôt d'expliquer très souvent l'une des notions par l'autre, il sied de revoir la cause dans l'ensemble des éléments qui lui donnent son indépendance d'existence.

1°) Définition :

192- D'une façon caricaturale, l'on dit que dans les conventions la cause répond à la double question pourquoi on s'engage ? Pourquoi est ce qu'on donne ceci, ou on s'empêche de faire cela ? C'est l'article 56 RGO qui est plus explicite en parlant de « motif déterminant de la volonté des parties ». Il s'agit des éléments psychologiques de raisons internes qui ont poussé l'individu à vouloir contracter en extériorisant sa volonté de conclure tel ou tel contrat. Il faut relever que le motif déterminant a été précédé par une autre approche développée par la doctrine avant.

2°) Cause et doctrine :

Deux conceptions se sont suivies à travers la doctrine.

a°) La conception classique :

193- En réalité il s'agit d'un premier degré de compréhension de la cause qui s'est avérée insuffisante, incomplète au fil des difficultés juridiques et judiciaires qui naissaient plus tard. Elle est encore appelée cause objective. Les auteurs[76] l'évaluaient par rapport à l'objet de l'obligation à travers la formule bien connue « la cause de l'obligation d'une partie au contrat est l'objet de l'obligation de l'autre ». Ainsi dans un contrat de vente l'objet de l'obligation du vendeur qui est la remise de la chose devient la cause de l'obligation de l'acheteur effectivement. C'est de cette manière que la cause a été analysé dans les différents contrats synallagmatiques, à titre gratuit et même dans les promesses unilatérales. De toute évidence cette conception ne pouvait permettre de cerner, à bon escient la notion de cause dans la mesure où elle ne pouvait se départir de la notion de l'objet. De toutes façons il est inopportun de procéder à sérier les contrats car chaque contrat doit avoir une cause pour être valable quelque soit sa nature.

Dès lors, le besoin se faisait sentir de procéder à une turgescence de la cause de manière à saisir en plus de la cause efficiente et finale les motifs impulsant.

b°) La conception moderne : (supra 190)

194- Pour une compréhension globale de la notion de cause, il n'est pas indiqué de distinguer une cause finale du contrat des motifs des parties. Car en effet, à certaines mises en garde faites à la jurisprudence, les deux se complètent

76 Carbonier (J). Droit des obligations. Cours du droit des obligations de Mme coelo

et permettent une meilleure opérationnalité de la cause en tant que condition de formation et de validité d'un contrat.

Les mises en garde consistent en un rappel au juge d'exercer, certes son contrôle de finalité du contrat mais tout en se gardant d'une inquisition quelconque car on est dans le domaine du subjectivisme (conception subjective).

Les tenants de la conception moderne recherchent dans la cause les mobiles profonds qui ont amené le ou les contractants à passer tel ou tel acte ou tel contrat. C'est le seul moyen de pouvoir contrôler la conformité du contrat aux bonnes mœurs ou encore sa licéité. Dans la conception moderne on retrouve sous l'appellation « de cause impulsive et déterminante » les mobiles profonds.

C'est ce que le législateur malien aussi a consacré dans l'article 56 RGO à travers les termes « motifs déterminants la volonté des parties ». Plutôt que d'y voir une opposition entre elles, la notion de cause impulsive et déterminant vient compléter la cause objective et générale de la conception classique.

3°) Conformité de la cause aux bonnes mœurs et à l'ordre public :

195- Les contractants doivent viser une cause licite et moralement défendable. L'article 56 RGO dénonce toute cause immorale ou illicite qui rendent nulle la convention.

Par exemple la cause illicite peut invalider ou rendre inefficaces tous les contrats passés en fraude de la loi. Il est vrai que la violation globale de la loi enlève tout effet au contrat mais c'est surtout les éléments d'ordre moral qui sont visés en premier lieu. C'est pour situer le caractère moral des opérations que la cause impulsive et déterminante a été instituée.

Par exemple : lorsqu'un homme fait un don à une personne d'une autre famille dont la mère est légalement mariée, avec la croyance que cet enfant est le sien parce qu'il a eu des rapports adultérins avec sa mère. Dans ce cas précis l'animus donandi (volonté de donner) est infectée moralement sur un double plan : d'une part le donateur ne peut pas être le père de l'enfant d'autrui vivant chez son père et d'autre part il y a violation d'une présomption absolue et légale en vertu de laquelle l'enfant est le fils du mari de sa mère. Donc ce contrat de don est annulable au motif qu'il est à la fois immoral et illicite.

La cour de cassation française[77] a également reconnu le caractère illicite d'une cause de contrat à travers sa cause impulsive et déterminante suite à une vente de matériels professionnels entre deux parapsychologues dont l'activité était interdite et punie par la loi pénale.

B°) De l'existence de la cause :

196- La cause doit exister dans les contrats ou conventions quels qu'ils soient. Peu importe que ce soit un contrat synallagmatique, unilatéral etc. Par exemple dans un contrat ordinaire de vente d'immeuble, le vendeur vend le bien immobilier pour réduire (pour des motifs inavoués) le patrimoine d'un mineur dont il est le tuteur. L'acheteur de cet immeuble veut l'acheter pour y établir ses parents. Pour que la cause soit exempte de tout vice, il est nécessaire de faire intervenir le conseil de famille ou le subrogé tuteur du côté du vendeur pour mieux garantir les droits patrimoniaux du mineur.

Il faut rappeler que la jurisprudence française est très pointilleuse sur l'existence de la cause[78].

Qu'en est il de l'absence ou de la non expression de la cause ?

1°) L'absence de cause :

197- L'article 57 alinéa 1 dispose : « L'absence de cause pour l'une des obligations nées du contrat rend celui-ci annulable ». Il s'agit, comparativement, des mêmes dispositions que l'article 1131 du code civil français qui assimile l'absence de cause à la fausse cause ou à la cause illicite.

L'absence de cause se fonde sur le postulat que l'inexistence de cause est suspecte. Lorsqu'une obligation contractuelle n'a pas de répondant intrinsèque au contrat, le contrat devient nul pour obligation sans cause juridiquement défendable. Cette absence de cause pourrait s'expliquer par la volonté des parties de fournir ou d'accepter une prestation ou une contre prestation douteuse soit par sa nature soit par son importance (exagérée).

---

77 Civ. 1er 12 juillet 1989 (Bull. Civ, n° 293, Page 194-JCP 1990, II. 21546. Note Dagorne Labbé-Defrenois 1990. 358 obs. J-L Aubert dans GAJC déjà cité.

78 Batonier Tapo (Kassoum) Code des Obligations du Mali annoté article 56. Civ 1ère 12 juillet 1989. Civ. 1er Octobre 1986. P. 45.

2°) Validité des contrats à cause non exprimée :

198- L'alinéa 2 de l'article 57 énonce que « Le contrat est valable bien que la cause de l'obligation ne soit pas exprimée. Les contrats conclus mais qui n'expriment pas intrinsèquement la cause sont cependant valables ». C'est ce qu'on appelle encore les billets non causés.

Pour comprendre ces dispositions, il importe de procéder à la distinction dans le mot acte entre le negocium et l'instrumentum. Par exemple quand j'écris que « Je m'engage à payer à monsieur X la somme de 50 000Fcfa le 31-12...2010 » ou :

> « Je m'engage à payer à madame Y la somme de 50 000Fcfa le 31-12 en remboursement d'un prêt consenti le... ».

Dans le premier exemple la feuille de papier qui comporte mon engagement est appelée billet non causé ou constitue un contrat un engagement où la cause n'est pas exprimée. Elle (feuille) comporte à la fois deux choses d'une part, par sa présentation physique et matérielle elle est l'instrumentum c'est-à-dire l'élément de preuve qu'il existe un contrat de prêt entre monsieur X et moi ; d'autre part elle (feuille) fait présumer que les 50 000fcfa constituent le fruit d'une convention discutée sous forme de prêt que j'ai contracté au près de monsieur X ; et en cela elle a la même valeur que le second exemple ou la raison est donnée.

Ce sont des manières de faire devenues fréquentes dans la vie quotidienne dictées pour des raisons de discrétion, de rapidité etc. Dans tous les cas la présomption de licéité doit exister dans ces actes écrits sous peine de rejet pour absence ou fausse cause entraînant l'invalidation du contrat en cas de doute ou de preuve du contraire.

3°) La preuve de la cause :

199- La preuve de la cause renvoie au principe général de la preuve des obligations et l'article 263 RGO rappelle que : « La personne qui demande l'exécution d'une obligation devrait en rapporter la preuve de son existence. De même celui qui se dit libéré d'une obligation devrait justifier du paiement ou de l'extinction ». (infra 714 et s).

Ainsi qu'elle soit considérée comme contrepartie ou motif impulsif et déterminant, la cause est présumée licite. Il revient au demandeur en nullité du contrat pour cause illicite ou immorale de le prouver.

C°) Sanctions :

200- L'article 56 dispose que : « Le contrat est nul pour cause immorale ou illicite… ». La sanction est donc la nullité de l'acte ou du contrat. Est-ce par voie de nullité absolue ou celle de nullité relative ? Selon le cas ou la conception, la jurisprudence adoptait la nullité absolue pour les contrats où la cause serait absente, ou sans contrepartie car ici un élément essentiel manque au contrat. La jurisprudence adoptait la nullité relative pour les contrats soumis à la conception moderne c'est-à-dire là où la cause impulsive et déterminante n'était pas bien fondée. Puisque la conception moderne vient en appui à la conception classique qui par nature ne se rapporte qu'à des intérêts particuliers, la cour de cassation française a adopté récemment et clairement la nullité relative comme sanction79 au lieu de la nullité absolue.

Le contrat, qui est un acte juridique majeur, ne peut valablement être créé, qu'après une mise en synergie de certains éléments, eux-mêmes sujets à certaines péripéties. Le consentement n'est obtenu qu'après des étapes internes, la capacité en faisant attention aux interdits, aux mineurs et à l'exclusion de certaines personnes pour certains actes, l'objet et la cause pour les prestations et les motifs profonds qui les sous-tendent.

Peut on parler de contrat valable une foi qu'il échappe positivement aux vices et autres faits infestant ? La réponse doit être nuancée d'une part la réponse serait « oui » pour les contrats qui nécessitent pour leur formation le seul échange de consentement, d'autre part elle est négative dans la mesure où la loi soumet certains contrats à des formes précises pour pouvoir être reconnus.

79 Cass.1er civ. 9 nov. 1999. Defrenois 2000 250. Obs. Aubert dans Terré (F) et Cie Droit Civil : les Obligations 8ème édition P.361 et 362.

PARAGRAPHE V : LA FORME DU CONTRAT.

201- Le Régime Général des Obligations parle de la forme du contrat dans trois articles (58 ; 59 et 60 RGO). Mais il le fait dans un paragraphe numéroté V complétant les quatre paragraphes réglementant les quatre conditions de formation et de validité du contrat.

La forme est elle une condition de formation et de validité du contrat ? Rien n'est moins sûr. Car si elle est une condition de formation de certains contrats, elle n'est pas une condition de validité de ces derniers[80].

A°) Le principe du consensualisme : (supra 58 et 59)

202- Le principe du consensualisme est posé dans l'article 58 RGO en ces termes :

« Aucune forme n'est requise pour la formation du contrat… »

Dans les conditions habituelles, les contrats et autres actes naissent par le seul échange des consentements, marquant leur accord, après discutions à la suite d'une offre. Cet accord conjoint demeure acquis indépendamment de l'élaboration d'un écrit ou de la remise d'une chose. Ce principe a pour source l'autonomie de la volonté en vertu de laquelle les contractants sont libres de créer les contrats qu'ils veulent et aussi de leur imprimer la forme qu'ils veulent tout en respectant évidemment l'ordre public et les bonnes mœurs.

Le principe du consensualisme, dans le contexte malien, reçoit plus d'échos favorables parce que d'abord nous sommes dans un pays où le taux d'alphabétisation est faible, et le taux de lettrés très faible (de l'ordre de 20% seulement). En effet, beaucoup de gens ne savent ni lire ni écrire alors qu'ils ont le sens des transactions bien aiguisé. Par conséquent la plupart des contrats se forment par le seul échange de consentement.

80 Tous les contrats obéissent aux mêmes conditions de formation et de validité mais en plus, certains par nature propre ou par détermination de la loi ne sont formés qu'à des conditions supplémentaires. Les contrats solennels exigeant un passage par devant un notaire ou un contrat réel exigeant la remise de la chose ne peuvent être formés sans l'accomplissement de la formalité ou la remise de la chose en principe.

203- Ensuite s'inspirant d'une vieille habitude de bonne foi inhérente à la moralité des gens qui se connaissent par famille et par générations, l'on pense que la preuve de l'existence des contrats ne saurait soulever de difficultés particulières entre certaines personnes, tant, traiter ensemble correctement est un fait constant remontant loin dans la nuit des temps.

Il faut signaler que si cela fut une vieille pratique, ce n'est pas de toute évidence une vieille vérité qui produit des effets positifs encore de nos jours. Dans bien des cas la déception se substitue aux bons vieux rapports cordiaux.

Enfin, se conformant aux vertus d'une réalité typiquement malienne « le cousinage »[81]des personnes portant des noms de famille divers réputées contraires n'ont aucune crainte de passer des actes sérieux sans la moindre précaution de forme, parce que, par une croyance absolue populaire l'on pense que l'un d'eux ne peut ou ne doit compromettre les intérêts de l'autre pour quelle que raison que ce soit dans quel que acte que ce soit. Là aussi, il faut faire observer que les problèmes, sous toutes les formes aujourd'hui existent entre maliens porteurs de ces noms de famille.

Par conséquent, il est indispensable de se prémunir dans les relations d'affaires ou autres en donnant à chaque transaction à chaque acte la forme que la loi prévoit pour lui. Ce n'est guère superflu.

B°) Les contrat exigeant un écrit : contrat solennels. (infra 740 et s)

204- Dans les contrats solennels, leur formation et leur validité font de l'échange de consentement une condition nécessaire mais non pas suffisante. Pour leur exécution il faut en plus une certaine formalité qui est l'écrit. Cet écrit est nécessaire pour faire la preuve de l'existence du contrat mais aussi et surtout il a pour objet d'établir sa validité. Dans le premier cas on parle d'écrit ad probationem et dans le second cas d'écrit ad validitatem. L'écrit peut avoir plusieurs formes.

81 Le cousinage, c'est le fait par certains noms de famille, de pouvoir s'attaquer verbalement, par voie d'amusement, même à la première rencontre, en échangeant toutes sortes de propos même des injures sans risque d'énervement ou d'attaque, encore moins de convocation devant les autorités. Au Mali tout le monde est presque concerné.

1°) L'écrit authentique :

205- L'écrit authentique, appelé acte authentique, concerne les actes passés par devant un notaire. La loi définit le notaire comme un officier public établi à vie pour assurer le service public de la preuve. Sont passés devant eux toutes les conventions auxquelles les contractants doivent ou veulent donner le caractère d'authenticité conféré aux actes de l'autorité publique (article 4 du statut des notaires). Cette exigence d'écrit a pour source le même article 58 RGO : « Aucune forme n'est requise…sous réserve des dispositions exigeant un écrit… ».

L'écrit authentique existe sous diverses formes.

a°) L'acte authentique ordinaire :

206- Il s'agit d'un ensemble d'actes relatifs aux patrimoines du constituant ou des contractants. Ce sont des actes énumérés par la loi portant statut des notaires en République du Mali que les différents Actes Uniformes dans le domaine commercial[82] sont venus fragiliser. L'article 57 du statut des notaires dispose : « Sont obligatoirement notariés :

- les libéralités c'est-à-dire les dons et legs ;
- les contrats de mariage, la vie économique du foyer (article 45 du code du mariage et de la tutelle) surtout dans le cas particulier de la communauté des biens ;
- les actes constitutifs ou translatifs de droits réels immobiliers. Ce sont les actes de vente d'immeubles faisant l'objet d'un titre foncier », les actes constitutifs d'hypothèque qui dans sa forme conventionnelle, précise l'article 2127 du code civil français : « Ne peut être consentie que par acte passé en forme authentique » ;
- les baux à usage commercial, industriel et professionnel ;
- les actes de société à but lucratif.

82 OHADA : - Acte Uniforme sur le Droit Commercial Général ;
Acte Uniforme relatif au Droit des sociétés commerciales et des groupements d'intérêt économiques ;
Acte Uniforme portant organisation des sûretés.

Il importe de signaler que la législation OHADA a ramené à un simple choix laissé aux parties les deux derniers points relatifs aux baux commerciaux et aux actes de constitutifs des sociétés.

b°) L'acte authentique renforcé :

207- Le renforcement de l'acte résulte des conditions de formation plutôt que de ses effets. C'est ainsi que l'article 60 du statut des notaires énonce que sous peine de nullité certains actes doivent être reçus par deux notaires ou par un notaire assisté de deux témoins instrumentaires...

C'est l'importance et la qualité des actes visés qui expliquent que deux notaires se mettent ensemble ou qu'un notaire se fasse assister de deux témoins qui attestent la véracité des intentions de l'auteur ou des auteurs de l'acte au moment de la lecture et de la signature des dits actes. Les actes ainsi visés comprennent :

1.- Les testaments authentiques et mystiques. Le testament, étant un document dans lequel une personne décide du sort de ses biens pour la période où elle ne vivrait plus, est un acte grave nécessitant en effet, l'intervention de plusieurs personnes professionnelles ou témoins. L'élaboration par une seule personne (professionnelle) peut se révéler inexacte, compromettante notamment si le professionnel se trompait ou s'il était de mauvaise foi.

Le testament authentique est un testament rédigé par un notaire suite aux déclarations du testateur alors que le testament mystique est un testament simplement présenté au notaire pour être gardé. Le notaire ne connaît pas le contenu car il a été entièrement rédigé par son auteur.

2.- Les donations entre vifs ou donations entre époux, autres que celles inscrits dans un contrat de mariage.

3.- Les donations-partages d'ascendants et testament partage.

La donation-partage « est selon le lexique, un acte par lequel une personne repartit ses biens de son vivant entre ses héritiers présomptifs qui en deviennent propriétaires ».

Le testament partage, selon le même lexique, est un acte par lequel un ascendant partage entre ses descendants les biens qu'il laissera à son décès, en composant comme il l'entend, les lots de chacun sous la seule condition de ne pas porter atteinte à la réserve héréditaire.

4.- Les acceptations de donation, révocation de testament ou de donation.

5.- Les procurations ou autorisations pour discuter les actes c- dessus visés.

La sanction du non respect de cette formalité devrait être, malgré que les actes authentiques aient une preuve absolue, nuancée. Il est indiqué qu'elle (sanction) soit la nullité absolue pour le cas relatif au testament et une simple nullité relative pour les autres cas.

208- Par ailleurs, les avantages de l'écrit authentique sont indéniables. Les notaires font enregistrer les actes au service des domaines, ce qui leur donne une date certaine ; ils conservent ces actes et en délivrent grosses expéditions et extraits selon le besoin des parties (article 4 du statut des notaires).

Les grosses sont délivrées sous forme exécutoire et élaboré dans les mêmes termes que les jugements des tribunaux. C'est dire que l'acte notarié confère les mêmes avantages qu'une décision de justice passée en force d'autorité de la chose jugée.

2°) La possibilité de choix de la forme de l'écrit :

209- Analysé comme conséquence de la législation régionale africaine qui a pour vocation de mettre sous le même joug juridique les textes de plusieurs pays aux réalités souvent différentes, le traité OHADA a fait preuve d'une grande précaution dans le domaine de la forme des actes.

Les législations nationales ayant diversement prévu telle ou telle forme d'écrit (authentique ou sous seing privé), le législateur OHADA dans sa volonté d'harmonisation du droit des affaires, ne pouvait que, raisonnablement, juxtaposer les deux formes afin d'être sûr d'obtenir l'adhésion des uns et des autres. Cela s'est fait souvent au détriment des intérêts de certaines corporations comme c'est le cas au Mali par rapport aux notaires ou huissiers etc.

En effet, plusieurs actes qui devaient revêtir la forme authentique à la suite des exigences du statut des notaires, se sont vus ramenés à un simple « vouloir » sans aucune contrainte. C'est ainsi qu'on relève une révolution à trois facettes chez le législateur OHADA par rapport à la forme.

D'abord dans l'Acte Uniforme relatif au Droit des Sociétés et Groupements d'Intérêts Économiques (AUDSCGIE) les statuts des sociétés commerciales répondent en leur forme, en une exigence d'authenticité (article 10) immédiatement amoindrie par une possibilité de signature privée (article 11).

Les statuts des sociétés étant leur acte de naissance à travers le contrat de société, lorsque les associés sont nombreux, deux et plus ou à travers un acte de volonté unique lorsque l'associé est unique (article 12).

210- En revenant à la forme de statuts, le caractère authentique de ces derniers est fortement affirmé dans l'article 10 AUDSCGIE qui énonce que :

> « Les statuts sont établis par acte notarié ou par tout acte offrant des garanties d'authenticité dans l'Etat du siège de la société, déposé avec reconnaissance d'écritures et de signatures par toutes les parties au rang de minute d'un notaire.
> Ils ne peuvent être modifiés qu'en le même forme ».

La lecture ordinale de cet article de l'Acte Uniforme sur les sociétés ne fait que reconnaître aux statuts la forme authentique tant le texte, dans son expression, semble catégorique. Ce n'est qu'une croyance d'instant parce que l'article suivant laisse entrevoir les statuts sous forme d'écrit non authentique. L'article 11 AUDSC dispose que : « Lorsque les statuts sont rédigés par acte sous seing privé, il est dressé autant d'originaux qu'il est nécessaire… ». Ce qui tranche avec l'article 57 du statut des notaires qui rend obligatoirement notariés les actes de sociétés à but lucratif.

211- Il importe de signaler qu'en vertu du traité OHADA c'est l'Acte Uniforme qui s'applique lorsqu'il y a contradiction entre une de ses dispositions et une disposition nationale[83].

83 Traité OHADA article 10 signé à Port Louis le 17 octobre 1993.

Ensuite dans l'Acte Uniforme portant organisation des sûretés, des exemples à « courant » ordinaires font voir la nécessité d'un écrit où il est simplement affirmé ou sous entendu la possibilité du choix d'un écrit authentique ou sous seing privé.

Ainsi l'article 4 AUOS le cautionnement ne se présume pas. Il doit être convenu entre le créancier et la caution d'une façon expresse (écrite) sous peine de nullité.

L'Acte Uniforme sur le Droit Commercial Général dans son article 117 fait de la forme du contrat de vente d'un fonds de commerce un acte sous seing privé ou un acte authentique.

212- De même les biens pouvant faire l'objet de nantissement sans dépossession du débiteur, comme les droits d'associés et valeurs mobilières, le fonds de commerce ; le matériel professionnel ; les véhicules automobiles, les stocks de marchandises etc. (article 63 AUOS) devraient résulter d'un nantissement constituée par acte authentique ou seing privé dûment enregistrés (article 65 AUOS). La seule exigence ici est l'enregistrement au service des domaines pour conférer une date certaine à l'opération.

Toutefois, il n'est pas inopportun de rappeler que dans la pratique les bénéficiaires du nantissement c'est-à-dire le créancier dans l'opération ignorent fréquemment cette possibilité de choix de la forme laissée aux parties et qui peut arranger le débiteur lorsque l'acte revêt la forme sous seing privé. Ces bénéficiaires obligent très souvent les débiteurs à passer par devant les notaires pour en conférer la forme authentique. Ce qui leur facilite la réalisation du nantissement, en dehors de toute procédure judiciaire en bonne et due forme.

213- Enfin la troisième facette de la révolution est offerte par l'Acte Uniforme sur le Droit Commercial Général à travers son article 71. Il donne l'exemple curieux d'un acte initialement authentique (législation nationale) à un acte qui peut ne même pas être écrit. Il s'agit du bail commercial. L'article 71 AUDGC énonce que : « Est réputé bail commercial toute convention, même non écrite, existant entre le propriétaire d'un immeuble ou d'une partie d'un immeuble et toute personne physique ou morale, permettant à cette dernière d'exploiter les lieux, avec l'accord du propriétaire, toute activité commerciale, industrielle, artisanale ou professionnelle ».

C'est dire que la convention sur le bail commercial peut être écrite ou même verbale, Ce n'est que lorsqu'elle est écrite qu'elle sera, à la volonté des parties, sous seing privé ou authentique. Alors que la loi portant Statut des Notaires au Mali, fait du bail à usage commercial, industriel et professionnel un acte à la forme authentique (article 57 alinéas 4).

3°) L'écrit sous seing privé.

214- Il a été rappelé les contrats où l'acte sous seing privé peut supplanter l'acte authentique. En dehors de ces cas, c'est l'acte qui traduit le libre choix, la libre volonté des parties de constater leur engagement par écrit sans l'intervention d'un notaire (article 272 RGO). Il rentre encore dans le cadre de la définition de la compétence des notaires pour les actes authentiques qui n'auraient pas respecté les conditions de la forme authentique effectivement. Ce serait des actes logiquement sous seing privés parce que dénudés de toute garantie liée à un acte notarié.

Il faut aussi se rendre à l'évidence que quoi que non imposé dans le domaine commercial, l'écrit y prend de plus en plus d'ampleur ; les parties ont recours assez de foi à des écrits pour constater leurs engagements. Ainsi tout est écrit dans les banques (conventions de prêt) les bons dans les boutiques et magasins etc.

L'écrit n'est pas la seule limite apportée au principe du consensualisme.

C°) Cas particuliers des contrats réels :

Dans ces contrats réels, l'échange des consentements demeure une condition préalable pour leur formation mais insuffisante pour leur existence effective.

1°) De la remise de la chose objet du contrat :

215- Généralement décrits dans un nombre limité de contrats, la catégorie des contrats réels s'affiche dans les conventions de prêt, de dépôt, de gage de louage etc. Ces contrats présentent une valeur juridique au moment où ils ont été exécutés. En restant au stade du seul échange des consentements, l'accord des volontés est dépourvu d'effets. Sa phase d'exécution, consistant à la remise matérielle du bien objet du contrat est une condition nécessaire. A ce propos il y eut une discussion doctrinale entre auteurs français, les uns disant que le contrat réel est formé au niveau du seul échange de volontés, les autres arguant que pour pouvoir parler de contrat il faut ajouter une cinquième condition aux quatre habituelles de l'article 1108 du code civil, qui serait celle de la remise de la chose[84]. Aussi lorsqu'il y a échange de consentement sans remise matérielle, le créancier pourrait exiger des dommages et intérêts en réparation.

216- Le législateur malien a pris part à cette discussion en conférant une valeur juridique à l'échange de consentement à priori. C'est ce que dit en substance l'article 59 RGO : « Lorsque le contrat porte sur la remise d'une chose, la remise matérielle de la chose ne constitue pas une condition de validité de l'acte ».

La remise matérielle constituerait en réalité un début d'exécution du contrat réel. Pour mieux élaborer une certaine cohérence les contrats réels ont été ramenés à des contrats synallagmatiques où chacune des parties à un intérêt.

Le Régime Général des Obligations semble avoir été inspiré sur ce point par la position de certains auteurs français[85] lesquels ont relevé à juste raison que le contrat réel est formé par le seul échange de consentement et il est synallagmatique, par conséquent la remise matérielle constituerait « le premier acte d'exécution ». L'exemple éloquent est donné par le contrat de bail qui se conclut valablement avant la mise à disposition des locaux ; le cas du gage avec dépossession répond à la même réalité. Cela est également la position de la cour de cassation française (GAJC réf. 570 et 571).

2°) Les dons manuels :

217- L'article 60RGO dispose : « Les dons manuels ne sont valables à défaut d'acte passés devant notaire dans les formes prévues pour les donations, que si la chose a été remise ».

---

84 CF. Grands Arrêts de la Jurisprudence Civile Tome 2. Obligations, contrats spéciaux, sûretés 11ème édition 2000 Dalloz Page 573 et suivant.

85 J.Huet, les principaux contrats spéciaux n° 22129 et Filou, Aubert et Savaux, les Obligations, vol. 1. N° 304 ; Marty et Raymond, lex Obligations T. 1, n°62,R. Aoun, La distinction des contrats synallagmatiques et unilatéraux. Thèse Paris 1931 P.226. Dans GAJC. Déjà cité. P. 573.

Le don manuel est une remise, par libéralité, d'une chose corporelle meuble à une personne. Son fondement (rapport d'amitié, d'employé employeur) explique qu'il tombe dans l'hypothèse des actes authentiques renforcés (supra). Le don manuel est une exception au principe évoqué ci-dessus sur les contrats réels. Donc aucune convention de don manuel ne peut être évoquée s'il n'y a pas eu concomitamment la remise de la chose. C'est là une disposition sécuritaire liée à la réalité du don manuel qui intervient entre personnes vivant dans une certaine intimité. Il est possible, qu'après des brouilles dans leurs rapports ou après le décès donateur, que le bénéficiaire (donataire) auto désigné ne vienne détourner ou tenter de détourner les biens du donateur au motif que celui-ci lui avait donné tel ou tel bien que, lui, n'avait pas encore enlevé.

Les textes recèlent bien d'autres formalités.

D°) Autres formalités.

218- Il s'agit essentiellement des formalités de publicité des actes au public afin d'assurer leur opposabilité voire souvent leur validité Par exemple la constitution d'hypothèque conventionnelle est un acte notarié en droit malien. L'acte de constitution devrait être transcrit au bureau de la conservation de la propriété foncière (domaines) pour l'information des tiers. Une telle hypothèque devient opposable aux autres créanciers du débiteur par celui des créanciers qui a été diligent en faisant opérer la transcription en premier lieu.

Dans le domaine commercial, l'acte Uniforme sur le Droit Commercial Général dans ses articles 44 et suivants soumet à une inscription les sûretés mobilières : le nantissement des actions et des parts sociales, le nantissement du fonds de commerce et inscription du privilège du vendeur du fonds de commerce, le nantissement du matériel professionnel et des véhicules automobiles, le nantissement des stocks, l'inscription des privilèges du Trésor, de l'Administration des Douanes et des instituions de sécurité sociale, les clauses de réserve de propriété et les contrats de crédit bail. Cette formalité a lieu au greffe du tribunal de commerce qui vérifie sa conformité ainsi que le titre présenté. Elle n'a d'autre objectif que l'information des tiers qui peuvent aussi être amenée à traiter avec la même personne.

SECTION IV : SANCTIONS DES RÈGLES DE FORMATION DES CONTRATS :

219- Le droit reconnaît, il est vrai une vertu légale au contrat, mais il est dans le même temps regardant sur ses règles de formation car les intérêts en présence ou les intérêts concernés doivent être préservés pour les besoins de la paix sociale. Ce qui, du reste, est l'objectif visé par le droit positif. La violation d'intérêt tant d'une partie au contrat que ceux s'élargissant à d'autres est diversement sanctionnée. On y va du pénal pour certains cas de dol, violence sanctionnés par des peines et ou amendes à des sanctions civiles résultant de textes statutaires comme le statut des notaires au cas où, de mauvaise foi, il serait à la base de convention nulles en passant par le droit de la responsabilité qui se résout par l'allocation de dommages intérêts souvent par le truchement de clauses pénales prévues dans les contrats eux-mêmes.

Il importe de savoir que la sanction la plus fréquente et la plus redoutable demeure indubitablement la nullité des conventions que prononcerait le juge lorsque les règles de formation n'auront pas été respectées.

***Etat de la législation :**

220- Le législateur malien a, dans le régime Général des Obligations, procédé à une véritable mise en garde des cocontractants sur les conséquences de leurs volontés ou comportements lorsqu'ils mépriseraient les conditions de formation des contrats qu'ils créent. Il (législateur) le fait substantiellement dans 11(onze) articles, de l'article 61 à l'article 71 inclus du Régime Général des Obligations. Ce qui permet de relever à priori le quasi mutisme du code civil français sur la question des nullités sauf dans trois articles (1304 ; 1338 respectivement sur l'action en nullité et la confirmation, et 1312 résultant de la loi du 18 février 1938 sur la restitution de prestation des mineurs). La remarque qui s'impose, est que ce quasi mutisme n'a été en rien, dirimant à l'inspiration de la doctrine française qui a procédé à de remarquables développements en la matière de manière à saisir la nullité dans son ensemble.

Il faut bien naturellement reconnaître que ce sont les travaux de cette doctrine française qui ont inspiré le législateur malien dont le mérite va être de n'avoir pas omis la question de nullité en légiférant et bien au contraire de l'avoir envisagé sous tous ses aspects essentiels.

***Notions satellites :**

221- Plusieurs mécanismes de sanctions civiles existent en plus de la notion de nullité comme la caducité du contrat, la résolution, l'inopposabilité, l'abrogation volontaire, l'inefficacité... La distinction entre la nullité et ces autres notions se fait voir quant à son origine et à ses effets.

- La nullité

222- Sanctionne l'irrespect d'une ou de plusieurs conditions prescrites par la loi pour la formation des contrats. Lorsqu'elle est constatée par la justice, elle entraîne un anéantissement rétroactif du contrat et tout se passe comme si la convention n'avait jamais existé.

- La caducité

223- Du contrat se fonde sur un contrat régulièrement formé au départ mais qui perd par la suite un élément extrêmement important. Par exemple, l'incapacité ultérieur d'un cocontractant ou son décès dans le cas d'un contrat conclu intuitu personae. Logiquement le contrat ne peut plus continuer de produire effet à partir du jour où cet évènement intervient.

- La résolution du contrat.

224- Dans cette hypothèse aussi le contrat visé était bien formé par les cocontractants. Il ne devra son invalidité qu'à des faits intervenus postérieurement. Par exemple lorsque dans un contrat de formation ou d'encadrement dans une école privée, les parties avaient convenu d'un échéancier précis de paiement si l'élève ou ses parents ne respectent pas l'échéance, le contrat de formation sera résolu pour non paiement des frais scolaires. Pourtant il y avait un contrat régulier, sans reproche au départ. Ainsi l'élève sera renvoyé définitivement de l'établissement. Donc la résolution produit effet pour l'avenir mais ne revient pas sur le passé. Elle (résolution) peut être judiciaire ou non judiciaire.

- L'inopposabilité :

225- Elle est une notion sélective écartant ou mettant hors les autres pour ne concerner que les parties à la convention. Elle concerne aussi un contrat valablement formé quant au fond, mais qui n'a pas respecté certaines formalités qui ne sont pas substantielles pour son existence. Mais le défaut de respect de ces formalités comme la publicité, l'enregistrement, explique que ce contrat ne puisse être invoqué contre les tiers mais seulement entre parties.

- L'abrogation volontaire :

226- Tout comme les parties sont libres de s'engager dans les liens de tel ou tel contrat, elles sont également libres de revenir sur ces contrats surtout lorsqu'ils sont entachés d'une cause de nullité quelconque en projetant de reprendre leurs prestations dans un nouvel accord. Dans ce cas le nouvel accord se substitue à l'ancien mais en l'effaçant. Donc il faut comprendre que le contractant actuel est bien différent du précédant même si dans la pratique les parties disent qu'elles « annulent leur convention. Le terme « annuler » est ici impropre[86].

- L'inefficacité :

227- On parle d'inefficacité lorsque les parties ont voulu par des artifices précis contourné les difficultés d'une loi dans leur convention. Par exemple, un malien et une nigérienne qui se marient sans s'aimer, dans le seul but de faire bénéficier la nationalité de son pays à l'autre. En cas de découverte de ce motif, c'est la nationalité qui sera refusée mais le mariage ne pourra pas être mis en cause par son annulation. Donc il y aura une inefficacité quant au motif déterminant de leur mariage, pas de nationalité octroyée. Ce qui est différent d'une nullité qu'auraient encouru les parties si l'une d'elles n'était pas consentante au mariage ou autre.

L'existence de ces notions satellites ne devrait pas empêcher d'entrevoir des notions parfaitement similaires.

*** Notions synonymes :**

228- L'usage de notions comme nullité, annulation, rescision passe l'une pour l'autre dans le langage juridique. Par exemple l'annulation est un terme au moyen duquel on définit la nullité. Cependant, il peut y avoir quelques nuances par rapport à la rescision qui consiste également en la nullité de contrat mais qui s'est spécialisé dans des domaines précis comme le partage (successoral) mais surtout l'inégalité criarde entre prestation dans les ventes d'immeubles comme les terrains et concessions et autres immeubles. EN vertu de la mise en œuvre de la rescision, la vente d'un immeuble où le vendeur essuie une perte de plus de la 7/12 peut être déclarée nulle.

Ces préliminaires aiguisent la volonté de savoir ce qu'est la nullité et quelle est sa portée.

---

86 Benabend (A) déjà cité.

A°) Définition et rayonnement de la nullité

La nullité est une notion juridique clairement définie par la loi et c'est ce qui lui vaut un rayonnement sans conteste dans les différents domaines du droit.

1°) Définition :

229- « La nullité se définit comme un anéantissement rétroactif du contrat irrégulièrement formé »[87].

L'ombre de cette définition doctrinale se retrouve dans l'article 61 RGO qui dispose dans son alinéa premier que :

> « L'inobservation d'une des conditions de formation des contrats entraîne sa nullité ».

Un contrat n'est efficace c'est-à-dire ne peut produire d'effets conformément à la volonté des contractants que lorsqu'il a été créé dans le stricte respect des règles de fond et de formes substantielles. A défaut son annulabilité s'installe et selon les recours formulés devant le juge il sera déclaré nul d'une nullité relative ou absolue selon l'intérêt protégé. Sous l'effet de cette nullité, le contrat est effacé de sa formation aux effets qu'il a produits. Tout vise à remettre les parties dans le statu quo ante[88].

2°) Rayonnement de la notion de nullité :

230- Si l'on convient que le droit règle la vie en société, l'on devrait se poser la question comment il le réussit ? Par la sanction à l'évidence (pénale et civile). De toutes les sanctions, une seule est plus redoutable car pouvant non seulement sanctionner directement certains actes juridiques mais aussi pouvant invalider les autres dans leur procédure d'administration, c'est la nullité.

La nullité constitue un épouvantail juridique et judiciaire faisant régner sur le fond et sur la forme des actes le spectre d'un anéantissement complet et global des dits actes sous réserve de la prescription ou de la confirmation. Aussi il peut être relevé :

---

87 Benabent (A) déjà cité P. 91.

88 Expression latine ordinairement utilisée pour dire la remise des choses en l'état où elles étaient avant la rencontre de volontés des parties.

— Que la notion de nullité a une portée générale en droit. En effet, tout acte (volontaire) peut être annulé s'il n'a pas respecté les règles qui le gèrent. Aussi l'article 25 du code de mariage et de la tutelle (CMT) déclare nuls les mariages passés en violation de dispositions des articles 7 ; 8 et 9. L'article 7 vise une femme qui se remarie alors qu'elle est dans les liens d'un premier mariage. L'article 8 vise l'homme qui dans le cadre d'un mariage polygamique, épouse une 5ème épouse et l'article 9 vise les cas de prohibition du mariage entre parents d'un certain ordre familial.

— La nullité concerne tous les contrats, toutes les conventions que les parties peuvent vouloir créer. Il s'agit dans la majeure partie des cas des règles de formation du contrat, quelque fois des quantum de la prestation (lésion) ou des formes substantielles du contrat comme les formalités ad validitatum dans les contrats solennels. Exemple la convention d'hypothèque ainsi que le contrat de mandat pour le conclure matériellement[89].

231- La nullité est un spectre qui hante tous les professionnels du droit, particulièrement les magistrat (procureur, juge d'instruction, président de juridiction) de réussir une administration régulière des dispositions législatives aux causes qui leur sont soumises sous peine d'annulabilité de toute la procédure. C'est ce qui explique l'importance des conseils (avocats) qui débutent les audiences toujours d'une façon technique par l'évocation des nullités susceptibles de remettre en cause la procédure. Le constat peut conclure à l'affirmation selon laquelle la nullité est une notion rayonnante qui règne en gendarme absolu du Droit.

B°) La nullité : une réalité à double facette.

232- L'article 61 al. 2 RGO énonce que « La nullité peut être relative soit absolue ». La pertinence de cette distinction porte sur la nature de l'intérêt protégé et qui détermine les personnes qui peuvent invoquer la nullité.

1°) La nullité absolue :

233- Tout intérêt dont la violation ou l'irrespect peut objectivement déranger plusieurs éléments de la société ou touché à la moralité de la société sera protégé

89 Civ. 7 février 1854 (DP 54 -1-49-5541322 dans GAJC déjà cité P.-634 et ss.

par une nullité absolue. C'est ce que révèle l'article al.1 RGO « La nullité est absolue lorsque les conditions imposées par la loi sont essentielles et ont pour but de protéger l'intérêt général ou l'ordre public et les bonnes mœurs… ».

Par exemple une convention qui porte sur l'acquisition d'un nom de famille par achat pécuniaire connaîtra une nullité absolue parce que l'article 20 du code de la parenté énumère limitativement les voies d'acquisition du nom par la filiation, par le mariage ou par décision de l'autorité administrative ou judiciaire. L'article 21 ajoute que le nom est inaliénable. Le nom constituant un élément d'organisation de la société, à travers les familles, il n'est pas de l'intérêt général qu'il soit dans le commerce. De même les conventions qui porteraient atteinte à l'ordre public et aux bonnes mœurs seront invalidées ? Par exemple une convention portant sur la vente et l'achat d'enfants sera nulle et de nul effet.

234- Qui peut invoquer la nullité absolue ?
Aux termes de l'article 62 alinéa 2 : « La nullité absolue peut être invoquée par tout intéressé. Elle doit être invoquée en tout état de cause par le Ministère Public ou soulevée d'office par le juge ».

Une nullité absolue peut être prononcée par le tribunal à l'initiative :

— d'abord de tout intéressé. Il s'agit de toute personne qui n'a pas intérêt à l'existence du contrat incriminé. Ce qui laisse la possibilité d'agissement à chacune des parties ou à leurs ayants cause et ayants droit ainsi que leurs créancier chirographaires par le moyen de l'action oblique[90]. Toute autre personne peut agir si elle a un intérêt menacé.

— ensuite du Ministère Public car son rôle c'est la défense des intérêts de la société. Le Ministère Public agira indépendamment ou au côté d'une partie si l'intérêt violé concerne l'ordre public, les bonnes mœurs, l'intérêt général dans des domaines sensibles comme celui de la famille, par la garde des enfants, de la déchéance de puissance paternelle, de nullité de mariage etc.

— Enfin le juge lui-même qui a le droit voire l'obligation et le pouvoir en vertu de la loi de soulever d'office les causes de nullité pour les actes violant l'intérêt général mais surtout l'ordre public et les bonnes mœurs.

90 Madame Coello : Cours de Droit 2ème année 1986.

La nullité absolue expose la convention plus que la nullité relative.

2°) La nullité relative :

235- L'article 63 alinéa 1 RGO dispose : « La nullité relative résulte de l'inobservation des règles destinées à assurer la protection d'un intérêt privé, telles que les dispositions concernant les vices du consentement, les incapacités de protection et la lésion ».

Chaque fois que l'intérêt brimé est exclusivement propre à une partie dans son existence et sa mise en œuvre, il y a possibilité d'une nullité relative qu'elle est libre de soulever ou non. Lorsqu'elle la soulève devant le juge le contrat sera annulable. Il peut être rappelé que la doctrine classique voyait dans certaines nullités se rapportant aux vices de consentement une nullité absolue pour absence de consentement par exemple. Mais la doctrine moderne et à sa suite le législateur malien n'y voient que de nullités relatives auxquelles la victime peut réserver un acquiescement salvateur.

A qui il est donné de soulever la nullité relative ?

L'article 63RGO in fine déclare que « Seule la personne protégée peut invoquer la nullité relative ». Ce qui se ramène au cocontractant victime de la nullité relative, logiquement s'il lui advenait une interdiction ou le décès, à son représentant ou à ses héritiers. De même ses créanciers chirographaires par le biais de l'action oblique en ses lieu et place car ils y ont intérêt à travers lui.

C°) L'acte nul et le temps.

236- Comme l'affirme un dicton de chez nous : « Le temps finit par avoir raison de tout ». Par l'écoulement d'un certain temps (en termes d'années franches) l'action d'agir en nullité peut se retrouver contrariée et donc subséquemment l'acte concerné sera validé rétroactivement et produira ses pleins effets sans plus de crainte ? Cela est possible d'une part par la prescription et d'autre part par la confirmation.

1°) La prescription.

237- La prescription est la conséquence de l'inaction du créancier pendant un délai fixé par la loi et qui libère le débiteur de son obligation, dit en substance l'article 247 RGO. L'action en nullité absolue est soumise à la prescription de droit commun (article 62 RGO). C'est-à-dire à un délai général qui se veut un délai préfix c'est-à-dire courant contre toutes parties en état de pouvoir l'invoquer : « Le délai de la prescription extinctive de droit commun est de vingt (20) ans » énonce l'article 254 RGO.

Après les 20 années écoulées, les personnes habilitées à invoquer la nullité absolue et qui ne l'avaient pas fait jusqu'ici ne pourraient n'émouvoir ; y compris le Ministère public et le juge car une telle convention devrait pouvoir être sauvegardée.

Selon l'article 64, l'action en nullité relative se prescrit par cinq (5) ans du jour de la naissance effective du contrat incriminé. Quelques conditions retardent le début d'écoulement de ce délai.

Premièrement : dans l'hypothèse de l'incapacité d'une partie ou de la violence exercée sur elle, le délai commencera à courir à partir du jour où la victime devient majeure (21 ans) ou du jour où la violence cesse.

Deuxièmement : dans le cas d'erreur ou de dol dans les conventions le début de la prescription s'amorcera le jour où le vice a été découvert par la victime. Dans ce dernier cas la partie défenderesse éventuelle vit une précarité plus ou moins longue car tant que le vice n'est pas découvert la prescription quinquennale ne peut commencer.

2°) La confirmation :

238- La confirmation est un acte ou un comportement clair et précis par lequel une personne (victime) renonce librement au droit d'invoquer la nullité du contrat entaché. La victime peut le faire expressément par écrit, déclaration avant tout délai de prescription ou encore attendre tout simplement que la prescription fasse son œuvre.

L'article 62 RGO exclut toute possibilité de confirmation d'un acte entaché de nullité absolue.

La possibilité est offerte par l'article 65 RGO qui dispose que « L'acte entaché de nullité relative peut être confirmé par la personne qui pouvait demander l'annulation ».

a°) Distinction :

239- Des éléments qui précèdent, il est clair que la confirmation est une notion univoque permettant au confirmant d'insuffler pleins effets à un contrat dès sa création. Par conséquent elle se distingue facilement de certaines notions comme :

— La régularisation : On parle de régularisation lorsque les éléments insuffisants ou manquants ont été apportés à un contrat originairement entaché d'une nullité relative. La régularisation a pour effet de rendre le contrat rétroactivement valable à l'égard des parties[91]. Ainsi dans la lésion la nullité peut être évitée en amenant l'acheteur à mettre le juste prix.

La même précision doit être apportée lorsque la notion de réfection de contrat surgit. En réalité la réfection du contrat consiste en la conclusion d'un nouvel accord comme cela a été développé dans les notions satellites (supra) sur l'abrogation volontaire.

b°) Les conditions de la confirmation :

240- Selon l'article 65 RGO : « ...La confirmation doit avoir lieu en connaissance de cause... ». C'est dire que le confirmant doit savoir que le contrat est entaché d'une cause de nullité relative et avoir la volonté affichée de réparer le vice, objet de la nullité relative. La victime doit aussi savoir qu'elle ne peut revenir sur sa décision de confirmation si celle-là était régulière parce que l'objectif de l'opération est la sécurité des conventions.

Le Régime Général des Obligations, laissant une liberté sur la question, il peut être déduit que la confirmation n'est soumise à aucune condition de forme.

---

91 Terré (F) et Cie déjà cité. P. 395.

Le confirmant peut le faire par écrit ou verbalement (article 65 RGO). Aussi la victime peut écrire un acte indépendant ou faire écrire en appendice au contrat qu'elle confirme. D'une façon tacite le confirmant victime peut choisir consciemment d'exécuter jusqu'au bout le contrat qui était annulable.

c°) Les droits des tiers :

241- L'article 65 RGO in fine dispose que : « La confirmation fait disparaître rétroactivement le vice original sans préjudice du droit des tiers ».

Il s'agit de l'hypothèse où un mineur a vendu son immeuble à un acheteur et qu'à sa majorité il revend le même immeuble à un second acquéreur. Ce qui rentre dans le cadre de l'article 1338 du code civil également[92]. Si le vendeur confirmait la vente effectuée alors qu'il était mineur, le second acheteur se verrait fonder à réclamer le même bien car il a acheté le bien en se disant que le désormais majeur a bien voulu usé de la nullité de la première vente pour incapacité résultant de la minorité. C'est un cas juridiquement délicat qui devrait se résoudre en dommage intérêts pour l'un des deux acheteurs.

D°) Sort judiciaire des actes nuls :

242- La nullité étant consécutive à la violation d'une condition dès la formation du contrat, sa mise en œuvre ne serait qu'un constat que le juge ferait par voie de jugement déclaratif pour invalider le dit contrat à la fois pour sa naissance et pour ses effets.

La nullité proprement dite est une anomalie dont le sort dépend obligatoirement de la justice comme le confirme l'article 61 al. 2 RGO : « La nullité doit être constatée en justice ». Devant la justice il y a habituellement le demandeur qui enclenche le procès par voie d'action et le défendeur qui se défend de plusieurs façons dont par la voie d'exception entre autres moyens.

1°) La voie d'action :

243- L'action est le moyen juridique offert à toute personne qui se sent lésée par un acte ou un fait quelconque d'ester en justice.

92 Terré (F) et Cie déjà cité. P.402.

— Dans le cas de la nullité absolue les personnes et institutions citées par l'article 62 RGO (supra) doivent agir avant l'écoulement d'un délai de vingt ans.

— Dès que la victime d'une nullité relative renonce à la confirmation, elle doit agir contre l'acte nul dans un délai de cinq années.

Dans les deux cas, ce sont les victimes ou leurs ayants droit qui ont le droit d'agir sauf dans le cas spécifique de la nullité absolue ou le ministère et le juge saisi sont également compétents pour invoquer ou soulever d'office la nullité. Le Régime Général des Obligations précise dans son article 71 que la partie qui a commis la faute contractuelle qui irradie le contrat ne peut en demander l'annulation. Cette disposition vise à protéger les contractants de bonne foi dont la vigilance peut être trompée par des gens de mauvais aloi et du reste elle respecte un principe de procédure issu du dicton que « nul ne peut se prévaloir de sa propre turpitude ».

244- La nullité est elle obligatoirement prononcée par le juge lorsqu'il est saisi ?

La réponse à cette question est nuancée par l'article 66 RGO qui dispose :

> « Sous réserve des dispositions contraires de la loi sur les nullités de droit, le juge apprécie les causes d'annulation du contrat ».

— Le rôle du juge lorsque la nullité est déclarée être de « droit » dans l'acte incriminé lui impose (au juge) d'entériner la nullité à la demande de la victime. Il doit d'ailleurs lui-même la soulever d'office et déclarer nul l'acte ou le contrat.

— Dans tous les autres cas de nullité l'article 66 dit que le juge a un pouvoir d'appréciation des causes d'annulation du contrat. Est-ce à dire que des contrats annulables pourraient ne pas l'être par le juge ?

La réponse semble affirmative. En effet le juge peut donner une chance à la vie de certains contrats soit dans l'intérêt des parties ou dans un intérêt purement social.

Les parties ont conclu avec la ferme volonté de créer e d'entretenir un contrat, s'il y avait quelques anomalies corrigibles, autant les corriger et donner libre cours au contrat. C'est possible en l'occurrence par la voie de la réfection ou de la régularisation.

Dans l'intérêt purement social, ce peut être le cas dans un contrat d'assurance de véhicules qui vient de commettre un accident causant des dommages à un particulier, si ce contrat (d'assurance) était annulable pour des anomalies mineures, autant lui faire droit et laisser jouer pleinement l'assurance en faveur du client pour le bien de la victime.

245- Il reste à préciser que toutes les clauses nulles ne peuvent anéantir un contrat. Le juge saisi doit opérer une appréciation « chirurgicale » des clauses du contrat. Quand la clause incriminée est de portée dérisoire ou accessoire dans le contrat, il devra annuler cette seule clause et laisser les autres clauses jouir pleinement de leur validité. C'est ce qui résulte des dispositions de l'article 70 RGO : « Lorsque la nullité porte sur une clause accessoire du contrat, les autres clauses demeurent valables ».

2°) L'exception de nullité :

246- Il s'agit des cas où la prescription a surpris une partie ou que la procédure judiciaire initialement engagée a été déclarée nulle. Dans ce cas le défendeur peut se défendre par voie d'exception et c'est pourquoi l'article 62 in fine dit que « L'exception de nullité survit à la prescription de l'action ». Il faut rappeler, pour affiner l'hypothèse que, que même si la prescription anéantit l'action, il est possible au débiteur de s'exécuter en produisant, modifiant ou en réajustant sa prestation suite à une obligation dite naturelle. (Supra)

E°) Les effets des contrats nuls.

Les conséquences, lorsque le juge prononce la nullité, se font sentir au niveau des prestations qui doivent être restituées sauf dans certains cas exceptionnels.

1°) La rétrocession des prestations :

247- Le contrat annulé est un contrat virtuel dans son existence. Il est considéré par le jugement comme n'ayant jamais existé et ne pouvant plus exister selon les termes de l'article 67 RGO ; dès lors, les parties à un tel contrat doivent restituer les prestations respectivement reçues l'une de l'autre. Ainsi dans un contrat de vente de bien, le vendeur rembourse l'argent prix d'achat et l'acquéreur restitue ou retourne le bien dont il s'était saisi suite à l'opération de vente car : « Ce qui est nul ne doit produire aucun effet »[93].

Lorsque le contrat se limite au seul échange de consentement non encore suivi d'exécution, les parties s'en tiennent là. Le contrat ne sera plus exécuté.

a°) Effets entre parties :

248- C'est évidemment le retour au statu quo ante. Tout se passe comme si les parties n'avaient conclu aucune convention. Elles procèdent au remboursement des biens avec les fruits perçus dès leur échange s'il y avait mauvaise foi. Mais lorsqu'elles étaient de bonne foi, elles gardent le bénéfice des fruits. Dans un esprit de protection de l'incapable mineur, ce dernier n'est tenu que d'une restitution a concurrence de son enrichissement (article 68 RGO). C'est dire que le patrimoine du mineur ne supporte que le juste prix de ce qu'il a reçu et ce même s'il a été malhonnête à la conclusion du contrat en se déclarant faussement majeur ou en produisant un faux représentant.

A l'évidence la prudence doit être de mise quand on traite avec un mineur car il bénéficie d'une totale couverture juridique comme le confirme l'article 71 al. 2 : « La simple déclaration de majorité faite par le mineur ne fait pas obstacle à l'annulation du contrat ».

C'est dire que lorsque le mineur est victime dans un contrat nul, même si ses propres fausses déclarations sont à l'origine, le contrat est annulable.

b°) Effets à l'égard des tiers :

249- Le Régime Général des Obligations n'y a pas fait allusion dans les effets. Il convient de dégager la règle de principe qui veut que la nullité produise ses effets à l'égard des tiers même de bonne foi car dit on : « Nul ne peut transférer à autrui plus de droit qu'il n'en a lui-même »[94]. Aussi lorsqu'il y a deux contrats successifs de vente portant sur un bien et que le premier contrat soit déclaré nul, par effet domino, le second contrat sera nul et le bien devra retourner dans le patrimoine du vendeur du premier contrat.

93 Règle traditionnelle rappelée par le Doyen Benabent (A) déjà cité.
94 Règle rappelée par Tapo (A.G) Cours de Droit des Obligations Editions Jamana.

Dans tous les autres cas, la bonne ou mauvaise foi des parties constituera le vecteur d'orientation du juge.

2°) Cas exceptionnels : (supra 230 et s)

Exceptionnellement la rétrocession des prestations peut être émaillée de difficultés.

a°) Le cas de résiliation :

250- La résiliation est déterminée par la nature d'une prestation reçue par l'une des parties. Les illustrations les plus convenables se retrouvent dans les contrats de formation et de bail encore appelés contrat à exécution successive. Dans ces deux contrats l'une des parties verse de l'argent facilement remboursable et l'autre assure une formation intellectuelle ou une jouissance des lieux impossibles à être remboursés en nature. Si le juge n'ordonne que l'effacement du contrat pour l'avenir, au motif qu'on ne peut rembourser en nature, sa décision souffrirait d'illogisme et surtout de confusion entre la résolution et la nullité. Pour sentir l'effacement d'un contrat nul le juge devra condamner la partie bénéficiaire d'une prestation successive au paiement d'une indemnité (dommages intérêts) compensatoire couvrant la période de vie du contrat à exécution successive. C'est à ce prix que l'article 67 RGO va bénéficier d'une bonne exécution dans ses dispositions préliminaires « sauf dans le contrat à exécution successive… les parties doivent restituer ce qu'elles ont reçu ».

b°) Le contrat violant les bonnes mœurs.

251- Dans sa volonté de préservation des mœurs essentielles à notre société le législateur n'a pas manqué de circonscrire là la restitution des prestations lorsqu'elles sont violées et surtout de faire appel à la sagacité du juge. C'est ce que révèle l'article 69 en disposant que :

> « Lorsqu'un contrat porte atteinte aux bonnes mœurs, il appartient au juge, en cas d'inexécution suivie d'annulation de décider la mesure dans laquelle chaque partie doit restituer ce qu'elle a reçu ».

Tout concourt à croire qu'il y a méprise rédactionnelle dans cet article qui veut vouloir dire en cas d' « exécution » et non « inexécution » suivie d'annulation. En effet, en cas d'inexécution, l'annulation ne devrait poser aucun problème ; chacune des parties gardant par devers elle sa prestation. Il n'y aura de difficultés objectives par rapport aux bonnes mœurs que lorsque le contrat était exécuté par l'échange des prestations et qu'une nullité s'en suive. Après cette mise au point, et sous réserve d'une correction ultérieure de cette erreur matérielle dans le texte, l'article 69 RGO rappelle le rôle important du juge en cas d'atteinte à l'ordre public et aux bonnes mœurs qu'il a le droit de soulever d'office d'ailleurs.

252- Une fois qu'il juge que le contrat est nul pour atteinte aux bonnes mœurs, il doit ordonner la restitution des prestations. Mais puisqu'on est dans un schéma spécifique d'atteinte aux mœurs les prestations doivent-elles être restituées en l'état ?

Plusieurs possibilités s'offrent à lui.

D'abord il doit considérer positivement la situation de la partie qui est de bonne foi. Par exemple une partie qui loue son immeuble pour un usage professionnel et que son contractant y exerce une profession violant les bonnes mœurs : il devra déclarer l'acquisition définitive des loyers, reçus sans remboursement au propriétaire d'immeuble et encore ordonner la restitution de l'immeuble.

Ensuite, si les deux parties sont de mauvaise foi, il peut les condamner à restituer les prestations et encore confisquer ces prestations au profit du trésor public ou d'une œuvre de bienfaisance social (SOS enfants etc.).

Enfin, il ordonne entre les parties la restitution des biens mais les condamne avec l'assistance du ministère public à des dommages intérêts équivalant le quantum de leurs prestations respectives au profit toujours du trésor public. Car il y a une faute que les parties devraient collectivement assumer.

L'évocation de la nullité fait peser la prudence dans tous les rapports juridiques entre individus dans la société. Lorsqu'elle doit être mise en œuvre l'intervention du juge est obligatoire.

Est-ce que la même permission existe quand à l'interprétation des contrats ?

SECTION V : L'INTERPRÉTATION DES CONTRATS.

253- Après les précautions d'usage liées à la capacité et au consentement des parties, il devient évident qu'elles ne doivent en principe pas se méprendre de l'objet et de la cause de leurs conventions. En conséquence tout ce qui est convenu et écrit devrait refléter la ferme volonté des contractants en la forme et au fond. En fait, cela n'est qu'apparent car les sources de méprise sont nombreuses et peuvent affecter la bonne exécution d'une convention si le juge ou un arbitre n'intervient pas. Les difficultés compromettantes peuvent découler d'une situation objective comme une dégradation imprévue de l'environnement économique et social ou même subjectivement d'une simple situation de mauvaise foi des parties.

***Observation générales :**

254- Une telle observation s'impose dans la mesure où elle permettra en la forme de faire relever en la forme une différence entre les dispositions du code civil et celles du Régime Général des Obligations. En effet, c'est dans un même chapitre que le code civil traite de l'interprétation des conventions (de l'article 1156 à 1164) et de l'effet des conventions à l'égard des tiers (de l'article 1165 à 1167). Ces dernières dispositions font un renvoi à l'article 1121 (après les conditions de formation du contrat) sur la stipulation pour autrui comme exception. Cet article 1121 du code civil se retrouve dans un centre névralgique de compréhension avec deux articles en amont (1119 et 1120) et un article en aval 1122 en aval.

Le chapitre qui traite de tout cela est intitulé « De l'effet des obligations » qui commence par une première section dénommée « *Dispositions générales* » qui comporte deux articles (1134 et 1135) qui énoncent le principe d'exécution des conventions.

En clair, il peut être observé dans le code civil, sur ce point, un ensemble de dispositions traitant de questions différentes mais rassemblées dans un même chapitre (Interprétation du contrat et son effet relatif) d'une part et un éparpillement de certaines dispositions traitant d'une seule et même chose d'autre part (articles 1135, 1119 et suivants devant s'ajouter à 1165 sur l'effet relatif du contrat) d'autre part. Ce sont ces dispositions sporadiques que la doctrine française a pu analyser ensemble pour faire un texte intelligible sur l'effet relatif des contrats même si elle (doctrine) n'a pas traité séparément les deux thèmes.

255- Par contre le législateur malien, à travers le Régime Général des Obligations a procédé par réglementation spécifique d'abord de l'interprétation des contrats dans la section IV du titre I (de l'article 72 à 76) et ensuite dans la section suivante il a parlé des effets du contrat en deux paragraphes dont le premier pose la règle générale et le second (paragraphe) les exceptions qui s'énumèrent en **A** par la stipulation pour autrui, en **B** par la promesse de porte fort et en **C** d'une façon quelque peu illogique par la simulation.

L'avantage du législateur malien aura été la cohérence et la bonne méthode. En effet, il est plus cohérent que le code civil en passant par deux sections pour traiter des questions effectivement différentes, ce qui aura pour conséquence évidente de faciliter une bonne méthodologie de travail pour les auteurs, professeurs et les étudiants.

A°) Définition :

256- Que les parties contractantes écrivent par elles mêmes les termes d'accord dans un contrat écrit ou qu'elles le fassent faire par un tiers sous forme de signature privée ou par un professionnel tel un notaire, le risque est toujours là qu'il peut y avoir des méprises sur certains termes, sur certaines pensées, ou certaines projections. Nonobstant le dicton littéraire « Tout se qui se conçoit bien s'énonce clairement et les mots pour le dire arrivent aisément » il est fréquent que des contrats bien spécifiés dans la pensée des parties soient traduits par quelques contre sens dans l'écrit (negoicum ou instrumentum). La raison est simple. Le langage juridique est spécifique et la maîtrise de son vocabulaire impose de réelles connaissances techniques du droit. Que malgré tout cela, la mise en œuvre de tout cela est complexe en droit civil tant la science est assortie de principes et d'exceptions, qui eux même sont fonction de conditions dépendant du respect par exemple de premier acte ou de la première défaillance.

Ainsi dans un contrat de remboursement, quand il est écrit,que le non respect d'une échéance rend exécutoire le reliquat de la dette, que le débiteur d'une telle convention, défaillant mais se justifie en alléguant qu'il était absent, malade ou qu'il avait initialement prévenu le créancier de l'éventualité.

B°) Champ de l'interprétation.

Il est fonction de l'étendue des difficultés entre parties dans la vie du contrat encours ou dans le sort du contrat déjà exécuté même si le législateur malien a procédé, par pragmatisme, à une circonscription des problèmes par l'adoption de dispositions sécuritaires.

1°) Domaine des contrats interprétables :

257- Il est dit que l'interprétation peut concerner l'ensemble des contrats conclus. Cependant la logique veut qu'elle soit plus fréquente dans les contrats solennels (écrits). C'est là qu'il peut y avoir des clauses infectées par une mauvaise compréhension des parties. La même logique veut que l'interprétation couve et éclose dans les contrats à exécution successive. En effet, c'est lorsque les suites contraignantes dans l'exécution des prestations se font pressantes que l'une ou l'autre partie tente de trouver des failles, à tord ou à juste raison pour bloquer le contrat, sinon dans les contrats à exécution instantanée il y a moins d'interprétation à faire.

2°) Réalisme du législateur.

258- L'on sait que l'écrit, comportant un contrat, a une double valeur probatoire : d'une part l'écrit en tant que papier constitue la preuve de l'existence en la forme d'une convention (infra 738) ; d'autre part ce même écrit comporte des clauses ou engagements à travers les mots pour traduire au fond l'objet du contrat. Mais l'écrit en tant que tel n'aura de valeur que lorsque les personnes susceptibles de s'engager savent écrire et lire en français. Mais il se trouve que les maliens à prés de 80% sont illettrés ou tout au moins ne savent ni lire ni écrire en français. Ils peuvent souvent être alphabétisés[95] mais ce pourcentage aussi est faible.

Dans le souci de circonscrire les méprises, le législateur malien, à travers le titre V du Régime Général des Obligations portant sur la preuve des obligations, a multiplié les garanties de sécurité des parties par rapport au contenu de leurs contrats (infra 754 et s).

95 L'alphabétisation consiste à initier les personnes adultes dans l'écrit et la lecture de certaines longues maternelles, Bambara, Minianka, Sarakolé etc. Plusieurs langues locales sont étudiées pour en obtenir un alphabet.

Cette garantie commence par l'article 272 alinéas 3 RGO qui dispose :

> « Il (acte sous seing privé) peut être rédigé en français, dans d'autres langues étrangères ou dans les langues nationales ». Ainsi selon la maîtrise de telle ou telle langue par les parties, étrangères (Arabe, Russe, Anglais) ou nationales (Minianka, Sonrhaï, Sénoufo etc.) le législateur leur laisse la latitude d'y rédiger leurs conventions afin de réduire au minimum les risques d'interprétation.

259- Si le contrat n'est pas écrit dans une langue que l'une des parties ou les deux parties pratiquent, comme ce peut être le cas dans les contrats d'adhésion, le législateur impose que traduction leur soit donnée dans un acte séparé et dans la langue qu'elles maîtrisent (article 273 RGO). Cette traduction fera corps avec la version originale du contrat.

Les rédacteurs du Régime Général des Obligations ont encore prévu l'hypothèse où une des parties au contrat est carrément illettrée et l'autre lettrée. La partie illettrée devrait être assistée par deux témoins, eux lettrés, qui vont certifier deux choses à savoir son identité et sa présence effective lors de la conclusion du contrat (article 274 RGO). Ces témoins certificateurs ont la charge d'expliquer à la partie illettrée la nature et les effets du contrat envisagée et conclu.

Malgré toutes ces dispositions l'interprétation des contrats se fait toujours un chemin en droit. Il reste à savoir comment elle doit se faire.

C°) Les procédés d'interprétation.

260- L'interprétation d'un contrat peut intervenir dans deux éventualités : lorsque son sens est flou, le juge doit l'élucider, on parle d'interprétation explicative, lorsqu'il semble incomplet, le juge doit en combler les lacunes on parle d'interprétation créatrice[96].

1°) Le contrat clair :

261- Un contrat clair en la forme, non mis en cause au fond, exclut toute intrusion. Les parties et le juge doivent le respecter en l'appliquant ou en ordonnant son application. La cour de cassation française veille sur le respect strict

96 Terré (F) et Cie. Droit civil les Obligations déjà cité Page 441.

de cette abstention sous peine de dénaturation. Dans un arrêt de principe[97] datant du 15 avril 1872, il a été rappelé que :

> « Il n'est pas permis aux juges, lorsque les termes d'une convention sont clairs et précis, de dénaturer les obligations qui en résultent et de modifier les stipulations qu'elle renferme ».

La position de la cour de cassation est qu'il faut respecter la volonté commune des parties et lui faire droit dans son exécution jusqu'au bout ou jusqu'à nouvel accord. C'est cette position que le législateur malien a aussi adoptée dans l'article 73 RGO :

> « Si les termes du contrat sont clairs et précis, le juge ne peut sans dénaturer, (dénaturation) leur donner un autre sens ».

2°) Le contrat dans sa globalité :

262- Les parties commencent par concevoir quelque chose dans leurs têtes, qu'elles finissent par matérialiser sur papier suite à l'échange de consentement. S'il y avait des écueils compromettant la vie même d'un tel contrat, le rôle du juge dans ce cas, sera de revoir la convention par rapport à l'intention commune des parties de manière à permettre une exécution juste et globale dans l'intérêt des parties. Ainsi le juge a deux voies possibles :

Il ne doit pas se contenter de ce que les parties ont faussement écrit et qui ne rime en rien dans la théorie générale du contrat ou qui ne présente aucun objectif certain à travers l'écrit produit. Il cherchera à établir par exemple si les parties ont voulu passer un contrat de vente ou de prêt. Si c'est un contrat de vente, serait-il à exécution instantanée ou successive. De même Il cherchera à établir si les parties ont voulu passer un contrat de travail ou d'entreprise. C'est ce que résume l'article 72 RGO dans les termes suivants :

> « Lorsque le juge est saisi, il doit rechercher la commune intention des parties contractantes, plutôt que de s'en tenir au sens littéral des termes du contrat ».

— Le juge a la possibilité d'aller plus loin au nom de l'équité ou en application de la loi en ajoutant à ce qui est exprimé dans le contrat.

97 Civ. 15 avril 1872. (DP 72. 1-176. S. 72.1.232) Veuve Foucault et Coulomb contre Pringault. « Les Grands Arrêts de la Jurisprudence Civile » Tome 2. Obligations- Contrats Spéciaux. Sûretés 11ème édition 2000 P.111. Capitant (H et Cie).

263- L'article 76 RGO prévoit ainsi la rédaction de l'acte par les parties peut ne pas prévenir tout ce qui pourrait s'unir à leur volonté ou tout ce que la loi prévoit à une telle convention.

Il importe de comprendre d'abord que le rajout équitable sera décidé par le juge quand la poursuite de l'exécution du contrat risque d'entraîner un déséquilibre important dans la prestation d'une partie. Par exemple dans un contrat de vente suivi de livraison lorsque le vendeur arrive à un point donné par mauvaise indication de l'acheteur et doit rebrousser chemin pour repartir au bon endroit, l'acheteur doit contribuer aux frais de transport.

Ensuite les suites liées à l'usage sont fréquentes dans le domaine professionnel (commercial par exemple) où les pratiques entre professionnels découlent d'usages largement admis.

Enfin les suites légales d écoulent des textes eux-mêmes mettant au compte des parties telle ou telle obligation ou partageant entre elles l'objet du contrat. L'illustration fréquente est donnée par les baux à usage d'habitation ou professionnel. Ainsi la loi met respectivement au compte du locataire (preneur) les petites réparations et au compte du propriétaire les grosses réparations. En cas de problème, le juge intervient pour déterminer si la réparation sollicitée est constitutive d'une petite ou grosse réparation et l'imputer en conséquence au locataire ou au propriétaire.

3°) L'incrimination de clauses :

264- Le contrat écrit est constitué par un ensemble de clauses exprimant idée par idée la volonté ou l'effet recherché par les parties. Ces clauses peuvent être nombreuses et plus importantes les unes que les autres : elles peuvent être affectées à divers degrés par la maladresse ou l'inexpérience des parties.

a°) Les clauses ambiguës et douteuses :

265- La clause ambiguë est une clause non claire, ne permettant pas une application évidente du contrat.

La clause douteuse est celle qui est source d'incertitude sur son propre contenu, fut elle affirmative ou négative dans les obligations. Ces clauses font appel à « l'interprétation explicative » du juge qui devrait s'y prendre en décelant la volonté des parties à travers l'analyse de autres clauses du contrat ainsi que des circonstances (article 74 alinéa 1 RGO). Les circonstances de conclusion peuvent être liées à la matière du contrat tel le contrat d'adhésion où l'une des parties, le débiter n'a que peu de temps pour lire et approuver la convention dans son ensemble ou encore si les parties ont conclu le contrat précipitamment ou non.

b°) Les clauses à double sens :

266- Le double sens peut découler simplement d'une mauvaise rédaction littéraire de la clause, à même de lui amputer tout effet juridique. Puisque le contrat est fait pour produire effet, l'article 74 al. 2 impose au juge de l'interpréter dans le sens qui le fait produire un effet.

c°) Les clauses inconciliables ou contradictoires

267- Dans leur élan de rédaction, les parties peuvent en divers endroits de la convention insérer des clauses qui se contredisent dans la mise en œuvre du contrat. A ce moment les choses se passent comme si le contrat était silencieux ou incomplet par rapport au point incriminé. Il est donc fait appel à l'interprétation créative du juge pour y remédier. Le juge supplée, en vertu de l'article 75 al.2, à la contradiction synonyme de réduction au silence par l'établissement d'une volonté commune des parties.

L'interprétation des contrats a connu une excroissance même sur les décisions de justice qui peuvent elles-mêmes faire l'objet d'interprétation.

Ainsi la Cour Suprême du Mali l'a récemment indiqué dans un arrêt de principe : « Attendu que l'interprétation est sollicitée dans les cas où une décision (de justice) y parait ambigu ou obscure rendant l'exécution difficile... »[98].

D°) Les acteurs de l'interprétation

Il s'agit de ceux sur qui repose l'interprétation et de ceux qui la mènent.

98 Arrêt n° 72 du 10 avril 2007. Cour Suprême du Mali. 2007. « Les arrêts civils rendus par la section judiciaire ».

1°) Les parties

268- Ce sont des informations utiles qui, lorsqu'elles sont bien exploitées, évitent ou limitent du moins l'intervention du juge.

Les parties au contrat doivent savoir que tout doute sur l'objet du contrat s'interprète en faveur du débiteur de l'obligation (article 75 in fine). En plus, malgré le développement de l'informatique et autres moyens de rédaction rapide où les contrats types existent et n'ont besoin que de réajustement entre parties, pour aller vite, il est recommandé de recourir en premier lieu aux formules manuscrites comme le confirme l'article 75 al. 1 RGO :

> « Entre clauses imprimées, dactylographiées ou manuscrites, celle qui a le caractère le plus personnelle est préférée aux autres... »

Il est évident que la clause manuscrite suivie de la signature est plus personnelle que les autres. Surtout, il doit être signalé que les moyens modernes de rédaction pour le système de « copier coller » peuvent être source de fraude ou d'autres malversations.

2°) La juridiction civile :

269- C'est elle qui est chargée par la loi de l'interprétation des contrats. Mais elle ne peut pas le faire de n'importe quelle manière ou tout au moins à n'importe quelle occasion.

a°) Les juges du fond :

270- Il est un d'application constante en droit que les juridictions du premier et celles du second degré sont les juges de fond qui connaissent les affaires en faits et en droit.

Les articles 6 et 12 du code de procédure civile commerciale et sociale rappellent ce principe. Selon l'article 6 CPCCS : « A l'appui de leurs prétentions, les parties ont la charge d'alléguer les faits propres à les fonder » et l'article 12 rappelle que « le juge tranche le litige conformément aux règles de droit qui lui sont applicables... »[99].

---

99 Décret n° 94-226/P-RM du 28 juin 1994 portant Code de procédure civile commerciale et sociale au Mali.

La cour de cassation reconnaît et préserve ce privilège de compétence exclusive en fait et d'application du droit, aux juges du fond. C'est ainsi qu'elle (cour de cassation) l'a posé dans un arrêt de principes en décidant qu'une société commerciale qualifiée en commandite suite à l'analyse des clauses du contrat par les juges de fond, que ces juges étaient restés dans leurs attributions et que cette qualification relevait de leur compétence exclusive[100].

271- La cour Suprême du Mali a spécifié à la suite d'une Cour d'Appel que lorsqu'il est question de l'interprétation d'une décision de justice, cela devrait ressortir à la compétence du même juge ou du même tribunal qui l'avait rendue : « Attendu que... nul ne peut mieux interpréter une décision que le juge même qui l'a rendu »[101].

Il peut être déduit que l'interprétation du contrat entre parties contractantes pour l'existence des clauses, l'administration de la preuve constitue des questions de fait ressortissant à la compétence exclusive des juges du fond.

A ces juges du fonds il peut être assimilé l'arbitre que les parties désigneraient en vertu de l'article de l'Acte Uniforme sur le Droit d'Arbitrage dans le traité de l'OHADA. L'article 2 al 1 dispose « Toute personne physique ou morale peut recourir à l'arbitrage sur les droits dont elle a la libre disposition ».

b°) La cour Suprême :

272- Tout comme la cour de cassation française, la Cour Suprême du Mali est le juge suprême en droit et non en faits.

Selon l'article 607 CPCCS la Cour Suprême peut « ...mettre fin au litige, lorsque les faits, tels qu'ils ont été souverainement constatés et appréciés par les juges du fond, lui permettent d'appliquer la règle de droit appropriée... ».

Une décision saillante de la haute juridiction du Mali le confirme. « Dès lors que les juges du fond se sont appuyés sur des éléments de preuve légalement autorisés et qu'ils n'ont pas méconnu la force probante spéciale attachée par la loi à certains actes ou à certains faits, dans le cas d'espèces : procès-verbaux

100 Cass. Sect. Reun. 2 février 1808 (S Ch. D. Jur. Civ. Cassation n° 1973 concl. Mulin Lubert. GAJC déjà cité.

101 Cour Suprême Section Judiciaire. Arrêt n° 72 du 10 avril 2007.

d'huissier, ils apprécient souverainement la valeur qu'il convient d'attribuer aux éléments de preuve »[102].

La Cour Suprême applique ou fait appliquer la règle de droit, elle ne s'intéresse pas au fait. Dans le cas de l'interprétation des contrats les juges du fond sont souverains quant à l'appréciation des faits mais se font rappelés à l'ordre chaque fois qu'ils sont allés au-delà comme ce fut le cas dans l'arrêt Veuve Foucault et C contre Pringault. L'interprétation des contrats permet d'asseoir la balance en équilibrant ses plateaux entre les prestations résultant de la volonté comme des parties.

Au-delà des parties contractantes, le contrat peut il engager ou concerner d'autres personnes ?

102 C.S Section Judiciaire Arrêt n° 219 du octobre 2007.

SECTION VI : LES EFFETS DES CONTRATS.

273- Un contrat est conclu pour être exécuté en produisant les effets que les parties ont voulu produire à travers leurs obligations respectives. Seulement, aux termes de la législation, le contrat s'impose aux parties contractantes, à leurs garants et ayant cause éventuels comme une loi qui a vocation à être respectée strictement de tous. C'est ce qu'exprime l'article 77 RGO ou 1134 du code civil :

« Les conventions ... tiennent lieu de loi à ceux qui les ont faites ».

Pour donner plus de chance à l'exécution du contrat la doctrine[103] a réfléchi à un certain nombre de préalables qui peuvent être considérés commune des conditions d'entretien du contrat. Le contrat étant une chose commune il n'est pas exagéré de penser qu'il ressemble à l'enfant que le père et la mère doivent réciproquement et communément entretenir afin qu'il grandisse dans de bonnes conditions en vue de son épanouissement comme citoyen.

Aussi les parties qui créent un contrat doivent se faire le devoir plein de demeurer de bonne foi, d'être loyales, de coopérer du début à la fin du contrat et aussi avoir une ouverture rédactionnelle dès la conclusion du contrat.

Les notions de bonne foi, de loyauté et de coopération ont été analysées par la doctrine française et il convient pour circonscrire les nombreux conflits liés à l'imprévision dans l'exécution des contrats d'ajouter une quatrième notion qui est celle de l'ouverture dans la rédaction des conventions.

Les conditions d'entretien du contrat :
Ces conditions découlent de la psychologie des parties quant à la conception du contrat né et devant répondre à la question : Comment faire pour que les parties parviennent à une bonne exécution de la convention conclue ?

- Il faut la bonne foi des parties.
274- Contenue dans l'article 77 RGO la notion de bonne foi interpelle les parties à s'engager résolument dans le respect du lien contractuel en s'assumant par la fourniture ou l'échange respectif des prestations promises. S'il est évident que cela ne pose aucune difficulté lorsque les termes du contrat sont

103 Terre (F) e Cie Droit Civil, les Obligations déjà cité P. 433 et S.

clairs et précis, il peut en être autrement lorsque quelques termes paraîtront flous ; dans ce cas la bonne foi commanderait de négliger le superfétatoire, le chicanier et d'aller à une exécution normale du contrat.

Il faut une loyauté entre contractants.

275- Envisageable à la fois par rapport au débiteur et au créancier, comme dans l'exécution et l'inexécution du contrat, le devoir de loyauté impose aux parties de se ménager l'une envers l'autre les conditions les meilleures pour parvenir à la bonne exécution du contrat où en cas de difficultés dans l'exécution du contrat d'éviter à l'autre partie soit une procédure coûteuse, soit un procès inopportun (évitable). Aussi dans tous les contrats projetés et conclus, les parties doivent penser aux moyens les moins dispendieux, de nature à se rendre enthousiastes mutuellement dans l'exécution des prestations. Exemple : le vendeur garagiste doit proposer au client le meilleur véhicule de sa récupération professionnelle, le tailleur doit respecter les modèles choisis par ses clients, en cas de possibilités de saisine de plusieurs juridictions, choisir le tribunal du domicile du défendeur etc.

Il faut une coopération entre parties.

276- D'inégale importance selon les contrats, l'exigence de coopération s'est fait une prédilection dans les contrats collectifs comme les conventions collectives régissant les rapports entre employeurs et employés où les parties doivent collaborer en bonne intelligence pour la bonne marche de l'entreprise ; les contrats de société où la mésintelligence ne doit pas s'établir entre parties sinon la société s'arrêterait pour justes motifs. L'esprit de coopération est également présent dans l'exécution des contrats entre tenants d'activités civiles et leurs clients comme, les écoles privées et leurs élèves, les avocats, notaires et leurs clients, les médecins et leurs clients...

La coopération dans l'exécution du contrat suscite ente parties l'assurance que chacune d'elle, a le souci bienveillant de conduire « à bon port » le contrat. Il est nécessaire de ne laisser aucune place à un doute quelconque chez l'une des parties qui entamerait la confiance de l'autre.

La fréquence du « contentieux exécutoire » dans certains contrats fonde la légitimité d'adoption d'une quatrième condition.

Il faut une ouverture.

277- Les parties se doivent, au cours de la rédaction de leurs conventions par elles mêmes ou par devant notaire, de prévoir une clause de « dispositions diverses » par exemple inspirée et imprégnée d'un esprit d'ouverture sur les cas d'imprévision.

En effet, dans les contrats où l'exécution d'une prestation peut connaître l'observance d'un temps objectif (commande livraison de véhicule) ou dans les contrats à exécution successive les parties contractent par l'échange des consentements mais font plutôt des projections pour l'échange des prestations ; car multiples impondérables peuvent en changer l'étendue. Ainsi, pour parer aux éventualités de déséquilibres exacerbés dans leurs prestations, l'expérience tirée des procès et autres difficultés antérieures, devrait conduire les parties à prévoir des clauses d'ouverture. Une telle clause a le double avantage d'une part de rendre le contrat dans son ensemble comme l'émanation de la seule volonté des parties y compris la gestion de l'imprévision et d'autre part de circonscrire l'intervention du juge dans l'exécution du contrat qui restera l'affaire des seules parties. L'intervention du juge se réduirait dans l'hypothèse de la clause d'ouverture, à spécifier l'étendue de la prestation contestée et non de la refuser ou de l'imposer.

Par exemple, si dans un contrat de vente de véhicule que le fournisseur vendeur doit commander pour son client, les parties prévoyaient une clause d'ouverture qui dit en substance que si les données économiques et financières connaissaient une perturbation objective quelconque qu'elles reverraient le contrat pour l'adapter aux circonstances de temps et de prix, l'intervention du juge se réduirait à accorder un délai de grâce et un réajustement de la prestation du créancier.

Les effets des contrats semblent d'abord répondre à une règle générale qui est celle de la soumission des parties à leurs engagements respectifs comme à une loi étatique, pour ensuite être complétés par des exceptions qui en raffermissent la compréhension.

PARAGRAPHE I : LA RÈGLE GÉNÉRALE.

278- L'ossature de la règle de principe est exprimée dans l'article 77 RGO avec des excroissances visant les tiers contenus dans les articles 78 et 79 RGO.

L'article 77 RGO dispos :

> « Les conventions légalement formées tiennent lieu de loi à ceux qui les ont faites.
> Elles ne peuvent être révoquées que de leur consentement mutuel ou pour les causes que la loi autorise.
> Elles doivent être exécutées de bonnes foi ».

Les rapports entre les parties au contrat doivent être connus ainsi que la vie du contrat impliquant ou excluant les tiers.

A°) La convention, loi des parties. (Supra 66)

En reconnaissant que la convention a force de loi entre les parties le législateur sous entend l'exécution du contrat qu'aucune imprévision ne devrait compromettre, la possibilité de révocation du contrat mais en principe d'une façon consensuelle et le maintien en dehors du lien contractuel des tiers ;

1°) L'exécution de la convention

279- C'est une conséquence logique de l'autonomie de la volonté qui laisse aux citoyens la latitude de passer ou non des contrats et d'y mettre le contenu qu'ils veulent. Une fois conclu, les parties se doivent de vénérer le contrat en s'assumant tout comme elles respecteraient une loi au sens propre du terme.

Les parties exécutent de bonne foi le contrat sans retard, sans négligence et dans le sens souhaité.

En cas d'inexécution du contrat imputable à une partie, selon la nature du contrat, le juge obligera par les moyens de droit le débiteur à s'exécuter ou à octroyer des dommages intérêts au créancier.

Qu'en est-il lorsque l'inexécution est subséquente à un déséquilibre objectif ultérieur des prestations ?

2°) L'imprévision dans l'exécution de la convention.

280- En cas d'imprévision le contrat peut-il ou doit-il survivre ? Le juge peut-il changer le cours des choses ?

La réponse à ces questions n'est pas aisée car une fois que les conditions de capacité et de consentement sont réglées, le contrat est légalement formé et en conséquence son objet doit se réaliser quoi qu'il advienne sous réserve de dispositions législatives ou règlementaires contraires. Le problème ici posé est d'importance parce que soutendu par le principe de l'autonomie de la volonté lui-même inspiré par une position philosophique qui ne veut souffrir d'aucun impact négatif.

Les parties ayant profité de leur liberté de citoyen pour conclure des conventions en toute connaissance de cause, elles devraient être maître du contenu et le juge ne peut, sous aucun prétexte s'ingérer dans l'exécution de ce contrat au nom de quelque équité qui soit pour en charger l'étendue des prestations. La liberté contractuelle impose de choisir de conclure tel ou tel contrat, de définir et de prévenir l'exécution des différentes prestations promises.

a°) Définition :

281- L'imprévision est un déséquilibre grave voire lourd qui s'installe entre les prestations des parties suite à une cause externe au contrat. Puisque tout s'évalue en pécuniaire, elle est généralement liée à une hausse considérable et impromptue des prix, compromettant ainsi les efforts d'une des parties.

Il doit être précisé que ne peuvent être qualifiées d'imprévision les fluctuations liées par exemple aux changements de prix du carburant montant et descendant par mois n'impliquant aucune difficulté majeure. L'imprévision doit être comprise dans le sens d'une crise majeure comme la dévaluation d'une monnaie, une crise financière internationale comme celle née aux USA le troisième trimestre de l'année 2008. Aussi lorsqu'un certain contrat est conclu dont la fourniture de la contre prestation prend un certain temps émaillé par une dévaluation de monnaie ou lorsque deux commerçants en relation d'affaires entre les USA et le Mali où un malien devrait procéder au règlement normal d'une facture émise le mois d'octobre 2008 aux USA, la situation devient objectivement compliquée. La partie en difficulté peut-elle demander une renégociation ou une nullité du contrat ?

282- Il importe de savoir que l'imprévision intervient surtout dans les contrats à exécution successive et dans ceux où l'exécution peut être retardée objectivement.

A la question posée, la doctrine a procédé à plusieurs analyses régulièrement contrées par la jurisprudence qui accorde la primauté à la volonté des parties.

b°) Les arguments en présence.

283- Les auteurs[104], pour tenter de cerner l'imprévision et surtout faire d'elle une clause qui affecte le contrat ont développé plusieurs thèses dont les plus remarquables sont :

— Le respect de la clause rebus sic stantibus (choses restant en leur état) qui est sous entendu dans chaque convention et en vertu de laquelle les parties sont censées s'engager en considération de la situation économique présente. Si cette situation change, le contrat aussi doit suivre.

La jurisprudence n'ignore pas la clause su citée, mais la soumet à une convention initiale, contemporaine à la conclusion du contrat. Tant qu'elle n'a pas été clairement exprimée, la clause Rebus sic stantibus ne saurait être invoquée à posteriori.

— La bonne foi évoquée dans l'article 77 RGO ou 1134 du code civil devrait selon la doctrine emporter que le contrat entaché d'imprévision soit renégocié ou annulé. La jurisprudence, en réservant une fin de non recevoir à cet argument a argué le fait que la notion de bonne foi et d'équité ne peut être invoquée que dans le cas exclusif de l'interprétation du contrat et non dans un contrat aux termes clairs. Or, l'imprévision est consécutif à de contrats clairs.

104 Giboulot dans sa note sur la décision de la cour de cassation civ. 6 mars 1876 (D. 76. 1. 193) dans Capitant (H) et Cie. Les Grands Arrêts de la Jurisprudence Civile. Tome 2 déjà cité.

— Le troisième argument a cru pouvoir se fonder sur la notion d'abus de droit dont se prévaudrait le créancier pour exiger du débiteur l'exécution d'une convention largement déséquilibrée par la suite.

Là encore la jurisprudence a objecté en estimant qu'exiger l'exécution d'un contrat librement consenti ne peut constituer un abus de droit.

— La doctrine, revenant à la charge, a encore allégué que faire exécuter un contrat au déséquilibre criard n'est-il pas constitutif d'enrichissement sans cause ? (Article161 et 162 RGO).

La jurisprudence a opposé un argument de taille qui est de comprendre que l'hypothèse d'enrichissement sans cause doit être écartée dans le cadre de l'imprévision parce qu'elle a bien une cause lorsqu'elle (imprévision) est exécutée ; cette cause est le contrat conclu entre les parties et qui fait l'objet de la difficulté présente.

— En dernier lieu la force majeure peut être avancée par la partie redevable lorsque par exemple le produit commandé ne peut être livré au prix convenu, a pensé la doctrine.

La jurisprudence a rappelé que l'imprévision est une difficulté d'exécution dans le contrat mais pas une impossibilité de s'exécuter. Or, la force majeure implique une totale et complète impossibilité. Donc les deux notions sont bien distinctes et ne peuvent faire l'objet d'aucune confusion possible.

c°) Position de la jurisprudence :

284- De l'exposé qui précède, l'on remarque que la cour de cassation rechigne à laisser intervenir les juges du fond dans les contrats lorsqu'ils sont clairs au nom d'une imprévision quelconque. Du coup elle rétablit une pleine confiance à l'autonomie de la volonté des parties dans la conclusion et la conduite de leurs contrats. Son chef d'œuvre est invariablement, en ce sens, l'arrêt du 6 mars 1876 connu sous le nom d'arrêt « du Canal de Craponne ».

A plusieurs égards cet arrêt mérite un grand rappel.

285- D'abord il (arrêt) est rendu par rapport à un contrat qui a connu plus de deux siècles d'exécution. En effet, c'est depuis le 22 juin 1567 que le débiteur (Adam de Craponne) s'est engagé à construire un canal dans le but d'arroser les vergers, vignes, prés et autres propriétés des habitants riverains d'une commune (française). Le contrat qui comportait plusieurs clauses n'avait manifestement prévu aucune clause d'ouverture allant dans le sens de révision du coût de la prestation. Comme tout contrat à exécution successive ou échelonnée, ce contrat a été rattrapé par un aléa qui rendait nécessaire, selon le débiteur, sa transformation.

S'agissant d'un relèvement de la prestation des créanciers (habitants) devenu obligatoire sous l'effet conjoint de la baisse de la valeur de la monnaie et de hausse du coût de la main d'œuvre créant un disparité totale entre la taxe initiale et les frais d'entretien du moment, une cour d'appel[105] a cru devoir ordonner le relèvement de la redevance. Cette cour s'étant fondée sur des considérations d'ordre de temps et d'équité pour y procéder. L'arrêt de la Cour d'Appel sera cassé par la Cour de Cassation en ces termes :

> « Attendu que la règle qu'il (article 1134 code civil correspondant à l'article 77 RGO) est générale et absolue et régit les contrats dont l'exécution s'étend à des époques successives de même qu'à ceux de toute autre nature ; que dans aucun cas il n'appartient aux tribunaux, quelque équitable que puisse leur paraître leur décision, de prendre en considération le temps et les circonstances pour modifier les conventions des parties et substituer des clauses nouvelles à celles qui ont été librement acceptées par les contractants »[106].

La haute juridiction tient à un ferme respect des dispositions libérales contenues dans l'article 1134 du code civil qu'elle impose aux juges du fond comme pour rappeler « qu'on ne fait pas tord à celui qui a initialement consenti ».

A défaut de toute clause d'ouverture, la cour de cassation veut aussi désigner la possibilité pour les contractants de mauvaise foi de chercher à se dérober de leurs engagements ou circonscrire un éventuel arbitraire des juges du fond qui pourrait être source d'instabilité du contrat et par ricochet compromettre la

105 Cour d'appel d'Aix en Provence.

106 Civ. 6 mars 1876 (D. 76. 1-193) note Giboulot dans GAJC déjà cité.

sécurité juridique[107]. Cette crainte est légitime car les parties au contrat n'ont ni la même intelligence, ni la même expérience des affaires.

286- Ensuite un second centre d'intérêt de cette jurisprudence réside dans le fait que dans les observations il a été rappelé la disparité qu'elle recèle avec la jurisprudence administrative[108] qui admet facilement la révision du contrat pour imprévision. Aussi dans les décisions rappelées le Conseil d'Etat a admis l'imprévision en octroyant une indemnité ou en résiliant carrément le contrat :

> « Constatant qu'une hausse imprévisible du charbon avait bouleversé l'économie du contrat de concession, la haute juridiction reconnaît au concessionnaire un droit à indemnité contre l'autorité concédante (1ère décision) ».

Il est fait allusion à la notion d'évènement imprévisible et extérieur aux parties en lien contractuel et aussi que cela ne présente qu'un caractère temporaire. Le Conseil d'Etat précise que dès que le déséquilibre devient définitif qu'il y a lieu de résilier le contrat (2ème décision).

A première lecture, l'on penserait à une avancée de la jurisprudence administrative par rapport à la jurisprudence civile. Or, au fond il n'en est rien pour des raisons évidentes.

287- En effet, l'Etat et dans une moindre mesure les autres collectivités publiques sont généralement responsables ou acteurs actifs ou passifs de tous les changements impromptus qui peuvent affecter la vie des contrats, que ce soit les contrats administratifs ou les contrats entre particuliers. Aussi quand il y a dévaluation, hausse du prix de tel produit importé, l'Etat en partage la responsabilité simplement en raison du fait qu'il veille ou doit veiller au respect de l'ordre public d'une façon générale et de l'ordre public économique d'une façon particulière.

107 Observations de Giboulot. Idem.

108 CE 30 mars 1916 D 1916-3-255. 1916-3-17. Les Grands Arrêt de la Jurisprudence Administrative 2ème édition.

CE 9 décembre 1932. Cie de transports de Cherbourg D1933-3-17 dans Grands Arrêts de la Jurisprudence Administrative (2ème édition n° 49).

Dans les Grands Arrêts de la jurisprudence Civile idem.

De même par rapport à certains contrats notamment de fournitures de certains biens ou services, l'Etat ou les collectivités n'ont pas intérêt à ce que le cocontractant particulier ait des difficultés insupportables parce que le service public pourrait connaître un disfonctionnement, ce qui viole un principe de base du droit administratif qui est le principe de continuité des services publics.

Pour tout dire un collectivité publique a toujours les moyens de son choix compte tenu des diverses sources de provenance de ses ressources financières.

288- Enfin le troisième intérêt de rappel de cette jurisprudence se reporte sur les critiques que la doctrine a entreprises à nouveau sur l'intangibilité des contrats. Certains auteurs[109] proposent même que la cour de cassation se ravise, rien que pour une simple conformité avec la jurisprudence administrative. Ce qui parait être un argument bien mince en raison des arguments avancés plus hauts. Les mêmes pensent que la cour de cassation est tentée par le revirement au motif qu'elle a approuvé une décision de la cour d'appel de Paris qui a considéré :

> « Qu'en cas de changement de circonstances exposant un distributeur à une concurrence renforcée, le fournisseur étant contraint par l'exigence de bonne foi de négocier avec celui-ci un accord de coopération commerciale afin de lui permettre de s'aligner sur ses concurrents »[110].

Comme le relève le commentateur lui-même, cette décision ressemble certes mais n'est pas la préoccupation elle-même car elle ne recèle aucune imprévision mais juste un aménagement de prix. Cette analyse est juste parce que la théorie de l'imprévision vise des cas drus, inattendus de changement excessivement coûteux au cours de l'exécution du contrat. Un simple cas de concurrence qui semble une loi naturelle dans le commerce se saurait ressentir, par lui seul, une quelconque forme d'imprévision. Donc la Cour n'a fait que procéder à un réaménagement que le créancier peut facilement accepter de bonne foi pour faciliter l'exécution de la prestation du débiteur.

109 Giboulot : idem. Op Cit.

110 Cour, 3 novembre 1992 JCP 1993, II 22614 note Virassamy, contrat 1993 45 RTD. Civ.1993-124 obs. Mestre.

289- Suite à la confiance absolue que la jurisprudence accorde à la liberté contractuelle, ce sont les parties elles-mêmes qui se doivent de se ménager des « portes de sortie » en cas de survenue d'instabilité économique et financière. Dans la pratique, l'expérience des affaires leur conseille diverses voies dont celle des « clauses conventionnelles d'adaptation[111] et celle dite clause harship[112]. Ces deux types permettent aux parties une possibilité d'ouverture par la renégociation, l'adaptation du contrat frappé d'imprévision.

d°) Les mesures de soulagement

290- Ce n'est pas des mesures curatives pour épargner le débiteur de quelle que obligation qui soit mais juste des mécanismes de mise en garde ou de bénéfice de temps supplémentaire en vue de l'exécution.

— **L'octroi de délai de grâce** : (supra 23) A défaut de pouvoir changer le contrat le juge peut, par la loi, accorder un délai supplémentaire pouvant aller jusqu'à une année au débiteur. C'est une simple mesure d'assouplissement permettant au débiteur de mieux s'organiser. (Article 526 du code de procédure civile commerciale et sociale).

— La loi prévoit dans les prêts d'argent des mesures pour éviter tout taux usuraire113. Le taux d'intérêt d'aucun prêt d'argent ne devrait dépasser « le double du taux d'escompte de la Banque Centrale (BCEAO) ». Dans la même logique du prêt d'argent, l'expérience a amené les parties à prévoir les clauses dites d'indexation ou d'échelle mobile. Il s'agit de la clause Rebus sic stantibus clairement exprimée par les parties dans leur contrat. Elle permettra par exemple le paiement ou le remboursement de prêts en fonction d'indices monétaires en vigueur au moment du remboursement.

Chacune des parties est-elle libre de se désengager du contrat ?

3°) La révocation de la convention :

291- L'alinéa 2 de l'article 77 RGO énonce que :

111 Clause d'adaptation dans les contrats RTD 1983, 1, M. Foutaine.

112 Clause harship. Oppetit, l'adaptation des contrats internationaux au changement de circonstances. Dans Grands Arrêts de la jurisprudence civile.

113 Loi n° 95-065 du 02 août 1995 relative à l'usure d'intérêt.

« Elles (conventions) ne peuvent être révoquées que de leur (parties) consentement mutuel ou pour les causes que la loi autorise ».

Tel que la convention s'est formée de la volonté collective des parties, elle devrait se défaire de la même façon au nom d'un certain parallélisme contractuel.

Le contrat prend fin par lui-même, par la réalisation de son objet, par l'arrivée (non renouvelé) de son terme ou par la force majeure et cas assimilés.

Par ailleurs une distinction est faite entre les contrats à durée déterminée et les contrats à durée indéterminée[114].

Dans les contrats à durée déterminée, le terme et les cas expressément prévus la loi permettent une cessation des obligations contractuelles. Par exemple le contrat de mandat est révocable à tout moment, le contrat de dépôt aussi à tout moment. Mais dans le cas particulier du contrat de travail, ce contrat peut prendre fin avant terme par la commission d'une faute lourde par l'employé (article L39 du code du travail). Cette faute lourde est laissée à l'appréciation du tribunal.

292- Le caractère omnipotent du consentement mutuel a été consacré par la Cour Suprême qui a rappelé dans un arrêt de principe que seul le consentement mutuel des parties peut, en effet, défaire ce qu'elles avaient fait. C'est ainsi qu'elle (Cours Suprême) reconnaît qu'un contrat à durée déterminée peut prendre fin d'un commun accord[115].

Dans les contrats à durée indéterminée, chacune des parties garde la possibilité de se soustraire des liens contractuels comme elle l'entend (article L 40). Cependant la partie qui veut arrêter sa prestation doit notifier un préavis à son cocontractant. Le contrat étant essentiellement l'affaire des parties, les tiers ont-ils quelque chose à y voir ?

---

114 Dans le domaine du droit du travail, l'existence des contrats à durée déterminée et à durée indéterminée de travail soumet les employeurs et employeurs à diverses obligations lorsque l'une quelconque des parties veut mettre un terme au contrat.

115 C.S. Section judiciaire. Arrêt n°174 du 13 août 2007.

4°) Le tiers et le contrat :

293- Le principe est que el tiers n'a rien à voir avec le contrat comme le précise l'article 78 RGO :

> « Les conventions n'obligent que les parties contractantes, elles ne nuisent pas aux tiers ».

Le tiers est toute personne extérieure au contrat qui n'a pas un intérêt immédiat et direct dans le contrat discuté entre cocontractants. L'alinéa 2 de l'article 78 RGO renvoie aux exceptions et l'alinéa 3 oblige les tiers, au contraire, à respecter les conventions conclues par les cocontractants.

« Cependant, le contrat est opposable aux tiers dans la mesure où il crée une situation juridique qu'ils ne peuvent méconnaître » dit l'article 78 in fine. Une fois qu'un contrat est conclu, et que les formalités d'information à travers la publicité sont remplies, toutes les autres personnes en plus des contractants sont obligées de réserver un respect scrupuleux à la vie dudit contrat, gage de convivialité dans toute vie sociale.

294- Exceptionnellement aussi un contrat peut voir son objet compromis à la suite de l'action du créancier d'un des contractants lorsqu'une suspicion s'installe quant à l'honnêteté de certains actes. Il s'agit du cas de l'action paulienne décrite dans l'article 230 et suivants du Régime Général des Obligations.

Dans certaines situations précises décrites dans des mécanismes socialement efficaces le législateur a prévu plusieurs exceptions à la règle générale de l'article 77 RGO.

PARAGRAPHE II : LES EXCEPTIONS.

295- Avant de les citer, le Régime Général des Obligations a laissé entrevoir la possibilité d'exceptions dans l'alinéa 2 de l'article 78 :

> « Elles (conventions) ne leur (tiers) profitent que dans les cas prévus par les articles 79 et suivants ».

Le texte ne conçoit le rejaillissement du contrat sur le tiers que dans la mesure où il en profite.

A°) La stipulation pour autrui.

296- Elle est la première exception à l'effet relatif des contrats, retenue par le Régime Général des Obligations du Mali. Le code civil français en parle dans les articles 1121 et 1122 et la jurisprudence l'a admise très tôt. Elle est un mécanisme juridique devenu très fréquent de nos jours au point de vouloir donner naissance à une discipline juridique autonome dans le droit des assurances, sur sa branche « Assurance-vie ».

Dans notre pays la réticence par rapport à l'assurance-vie était quasi-totale au départ en raison de la religion[116] .

1°) Définition :

297- Selon l'article 79 RGO :

> « La stipulation pour autrui est un contrat par lequel une personne appelée stipulant tient d'une autre, le promettant, qu'elle exécute une prestation au profit d'une troisième personne appelée tiers bénéficiaire ».

La stipulation pour autrui est un contrat entre le stipulant et le promettant en la forme et tout se passe au fond comme si le contrat était conclu entre le promettant et le tiers bénéficiaire car ce dernier, conformément à la volonté du stipulant et par la loi, devient le lieutenant du stipulant.

116 Il s'agit de la religion musulmane où les croyants pensent que l'assurance-vie est une spéculation sur la vie de l'être humain. Or c'est Dieu qui donne la vie, qui l'enlève quand il veut et surtout c'est lui encore qui organise la survie de la postérité. Aucune entreprise ne saurait se substituer à lui pour ce faire. Il se trouve que plus de 80% des maliens sont musulmans.

La stipulation pour autrui est un mécanisme juridique qui met en scène trois personnes : le stipulant et le promettant concluent le contrat dans lequel le premier obtient un engagement ferme du second, pour sa prestation, qui devra profiter à une troisième personne, le tiers bénéficiaire. En cela il y a effectivement dérogation à l'effet relatif du contrat.

A titre d'exemples : les cas de donation avec charge c'est-à-dire le stipulant donateur fait une donation à une autre personne le promettant donataire assortie de la condition de versement d'une rente viagère à une personne déterminée qui est le tiers bénéficiaire.

Mais le meilleur domaine de prédilection de la stipulation est celui de l'assurance-vie. Le stipulant ici conclut une police d'assurance auprès d'une compagnie donnée le promettant qui versera une certaine somme à un tiers (bénéficiaire) désigné, au décès du stipulant.

2°) Bénéficiaires de la stipulation pour autrui.

298- L'article 80 RGO dispose :

> « On stipule pour soi, pour ses héritiers ou ayants cause à moins que le contrat soit exprimé ou que cela ne résulte de la nature de la convention ».

Il semble évident que le mimétisme ait été imparfait dans la rédaction de cet article 80 RGO qui est une reproduction de l'article 1122 du code civil qui dispose :

> « On est censé avoir stipulé pour soi et pour ses héritiers et ayants cause à moins que le contraire ne soit exprimé ou ne résulte de la nature de la convention ».

Dans le RGO le mot « contrat » a été malencontreusement substitué au mot « contraire ». Ce qui rend difficile la pénétration du texte malien.

La stipulation pour soi peut être comprise dans le cas où par exemple dans un contrat de vente. A vend un bien à B et lui demande de lui (A) verser une partie du prix et de verser le reliquat à C (tiers bénéficiaire). Ce contrat crée une double créance au profit d'une part du vendeur stipulant lui-même et d'autre part au profit du tiers bénéficiaire.

298- La stipulation au profit des héritiers est l'hypothèse la plus fréquente surtout en matière d'assurance-vie et dans ce cas le corollaire est que les bénéficiaires peuvent être déterminés (conjoint et enfants vivants) ou demeurés des personnes futures (enfants conçus simplement à la mort du stipulant) article 81 al. 2 RGO).

La stipulation pour des ayants cause autres que les héritiers est encore possible car l'homme dans sa conduite quotidienne peut se sentir réellement ou moralement tenu d'affecter un élément de son patrimoine à satisfaire telle ou telle personne surtout si les héritiers refusaient le bénéfice d'une police d'assurance-vie déjà contractée[117].

299- En prévoyant l'hypothèse de l'expression du « contraire » le législateur semble donner la possibilité au stipulant d'exclure à volonté tel ou tel du champ du profit conformément à l'autonomie de sa volonté. De même la nature du contrat d'assurance-vie exclut la possibilité de pouvoir stipuler pour soi même. Néanmoins ici, l'intention est de faire bénéficier d'autres personnes à la production éventuelle d'un évènement d'état civil qui est la mort.

3°) Les conditions de la stipulation pour autrui.

300- La stipulation pour autrui est d'abord soumise aux conditions essentielles de la validité du contrat : consentement, capacité, objet et cause telles qu'exprimées dans l'article 28 RGO.

En plus elle doit répondre à certaines conditions spécifiques comme celles posées par l'article 81 alinéa 1 RGO qui dispose que :

> « Est valable la stipulation au bénéfice d'un tiers dès lors qu'elle est acceptée par le promettant et que le stipulant y a intérêt ».

- L'acceptation :

301- Elle est une condition essentielle pour que la convention soit opérationnelle par rapport telle ou telle personne qui doit accepter. Sinon elle n'est pas une condition de l'existence du mécanisme. En effet le stipulant, en cas de non acceptation d'un bénéficiaire, peut substituer un autre bénéficiaire[118]. Il

117 Civ. 16 janvier 1888. GAJC déjà cité P. 157.

118 Civ. 16 janvier 1888. D P. 88. 1-77, S.88. 1. 121. note T.C de GAJC déjà cité Page 15 et s.

en a été ainsi lorsque l'épouse et les enfants d'un stipulant en avaient refusé le bénéfice. Il avait passé la convention en mettant le nom d'un autre tiers. De même par rapport au promettant, une fois le mécanisme créé s'il n'accepte pas tel ou tel bénéficiaire, une substitution peut intervenir. Cependant son refus ne devait pas avoir l'acquiescement des juridictions.

- L'intérêt du stipulant :

302- On n'est pas censé allé conclure des contrats d'assurances-vie pour un simple plaisir de faire profiter le nom de la première personne qui tombe en tête, surtout qu'il s'agit d'alimenter ce contrat par le versement régulier d'une prime qui coûte chère à son patrimoine. Par conséquent pour sa gestion, le stipulant doit désigner dans le contrat des personnes à qui il a intérêt à donner ou qui ont un lien familial ou patrimonial quelconque avec lui. Ainsi le stipulant y aura intérêt, en désintéressant une probable dette (prêt bancaire), ou en ménageant une bonne suivie à ses héritiers après son décès.

Comme cela est visible dès que la double condition de l'acceptation et de l'intérêt est satisfaite le tiers est fondé à profiter de la stipulation faite à son endroit.

4°) Les rapports entre personnes :

Il s'agit en réalité des effets. La stipulation pour autrui crée l'occasion d'un faisceau de rapports convergents entre les personnes sur scène. Tout concourt pour la réalisation d'un même objet contractuel.

a°) Les rapports entre stipulant et promettant.

303- Le régime général des obligations énonce dans son article 82 que :

> « Le stipulant peut contraindre le promettant à exécuter sa promesse. Le stipulant peut révoquer la stipulation tant que le tiers bénéficiaire ne l'a pas acceptée. Cette acceptation peut intervenir après le décès du stipulant ».

Il faut avant tout rappeler que le stipulant peut toujours revenir sur sa décision de faire bénéficier tel ou tel tiers et lui substituer tel ou tel autre tant que l'information ne lui était pas parvenue et qu'il ait accepté. Une fois que le tiers accepte le bénéfice, le stipulant ne peut plus révoquer la stipulation. Le bénéficiaire demeure libre d'accepter la stipulation au moment de sa proposition par après le décès u stipulant. Selon la loi le stipulant peut lui-même obliger le promettant à exécuter sa promesse et pour ce faire, il dispose de tous les moyens offerts par une action en responsabilité contractuelle.

b°) Les rapports tiers bénéficiaire et promettant.

304- Ils sont précisés par l'article 83 RGO :

> « Le tiers bénéficiaire acquiert par la stipulation un droit direct contre le promettant. Cependant le promettant peut opposer au tiers les exceptions que le contrat lui permet de faire valoir contre le stipulant ».

Le tiers bénéficiaire du chef de sa désignation par le stipulant acquiert d'une façon autonome et directe un droit propre qu'il peut faire valoir contre le promettant par une action en exécution du contrat de stipulation. Il n'est seulement pas admis, comme le stipulant lui-même l'obtiendrait, qu'il intente une action en résolution du contrat de stipulation. En fait la résolution concerne quelqu'un qui a apporté quelque chose or, le tiers n'a rien apporté substantiellement au contrat avec le promettant[119].

Une fois l'instance ouverte à l'initiative du tiers bénéficiaire, le promettant peut lui opposer tous les moyens de procédure qu'il était en droit d'opposer au stipulant notamment les exceptions.

c°) Les rapports stipulant tiers bénéficiaire.

305- Le régime général des obligations n'en parle pas directement. Mais on peut déduire par exemple de l'article 81 qu'il doit exister un lien familial ou patrimonial entre les deux de nature à fonder un intérêt justificatif que le promettant même comprend. Le tiers bénéficiaire peut refuser l'avantage provenant du stipulant et celui-ci ne peut nullement l'y contraindre.

Il existe une autre exception parfaitement compréhensible, exprimée dans l'article 84 RGO et suivants.

119 Civ. 1ère sect. Civ. 12 juillet 1956. D 1956. 749. Note Radouant. GAJC.

B°) La promesse de porte fort.

Régie par les articles 84, 85, 86, et 87 du Régime Général des Obligations du Mali, la promesse du porte fort est un mécanisme fréquent dans les contrats de représentation ou mandat et de gestion de biens successoraux.

1°) Définition :

306- C'est une définition légale découlant de l'article 84 RGO qui dispose :

> « La promesse de porte-fort est l'engagement pris par une personne d'obtenir d'un tiers l'exécution d'une obligation résultant d'un acte auquel ce tiers n'est pas partie ».

Une personne est chargée d'une mission précise par une autre ou veut par elle-même, réaliser une opération juridique portant sur un bien dont il partage la propriété avec une personne incapable (mineur ou interdit) ; pour convaincre son cocontractant la personne doit lui donner une assurance de préservation de ses droits. C'est ce fait la personne en prenant un engagement personnel d'amener le tiers qu'il représente à approuver pleinement l'acte qu'il passe.

Par exemple : un (1) mandant charge son mandataire de lui acheter une voiture à 2 millions et lui il trouve une à 2,5 millions sur laquelle il jette son dévolu et l'acheter en avançant les deux millions.

(2) deux frères dont l'un est majeur et l'autre mineur héritent de trois maisons. Le grand frère décide de vendre la troisième maison pour envoyer le jeune frère mineur aux études à l'extérieur.

Dans ces deux cas, pour qu'il y ait contrat il faut que l'acheteur du véhicule et le vendeur de la maison prend un engagement qui rassure le contractant. Cet engagement, selon les intérêts ou l'humeur des représentés, peut connaître deux sorts.

2°) La ratification de l'engagement par les tiers.

307- En ratifiant l'engagement, c'est-à-dire en l'approuvant bien plus tard le tiers (représenté) libère le porte-fort (article 85 RGO) et devient cocontractant plein et entier soumis aux obligations de ce contractant. Ce qui aura pour conséquence selon l'article 86 RGO d'amener le tiers devenu contractant à s'assumer depuis le moment, ou le jour où le porte-fort s'était engagé. Aussi dans le cas de l'achat du véhicule, le représenté, devenu acheteur, devra payer les 500.000 Francs supplémentaires dont le porte-fort avait promis la libération. Dans le cas de la vente de la maison, si le jeune frère à sa majorité ratifie la vente il devient covendeur dès le jour de la vente de la maison par son grand frère. Il ne pourra plus remettre en cause la vente de la maison du chef de son frère.

3°) Le refus de ratification.

308- En refusant la ratification, le tiers compromet l'existence du contrat de porte-fort (article 87 RGO) qui l'anéantit. Par conséquent les prestations doivent être restituées, voiture, prix, maison et prix d'achat. Ce sont les conséquences logiques de la nullité.

En plus, l'engagement maladroit du porte-fort peut lui coûter le paiement de dommages intérêts pour inexécution de contrat sauf s'il avait été prévu une dispense de responsabilité contractuelle par une clause du contrat avorté.

La stipulation pour autrui et la promesse de porte-fort constituent les exceptions classiques au principe de l'effet relatif du contrat, toute fois les rédacteurs du Régime Général des Obligations n'ont pas hésité à adjoindre une troisième, la simulation qui ne donne qu'une faible impression d'exception à l'esprit du juriste.

C°) La simulation.

Il faut avant tout voir l'état de la législation et la justification de la simulation.

* Etat de la législation.

309- Dans les deux législations, il est remarquable que les rédacteurs aient eu une difficulté de classification intellectuelle de la notion de simulation. En effet les rédacteurs du code civil ne parlent pas de simulation mais seulement de contre lettre dans l'article 1321 inséré lui-même dans une section traitant de la preuve littérale c'est-à-dire de la preuve par écrit des conventions. Est-ce que le droit français ne connaît la simulation que sur le terrain probatoire. Evidemment, la réponse est négative car la doctrine française dans son ensemble a pu élaborer à partir de cet article 1321 une véritable théorie autour de la simulation en la définissant, en l'analysant à fond et en déterminant son régime.

Le droit français, ayant inspiré le législateur malien dans son Régime Général des Obligations, ce dernier a pu prendre à son compte la définition de la contre lettre (article 89) mais aussi et surtout tenter de dégager une définition de la notion de simulation (article 88 RGO).

Le seul problème du législateur malien est qu'il a classé péremptoirement la simulation dans les exceptions au principe de l'effet relatif des contrats qui n'en est pas un de convaincant en réalité.

A bien analyser la simulation est plutôt une sorte de cirque contractuel où une convention en couve une autre où seul le « contrat couvant » produit les effets entre parties contractantes seulement ; ce n'est qu'en cas de découverte maladroite du « contrat couvé » que une tierce personne peut surgir pour défendre ses intérêts. Comme on le voit, c'est bien une exception imparfaite au principe.

*** Justification :**

310- La simulation est un mécanisme juridique bien imaginé pour asseoir la liberté socio-économique des citoyens. C'est ainsi qu'il peut être allégué qu'elle constitue un cordon ombilical entre la vie privée et la vie publique des citoyens. Ce qu'on voudrait garder caché, loin de la curiosité de l'environnement est exprimé dans la contre-lettre et ce qu'on voudrait bien porter à la connaissance du public est exprimé dans un acte révélé.

On peut se poser la question « Pourquoi cela ? ».

En effet, la personne humaine est un être complexe, aux entreprises multiples ayant une psychologie fondée et gérée par sa conscience et aussi par son subconscient. Aussi il peut avoir raison de ne pas révéler quelque chose de précis alors que certains de son entourage ne voient pas de raison à cela. Il peut aussi, par les circonstances objectives se retrouver dans une situation économique, sociale très favorable alors qu'il ne l'a pas souhaité (du moins en ce moment). Ce sera le cas d'un fonctionnaire qui hérite d'une grande fortune alors que pour développer cette fortune il est nécessaire de faire des actes de commerce pour lesquels lui a des incompatibilités de statut. Dans ces cas la simulation serait bien une soupape juridique et économique pour la personne d'intervenir dans la vie des affaires sans y être physiquement présent.

Qu'est ce que la simulation substantiellement ?

1°) Notion de la simulation.

311- Les dispositions de l'article 88 RGO énoncent qu' « il y a simulation lorsque les parties par une convention destinée à rester secrète, complètent, modifient ou annulent une convention apparente où opèrent une substitution de personne ».

Quand on parle de simulation, il y a lieu de se rendre à l'évidence qu'une discrétion a été trahie, sinon il ne devrait exister que le seul contrat exposé. Les parties contractantes arrêtent de commun accord, généralement par écrit, tout ce qu'elles veulent ou doivent au fond, qu'elles gardent par devers elles ; ensuite elles procèdent à un extrait de ce premier accord qui modifie, complète ou même change de personne et c'est cet extrait qui sera rendu public. C'est ce que résume la doctrine française dans des termes assez révélateurs :

> « La simulation est un mensonge concerté entre des contractants qui dissimulent le contrat qui renferme leur volonté réelle derrière un contrat apparent »[120].

L'expression « mensonge concerté » explique que des auteurs aient été tentés de récuser la notion de simulation[121] en disant qu'elle ne permettrait que de conduire des fraudes surtout dans le domaine fiscal contre les intérêts publics. Or, il est établi que des fraudes sont possibles aussi aux droits des particuliers par la voie de la simulation. Ce serait le cas d'une personne qui prétend avoir vendu un immeuble à quelqu'un dans un contrat apparent ou ostensible de vente alors qu'au fond dans un acte secret dit contre lettre il est dit qu'il n'y a pas vente, l'objectif fut juste d'organiser son insolvabilité. Ou encore une personne, procédant à une donation dans un acte ostensible, exprime avec l'autre partie un contrat de vente pour éviter le paiement d'une contribution plus élevée au fisc.

Il faut faire observer qu'à côté de cet esprit malicieux, il peut y avoir une « bonne fraude ». C'est le cas par exemple de deux contractants, parties à un contrat de bail qui élaborent deux contrats distincts dont le premier à un montant très élevé pour permettre au propriétaire d'obtenir un prêt auprès de

120 Terré (F) et Cie déjà cité P. 522.

121 Carbonnier (J)1. IV n° 887 ; Malamine et Aynès, t. 2 n° 368 dans Terré (F) et Cie.

la banque et le second le véritable montant, largement inférieur, du loyer que le locataire paie à échéance.

312- Sur un plan strictement théorique, la simulation est l'occasion pour tout juriste de faire, d'une façon adéquate, la subtile distinction entre la notion de contrat et celle de convention même si dans la pratique l'une est utilisée pour l'autre.

En effet la double comparaison entre :

> D'une part l'article 88RGO qui parle de convention apparente et l'article 21 RGO qui définit le contrat comme une convention par laquelle une ou plusieurs personnes s'obligent entre elles à donner, à faire ou à ne pas faire quelque chose permet de comprendre dans un sens plutôt strict le contrat qui est un acte volontaire produisant des effets entre parties mais qui ne peut être ignoré aussi des tiers.

D'autre part l'article 88 RGO, parlant de « conventions sécrètes » et l'article 20 RGO qui définit la convention comme « tout accord de volonté ayant pour objet de créer, de modifier ou d'éteindre un droit ». Ce qui traduit à peu près les mêmes préoccupations que l'acte secret qui peut compléter, modifier la convention apparente.

Tout comme on dit que la convention est plus large que le contrat, la convention sécrète aussi comporte plus d'informations que la convention apparente.

2°) La nature de la convention de simulation :

313- Pour qu'on puisse parler de simulation il faut qu'il existe deux conventions.

— La convention apparente qui peut être encore appelée acte ostensible est la convention portée à la connaissance des tiers. Elle doit être rédigée conformément à la forme que la loi lui confère selon son objet. Ainsi si c'est un contrat de donation, il sera notarié et enregistré. Si c'est une hypothèque, les mêmes formalités seront observées tout en ignorant l'existence d'un autre acte aux effets contraires.

— La convention secrète peut être encore appelée contre lettre ou acte caché parce que c'est la condition d'existence de la simulation. Aussi la convention secrète devrait être rédigée en même temps que la convention apparente ou dans le cas contraire, elle devrait indiquer en toute discrétion son lien direct avec l'acte apparent.

La simulation peut, selon la convention envisagée par les parties, porter sur le consentement en cas de différence d'opérations, un cas de donation à la place d'un contrat de vente ou d'un contrat de vente ou vice versa, sur la cause ou l'objet du contrat : cas de modification du montant d'un loyer pour permettre la conquête d'un prêt bancaire ou sa diminution pour limiter les impôts fonciers dus.

Toujours selon l'article 88 RGO la convention secrète peut opérer une substitution de personne. La personne désignée dans l'acte apparent comme bénéficiaire ne l'est pas dans la convention secrète ou encore une personne n'a servi que « d'homme de paille » pour la réalisation d'une opération de simulation de vente déguisée[122].

3°) Les effets de la contre-lettre.

Les effets de la simulation ont une double manifestation se rapportant d'une part aux parties et d'autre part aux tiers.

a°) Les effets entre parties :

314- L'article 89 RGO visant implicitement les conventions secrètes dispose que :
« Les contre-lettres n'ont d'effets qu'entre les parties contractantes... ».

La convention secrète joue pleinement son rôle entre les parties qui l'ont convenue. Cependant les conditions générales de validité de contrat imposées par l'article 28 RGO doivent être respectées sous peine de nullité. En cas de conflit entre la convention secrète et la convention apparente ce sont les dispositions ou les clauses de la première qui l'emportent. Logiquement aussi, la partie qui demande l'exécution d'une contre-lettre doit en prouver l'existence par la production de l'acte instrumentaire. Aussi en cas de vente apparente d'un immeuble à autrui, le propriétaire devra produire l'écrit du contrat secret qui révèle que l'immeuble n'est pas sorti du patrimoine du pseudo vendeur.

122 Ch mixte 12 juin 1981. Bull. Civ. N°5 P. 2. D 1981. 413. Conclusion Chabannes.

b°) Les effets par rapport aux tiers :

315- Les contre-lettres sont inopposables aux tiers, sauf au contraire que ceux-ci peuvent s'en prévaloir (article 89 in fine RGO).

Les tiers sont censés ignorer toute convention secrète et doivent s'en tenir uniquement aux termes de la convention dite apparente et aucun contenu de l'acte secret ne peut obstruer leurs intérêts.

Aussi lorsqu'une maison est apparemment vendue à un acheteur qui la met en hypothèque, le créancier hypothécaire ne peut être dérangé dans ses droits par le véritable propriétaire de cet immeuble. Donc en cas de non paiement le créancier pourrait réaliser sa sûreté en faisant vendre l'immeuble hypothéqué.

Au contraire si la contre-lettre c'est-à-dire la convention secrète est découverte par des tiers intéressés, ils peuvent s'en prévaloir au gré de leurs intérêts. Ils auront, pour cela l'action en déclaration de simulation. Ils peuvent apporter la preuve de la convention secrète par tous moyens[123].

316- Il peut être envisagé l'hypothèse de la représentation conjointe surtout dans le domaine social (travail). Si le régime général des obligations du Mali ne l'a pas envisagé parmi les exceptions, le code des obligations civiles et commerciales du Sénégal l'a fait dans son article 117. Ainsi lorsque les délégués du personnel ou les délégués syndicaux négocient une ou des conventions collectives, ils sont censés avoir discuté au nom de l'ensemble des travailleurs des branches d'activité concernées[124]. Il en est de même des dirigeants sociaux qui discutent et concluent au nom des associés.

Les contrats qui ont un effet relatif entre les parties, peuvent dans certaines situations impliquer des tiers contractants.

Les contrats dans leur exécution peuvent être soumis à plusieurs modalités différentes les unes des autres.

---

123 Civ. 25 avril 1939. DP. 1940. 1. 12 Note. G.L. dans GAJC P. 148.

124 Article 117 COCC énonce « La convention collective oblige toutes les personnes qui font partie du groupement au nom où la convention a été passée… »

SECTION VII : CLASSIFICATION DES OBLIGATIONS :

317- L'étude de la section consacrant les modalités pouvant affecter certaines obligations conventionnelles est élargie en l'étendant également d'une part au chapitre I sur les définitions de l'obligation du titre I relatif aux dispositions générales et d'autre part au chapitre II sur les différentes catégories d'obligations.

Ce choix a été volontairement opéré pour de simples raisons de logique et de pédagogie.

En effet, la notion d'obligation est plus large que celle de contrat. L'obligation comporte les obligations conventionnelles donc volontaires avec des tentacules sur les quasi-contrats et l'engagement unilatéral d'abord et ensuite elle (obligation) porte sur les faits juridiques notamment dans le domaine de la responsabilité civile délictuelle et quasi délictuelle. En cela elle n'est pas une notion facile à posséder par les étudiants ou le lecteur qui vient de finir avec le programme général en grande partie de la première année droit.

Ainsi il est plus facile pour un tel étudiant de comprendre la notion de contrat que celle de l'obligation. En plus l'obligation constitue le rail conducteur sur lequel passe facilement l'engagement volontaire vers le lien involontaire. Il faut rappeler qu'en dehors de sa source l'obligation acquiert la même vigueur quant à ses conséquences en ce sens qu'elle crée un dans tous les cas un créancier et un débiteur donc l'objet de l'obligation devient le même.

Il était donc indiqué de parler du contrat et de sa classification pour mieux fixer les notions et par conséquent mieux préparer le lecteur à s'imprégner de la classification des obligations.

Cette classification des obligations comportera dans un premier paragraphe les obligations fondées sur la prestation et les acteurs et dans un second paragraphe la classification des obligations selon les modalités dans leur exécution.

PARAGRAPHE I : CLASSIFICATION DES OBLIGATIONS FONDÉES SUR LA PRESTATION ET SUR LES ACTEURS.

Outre sa définition l'obligation peut être classée en se fondant sur l'importance de la prestation due par le débiteur d'une part et d'autre part en se référant sur son objet.

A°) Définition de l'obligation :

318- L'article 2 RGO dispose :

> « L'obligation est un lien de droit entre un débiteur et son créancier qui donne à celui-ci le droit d'exiger une prestation ou une abstention et dont l'inexécution est sanctionnée par la loi ».

L'obligation porte sur scène un créancier qui est la personne la mieux placée dans le rapport juridique envisagé parce que c'est à elle qu'une autre personne le débiteur doit quelque chose. En droit moderne ce quelque chose objet de l'obligation doit être évaluable en argent. Auparavant le débiteur était en position socialement dégradant car pour une dette quelconque, il devenait l'esclave du créancier qui pouvait l'envoyer en prison et là aussi il n'était pas libre. Il devrait y être attaché ou enchaîné (ligatus).

En ce moment des auteurs divers ont pu trouver toutes sortes d'épitaphes à la notion d'obligation. Aussi Balzac un écrivain français se posait la question suivante : « Devoir est ce encore s'appartenir » ? Joubert un autre écrivain affirmait que les « dettes abrégent la vie »[125].

319- De nos jours le droit a évolué en dépouillant l'obligation de contraintes par corps, donc en envisageant une certaine dignité dans l'exécution. Le débiteur reste toujours lié mais ce sont seulement ses biens qui répondent en cas de défaillance. (supra 10).

Toute obligation qui naît doit être exécutée sous peine de sanction. Mais une catégorie d'obligations dites naturelles (article 3 RGO) ne donne pas lieu à

125 Ouvrage général. Ministre de l'Éducation Nationale. Institut National des Techniques Économiques et Comptables en collaboration avec le Centre National de Télé Enseignement.

sanction en cas d'inexécution tout comme elles ne donnent pas lieu à répétition en cas d'exécution par le créancier. (supra 7).

L'obligation naturelle, en réalité, était munie d'une force exécutoire reconnue, mais elle l'a perdue par la suite, suite à certains évènements dont le plus fréquent est la prescription extinctive. C'est dire que le créancier a été négligent en laissant écouler le temps pour lequel le droit le couvrait pleinement.

B°) L'obligation conventionnelle fondée sur l'importance de la prestation du débiteur :

Certaines obligations sont plus contraignantes que d'autres dans l'objectif à atteindre.

L'importance du rôle du débiteur relègue au second plan le caractère synallagmatique de la convention. Tout se passe comme si le contrat est lié à la seule prestation du débiteur. Cette prestation s'apprécie diversement selon qu'il s'agit d'une obligation de moyen ou d'une obligation de résultat.

1°) Les obligations de moyen :

320- Les rédacteurs du Régime Général des Obligations ont défini l'obligation de moyen dans l'article 7 :

> « L'obligation de moyen est une obligation en vertu de laquelle le débiteur n'est pas tenu d'un résultat précis mais s'engage à mettre tous les moyens disponibles pour obtenir le résultat souhaité ».

L'obligation de moyen est une obligation sous entendue dans toutes les obligations mais à des degrés d'exigence divers. En effet, chaque débiteur d'obligation essaie de tout faire pour satisfaire son créancier et c'est contre sa volonté qu'il se limiterait en chemin. Ainsi, d'abord dans le cadre d'un contrat de travail, le travailleur veut bien servir son employeur à travers l'entreprise afin qu'elle atteigne tous ses objectifs visés. Mais si l'objectif de l'entreprise n'est pas atteint les travailleurs n'en sont pas responsables outre mesure sauf s'ils ont commis des fautes professionnelles graves ou lourdes.

321- Ensuite, c'est surtout dans le domaine des conventions d'entreprise que l'obligation de moyen s'illustre le mieux. Lorsqu'un malade a un contrat de visite et de traitement avec un médecin, où un justiciable constitue un avocat pour sa défense en justice ou encore un élève s'inscrit dans une école privée pour préparer ses examens. Dans le premier cas, le médecin ne garantit pas la guérison, il est juste tenu de prodiguer, en toute prudence, des soins diligents à hauteur de sa propre qualification professionnelle à son patient.

Dans le second cas, l'avocat ne saurait promettre à son client dans la mesure où il s'adresse au président de la juridiction sous toutes réserves. Il défend selon l'état du droit positif de la jurisprudence et de la doctrine. Cependant, il doit veiller à ne négliger aucune voie de droit ouverte notamment, être présent pour défendre, exercer les voies de recours dans les délais et au besoin.

Dans le troisième cas, évidemment les écoles privées reçoivent des élèves pour la simple raison qu'elles font ou qu'elles doivent faire mieux parce que les parents payent régulièrement. Néanmoins le promoteur ne peut être tenu responsable lorsqu'un élève échoue à son examen ; parce que réussir à un examen impose diverses obligations de part et d'autres à l'école et particulièrement aux apprenants. Cependant, l'école doit veiller à ce que les professeurs soient de qualité, que les programmes soient exécutés, que les évaluations soient correctement menées ; d'une façon générale elle doit réunir toutes les conditions objectives dans le cadre du contrat d'encadrement ou de formation afin que ses candidats soient dans les meilleures conditions possibles.

Dans tous ces exemples, il est établi que le débiteur n'est pas tenu d'un résultant précis mais d'une obligation de mise en œuvre des moyens disponibles tendant à faciliter l'obtention du résultat souhaité.

2°) Les obligations de résultat : (infra 322)

322- L'obligation de résultat est, selon l'article 8 RGO :

> « Une obligation en vertu de laquelle le débiteur est tenu d'un résultat précis.
> En cas d'inexécution ou d'exécution défectueuse, il appartient au créancier de prouver seulement que le résultat promis n'a pas été atteint ».

L'obligation résultant du contrat de transport[126] s'est arrogée la priorité dans les exemples s'agissant des obligations de résultat.

126 Cela a commencé d'abord pour le transport des marchandises qui devraient être acheminées à destination sans dommage pour être étendue aux personnes ensuite. Terré (F) et Cie déjà cité.

En effet, les marchandises transportées,, les personnes transportées dans le cadre d'un contrat de transport à titre onéreux doivent être acheminés, intactes ou saines et sauves à destination[127]. Dès que le contrat est conclu, le débiteur doit, contre le paiement du ticket par le créancier, réunir toutes les conditions matérielles de sécurité du matériel de transport ainsi que celles (conditions) liées au personnel devant conduire ce matériel.

En cas de non respect de l'obligation, se traduisant par une exécution défectueuse du contrat de transport (cas d'accident) ou de non exécution c'est-à-dire départs annulés des véhicules ou des vols d'avions, le créancier de l'obligation prouve son dommage et la faute du débiteur par la production (présentation) du seul ticket ou du titre de transport.

3°) Des nuances pertinences.

323- La distinction entre obligation de moyen et obligation de résultat ne confère pas une séparation absolue entre les deux notions. Des obligations habituellement reconnues obligations de moyen peuvent revêtir un caractère d'obligation de résultat. C'est le cas chez les médecins à qui l'avancée de la science offre du matériel de diagnostic voire de traitement de certaines pathologie. Au regard de l'utilisation de tels matériels le patient peut être autorisé à invoquer tout comme chez le transporteur, une obligation de résultat. En effet, l'usage du matériel inventé devrait permettre de poser un diagnostic sans faille ou de procéder à un traitement par chirurgie ou autre moyen, avec précision ; d'où le médecin, en plus de ses propres connaissances académiques ajoute l'usage d'un matériel spécialement conçu et adapté indépendant du professionnel qu'il est[128].

De même, dans le cadre de l'obligation de résultat, en cas de force majeure, le débiteur peut être délié. Les circonstances (aussi) de l'inexécution ou de l'exécution défectueuse peuvent être imputées en partie à la victime aussi. Dans ce cas le débiteur sera dispensé d'une obligation absolue de résultat compte tenu de l'imprudence ou de la négligence du créancier.

127 Rappel jp.

128 Civ. 20 mai 1936. DP.1936.- I 88. concl. Maller. Rapport Jossérand note E.A civ. 1er juin 1999 D. 1999. 559. Note . D. Thouveniu dans GAJC page 116 et 117.

C°) Classification fondée sur l'objet de l'obligation conventionnelle.

Cette classification suit celle donner par le régime Général des Obligations à travers la définition même du contrat : obligation de donner, de faire ou de ne pas faire.

1°) L'obligation de donner :

324- Dans l'éventail contractuel, beaucoup de contrats exigent aux parties l'échange matériel de prestations : argent contre tel ou tel bien, ainsi l'obligation de donner se présente comme le siège du contrat synallagmatique. Celui qui est obligé de donner une chose doit en transférer effectivement la propriété ou les droits qu'il a sur la chose principale ainsi que sur ses accessoires (article 9 al. 1 RGO).

Selon la nature du contrat ou les termes de la convention le débiteur sera tenu dans un contrat de vente par exemple de livrer la chose vendue ou de la conserver jusqu'au moment convenu, ou approprié pour la livraison. Pour cette dernière obligation le débiteur doit apporter à la chose conservée tous les soins d'un bon père de famille (al. 2 et 3 de l'article 9 RGO).

Le transfert du droit au profit du créancier est retardé tant que la chose se trouve entre les mains du débiteur. Ce principe découle de l'article 10 RGO sauf si les parties elles-mêmes en décident autrement. Ainsi l'acheteur ne jouit de ses droits sur la chose que lorsqu'elle passe entre ses mains, quand il a une emprise physique sur ladite chose. Ce principe est toutefois adouci par l'aménagement que les parties sont libres de lui apporter ou par les dispositions spécifiques de la propriété foncière ou relative aux meubles immatriculés.

2°) Les obligations de faire et de ne pas faire.

325 - Les obligations de faire sont fréquentes dans le domaine des services, comme les contrats de travail et d'entreprise. Dans certains cas il s'agit pour le débiteur de s'exécuter en personne. C'est le cas du contrat de travail où le recrutement est fait intuitu personae ; ou faire exécuter sa prestation par ses collaborateurs ou employés c'est le cas dans les conventions d'entreprise.

— L'obligation de ne pas faire consiste en une abstention du débiteur l'invitant à ne pas entraver un droit ou à ne pas entreprendre une activité donnée. Aussi dans le cadre des servitudes le propriétaire du fonds servant ne doit pas empêcher le propriétaire du fonds dominant d'exercer le droit, objet de la servitude. De même un employé ne doit pas entreprendre une activité de même nature que celle qu'il menait dans le cadre d'un contrat de travail précédant dans un rayon donné.

Pour les deux types d'obligations le manquement du débiteur peut donner l'occasion au juge de le condamner à devoir des dommages intérêts au créancier ou de l'obliger à détruire ce qu'il a fait (article 11 RGO).

Le législateur a même prévu dans l'article 11al.3 RGO la possibilité pour le juge de pallier l'inaction du débiteur en autorisant le créancier à exécuter lui-même l'obligation. Cette exécution se fait à la charge et aux dépens du débiteur. Par exemple le texte réglementant les baux à usage d'habitation[129] précise dans son article 3 que le bailleur doit effectuer les grosses réparations. En cas d'inaction injustifiée du bailleur, le juge peut autoriser le locataire à y procéder et toutes les dépenses y afférentes seront soit remboursées par le propriétaire soit déduites des loyers à venir.

D°) L'obligation envisagée par rapport aux acteurs.

Ce sont les obligations qui réunissent autour d'elles plusieurs créanciers ou plusieurs débiteurs dans divers types de rapports.

1°) Les obligations divisibles.

326- Les dispositions de l'article 12 RGO énoncent que :

> « Lorsque l'obligation comporte plusieurs créanciers ou plusieurs débiteurs, elle se divise en autant de rapports d'obligations qu'il y a de parties. Chacun de ces rapports s'exécute indépendamment de l'autre ».

129 Décret n°146 PG-PR du 27 septembre 1967 portant réglementation ds loyers des locaux d'habitation en République du mali.

Par le libre jeu des conventions entre personnes elles mêmes ou entre institutions économiques et personnes physiques, peuvent naître des obligations dont la gestion dans le sens de leur inexécution n'est point facile. Ainsi lorsque une seule obligation est le siège de plusieurs créanciers ou de plusieurs débiteurs, chacun ne sera tenu ou ne pourra réclamer qu'une partie de la dette ou du crédit. Donc, c'est la loi même qui impose cette divisibilité entre créanciers ou entre débiteurs. En droit successoral français, le principe est rappelé par l'article 1220 du code Civil qui déclare que :

> « Les dettes et les créances d'une personne se divisent de plein droit entre les héritiers ». Les parties mêmes peuvent stipuler la divisibilité dans leurs contrats. Par exemple un groupe bancaire qui passe une convention de prêt avec une association professionnelle par le truchement de son bureau (organe de gestion). En cas d'inexécution de la convention provenant du groupe bancaire (contrat signé placement non effectué) chaque membre de l'association doit s'adresser précisément à la banque du groupe avec laquelle il a signé son contrat. En cas de non remboursement également par certains membres de l'association la banque devra poursuivre séparément les défaillants par le biais de plusieurs procès, éventuellement plusieurs saisies jusqu'à concurrence de leur dû. L'article 12 ne permet pas au créancier de se faire payer par un seul débiteur fut-il solvable. C'est la règle en matière civile.

2°) Les obligations indivisibles

L'obligation indivisible renferme plusieurs réalités liées à l'exécution des prestations entre parties vivantes ou lorsque l'une d'elle décède.

a°) Notion :

327- L'obligation est réputée indivisible lorsque, dit l'article 13 RGO :

> « La prestation n'est pas par nature susceptible de division ou lorsque les parties l'ont expressément stipulé… ». Lorsque l'objet d'un contrat porte sur la livraison d'une concession, d'un cheval ou d'une voiture, la prestation est ici par nature insusceptible de division. Donc le débiteur devra exécuter en une fois sa prestation.

Les parties sont libres d'exprimer clairement aussi l'indivisibilité par rapport à toute prestation susceptible cependant de division. Le régime général des obligations reconnaît l'indivisibilité à une prestation même lorsqu'il n'y a qu'un seul débiteur et un seul créancier. C'est ce que consacre l'alinéa 2 de l'article 13 :

> « L'obligation susceptible de division doit être exécutée entre le créancier et le débiteur comme si elle est indivisible ». Par exemple une obligation ayant pour objet un remboursement d'une somme d'argent, à l'échéance le débiteur doit s'exécuter en une fois par le paiement entier de l'argent quoique la dette soit par nature divisible.

b°) Effets.

328- Apparemment l'obligation indivisible produit les mêmes effets que la solidarité car dit la loi : les héritiers du débiteur d'une dette indivisible par nature ou par contrat sont tenus chacun pour le tout (article 13 RGO). L'on peut se poser la question pourquoi alors les rédacteurs du régime général des obligations ont réglementé distinctement les obligations indivisibles et les obligations solidaires alors que les deux catégories partagent une si grande analogie ?

Les parties contractantes, de leur vivant, subissent les mêmes effets dans les dites obligations. Mais au décès de l'une d'entre elles, la différence entre l'obligation solidaire et l'obligation divisible s'établit clairement. En effet dans le cas de l'obligation solidaire le créancier divisera ses poursuites par rapport au débiteur décédé, entre ses héritiers tandis que dans le cadre de l'obligation indivisible, il pourra toujours s'adresser à l'un quelconque des héritiers pour la totalité de la dette[130].

3°) Les obligations solidaires :

L'obligation solidaire met sur la scène juridique plusieurs personnes par rapport à la prestation exigible (infra 492).

a°) Caractéristiques :

329- La solidarité ne se présume pas, elle doit être expressément stipulée sauf si elle résulte d'une disposition de la loi (article 14 RGO). Pour qu'il puisse y

130 Cours Mme Coelo. Op. Cit.

avoir solidarité, qui est une garantie de paiement d'une dette en plus des garanties habituelles, il est nécessaire que les parties en conviennent par écrit ou que la loi, elle-même, l'institue. En matière civile, la solidarité ne se présume pas contrairement à la matière commerciale. C'est une position de logique en droit civil car elle (solidarité) peut avoir des conséquences patrimoniales énormes dans la mesure où elle permet en cas de pluralité de débiteurs d'exiger la totalité de la créance à l'un seul d'entre eux. Dans le même temps la loi en fait un épouvantail souvent pour obliger certaines personnes à s'assumer correctement dans certaines circonstances. C'est le cas des fondateurs des sociétés où l'article 78 de l'Acte uniforme sur les Sociétés commerciales et les Groupements d'Intérêt Economique déclare que :

> « Les fondateurs ainsi que les premiers membres des organes de gestion ou d'administration sont solidairement responsables du préjudice causé soit par le défaut d'une mention obligatoire dans les statuts, soit par l'omission ou l'accomplissement d'une formalité prescrite pour la constitution de la société ».

La solidarité prend diverses appellations selon qu'elle est envisagée par rapport au créancier ou par rapport au débiteur.

b°) Solidarité active.

330- Malgré sa rareté dans la pratique, la solidarité active joue favorablement lorsqu'il y a plusieurs créanciers pour un même débiteur. En effet, l'un quelconque des créanciers peut poursuivre le débiteur à sa diligence et lui réclamer l'ensemble de la prestation à l'effet de rembourser les autres créanciers pour leurs quotes-parts (article 15 RGO). Réciproquement, en payant entre les mains d'un de ses nombreux créanciers le débiteur est entièrement libéré des liens de l'obligation vis-à-vis de tous les autres créanciers. Aucun d'entre eux ne peut encore le poursuivre même s'il n'a pas reçu sa quote-part (article 15 RGO). C'est à ce niveau que réside le côté dangereux de la solidarité active.

c°) Solidarité passive

A l'inverse de la solidarité active, la solidarité passive joue entre débiteurs d'une obligation donnée que ce soit entre les débiteurs eux-mêmes ou par rapport à leurs héritiers.

c.-1. Notion :

331- La solidarité passive élargit les chances d'un créancier par rapport à ses débiteurs au sujet de la même créance. Aussi elle permet au créancier de poursuivre l'un quelconque des codébiteurs ou l'un quelconque des héritiers de celui-ci de son choix pour la totalité de la dette et ce jusqu'à complet paiement (article 16 RGO). En général le créancier choisit de poursuivre parmi les codébiteurs ou les héritiers le plus solvable c'est-à-dire celui d'entre eux qui peut, par sa consistance patrimoniale lui rembourser son dû.

c.-2 Effets principaux :

332- Fréquente dans la pratique, la mise en œuvre de la solidarité passive a pour conséquences principales d'autoriser le créancier à poursuivre un seul codébiteur pour la totalité de la dette. Du coup le débiteur poursuivi est en droit de se défendre, au fond contre l'action enclenchée contre lui et aussi par voie d'exception. L'alinéa 1 de l'article 17 RGO l'autorise particulièrement à soulever toutes les exceptions touchant à l'objet ou à la cause de l'obligation ou provenant de leurs rapports personnels. C'est dire que lorsque l'objet ou la cause de l'obligation est affectée d'un vice quelconque ou est assorti d'une condition quelconque le débiteur poursuivi ou son héritier poursuivi peut les alléguer pour anéantir ou retarder l'action engagée contre lui à la condition que la faute dénoncée ne lui soit pas imputable.

Une fois que le codébiteur désintéresse le créancier, il bénéficie d'une action récursoire au regard de l'article 17 al 2 contre ses codébiteurs pour les obliger à lui rembourser leur quote-part dans la dette globale. Dans ce cas il est obligatoire de diviser les poursuites entre les autres codébiteurs en réclamant à chacun ce qu'il doit. Lorsque l'un des codébiteurs est insolvable la loi veut que sa part soit divisée à portions et ajoutée à la quote-part des autres sauf que le débiteur subrogé va supporter également une part de cette perte avant de pouvoir exiger le paiement du reliquat aux autres.

333- Dans une dernière hypothèse, l'article 17 RGO prévoit le cas de confusion des qualités de créancier et de débiteur solidaire en la personne d'un des codébiteurs. Dès qu'une telle confusion intervient, elle aura pour effet la libération des auteurs en partie. Par exemple lorsqu'un créancier avait pour codébiteur un groupe de personnes parmi lesquelles figurait son propre et unique héritier. A son décès, son héritier réunit, par rapport à la dette, les qualités de créancier désormais et de codébiteur. La conséquence d'après la loi, est que cette double qualité va profiter aux autres codébiteurs en diminuant la masse de l'obligation, de la part que devait payer l'héritier devenu créancier, en lieu et place de son auteur.

c.-3 Effets secondaires.

334- L'article 18, en réservant le droit spécifique applicable aux effets de commerce, lettre de change, billet à ordre etc., évoque deux effets secondaires résultant de la mise en branle de la solidarité passive.

— Une mise en demeure faite à l'un des codébiteurs ou d'éventuels actes conservatoires accomplis contre lui, sont opposables à tous les autres. Cela suscite toujours l'idée de subrogation en vertu de laquelle ce débiteur peut à son tour, mettre en demeure ou opérer les mêmes actes conservatoires à l'endroit de ses codébiteurs.

— De même le recours qu'exercerait l'un des codébiteurs ou l'exception qu'il soulèverait vis-à-vis du créancier ou du jugement les condamnant, vaut pour tous. Donc aucun autre codébiteur ne peut être tenu d'exécuter l'obligation alors que par exemple l'un d'entre eux a exercé une voie de recours ordinaire ou extraordinaire contre la décision. Ce qui est très logique du reste et constitue le pendant à la première règle.

335- Le souci de précision, rend nécessaire une autre distinction qui conduit à séparer l'obligation résultant d'une solidarité passive en matière civile d'une part et celle résultant d'autre part d'une solidarité pénale[131].

Dans le cadre de l'obligation civile de solidarité passive les débiteurs se connaissaient bien et ont choisi en toute connaissance de cause de s'engager dans un même lien conventionnel. A l'inverse dans le cadre de la solidarité pénale, il s'agit de sanctionner les participants à une même infraction. On parle proprement d'obligation « in solidum ». Ainsi, précise l'article 23 du code pénal malien :

> « Tous les individus condamnés pour un même crime seront tenus solidairement des restitutions, dommages intérêts et frais ».

131 Cours de Mme Coello .et Lexique des termes juridiques.

En effet les deux solidarités d'origine civile ou pénale produisent les mêmes effets. Mais la seule différence est que dans le cas de la solidarité pénale, les débiteurs ne se connaissaient probablement pas trop et n'ont pas agi à l'effet de devoir des restitutions ou des dommages intérêts.

PARAGRAPHE II : CLASSIFICATION DES OBLIGATIONS SELON LES MODALITÉS DANS LEUR EXÉCUTION.

Répondant à plusieurs types de classifications, les obligations se distinguent aussi suivant certaines modalités pouvant affecter leur exécution. Ainsi par rapport à la satisfaction des prestations, une fixation est faite entre obligations selon leur termes, ou la condition dont elles sont assorties ou encore selon la variabilité de leurs objets.

A°) Le principe dans l'exécution des obligations :

336- Selon l'article 90 RGO une obligation est pure et simple lorsque son existence ou son exécution n'est subordonnée à aucune condition, à aucun évènement que les parties ont prévu. Le principe est que dans leur grande majorité, les obligations s'exécutent, par la volonté comme des parties, sans d'autre forme pouvant retarder leur effectivité. Tel que reconnu, créé par les parties, le contrat s'exécute immédiatement par l'échange respectif des prestations. Celui qui vend un immeuble en transfert la possession ou la propriété à celui qui l'achète en payant le prix.

Celui qui met une maison en location, remet les clés au preneur qui règle les avances et honore les échéances de paiement des loyers.

Cependant, les parties sont libres d'aménager la vie de leur contrat autrement à leur bon vouloir sous réserve du respect de l'ordre public et des bonnes mœurs. C'est cette liberté que reconnaît l'article 90 en déclarant que :

« L'obligation peut être…assortie de certaines modalités ».

B°) L'obligation à terme.

337- Les rédacteurs du Régime Général des Obligations ont envisagé le terme dans un double aspect, retardant l'exécution ou l'éteignant purement et simplement.

Ainsi le terme porte sur un évènement futur mais certain qui a pour effet de retarder l'exécution de l'obligation ou d'arrêter son cours en y mettant fin (article 91 RGO). Donc le terme affecte l'exigibilité de la dette mais n'affecte pas son existence.

1°) Caractéristiques du terme :

Le terme est une modalité qui suspend ou éteint l'obligation.

a°) Le terme suspensif.

338- « Qui doit à terme ne doit rien » a-t-on coutume d'entendre. Les parties, dès la conclusion du contrat conviennent d'une date, d'un évènement pour son exécution. En droit bancaire on parle de crédit à court, moyen et long terme, lesquels s'expriment en nombre d'années pour procéder au remboursement. Le terme peut dépendre d'un évènement certain mais dont la date peut être courte ou lointaine comme c'est le cas d'une rente viagère.

Dans la plupart des cas le terme est contractuel, c'est-à-dire il est stipulé des parties elles-mêmes dans leur convention. Il peut aussi être légal c'est-à-dire dépendre d'un délai fixé par la loi. Par exemple le délai du bénéfice d'inventaire au profit d'un héritier (article 795 du code civil) ; il peut enfin être judiciaire. En effet le tribunal peut accorder des délais de paiement à un débiteur avec ou sans l'aval du créancier.

b°) Le terme extinctif :

339- Lorsqu'il y a écoulement d'un certain temps alors que l'obligation n'a pas été exécutée, elle s'éteint par déclaration de la loi. Cela est fréquent dans les obligations résultant de conventions non assorties de terme ou même l'étant, le terme a pu s'écouler par rapport à son créancier négligeant et inactif.

2°) Les effets du terme.

340- Le terme convenu, ou légal oblige el créancier à observer l'écoulement du temps qui le précède (article 92 RGO). Pendant le moment qui précède le terme le créancier ne peut entreprendre aucun acte de poursuites judiciaires contre son débiteur. Tout au plus il peut entreprendre des mesures conservatoires en vue de garantir son paiement[132]. C'est le cas lorsqu'il demande une inscription hypothécaire sur un bien de son débiteur. Si avant le terme le débiteur paie tout ou partie de la dette, il ne sera plus tenu pour cette dette ou pour la partie payée avant. Donc il n'y a pas lieu à répétition. C'est dire que le paiement intervenu vient en déduction ou en extinction de la dette (article 92 RGO).

Le terme fixé profite, par présomption légale, au débiteur (article (93 RGO). Cependant la fixation du terme peut être faite à l'avantage conjoint des deux parties ou seulement du créancier si telle est la volonté des parties, ou de la nature du contrat ou des circonstances qui l'entraînent. Aussi, dans un prêt productif d'intérêts le terme lointain peut être demandé et obtenu par le créancier pour bénéficier de plus d'intérêts sur le capital prêté. De même lorsqu'un créancier est physiquement absent ou empêché (service militaire, voyage) son remboursement ne peut intervenir que lorsqu'il revient ou lorsqu'il termine le service militaire.

3°) Le terme et les parties :

341- Il s'agit de l'hypothèse où une déchéance pourrait frapper le terme et rendre immédiatement exigible la dette c'est l'article 94 RGO qui l'exprime en énonçant que :

> « Le débiteur ne peut plus réclamer le bénéfice du terme lorsqu'il a été mis en liquidation ou en règlement judiciaire[133], ou lorsque par son fait il a diminué les sûretés qu'il a données à son créancier ».

L'expression « terme » renferme en son sein la confiance en la faculté d'exécution du débiteur reposant sur une situation économique fiable. Dès que cette situation connaît une altération, le créancier est en position légitime d'exiger son paiement avant que la situation du débiteur ne s'empire. Ce sera particulièrement le cas :

— Lorsque le débiteur, personne physique ou morale est déclarée et mise en redressement judiciaire ou en liquidation de biens. Il faut cependant signaler que dans le cas du redressement judiciaire le débiteur a encore la possi-

132 Cours de mme Coelo déjà cité.

133 L'appellation appropriée de nos jours est le redressement judiciaire au lieu de règlement judiciaire. Cf. code de commerce du Mali et Acte Uniforme sur les Sociétés Commerciales et GIE de l'OHADA.

bilité légale d'arrêter les poursuites par la production d'un concordat amiable ou judiciaire[134].

— Lorsque par son fait le débiteur a laissé se diminuer les garanties offertes pour l'exécution de l'obligation. Par exemple lorsque le débiteur a laissé se dégrader considérablement un immeuble sur lequel porte une hypothèque en faveur du créancier ou la laisser s'effondrer ou lorsque le bien meuble, mis en gage sans dépossession est abîmé. Toutefois lorsque la diminution de la garantie ou sa disparition sont imputables à la force majeure, le terme garde son effet initial, il court normalement.

L'obligation peut connaître encore des variantes conditionnelles.

C°) L'obligation conditionnelle.

L'obligation conditionnelle est une autre modalité pouvant, à la volonté des parties, affecter l'exécution d'un contrat.

1°) Notion et caractéristiques.

342- La condition est un évènement futur aussi mais incertain dont dépend la naissance ou la disparition d'une obligation.

Dans le premier cas c'est-à-dire la formation du contrat de l'obligation la condition suspend l'objectif des parties et dans le second cas, c'est-à-dire la résolution, la condition rompt le contrat dont les effets s'arrêtent là (article 95 RGO).

Par exemple en prévision d'un mouvement de mutation dans son corps professionnel, une personne s'engage à payer la maison qu'une autre vend à Sikasso à condition que la mutation l'amène à Sikasso comme il en a fait la demande. Ou encore qu'une personne fait donation d'un immeuble à une autre en assortissant la donation d'une clause suivant laquelle l'immeuble retournera dans son patrimoine à lui si le donataire mourait avant lui. Dans le premier exemple il y a une condition suspensive et dans le second il y a une condition résolutoire.

134 Acte Uniforme sur le droit des entreprises en difficultés. Cours de DEA FSJE du Dr Fousseyni Togola. 2003-2004.

Comme on peut le déduire aisément dans ces exemples, il existe bien des évènements futurs frappés d'incertitude rendant possibles ou non à la fois la conclusion ou la consolidation des contrats projetés.

2°) La validité de la condition.

343- D'abord l'obligation n'a pas valeur juridique lorsqu'elle est contractée sous une condition purement potestative de la part de celui qui s'oblige (article 96 RGO). C'est dire que personne ne peut valablement s'engager sur l'avenir en disant que le contrat sera formé ou disparaîtra quand moi je voudrais « quand bon me semble ».

Ainsi dans une obligation découlant de la concession de licence d'exploitation exclusive de brevet d'intervention où le prix n'a pas été fixé par le vendeur, les juges du fond ont considéré qu'il y a condition potestative dans la mesure où le débiteur (vendeur) pour se libérer de la convention mettrait plus tard un prix excessif[135].

De même il a été méconnu l'existence d'un pacte de préférence dans la vente d'un immeuble pour existence de condition potestative dans la mesure où la proposition de vente n'était pas assortie d'une proposition de prix[136].

Cependant il est possible de faire dépendre la convention d'une condition liée à la volonté du débiteur et d'autres évènements ne dépendant pas de ce dernier.

En cas d'une condition déterminante dans un contrat qui revêt un caractère impossible, immoral ou illicite, l'obligation qui en résulte est nulle et cette nullité anéantit tout le contrat projeté (article 97 RGO).

3°) Les effets de la condition

Il existe plusieurs cas de figure.

a°) Effets de la condition accomplie.

344- Lorsque la condition projetée s'accomplit, elle produit un effet rétroactif remontant au jour de la conclusion du contrat. Tout se passe comme si les

135 Bâtonnier Tapo (K) Op. Cit. Com 22 février 1967.
136 Article 95-96 RGO Civ. 1er février 1984 Page 68.

parties avaient conclu sans prévoir une condition quelconque. Il est possible que les parties, par leur stipulation, limitent les effets de leurs actes à un moment bien choisi et convenu (alinéa 1 de l'article 98 RGO).

En cas de défaillance volontaire du débiteur empêchant l'accomplissement de la condition où l'ayant précipité dans son accomplissement, la condition sera réputée avoir été accomplie. C'est le cas si dans les exemples précités la même personne introduisait une nouvelle demande pour ne plus être mutée à Sikasso ; ou si le donateur provoque ou participe à une disparition prématurée du donataire de l'immeuble.

Enfin le législateur précise qu'avant même l'accomplissement de la condition, le créancier de l'obligation pourrait exécuter des actes conservatoires de son droit (article 98RGO). C'est pour mieux garantir l'avènement de la condition.

b°) Effets de la condition résolutoire.

345- Les dispositions de l'article 100 RGO précisent que :

> « Lorsque la condition résolutoire se réalise, elle anéantit l'obligation et remet les choses au même état que si l'obligation n'avait pas existé ».

Dans l'exemple évoqué si le donataire de l'immeuble meurt avant son donateur, l'immeuble objet de la donation revient au donateur. C'est le statu quo ante qui sera rétabli. Mais si le donateur meurt avant, l'immeuble demeure acquis au donataire depuis le jour de la donation. Donc il y a rétroactivité des effets de l'obligation.

C°) Effets de la condition suspensive.

346- Lorsque l'obligation a été contractée sous une condition suspensive l'article 99 RGO indique que :

> « La chose qui fait la matière de la convention demeure au risque du débiteur ». L'on ne peut manquer de relever le caractère dangereux de ces dispositions de l'article 99 RGO qui ne fait pas de distinction au cas où la condition suspensive se réalise ou ne se réalise pas. Si pour la maison dont l'achat est projeté à Sikasso venait à périr ou à

se dégrader. Peut-on dire que la personne qui avait projeté l'achat fut propriétaire et qu'il devra régler ipso facto le prix au propriétaire initial ?

Une distinction doit être opérée selon que la condition s'est réalisée auquel cas effectivement le débiteur supportera les risques de quelle que nature qu'ils soient ou que la condition ne s'est pas réalisée et le débiteur est dégagé de tout lien et que les risques soient pour le créancier propriétaire.

Une obligation peut être affectée aussi dans son objet lorsque celui-là recèle plusieurs prestations.

D°) L'obligation a plusieurs objets.

Les rédacteurs du Régime Général des Obligations en ont décelé trois catégories.

1°) L'obligation conjonctive (article 101 RGO).

347- Elle est encore appelée obligation cumulative car elle a pour objet plusieurs prestations que le débiteur doit fournir ensemble. Exemple : un vendeur doit la chose vendue, il garantit les vices cachés et rassure l'acheteur contre une éventuelle éviction.

Un transporteur doit transporter ses passagers d'un point « A » à un point « B ». Il leur doit une totale sécurité en les amenant à destination sains et saufs.

2°) L'obligation alternative (article 102 RGO).

348- L'obligation alternative met plusieurs prestations à la possibilité du débiteur entre lesquelles il a le choix pour se libérer vis-à-vis de son créancier. Mais il ne peut pas obliger le créancier à recevoir une partie de telle prestation et le reliquat dans tel autre. C'est dire que le choix doit être porté définitivement et entièrement sur une seule prestation. Par exemple, un débiteur qui doit un remboursement d'un bien en nature ou en numéraire devra choisir soit l'argent soit le bien en nature.

Cependant la loi étant derrière les parties en matière civile, il n'est pas exclu que si telle est la volonté commune du créancier et du débiteur que celui-ci (débiteur) puisse se libérer en payant en partie de l'argent et en remettant en nature un bien précis pour le désintéressement du créancier.

3°) L'obligation facultative (article 103).

349- L'obligation est dite facultative quand elle a pour objet une seule prestation à laquelle le débiteur peut substituer une autre prestation pour se libérer. Cette faculté ouvre droit à un possible remplacement de la prestation initiale. Par exemple en cas de lésion l'immeuble qui en est l'objet doit être restitué mais l'acquéreur a la faculté d'offrir de payer le juste prix.

Ainsi encore dans le contrat de vente de vente commerciale l'Acte Uniforme sur le Droit Commercial Général, dans son article 250 fait une telle ouverture au vendeur en autorisant l'acheteur :

> « D'exiger du vendeur la livraison de marchandises de remplacement si le défaut de conformité (des premières) constitue un manquement essentiel au contrat ».

Il semble que contre beaucoup de prestations facultatives l'argent joue le rôle de substitut légal du moins dans toutes les conventions où l'objet est évaluable en numéraire.

Dans tous les cas de figure, lorsque la prestation principale ne peut être exécutée l'obligation en prend un coup fatal par une extinction pure et simple (article 3 in fine).

Ce dernier alinéa de l'article 103 constitue une transition naturelle vers l'inexécution même du contrat, en ce que l'obligation, objet du contrat peut ne pas être exécutée par une partie au contrat. A ce moment la question suivante peut être posée : A quoi aura servi la conclusion du contrat ?

SECTION VIII : L'INEXÉCUTION DES CONTRATS.

350- L'analyse de l'autonomie de la volonté (supra 65) a permis d'établir la liberté contractuelle ainsi que les limites qui la contient. Il apparaît que les hommes, en société passent par les contrats pour moduler et aduler leurs rapports. Il s'impose dès lors que ces contrats conclus, pour atteindre leurs pleins objectifs, doivent être exécutées sans failles. Dès lors, tout contrat inexécuté constituerait une atteinte au droit du cocontractant qui doit se résoudre selon le cas à une obligation de s'exécuter, au paiement de dommages intérêts ou au déclenchement d'un comportement légitime de même nature chez l'autre partie.

*** Etat de la législation.**

351- Le législateur malien, dans le Régime Général des Obligations a doublement traité de cette question comme son homologue français. Il (législateur malien) a amorcé l'inexécution des contrats par les règles spéciales régissant les relations des parties en cas de d'inexécution d'un contrat synallagmatique à travers la section VII du titre II pour poursuivre avec les règles générales, contenues, elles, dans le titre III du Régime Général des Obligations traitant de la Responsabilité Civile.

Dans ce titre III il commence par spécifier la responsabilité tant dans l'inexécution d'un contrat que celle découlant de « la violation du devoir général de ne causer aucun dommage à autrui » article 113 RGO avant de traiter des particularités de la responsabilité liée à l'inexécution des contrats de l'article 130 à 139 RGO. Si pour la première partie relative à l'inexécution des contrats synallagmatiques le législateur malien a l'avantage de bien poser dans l'article 104 RGO le principe de l'exception d'inexécution (article premier) que le code civil laisse simplement présumer ; par contre, il fait bien moins que le législateur français dans la réglementation de la partie générale en ayant complètement ignoré l'article fondateur de la réparation suite à une responsabilité contractuelle. Cet article qui est le second d'un ensemble de 10 articles réglementant les conséquences de l'inexécution des contrats dans le code civil (de l'article 1146 à 1155 du code civil) pose le principe fondamental.

353- En effet l'article 1147 du code civil, puisque c'est de lui qu'il s'agit, n'a pas d'équivalent dans le Régime Général des Obligations. Il énonce que :

> « Le débiteur est condamné, s'il y a lieu, au paiement de dommages et intérêts soit à raison de l'inexécution de l'obligation, soit à raison du retard dans le l'exécution, toutes les fois qu'il ne justifie pas que l'inexécution provient d'une cause étrangère qui ne peut lui être imputée, encore qu'il n'y ait aucune mauvaise foi de sa part ».

Alors quel comportement adopter ?

Le législateur doit adopter l'équivalent de l'article 1147 du code civil dans le Régime Général des Obligations pour éviter une contrariété dans les visa[137] de textes chez les magistrats et avocats au prétoire et en entendant, ces derniers doivent continuer de se conformer au code civil sur cette partie en évoquant expressément l'article 1147 C. Civil.
C'est d'ailleurs ce qu'on peut remarquer dans la jurisprudence de la Cour Suprême du Mali qui évoque régulièrement l'article 1147 du code civil pour compléter l'article 113 RGO : Elle (Cour Suprême) l'a fait récemment dans un arrêt de cassation relatif à l'exécution tardif supposé d'un contrat de vente[138].

*** Un anachronisme résiduel**

353- L'article 211 ancien du code pénal malien a donné lieu, dans nos propos préliminaires (supra n°7), à la dénonciation des mesures de contraintes physiques des débiteurs défaillants pour leurs prestations dans les conventions. Il a été dit en subsistance que c'est une façon d'asservir le débiteur au profit de son créancier, de le réduire purement et simplement en esclave. Or, le droit des obligations n'a aujourd'hui qu'un caractère patrimonial et non physique.

Cette dénonciation doit, hélas continuer parce que une survivance d'une telle réglementation complètement anachronique subsiste dans le cade de procédure civile et commerciale du Mali[139]. En effet, l'article 828 CPCCS stipule :

> « La contrainte par corps a pour but d'obliger le débiteur négligent ou de mauvaise foi à s'acquitter d'une dette non contestée et reconnue par un jugement ou par titre authentique ou sous seing privé.
> La contrainte par corps est un moyen de coercition et non d'extinction de la dette ».

---

137 Il s'agit de ce que les uns autres invoquant lors du procès.

138 C.S Sect. Judiciaire. Arrêt n° 46 du 20 mars 2006. nature affaire : résiliation de contrat.

139 Décret n°94-226/P-RM du 28 juin 1994 portant code de procédure civile, commerciale et sociale. CPCCS 828 et suivants.

Sous le motif mal fondé de coercition, de débiteur négligent ou de mauvaise foi, l'on prétend pouvoir faire exécuter une obligation par l'emprisonnement au bon vouloir du créancier, et en autant de fois qu'il veut, un débiteur malheureux qui se débat dans des problèmes multiples dont la dette objet de son enfermement. Il est encore précisé que le recours à la contrainte par corps ne préjudicie en rien le droit du créancier de faire saisir, et vendre les biens du débiteur. Pourquoi cette double sanction ?

La seule chance des débiteurs défaillants semble être du côté des juges au siège qui se montrent extrêmement vigilants et sagaces par rapport à ces dispositions sinon ce sont des peines d'emprisonnement allant de 2 jours à 90 jours que prône l'article 831 CPCCS selon le montant objet de l'obligation du débiteur. De telles dispositions devront disparaître de la législation d'un Etat acquis à la cause d'une démocratie moderne comme le Mali.

***Généralités.**

354- Il naît entre les hommes en société beaucoup de rapports juridiques qui se conçoivent et se gèrent dans des conventions diverses. Cela est vrai pour les actes entrant dans le cadre de leurs activités professionnelles, familiales, sociales, économiques, etc.

La question essentielle qui vient à l'esprit quant à la stabilité et à l'équilibre de ces engagements est la suivante :

> « Que peut-il advenir lorsque le contrat n'est pas exécuté par l'une des parties ? »

En fait, le contrat régit les rapports entre les personnes en termes de droits et d'obligations. Il revêt ainsi une force obligatoire. Dès lors la partie qui refuse d'assumer ses engagements, offense le droit sauf si c'est une force majeure qui l'en empêche. Celui à qui l'exécution profite est appelé créancier et celui dont la prestation n'est pas assurée est désigné sous l'appellation de débiteur. Le créancier de l'obligation doit procéder par une mise en demeure[140] invitant le débiteur à s'exécuter au préalable et si cette mise en demeure est infructueuse il saisira le tribunal pour s'entendre condamner son débiteur à lui payer des dommages intérêts.

140 Il est prévu dans la législation OHADA à travers l'Acte Uniforme sur le Recouvrement Simplifié des Créances et des Voies d'Exécution, les procédures d'injonction de payer ou de restituer qui sont des phases allégées de la mise en demeure.

Cependant il ne faut pas confondre les responsabilités contractuelles et délictuelles[141] dont le principe de distinction est posé par la jurisprudence dans un arrêt du 11 janvier 1922 :

> « Mais attendu que c'est seulement en matière de délit ou de quasi délit que toute faute quelconque oblige son auteur à réparer le dommage provenant de son fait ; que les articles 1382 et suivants sont sans application lorsqu'il s'agit d'une faute commise dans l'exécution d'une obligation résultant d'un contrat… ».

355- A partir de ce moment l'on peut se demander en quoi consiste l'inexécution d'un contrat ?

L'inexécution est le fait de ne pas assurer les prestations initialement convenues dans un contrat ou le fait de les assumer mal ou avec un retard. En tous les cas, il est question d'inexécution dès lors que le cocontractant n'a pas reçu raisonnablement satisfaction. Par conséquent il s'avère que l'inexécution d'un contrat pourra être selon le cas et le degré total ou partiel, défectueuse ou tardive.

Lorsque l'inexécution du contrat est définitivement consommée, le créancier a droit à des dommages intérêts moratoires.[142]

L'inexécution des contrats synallagmatiques crée des effets spéciaux car dans ce type de contrat, l'obligation non exécutée d'une partie délie l'autre partie.

D'un point de vue méthodologique, il est nécessaire de rétablir le principe en adoptant une démarche contraire à celle du législateur qui a réglementé le spécial avant le général.

Aussi, il sera analysé d'une part la responsabilité contractuelle qui organise d'une façon générale les différentes solutions de rétablissement du créancier dans ses droits et d'autre part la spécificité des sanctions en cas d'inexécution d'un contrat synallagmatique qui reconnaît un droit de légitime comportement à la partie sollicitée qui n'a pas ou n'a plus satisfaction.

---

141 Civ. 11 janvier 1922 DP 1922. -1.-16. S.1924. 105. Note Demecque Gaz. Pal. 1922. 1.-334- P.186 GAJC.11ème édition idem.

142 Terré (F) et Cie déjà cité.

SOUS SECTION I : LA RESPONSABILITÉ CONTRACTUELLE.

356- Traitant cumulativement de la responsabilité contractuelle ainsi que de la responsabilité délictuelle l'article 113 RGO dispose que :

> « La responsabilité emporte obligation de réparer le préjudice résultant soit de l'inexécution du contrat soit de la violation du devoir général de ne causer aucun dommage à autrui ».

En matière de responsabilité civile, la commission d'une faute produit les mêmes effets dans l'inexécution du contrat que dans la situation d'une personne qui cause un dommage à autrui. Dans ce dernier cas il n'y avait pas initialement accord entre les personnes concernées et c'est la raison pour laquelle on parle de tiers en responsabilité délictuelle au lieu de cocontractant. Cependant la formule de l'article 113 ne fait que poser d'une façon extrêmement vague et fuyante le principe de la responsabilité contractuelle en la juxtaposant à côté de la responsabilité délictuelle. Or la tendance aujourd'hui est qu'au-delà du non cumul de ces deux responsabilités, c'est leur distinction qui constitue la préoccupation de la doctrine et de la jurisprudence[143].

En matière de responsabilité contractuelle, dès lors que le débiteur ne commet une faute en n'exécutant pas le contrat, il est soumis à une obligation de réparer le dommage qu'il aura causé à son cocontractant. D'où la reconnaissance d'une responsabilité qui reposera d'abord sur un fait générateur (paragraphe I) ; ensuite qui a ses mécanismes et modalités de réparation (paragraphe II) : et enfin qui donne lieu à une interrogation sur l'admissibilité de clauses de non responsabilité contractuelle (paragraphe III).

143 Civ. 11 janvier 1922 déjà cité
Terré, Simler et Lequette, Les Obligations n° 954 déjà cité.

PARAGRAPHE I : LE FAIT GÉNÉRATEUR DE RESPONSABILITÉ.

Le fait générateur de responsabilité va supposer l'existence d'une faute contractuelle (A) ; la nécessité d'un dommage subi par le créancier (B) et un lien de causalité entre le dommage et la faute.

A°) L'existence d'une faute contractuelle du débiteur.

357- La faute contractuelle a des contours qui sont nettement distincts de ceux de la faute délictuelle ou quasi délictuelle. En ce sens que la faute contractuelle résulte d'une volonté consciente de se soustraire de ses obligations initialement négociées et convenues et de nature généralement profitable mutuellement. Or la faute délictuelle ou quasi délictuelle résulte de la violation simple du devoir général de ne pas causer de dommage à son prochain dans la société. Donc le créancier de l'obligation n'avait convenu de rien avec son débiteur mais plutôt est victime d'une situation à l'origine de laquelle se trouve le débiteur qui lui a causé préjudice. La notion de faute délictuelle parait plus large que celle de faute contractuelle. (infra 472).

La mise en œuvre de la responsabilité contractuelle laisse supporter d'une façon concomitante : l'existence d'une obligation contractuelle, une inexécution de cette obligation, l'imputabilité de cette inexécution, la possibilité d'astreinte ou l'explication d'inexécution par la force majeure.

1°) L'obligation contractuelle :

Les parties s'entendent sur des prestations précises à échanger pour que le contrat puisse produire ses pleins effets. Cette prestation peut être simple et s'exécuter en un trait ou revêtir quelques aspects secondaires mais contraignants.

a°) Une obligation principale :

358- Le contrat oblige le débiteur à accomplir envers le créancier une prestation à laquelle il ne serait pas tenu sans convention initiale. C'est dire que le créancier de l'obligation poursuit toujours son débiteur pour une promesse ferme non assumée. Par conséquent lorsque les parties conviennent de quelque chose, l'objet de l'obligation doit être exécuté sans détours par le débiteur au profit de son créancier.

L'objet peut ne pas être simple pour le débiteur, lequel, en plus d'une prestation principale sera tenu dans les liens d'obligations secondaires comme l'obligation de sécurité et l'obligation de renseignements.

b°) L'existence d'obligations secondaires.

359- Le Régime Général des Obligations ne parle pas expressément de ces obligations secondaires. Elles ont d'abord été instituées par la jurisprudence, acquiescées par la doctrine et dans quelques cas faire l'objet de quelques réglementations dans certains textes spécifiques[144].

Pour fonder ces obligations la jurisprudence française a relevé que certains contrats renfermaient des obligations accessoires auxquelles les parties n'avaient pas songé[145] « mais qui sont des obligations subséquentes à l'article 1135 du code civil sur les suites du contrat ».

Ces obligations secondaires mais déterminantes se repartissent en obligations de sécurité et en obligations de renseignements.

b.1°) L'obligation de sécurité.

360- L'obligation de sécurité fut instituée en 1911 par la cour de cassation française en matière de transport de personnes. Donc c'est une obligation qui s'incruste dans l'obligation de résultat du contrat de transport qui renferme une obligation de résultat absolue. Selon la doctrine française[146] l'obligation de sécurité n'existe pas indépendamment, elle est toujours accessoire à une obligation principale. Aussi dans le contrat de transport l'obligation principale consiste au transport d'une personne d'un point vers un autre par un moyen précis dont le créancier a réglé le prix. L'obligation accessoire mais déterminante est que le transporteur doit y conduire le passager sain et sauf sinon sa responsabilité est automatiquement engagée et il doit réparer le préjudice subi par le passager. Cette obligation est l'occasion d'une certaine distinction entre responsabilité contractuelle et responsabilité délictuelle dans la mesure où si le passager y laisse la vie, ses parents et proches peuvent agir par la voie de la responsabilité délictuelle.

144 Code du travail et de la sécurité sociale, loi sur la consommation, loi sur les transports...

145 Les divers Régimes d'indemnisation ?

146 Il s'agit de l'institut National de Prévoyance Sociale (INPS) au Mali qui bénéficie de l'autonomie financière et juridique.

Puis cette obligation concernera le domaine social (droit du travail et de la sécurité sociale) ou le propriétaire de l'entreprise et employeur a droit, dans le cadre du contrat de travail qui le lie au salarié, à la prestation de ce dernier et lui a droit à une rémunération. En cas de dommage subi par le travailleur ou de réclamation d'autres prestations sociales dues au travailleur, c'est l'employeur qui devra tout supporter. Pour alléger la tâche de l'employeur qui peut connaître une insolvabilité ou une faillite, le législateur a institué un ensemble de mesures sociales à caractère pécuniaire au profit du travailleur et à travers des régimes juridiques spécifiques gérés par un service spécial[147] et au financement duquel participe à la fois l'employeur et le travailleur.

Aujourd'hui cette obligation accessoire couvre beaucoup d'autres domaines dont celui de la santé pour la protection des personnes.

b-2°) L'obligation de renseignements.

360- Dépendante d'une prestation contractuelle, l'obligation de renseignement est une obligation accessoire de nature contractuelle dont l'irrespect rejaillit sur le contrat principal[148]. Ce type d'obligation secondaire est surtout fréquent dans les contrats entre professionnels et non professionnels. Dans le domaine professionnel, le débiteur de l'obligation doit expliquer à son cocontractant tout ce qu'il faut pour qu'il puisse réellement profiter, au mieux, de l'objet du contrat. Ainsi le notaire, l'avocat, l'architecte le fournisseur de matériaux techniques sophistiqués etc. doivent donner les explications nécessaires ou initier au préalable l'acheteur d'un téléphone portable de dernière génération par exemple afin d'éviter au cocontractant des erreurs d'appréciations ou des mauvaises manipulations qui peuvent être dangereuses voire fatales.

2°) L'inexécution de l'obligation.

362- Les rédacteurs du Régime Général des Obligations du Mali ont lourdement manqué le substrat même de l'inexécution en oubliant de décrire ses différentes conditions d'existence. Ce vide fait appel à l'article 1147 du code civil qui dispose :

---

147 Jourdain observations Civ. 1, 17 janvier 1995. B. 1 n°43 ; RT95 ; 351 Viney, administratif l'existence d'une obligation extracontractuelle de sécurité du vendeur professionnel. JC Page 95. 13853 n°9. 14. dans les divers régimes d'indemnisation.

148 Com. 26 juin 1980. B. IV n° 276.

> « Le débiteur est condamné, s'il y a lieu, au paiement des dommages intérêts, soit à raison de l'inexécution de l'obligation, soit à raison du retard dans l'exécution toutes les fois qu'il ne justifie pas que l'inexécution provient d'une cause étrangère qui ne peut lui être imputée, encore qu'il n'y ait aucune mauvaise foi de sa part ».

Les caractéristiques de l'inexécution du contrat se retrouvent dans ce texte à travers d'une part le défaut d'exécution et le retard dans l'exécution totale ou partielle.

a°) L'exécution et le temps.

363- Il s'agit du défaut d'exécution ou du retard dans l'exécution des prestations. C'est pratiquement la mesure première de la responsabilité contractuelle qui comprend deux volets en l'occurrence le défaut d'exécution lié à l'écoulement complet du temps imparti pour la prestation dans le contrat ou l'exécution, intervenant, bien après le délai convenu, ce qui est de nature à déranger l'ordre des choses.

a-1°) Le défaut d'exécution

364- Le défaut d'exécution est évoqué lorsque le débiteur n'assume pas du tout ses obligations ou lorsqu'il les aura assumées qu'en partie. Ainsi le défaut d'exécution peut lui aussi être total ou partiel selon la défaillance du débiteur qui n'aura pas accompli les obligations qui lui incombent, ou qui ne les aura accomplies que partiellement, causant un préjudice au créancier. Par exemple dans un contrat quelconque d'achat de matériel, l'acheteur verse l'argent au fournisseur qui ne parvient pas à fournir le matériel au bout du délai imparti ou qui n'en livre qu'une partie ou vice versa.

La sanction encourue par le débiteur est sa condamnation à devoir au créancier des dommages intérêts en vue de compenser soit l'inexécution totale, soit partielle de sa prestation. D'où l'appellation de dommages intérêts compensatoires. C'est une application de l'article 125 RGO.

a-2 L'exécution tardive des obligations.

365- Le fait pour un débiteur de fournir sa prestation ou ses prestations au-delà de l'expiration du terme convenu est constitutif de faute contractuelle pouvant entraîner une sanction qui consisterait en l'attribution de dommages intérêts pour rattraper le retard. C'est ce qu'on appelle les dommages intérêts moratoires. A part les contrats de prêt d'argent, le créancier, pour obtenir les dommages intérêts moratoires, doit apporter la preuve d'un préjudice consécutif au retard ; sinon il ne peut pas bénéficier de l'indemnité moratoire.

En matière de prêt d'argent, cette preuve n'est pas nécessaire. En effet, l'article 138 RGO confère un caractère automatique aux intérêts moratoires en déclarant que « Le créancier a droit, lorsque l'obligation a pour objet le paiement d'une somme d'argent par le seul fait du retard et sans qu'il ait à justifier d'aucun préjudice, au paiement de la somme à compter du jour où le débiteur aurait été mis en demeure ou à compter du jour où il aurait dû payer si la mise en demeure n'était pas exigée ».

Donc c'est d'abord la loi qui reconnaît le caractère automatique de l'intérêt moratoire sauf pour sa mise en œuvre où une simple mise en demeure suffit pour son décompte ou lorsque dans la convention les parties avaient prévu son écoulent à l'expiration du terme. Il est convenu généralement que les sommes d'argent remboursées peuvent être remplacées pour produire des intérêts.

C'est même ce que l'article 139 RGO prévoit en précisant que les intérêts échus des capitaux peuvent produire des intérêts par une demande judiciaire ou par une convention spéciale. Cela est logique dans la mesure où le non paiement ou remboursement empêchent le créancier de replacer ces fonds ailleurs. Le débiteur peut être tenu pour ses intérêts au moins sur une année selon l'article 139 RGO. Les intérêts moratoires interviennent automatiquement en guise de sanction sauf si les parties y renoncent expressément. Le taux de ces intérêts est celui en vigueur auprès de la Banque Centrale des Etats de l'Afrique de l'Ouest (BECAO) au jour du jugement.

Il faut rappeler que les intérêts que peuvent produire les revenus échus comme les loyers arrérages de rente, restitution de fruits ne commencent à courir que le jour de la demande faite par le créancier au tribunal ou à compter du moment prévu dans leur convention pour ce décompte (article 139 in fine).

b°) L'inexécution totale ou partielle.

366- D'une façon générale il est admis qu'une exécution défectueuse ou qu'une mauvaise exécution de l'obligation convenue est assimilée à un non exécution totale ou partielle.

Le montant des dommages intérêts alloués est l'élément par lequel l'on peut s'apercevoir du degré d'exécution du contrat. Les dommages intérêts sont importants lorsque l'exécution est totale ou proportionnés lorsque l'exécution est partielle.

Cependant lorsque l'exécution est possible en nature, elle demeure la forme idéale aussi la loi a-t-elle prévu un moyen précis à caractère comminatoire[149] pour amener les débiteurs de mauvaise foi à s'assumer.

***L'astreinte : (infra 650)**

367- On parle d'astreinte, lorsque, le juge, pour vaincre la résistance d'un débiteur qui refuse de s'exécuter, le condamne au paiement régulier, continu d'une somme d'argent jusqu'à ce qu'il s'exécute[150]. Ce ne sont pas des dommages intérêts mais çà y ressemble quand même. Le sort pécuniaire du débiteur ira en s'aggravant tant qu'il n'aura pas offert d'exécuter ou entrepris d'exécuter l'obligation.

L'article 674 CPCCS explique que tout juge pourrait ordonner, à la demande d'une partie, de sa propre initiative, une astreinte pour assurer l'exécution de sa décision. Il suffit que les circonstances rendent nécessaire l'intervention d'une telle décision en faveur de l'exécution de l'obligation.

Un fois l'inexécution constatée et prouvée, il faut établir qu'elle résulte d'une faute.

3°) L'inexécution imputable à une faute.

Lorsque l'inexécution d'un contrat est imputable à une faute, on en recherche d'abord la nature avant de procéder à la distinction entre les obligations selon leur degré d'exigence (obligation de moyen et celles de résultat).

149 Comminatoire :

150 Grands arrêts de la Jurisprudence Civile. Astreinte. Dommages intérêts. Req. 29 janvier 1834 VI. Civ. 1ère section civ. 20 octobre 1959 note P. Mazeaud.

a°) La nature de la faute.

368- En définissant la faute comme « un manquement à une obligation préexistante de quelque nature qu'elle soit », l'article 126 RGO n'a pas voulu faire de distinction entre la faute contractuelle et non contractuelle ou entre différentes fautes contractuelles. Il a voulu juste mettre l'accent sur la violation d'un devoir existant. Ce qui n'empêche pas la distinction selon les cas entre faute dolosive, faute non intentionnelle et faute lourde.

a-1°) La faute dolosive et la faute non intentionnelle.

369- La faute dolosive est celle fondée sur le dol intervenant au cours de l'exécution du contrat et non dans sa formation. Elle est déduite de toute manœuvre du débiteur destinée à retarder ou à refuser l'exécution du contrat. Le débiteur a conscience du tort qu'il cause à son cocontractant.

Cette faute intentionnelle, dans une situation voisine de la faute dolosive, se manifeste chez un contractant lorsque sa mauvaise foi est patente. Il se montre malhonnête en tentant de se soustraire au respect de ses engagements.

Il existe tout de même des fautes non intentionnelles dont les fautes d'imprudence, de maladresse, de négligence mais qui n'épargnent pas de la réparation. Dans tous les cas de faute, il y a réparation, seule l'étendue de la réparation, qui en résulte, constitue le paramètre de différenciation.

a-2°) La faute lourde.

370- La faute lourde peut être comprise comme une volonté consciente et constante à faire quelque chose d'illicite dans le but de nuire à son cocontractant.

Elle se particularise par deux faits majeurs :

— d'abord, elle marque une sévérité à l'égard du débiteur et dans ce cas elle est considérée comme l'équivalente du dol. Elle ne peut être couverte par aucune clause de non responsabilité ;

— ensuite la faute lourde peut systématiquement arrêter la vie du contrat. Aussi le contrat de travail peut être immédiatement rompu pour faute lourde du travailleur[151] et sans indemnités de licenciement.

151 Article L 51 Code du travail du Mali.

b°) La distinction entre obligations de moyen et les obligations de résultat.

Cette distinction régule le régime de la responsabilité contractuelle du point de vue de la preuve, de la faute du débiteur…

b-1°) La faute dans les obligations de moyen. (supra 320)

371- L'article 131 RGO dispose :

> « La responsabilité du débiteur d'une obligation de moyen est engagée seulement lorsqu'il est prouvé que le résultat escompté n'a pas été atteint parce qu'il n'a pas apporté à l'exécution toute la diligence et les soins d'un bon père de famille ».

Le seul fait de l'inexécution d'une obligation ne suffit pas à engager la responsabilité du débiteur. Il faut aussi et surtout établir contre lui un manquement à ses obligations par référence à un certain modèle qui est celui d'une personne moyennement intelligente et raisonnable qui s'appelle en droit « le bon père de famille ».

Dans la vie quotidienne plusieurs contrats sont soumis à ce régime : les contrats de vente jusqu'à livraison, les contrats de louage, de prêt, les contrats entre écoles privées et élèves inscrits, entre avocats et clients, entre patients et médecins.

Par exemple, sans promettre la guérison au malade, le médecin s'engage à lui apporter des soins consciencieux conformément à sa qualification professionnelle et aux avancées contemporaines de la science médicale. Donc pour pouvoir retenir la responsabilité du médecin, il faudra apporter la preuve qu'il n'a pas agi avec conscience ou qu'il n'a pas utilisé toutes les possibilités scientifiques existantes.

b-2°) La faute dans les obligations de résultat. (supra 322)

372- La faute dans l'obligation de résultat est plus contraignante par le fait de l'article 132 RGO qui énonce :

> « La responsabilité du débiteur de l'obligation de résultat est engagée lorsque le résultat n'est pas atteint à moins qu'il n'établisse que l'inexécution de l'obligation est due à la force majeure ou du fait d'un tiers présentant les caractères de la force majeure ».

Ainsi, dans le cadre d'une obligation de résultat, il suffit pour le créancier d'établir que le résultat escompté n'est pas atteint et la responsabilité du débiteur est retenue immédiatement.

La cour de cassation française relève que :

> « L'obligation de résultat emporte à la fois présomption de faute et présomption de causalité entre la prestation fournie et le dommage invoqué »[152].

Il est fait allusion au défaut d'exécution par le fait d'un tiers dans l'article 132 RGO pour marquer le fait que seul un fait extérieur peut libérer le débiteur d'une obligation de résultat. En effet, l'intrusion malveillante d'un tiers peut nuire à l'exécution d'un contrat et jouer contre l'esprit de l'effet relatif des contrats si toutefois le fait du tiers a été déterminant dans l'inexécution de la convention entre parties. Ce fait du tiers connaît une application générale au-delà des obligations de résultat par une jurisprudence de la cour de cassation, qui, reconnaissant la possibilité d'engager la responsabilité d'un tiers dans l'inexécution d'un contrat a déclaré que :

> « Le contractant, victime d'un dommage né de l'inexécution d'un contrat peut demander la réparation de ce préjudice au tiers à la faute duquel il estime que ce dommage est imputable »[153].

Le débiteur d'une obligation de résultat peut se soustraire à la réparation aussi en évoquant la force majeure.

5°) L'inexécution due à la force majeure.

Comme fait exonératoire en cas d'inexécution d'un contrat, le cas fortuit ou la force majeure est tout évènement majeur empêchant définitivement la possibilité d'exécution d'une obligation.

a°) Notion :

373- Toute responsabilité civile est écartée chez le débiteur dès lors qu'apparaît dans ses rapports avec le créancier un cas fortuit ou une force majeure

152 Cass. 1ère Civ., 16 février 1988 : Bull civ. N° 42 P. 27.

153 Cass. Civ. 26 janvier 1999. Bull. civ. I n°32, D 1999. Som. Com. P.263, obs. Delebecque. RTD civ. 1999. 405. obs. Jourdain ; V. aussi cass. Com. 8 juin 1993 Bull. civ. IV n° 228 ; 1ère civ. 17 octobre 2000. D 2000 D 52 Note Billian et Moury.

compromettant toute exécution comme l'énonce l'article 120 RGO *qu' « il n'y a pas de responsabilité si le fait dommageable est la conséquence d'une force majeure ou d'un cas fortuit, c'est-à-dire d'un évènement extérieur imprévisible et insurmontable ».*

Il ressort de ce texte deux notions n'ayant pas la même origine, mais produisant systématiquement les mêmes effets :

— **Le cas fortuit** : c'est un évènement interne, un fait humain généralement involontaire en relation avec l'activité du débiteur ou de son entreprise comme un incendie, une avarie de matériel etc.

— **La force majeure** : est généralement un fait naturel, un évènement extérieur comme une inondation, une foudre, un tremblement de terre, les grands vents etc.

Au surplus, certaines forces majeures d'origine humaine peuvent selon les cas être considérées comme force majeure ou cas fortuit, il s'agit entre autres de la violence de fait, des émeutes, des pillages, vols à mains armées etc.

Les deux expressions force majeure et cas fortuit sont employées en pratique l'une pour l'autre avec une préférence pour la première c'est-à-dire la force majeure.

Pour pouvoir être alléguée, la force majeure doit présenter certains caractères qu'on appelle les conditions.

b°) Les conditions de la force majeure.

374- Ces conditions, au nombre de trois, sont citées pat l'article 120 RGO qui parle « d'un évènement extérieur, imprévisible et insurmontable ».

b-1°) L'extériorité :

Elle s'analyse et se comprend comme tout fait majeur ou fortuit intervenant sans la volonté ou le concours conscient du débiteur de l'obligation.

b-2°) L'imprévisibilité :

Pour que l'irresponsabilité civile joue par la force majeure, il faut établir que l'obstacle évoqué échappait à toutes prévisions humaines lors de la conclusion du contrat. Le débiteur se devrait, au cas où il était conscient de l'existence d'un quelconque danger, de prendre davantage de précautions pour éviter le dit obstacle. C'est une condition essentielle car le débiteur au premier soupçon d'obstacles ultérieurs, doit s'abstenir de contracter plutôt que de braver le risque.

b-3°) L'insurmontabilité ou l'irrésistibilité :

Le débiteur doit établir la preuve d'un évènement plus fort que lui, le plaçant dans une impossibilité absolue d'agir ou de s'exécuter. « A l'impossible nul n'est tenu » a-t-on coutume d'entendre. Ce dicton explique, au fond, le fait que nul ne peut aller au-delà de ses réelles capacités dans l'accomplissement d'une quelconque tâche ou activité. Sinon, au cas où juste un peu d'efforts supplémentaires suffiraient et que cela soit possible, le débiteur devrait s'en assurer. Par exemple, si le débiteur pouvait surmonter l'obstacle en fournissant une dose supplémentaire de travail ou un peu plus d'argent, il a l'obligation de le faire.

c°) Les conséquences de la force majeure.

375- Les conséquences répondent à une règle de principe et à certaines exceptions. En principe, la force majeure libère totalement le débiteur de toute réparation. L'obligation s'éteint et le créancier ne peut obtenir de dommages intérêts pour inexécution du contrat (article 120 RGO).

Toutefois dans quelques cas exceptionnels la responsabilité du débiteur peut subsister lorsqu'il a :

— pris conventionnellement la charge des cas fortuits ou lorsque la loi le lui impose. Aussi en matière de prêt à usage, les cas fortuits sont à la charge de l'emprunteur s'il a employé la chose à autre usage ou pour un temps plus long qu'il ne devait (article 1881 du code civil) ;

— laissé périr la chose par cas fortuit alors qu'il aurait pu la préserver en employant la sienne propre[154] ;

154 Cass. Com. 27 janvier 1981 ; D 1982- 110. Note A. Serian.

— été mis en demeure d'exécuter (article 130 RGO) c'est dire que le débiteur restera responsable malgré la force majeure.

L'existence de la faute est nécessaire pour le déclenchement de la responsabilité contractuelle, mais il est toujours indiqué de prouver que cette faute a produit un dommage.

B°) La nécessité d'un dommage.

376- En matière de responsabilité, le dommage est la condition sine qua non de la réparation. S'il y a faute qu'il n'y a pas dommage, il ne saurait y avoir de réparation. C'est ce que confirme l'article 114 RGO dans son dernier alinéa :

> « Le dommage est générateur de responsabilité s'il porte atteinte à un droit ».(infra 480 et s).

Dans le cas spécifique de la responsabilité contractuelle, le dommage ou préjudice doit avoir des rapports précis avec l'inexécution, doit ensuite avoir une nature admise en droit de responsabilité civile et enfin sa preuve ne doit souffrir d'aucun doute.

1°) Les rapports du dommages à l'inexécution.

Le défaut d'exécution et le retard dans l'exécution donnent lieu à divers dommages intérêts (article 113 RGO).

a°) Le défaut d'exécution.

377- Seulement dans la mesure où l'objet de l'obligation présente un intérêt évident pour le créancier, l'on présume que celui-ci subit un dommage du fait de l'inexécution.

De même, l'exécution défectueuse d'une obligation comme la mauvaise qualité d'une marchandise livrée est assimilée à une inexécution partielle ou totale. Les dommages intérêts seront moindres si l'inexécution n'est que partielle.

b°) Le retard dans l'exécution.

Dans l'exécution du contrat, si le retard a causé un préjudice, il faudrait en rapporter la preuve sauf dans les cas de prêt d'argent (articles 138 et 139RGO supra).

2°) La nature du dommage. (Infra 376)

378- Les dispositions de l'article 114 RGO établissent les dommages pour les deux types de responsabilités civile en déclarant que :

> « Le dommage peut être matériel ou moral, actuel, futur, mais il doit toujours être certain et direct… ».

Mais raisonnablement, il ne peut être retenu pour la responsabilité civile contractuelle que le préjudice matériel et le préjudice moral.

a°) Le dommage matériel :

379- Il peut comporter plusieurs dommages variant des dommages économiques, aux dommages financiers, en passant par les dommages portant sur du bien matériel. Aussi le créancier est fondé à réclamer des dommages intérêts à la fois pour la perte éprouvée et pour le gain manqué en raison de l'inexécution du contrat. Dans un contrat de transport de marchandises, destinées à la vente, si des manquants sont constatés à l'arrivée, les dommages intérêts doivent tenir compte à la fois du prix d'achat et du prix auquel le destinataire aurait pu les vendre en y incluant le bénéfice manqué du fait de la perte.

b°) Le dommage moral :

380- Il (dommage moral) a été admis avec la consécration de la responsabilité contractuelle comme source légitime et autonome de dommages intérêts, à l'image de la responsabilité délictuelle ou du dommage moral est admis. Dans le contrat de transport, par exemple l'accident corporel dont est victime le passager, cause chez lui et ses parents un préjudice moral résultant d'une mauvaise exécution du contrat.

3°) La preuve du dommage.

381- Le dommage doit être certain, ce qui veut dire que sa preuve doit être apportée avec certitude par le créancier pour les dommages résultant d'une inexécution. Dans l'inexécution totale le dommage est présumé. Dans l'inexécution partielle, le dommage est prouvé par la démonstration que les obligations du débiteur ne sont pas complètement assumées. Dans l'inexécution tardive, le dommage est établi par le dépassement du terme convenu ; dès que l'échéance est arrivée et est dépassée, le préjudice est présumé.

C° Le lien de causalité entre la faute et le dommage.

382- Ce sont les termes de l'article 116 RGO qui l'établissent en disposant que :

> « La responsabilité implique une relation de cause à effet entre le fait générateur et le dommage ».

La nécessité d'un lien de cause à effet entre la faute et le dommage s'impose quelle que soit la nature de la responsabilité contractuelle ou délictuelle. Le dommage est conçu en rapport avec le bon sens et l'équité. Par exemple un cultivateur achète un taureau infecté d'une maladie contagieuse qui contamine ses autres animaux. Le vendeur est responsable directement du dommage résultant de la perte du taureau et des autres animaux du fait de l'inexécution de la convention car il n'avait pas à vendre un taureau qu'il sait infecté.

Maintenant, si pendant l'hivernage le cultivateur n'a pu cultiver son champ, il y a dans ce cas un dommage indirect ou éloigné l'empêchant de payer ses dettes ?

Le dommage indirect n'est pas admis et le juge dispose en la matière d'un large pouvoir d'appréciation.

Le fait générateur de responsabilité dépend de l'existence d'une faute contractuelle du débiteur, d'un dommage subi par le créancier et de l'existence d'un lien entre ces deux éléments.

La réparation qui doit en résulter répond à plusieurs modalités.

PARAGRAPHE II : LES MÉCANISMES DE LA RÉPARATION.

383- Le domaine contractuel laisse entrevoir deux voies possibles de réparation que révèle l'article 123 RGO :

> « La réparation en nature doit être ordonnée, si elle est demandée par la victime chaque fois que la remise en état est possible sans préjudice des dommages intérêts qui pourraient être octroyés à la victime à titre de réparation complémentaire. A défaut la réparation se fera par équivalent ».

Les deux voies comprennent d'une part la condamnation à agir en apportant la prestation objet du contrat ou d'autre part la condamnation à des dommages intérêts en équivalent.

A°) La condamnation à honorer la prestation

Pour amener le débiteur de l'obligation contractuelle à satisfaire son créancier le juge pourra selon la nature de la prestation à devoir le (débiteur) condamnera à une réparation en nature ou par compensation pécuniaire.

1°) La réparation en nature :

384- Lorsque l'obligation contractuelle peut encore être exécutée en nature, le débiteur doit être condamné à cette exécution. Ainsi le dépositaire d'un bien refusant de le restituer au déposant doit être condamné à le faire. Et c'est là que l'astreinte peut également valablement jouer son rôle.

Le créancier, aux termes de l'article 130 RGO, doit d'ailleurs chercher à obtenir l'exécution en nature lorsqu'elle est possible en commençant par faire une mise en demeure. De son côté le débiteur ne pourrait pas non plus substituer librement une offre de dommages intérêts à l'exécution de son obligation telle qu'elle avait été prévue dans le contrat. Le tribunal saisi d'une demande en exécution, en pourrait y substituer une condamnation à des dommages intérêts si l'exécution en nature est possible[155].

155 Cass. Civ. 19 janvier 1924. DH 1926-11. 5.

Dans la pratique la réparation en nature est limitée pour la simple raison que très souvent la défaillance du débiteur est telle qu'il a perdu toutes les occasions de se racheter en s'exécutant. C'est ce qui explique la fréquence et l'importance de la réparation par équivalent.

2°) La réparation par équivalent.

385- Il s'agit essentiellement d'une réparation pécuniaire du dommage subi par le créancier de manière à lui permettre de se procurer un moyen de satisfaction. Ce qui lui permettra soit de faire accomplir l'obligation par un autre cocontractant ou de se ménager un autre moyen de satisfaction avec l'argent qui lui a été accordé en dommages intérêts.

Il faut rappeler que l'article 123 RGO reconnaît dans le cas de l'exécution en nature, la possibilité de condamnation du débiteur à devoir en plus de l'exécution des dommages intérêts et ce à titre de réparation complémentaire. Ce qui sous entend la couverture du retard ou d'une certaine mauvaise exécution initiale.

B°) L'évaluation des dommages intérêts.

386- Combien devoir et quand devoir les dommages intérêts ; constituent les questions majeures des conséquences de l'inexécution du contrat. Le Régime Général des Obligations dans son article 115 précise que :

« L'évaluation du dommage se fait au jour du jugement ou de l'arrêt ».

Elle tient compte d'une part de la réparation intégrale du dommage subi et elle s'apprécie par le tribunal ou la cour condamne le débiteur.

1°) La condamnation à des dommages intérêts.

387- Le montant des dommages intérêts alloués par la juridiction doit couvrir l'intégralité du préjudice causé au créancier. Cela est une règle à la fois valable tant en responsabilité contractuelle qu'en responsabilité délictuelle[156].

Le montant des dommages intérêts doit comprendre la réparation du préjudice matériel et moral ainsi que celui relatif au gain manqué éventuel.

156 Cass. Civ. 30 juillet 1977. DP 1878. 1. 24 ; 16 février 1948 sep.1949. 1. 69.

La fixation de l'indemnité échappe au contrôle de la juridiction suprême[157] que ce soit par rapport aux éléments du préjudice ou leur évaluation pécuniaire. En effet, les éléments du préjudice, leur évaluation constituent des questions de fait que les juges du fond apprécient souverainement. Or, la juridiction suprême est juge du droit et non des faits[158].

Dans la limite du montant demandé par le créancier, le juge pour ne pas statuer ultra petita,[159] peut accorder juste sinon moins que le montant sollicité. En tout état de cause l'indemnité doit représenter aussi exactement que possible le dommage réel subi par le créancier et rien de plus.

2°) Moment de l'évaluation des dommages intérêts.

388- Quel est le moment indiqué pour évaluer le montant de l'indemnité ? La réponse à cette question peut entraîner une hésitation entre la date de réalisation du préjudice et le jour de la condamnation définitive du débiteur. La jurisprudence et à sa suite le législateur malien, ont choisi l'évaluation au jour du jugement définitif. L'on s'accorde sur sa justesse dans la mesure où elle permet de comprendre à la fois le dommage subi ainsi que sa valeur. Ainsi, si l'objet du contrat initial était de fournir une chose précise, au cocontractant la décision de justice lui octroie des dommages intérêts pour pouvoir en acquérir un autre. Or, il peut y avoir une différence entre le prix de cette chose le jour de la réalisation du préjudice et son prix le jour du jugement. D'où la bonne logique du choix du jour du jugement.

Les modalités de la réparation permettent la mise en œuvre de la responsabilité contractuelle en même temps qu'elles font penser aux conventions en matière de réparation.

Les parties peuvent-elles par conventions particulières modifier leurs responsabilités contractuelles ?

157 Cour Suprême du Mali. Cour de Cassation de France.

158 Cass. Civ. 29 juin 1853, cass. Civ. 18 janvier 1943. DC 1943-45.

159 Ultra petita formule latine traduisant l'interdiction pour le juge d'accorder plus que ce que le demandeur ait sollicité.

PARAGRAPHE III : LES CONVENTIONS RELATIVES À LA RESPONSABILITÉ CONTRACTUELLE.

389- Cette possibilité a été conférée par l'article 134 RGO sous réserves de certains contrats, les contrats spéciaux, les contrats maritimes et aériens ou aucune convention ne peut intervenir entre parties.

Ces contrats sus cités répondent des règlementations particulières. Ce texte énonce que :

> « ...Sont valables les clauses par lesquelles les parties, d'un commun accord, tendent à limiter leurs obligations à condition de ne pas faire disparaître totalement leur responsabilité. De la même manière, les parties peuvent d'un commun accord aggraver leurs obligations sous réserve des dispositions d'ordre public ».

Il peut donc revenir aux parties d'aménager comme elles veulent leur accord en aggravant ou en diminuant le domaine des engagements assumés. Cette latitude parait logique et naturelle parce qu'entrant dans le cadre de la liberté contractuelle. Ainsi dans un contrat de bail, les parties peuvent convenir de mettre à la charge du locataire toutes les réparations alors qu'il n'est normalement tenu que des petites réparations.

Les conventions relatives à la responsabilité visent généralement les clauses qui effacent tout droit aux dommages intérêts, les clauses limitatives de responsabilité et les clauses pénales sur lesquelles les parties jettent de plus en plus leur dévolu.

A°) Les clauses effaçant tout droit aux dommages intérêts.

Ce sont celles où les parties stipulent que le débiteur ne sera plus responsable et ne devra pas de dommages intérêts en cas d'inexécution, d'exécution tardive ou défectueuse de ses obligations ou de certaines d'entre elles. Dans sa mise en œuvre, il se dégage un principe permettant aux parties de convenir de clauses mais dont l'application répond à des variations.

1°) Le principe.

390- La jurisprudence française oppose en la matière la responsabilité contractuelle à la responsabilité délictuelle. Elle pense que, par l'article 1382 du code civil, la responsabilité délictuelle concerne un domaine où les clauses de non responsabilité sont contraires à l'ordre public[160].

A l'inverse, elles (clauses de non responsabilité) sont valables en ce qui concerne la responsabilité contractuelle[161]. Certains auteurs ont fait remarquer que sur le terrain contractuel comme sur celui délictuel, les clauses d'exonération incitent le débiteur à l'imprudence, à commettre des fautes parce qu'il n'aura pas à en supporter les conséquences.

La clause de non responsabilité est inopérante en cas de faute dolosive ou de faute lourde.

Il faut rappeler que la clause pénale est réputée renverser la charge de la preuve. Le principe admet quelques variations.

2°) Variations.

391- Si l'article 134 RGO reconnaît le bien fondé de la clause d'irresponsabilité c'est à la condition d'une faute simple. Selon que le débiteur parait commettre une faute lourde ou dolosive, la clause ne serait pas valable. On ne peut par avance, convenir de s'exonérer de son dol, de sa faute intentionnelle ou faute lourde[162].

Les clauses de non responsabilité sont particulièrement décriées dans les contrats de transport. Elles sont également interdites en droit du travail par rapport notamment à la rupture du contrat de travail où le travailleur renoncerait à demander ses droits et des dommages intérêts éventuels ou encore lorsque le travailleur voudrait s'engager à vie au service de son employeur.

---

160 Cass. 2ème civ. 17 février 1955 D ; 1956. 17.
161 Cass. Civ., 24 janvier 1874 DP. 1876 3-133 ; cass. Civ., 12 ami 1930, DH. 1930 DH 1930 345.
162 Cass. Civ. 29 juin 1948. JCP. 1949 ; cass. Com. 3 avril 2001. Bull. IV n° 70 JCP. 2001.

B°) Les clauses limitatives de responsabilité.

Ce sont des clauses qui, au regard de la faute contractuelle établie, indiquent un certain montant seulement de dommages intérêts à verser par le débiteur pour se libérer.

1°) La validité des clauses.

392- Sont valables les clauses par lesquelles les parties tendent à limiter ou aggraver leurs obligations déclare l'article 134 RGO. Cet article trouve son fondement dans le principe de l'autonomie de la volonté qui fait que les parties, pour les droits dont elles peuvent entièrement disposer, sont libres de s'engager et de donner le contenu qu'elles veulent.

2°) Les exceptions.

393- La jurisprudence décide que la clause limitative ne peut couvrir le dol ou la faute lourde du débiteur ou de son préposé[163]. De même dans le domaine du droit de la consommation la jurisprudence pense que les clauses limitatives dans ces domaines peuvent paraître abusives.

Le recours aux clauses pénales se fait de plus en plus fréquent également.

C°) L'attrait de clauses pénales.

Dans le souci de mieux sécuriser l'exécution du contrat entre elles, les parties conviennent de plus en plus de clauses particulières coercitives dites clauses pénales.

Qu'est ce qu'une clause pénale ? Quels avantages confère-t-elle et comment se caractérise-t-elle ?

1°) Définition et validité de la clause pénale.

394- La clause pénale est celle par laquelle les contractants évaluent, par avance les dommages intérêts dus par le débiteur, en cas de retard d'inexécution[164].

163 Cass. 1ère civ. 4 février 1969 D 191 9. 601 ; 22 octobre 1975 D 1976. 191. Del 1984.
164 C Mariani la clause pénale, Thèse Paris 1935.

Les parties par mesure de prudence et de prévenance s'entendent et insèrent dans leur contrat, qu'en cas d'inexécution ou de retard dans l'exécution, la partie défaillante paiera au créancier une certaine somme d'argent sous forme de dommages intérêts pour compenser le préjudice causé ou pour rattraper le retard accusé.

La clause pénale est admise en droit et a même une origine légale au Mali. En effet, l'article 135 RGO énonce :

> « Les contractants peuvent, par une clause pénale écrite, s'engager à payer une somme déterminée dans le cas d'inexécution partielle, tardive ou défectueuse ».

Le paiement de la clause pénale stipulée pour le retard dans l'exécution ou l'exécution défectueuse, ne dispense pas de l'exécution de l'obligation. De nos jours, il est devenu fréquent de trouver des stipulations de ce genre dans les contrats.

La clause pénale est particulièrement intéressante dans les contrats d'entreprise, pour les cas de retard dans leur exécution. Là, l'entrepreneur s'engage à payer telle somme par jour de retard parce qu'il n'a pas fini le bâtiment dans le délai initialement convenu.

La clause pénale n'est pas admise dans l'exécution du contrat de travail. La clause pénale présente des avantages et certains inconvénients.

2°) Avantages et inconvénients.

La clause pénale est un mécanisme préventif et curatif présentant certes des avantages pour l'exécution et l'éventuelle inexécution du contrat, mais elle peut en même temps renfermer quelques inconvénients.

a°) Avantages :

395- Le grand avantage d'une clause pénale est qu'elle tente de parer, à l'avance, à la défaillance du débiteur en fixant conventionnellement le montant de l'indemnité à devoir pour ce dernier. En cela, elle recèle des avantages certains dans la mesure où elle permet :

— d'écarter les contestations sur l'importance du dommage subi par le créancier. Les parties se mettent ainsi à l'abri d'un « bon procès »[165] ;

— de gagner du temps car les dommages intérêts sont pratiquement fixés à l'avance au profit du créancier qui n'aura plus à prouver de dommage ;

— d'alléger la responsabilité du débiteur si son montant n'est pas trop élevé car, en effet, aux termes de l'article 136 RGO, la clause pénale s'impose au juge et aux parties.

Dans le cas d'une exécution partielle, le juge est fondé à diminuer le montant des dommages intérêts prévus.

Par ailleurs le juge acquiert sa pleine faculté d'appréciation et de réajustement de la clause pénale lorsqu'elle est « manifestement exagérée ou dérisoire » (article 136 RGO in fine). Dans cette hypothèse le rôle du juge s'impose sans aucune possibilité pour les parties de le conjurer sous peine de « stipulation réputée non écrite ». C'est une disposition d'ordre public.

b°) Inconvénients :

396- La clause pénale, pour son bon fonctionnement requiert une certaine vigilance notamment lorsque les parties vivent des réalités économiques disparates. C'est ainsi que cette vigilance doit être observée dans le domaine de prêts usuriers dans le droit du travail car il existe des règles impératives dont le respect est d'ordre public. Or, la clause pénale a souvent tendance à y porter atteinte. Par exemple, il faut éviter de convenir de clauses pénales dans les conventions de prêt d'argent avec des taux d'intérêt exagérément élevés, sachant que tout taux d'intérêt doit se conformer au maximum au taux en vigueur par la Banque Centrale. De même dans le domaine du travail, il ne serait pas bienséant d'amener l'employé à s'engager à la légère sur certains droits liés à la vie ou la rupture du contrat de travail.

165 Terre (J) et Cie. Les Obligations déjà cité P. 604.

3°) Les caractères de la clause pénale.

397- La clause pénale est d'abord constitutive de dommages intérêts pour palier l'inexécution totale ou partielle du contrat. C'est dire que les parties contractantes évaluent les dommages intérêts qui s'imposent au débiteur sans recours au tribunal lequel recours n'aura d'autre but que de condamner aux mêmes dommages intérêts. Il faut préciser que lorsque le contrat est carrément inexécuté, le créancier ne pourra pas bénéficier à la fois de la clause pénale et des avantages offerts par le recours à l'un de l'inexécution.

La clause pénale est ensuite un forfait c'est-à-dire qu'elle consiste à la fixation d'un montant imaginaire devant donner satisfaction au créancier.

La clause pénale est incompatible avec la faute dolosive ou la faute lourde. Dès que l'effet de la clause pénale devrait concerner le cas des dommages causés à l'intégrité de la personne, elle devient inopérante (article 136 RGO). La raison semble liée à la nature même de la chose dans la mesure où les cas d'atteinte physique ont pour domaine de prédilection le droit de la responsabilité civile délictuelle. Toutefois, dans le cas du contrat de transport, le cocontractant de la personne transportée ne peut raisonnablement prévoir à l'avance aucune clause de dommages intérêts car tout dépendra en réalité des parties, organes ou membres touchées. Aussi l'œil n'a pas la même valeur qu'un doigt ou un orteil.

398- Enfin en cas de nullité de la convention principale, la clause pénale qu'elle porte en appendice suit le même sort et devient nul également. Mais à l'inverse une clause pénale peut être stipulée « non écrite » alors que la convention principale produit ses pleins effets. Par exemple dans un contrat de transport entaché de nullité, la clause pénale éventuelle qu'elle comporte devient nulle automatiquement. Par contre si ce contrat est valable, une clause pénale ayant pour objet l'atteinte à l'intégrité du passager, est déclarée nulle par la loi, donc une telle clause stipulée sera détachée du contrat principal de transport.

Dans la grande diversité des contrats qui existent, peut-on faire de l'attribution des dommages intérêts la seule sanction ?

L'analyse des contrats synallagmatiques nous permettra de répondre à cette interrogation.

SOUS-SECTION II : LA SPÉCIFICITÉ DES SANCTIONS EN CAS D'INEXÉCUTION D'UN CONTRAT SYNALLAGMATIQUE.

399- Le contrat est dit synallagmatique lorsqu'il crée une interdépendance des obligations entre les parties. Ainsi l'inexécution d'une obligation peut compromettre l'obligation corrélative.

Le droit conçoit les sanctions de l'inexécution des contrats synallagmatiques dans trois situations : [166]

D'abord un contractant réclamant l'exécution de l'obligation de l'autre alors qu'il n'offre pas d'exécuter la sienne, celui à qui l'exécution est demandée opposera, en droit, l'exception d'inexécution ou « exceptio non adimpletis contractus » ou encore le principe du « donnant donnant » jusqu'à ce que l'autre partie accepte de s'exécuter.

Ensuite lorsque le débiteur est responsable de l'inexécution de son obligation, le créancier peut demander au tribunal de supprimer le contrat en prononçant sa résolution. Les obligations nées du contrat synallagmatique sont désormais éteintes.

Enfin lorsque l'inexécution de l'obligation d'une des parties est due à un évènement qu'on peut qualifier de force majeure, l'obligation de l'autre partie s'éteint aussi. C'est la théorie des risques.

La compréhension de ces causes spéciales d'extinction d'obligation passe pour une analyse en trois paragraphes : l'exception d'inexécution, la résolution judiciaire du contrat ainsi que les risques qui pèsent sur la vie du contrat.

166 Mazeaud. Obligations. Op. Cit.

PARAGRAPHE I : L'EXCEPTION D'INEXÉCUTION, PRINCIPE LIBÉRATEUR.

400- L'article 104 RGO énonce que :

> « Dans les contrats synallagmatiques, chacun des contractants peut refuser de remplir son ou ses obligations en alléguant que l'autre partie exécute aussi, ou d'abord la sienne ».

Ainsi il naît une exception d'inexécution, qui, selon la nature et l'importance de l'obligation méconnue, va supposer un manquement suffisamment grave pour justifier le refus d'exécuter l'obligation corrélative.

Ce principe d'origine légale en droit malien, connaît une application générale dans tous les contrats synallagmatiques à la simple volonté des parties. Dans certaines disciplines indépendantes du droit civil comme le droit des affaires, le législateur OHADA y a pensé dans l'Acte Uniforme sur le Droit Commercial Général dont l'article 245 dispose :

> « Qu'une partie peut demander à la juridiction compétente l'autorisation de différer l'exécution de ses obligations lorsqu'il apparaît, après la conclusion du contrat, que l'autre partie n'exécute pas une partie essentielle de ses obligations du fait :
>
> 1°) d'une grave insuffisance dans sa capacité d'exécution ou
> 2°) de son insolvabilité, ou
> 3°) de la manière dont elle s'apprête à exécuter le contrat ».

401- En réalité, cet article 245 relatif à l'exécution du contrat de vente commercial parrait donner les raisons de l'article 104 RGO.

Dans les contrats synallagmatiques, offrir d'exécuter est la condition de pouvoir obliger le contractant à s'exécuter de son côté. Sinon on se voit opposer l'exception « non adimpleti contractus ».

Le contractant qui se prévaut de l'exception d'inexécution, demande plutôt l'ajournement du contrat et non son anéantissement d'où sa différence avec la résolution. Cependant l'exception peut être un moyen indirect d'extinction du contrat si les parties restent figées sur leur position initiale.

A°) Fondement et domaine de l'exception d'inexécution.

Cette exception, s'identifiant aux contrats synallagmatiques, trouve son fondement dans le non accomplissement des obligations du contrat. Elle est reconnue lorsque certaines conditions sont réunies et elle présente aussi des conséquences.

1°) Fondement de l'exception d'inexécution.

402- L'exception parait devoir se fonder sur « un manquement suffisamment grave » (article 104 RGO).

La doctrine converge en relevant effectivement la mauvaise foi, le dol de la partie qui exigerait une prestation sans offrir d'exécuter la sienne. En principe, la partie qui se prévaut de l'exception d'inexécution doit être prête à exécuter sa propre obligation sous réserve que son cocontractant en soit de même. Par conséquent, si une partie tient à l'exécution de l'obligation de l'autre, alors qu'elle n'est pas prête à s'exécuter elle-même, sa mauvaise foi est patente. Au demeurant l'exception d'inexécution se fonde sur la volonté présumée des parties contractantes de s'exécuter l'une envers l'autre.

Quel est le champ d'application de l'exception d'inexécution ?

2°) Domaine de l'exception.

403- L'exceptio non adimpleti contractus, étant liée à la réciprocité des obligations, son domaine se fixe dans les contrats synallagmatiques, qu'ils soient parfaits ou imparfaits.

Le contrat synallagmatique est un contrat qui fait naître à la charge des parties des prestations réciproques. Pour pouvoir évoquer l'exception d'inexécution, il est nécessaire qu'il existât une interdépendance entre les prestations des deux parties c'est à dire que les deux parties eussent un intérêt certain dans l'exécution du contrat.

L'exception d'inexécution opère à des conditions précises.

B°) Les conditions de l'exception d'inexécution.

404- Les dispositions de l'alinéa 2 de l'article 104 RGO révèlent que :

> « La convention admettant l'exécution successive des obligations ou les usages donnant à l'une des parties un délai d'exécution, rendent l'exception temporairement inopposable ». Il peut être déduit de ces dispositions des conditions de fond et de forme.

1°) Les conditions de fond :

Pour être efficace l'exception d'inexécution ne doit pas être liée à un terme, porter sur un contrat à exécution successive ou concerner un contrat assorti d'un délai d'exécution.

a°) Le terme :

405- Lorsque les parties fixent un terme dans leur contrat, il devient impossible d'évoquer l'exception d'exécution car elle n'est pas d'ordre public. Car elle n'est pas d'ordre public. Donc la partie qui bénéficie du terme peut exiger l'exécution sans offrir sa propre prestation. Il est reconnu que les parties peuvent consentir un terme exprès ou un terme tacite résultant d'usage en l'occurrence dans le domaine commercial.

b°) L'exécution successive.

406- Lorsque la convention entre les parties est d'une nature telle qu'elle doit s'exécuter d'une façon successive, l'exception d'exécution devient temporairement inopposable au cocontractant en raison de cette nature même qui handicape l'exception car elle ne peut être mise en œuvre avant l'écoulement d'un certain temps. C'est par exemple le cas dans les contrats de location d'immeuble.

c°) Le contrat assorti de délai d'exécution.

407- Lorsque la convention entre parties est assortie d'un délai d'exécution dans le temps, « l'exceptio non adimpletis contractus » devient inopposable temporairement pour une raison de simple logique et de bon sens. La partie, au profit de laquelle le délai est stipulé, ne peut être tenue avant l'écoulement du délai.

L'expression d'inexécution se conforme à des conditions de forme qui excluent quand même le recours devant le tribunal[167].

2°) Les conditions de forme.

408- Certains auteurs comme les frères Mazeaud, Terré François et compagnie, le Doyen Carbonnier estiment que l'exception d'inexécution résulte de la volonté des parties au contrat : elles est donc inhérente au contrat ; ce qui fait que le recours devant le tribunal est inutile, de même que la mise en demeure. Ainsi un vendeur au comptant est en droit de refuser la livraison de la marchandise, lorsque l'acheteur la réclame sans en offrir le prix. Le recours au tribunal peut même être, à la limite extrêmement difficile parce que le nombre de petits contrats de la vie quotidienne se passent sous l'emprise de cette exception d'inexécution : ventes et achat dans les boutiques, magasins, ou à côté des postes de contrôle et de traversée de la police, de douane de la gendarmerie par les personnes en cours de voyage n'ayant aucun lien habituel avec les vendeurs s'y trouvant.

Les conditions de l'exception d'inexécution se présentent comme des conditions négatives qui, lorsqu'elles sont réunies, excluent tout recours au juge.

C°) Les conséquences de l'exception d'inexécution.

L'exceptio non adimpletis contractus produit des effets à la fois entre parties et souvent à l'égard des tiers.

1°) Les conséquences entre parties au contrat.

409- La conséquence logique est la protection du créancier avant qu'il ne se décide, car en refusant de fournir sa prestation, il évite un concours éventuel avec d'autres créanciers de son cocontractant. En plus, en dehors de l'insolvabilité éventuelle du débiteur, l'exception d'inexécution constitue un moyen de pression efficace sur le débiteur. Ainsi un vendeur, afin d'obtenir le prix pourra se décider à livrer la chose vendue, c'est pourquoi on dit souvent que l'exception constitue un procédé indirect d'exécution.

167 Dans le cas de la vente commerciale, l'une des parties peut se faire autoriser par le tribunal pour ne pas exécute (article 245 AUDCG.

Dés que le moindre doute s'installe dans la tête du créancier l'article 245 AUDCG lui reconnaît le droit de se faire autoriser à ne pas devoir sa prestation. (Supra).

2°) Les conséquences à l'égard des tiers.

410- D'une façon générale, l'exception d'inexécution est opposable à tous ceux dont la prétention ou l'objet du litige est fondé sur le contrat incriminé. Si l'objet du litige d'un tiers est fondé sur le contrat, l'exception pourra être invoquée contre lui. Ainsi lorsqu'une personne agit en lieu et place de son débiteur, par le biais de l'action oblique, il peut se voir opposer à son tour l'exceptio non adimpletis contractus.

L'exception d'inexécution s'est érigée en principe qui libère de l'obligation convenue dès lors que l'une des parties est défaillante ou est même soupçonnée de l'être. Donc tant qu'une partie ne s'exécute pas elle ne peut obliger l'autre à s'exécuter.

Si l'exceptio non adimpletis contractus est admise comme cause d'extinction spéciale de l'obligation, c'est en réalité la résolution judiciaire qui en est le prototype.

PARAGRAPHE II : LA RÉSOLUTION JUDICIAIRE POUR INEXÉCUTION.

411- La résolution comme mode d'extinction de la convention synallagmatique est traitée dans son principe par l'article 105 RGO qui prévient que :

> « Dans les mêmes contrats (contrats synallagmatiques) lorsque l'une des parties manque à ses obligations en refusant de les exécuter, en tout ou partie, l'autre peut, en dehors des dommages intérêts qui lui sont dus, demander en justice soit l'exécution forcée, soit sa résiliation s'il s'agit d'un contrat à exécution successive. Il peut être accordé au défendeur un délai selon les circonstances ; L'option reste ouverte au demandeur jusqu'au jugement. Le défendeur peut exécuter le contrat en cours d'instance ».

Le créancier d'une obligation inexécutée peut exiger l'exécution en nature ou par équivalent. Dans le contrat synallagmatique inexécuté, le créancier dispose en outre d'une possibilité qu'il peut exercer jusqu'à une décision de justice définitive. Cette possibilité lui permet, plutôt que d'exiger l'exécution, de demander au tribunal de prononcer la résolution c'est-à-dire l'anéantissement du contrat avec effet rétroactif.

Ainsi le vendeur qui n'a pas été payé, peut demander le paiement du prix ou/ et surtout demander la résolution de la vente. Dans ce cas il reprendra la chose livrée en l'état. La résolution judiciaire d'un contrat synallagmatique emporte extinction des obligations nées du contrat.

Tout comme l'exception d'inexécution, la résolution a pour fondement une convention tacite entre contractants.

Deux grandes idées facilitent la compréhension de la résolution d'une part son domaine et ses caractères et d'autre part ses conditions et effets.

A°) Domaine et caractère de la résolution judiciaire.

La résolution judiciaire ne s'applique pas à tous les contrats et revêt un certain nombre de caractères à la fois par rapport au créancier et au juge.

1°) Domaine de la résolution judiciaire.

412- Le champ que couvre la résolution judiciaire est constitué pour l'essentiel des contrats synallagmatiques c'est-à-dire les contrats avec échange de prestations. Donc la résolution s'applique en principe aux obligations nées d'un contrat bipartite. Toutefois, elle peut intéresser quelques fois certains contrats unilatéraux qui finissent par revêtir quelque aspect d'un contrat bipartite. Dans ces cas la jurisprudence prononce sans difficultés la résolution de ces contrats synallagmatiques imparfaits. La raison est très simple et très logique. Ce sont des contrats initialement unilatéraux mais qui occasionneront plus tard des impenses à la charge de l'autre partie pour ressembler à un contrat synallagmatique originel. Ce sera le cas d'un contrat de prêt avec intérêt dont la résolution peut être prononcée si le débiteur ne paie pas les intérêts ou encore dans un contrat de dépôt d'un objet mobilier nécessitent une assurance que le dépositaire a bien voulu renouveler. Ce contrat de dépôt peut être résolu si le déposant ne rembourse pas les frais engagés par le dépositaire.

Par contre certains contrats synallagmatiques ne sont pas susceptibles de résolution judiciaire.

C'est le cas dans le partage successoral où il y a un concours d'intérêts entre membres de la famille et des tiers. Il répond à une réglementation particulière. La cession des offices ministériels n'est pas soumise à une résolution aussi car son titulaire ne dispose que du droit de trouver et présenter un successeur et rien n'est fait sans l'accord des pouvoirs publics.

413- De même en droit du travail, pour une catégorie de personnel, les représentants du personnel, il n'est pas possible sinon facile pour l'employeur de résilier leur contrat même pour faute lourde sans l'accord exprès de l'inspection du travail, lequel accord n'est pas facile à obtenir[168].

Enfin une restriction au droit de demander la résolution se fait voir dans le droit des entreprises en difficultés notamment en matière de redressement judiciaire. En effet, le jugement d'ouverture suspend toutes les actions en justice des créanciers dont les titres sont antérieurs au dit jugement et ayant pour objet la résolution d'un contrat pour défaut de paiement d'une somme d'argent[169].

2°) Les caractères de la résolution judiciaire.

La résolution opère de façon non obligatoire quant au créancier et au juge et dans certains cas elle peut ne pas être judiciaire.

a°) Le caractère facultatif de la résolution.

414- La résolution est facultative pour le créancier. En effet, la partie en droit de pouvoir résoudre le contrat n'est pas obligée de demander cette résolution. Selon les termes de l'article 105 RGO, le créancier peut demander en justice l'exécution forcée, soit la réduction de ses propres obligations. En droit des affaires, l'Acte Uniforme sur le Droit Commercial Général donne au créancier dans son article 246 la possibilité de se prémunir contre une éventuelle inexécution par le truchement du tribunal « Si avant la date de l'exécution du contrat[170], il est manifeste qu'une partie commettra un manquement essentiel à ses obligations, l'autre partie peut demander à la juridiction compétente la résolution de ce contrat ».

168 Articles L 263 et L 277 du code du travail.

169 Voir Acte Uniforme sur les Sociétés Commerciales.

170 Contrats de vente commerciale.

Donc le créancier de l'inexécution dispose d'un choix, d'une option qu'il lèverait selon ses intérêts.

Le débiteur, responsable de l'inexécution ne peut que demander et bénéficier d'un délai selon les circonstances (article 105 RGO).

Le défendeur dans l'instance en résolution est normalement celui auquel l'inexécution est reprochée. Toutefois la jurisprudence a accordé l'exercice de cette action à d'autres personnes comme le sous acquéreur, le sous locataire. Le subrogé a les mêmes droits que le créancier qui exerce l'action oblique. Ce droit est reconnu aussi à la caution. L'action en résolution est transmissible aux principaux héritiers[171].

b°) Le juge de la résolution.

415- La résolution fait généralement l'objet d'une demande devant le tribunal (article 105 RGO) mais elle ne s'impose pas au juge. L'intervention du tribunal est nécessaire non pas pour constater parce que dit-on la résolution n'est pas un fait à constater, mais pour la prononcer.

Cependant, il est reconnu au tribunal un pouvoir d'appréciation lorsqu'il est saisi d'une demande en résolution. Il devra opérer un choix, selon la situation ou le cas d'espèce en rejetant ou en acceptant la demande en résolution. Le tribunal pourra soit :

— accorder des dommages intérêts au créancier ;

— accorder un délai de grâce au débiteur pour lequel l'exécution du contrat demeure possible même en cours d'instance 'article 105 RGO) ;

— faire droit à la résolution en la prononçant.

La réparation doit être proportionnée au dommage. Lorsque le juge prononce la résolution et en même temps s'aperçoit que cela est insuffisant pour réparer le préjudice causé par l'inexécution, il pourra ajouter une condamnation en dommages intérêts compensatoires du débiteur au profit du créancier. Ce serait le cas lorsqu'un vendeur reprend son objet vendu à un acheteur qui refuse

171 Terre (F) et Cie. Les obligations déjà cité.

d'en payer le prix. Au moment de la reprise, il se trouve que le prix de ces types d'objets a nettement baissé sur le marché. Donc le vendeur en plus de la résolution pourra obtenir des dommages intérêts qui sont censés compenser le préjudice imputable à la différence de prix[172].

Le tribunal saisi d'une demande en résolution n'a pas la possibilité de modifier le contrat mais lorsque le contrat ne contient aucune clause expresse de résolution il lui revient de rechercher dans les termes du contrat et dans l'intention des parties quelles sont l'étendue et la portée de l'engagement souscrit par celle d'entre elles qui y aurait manqué complètement173.

Les rédacteurs du Régime Général des Obligations au Mali ont ouvert la possibilité d'une résolution judiciaire économisant le temps des longs procès pour la sanction des droits.

c°) Cas exceptionnels de résolution judiciaire.

416- Les parties, pour évite souvent le recours judiciaire, insèrent des clauses dites résolutoires dans leurs contrats. Ces clauses sont encore appelées pactes commissoires[174].

En effet, il existe quelques cas exceptionnels dans lesquels le créancier est dispensé de recourir au tribunal pour obtenir la résolution. L'article 106 RGO dispose :

> « Sauf dispositions légales contraires les parties peuvent convenir expressément qu'à défaut d'exécution le contrat sera résilié de plein droit et sans sommation ».

Elles peuvent aussi convenir que le contrat sera résolu de plein droit à date de la notification au défaillant, des manquements constatés à sa charge.

Plusieurs exemples peuvent illustrer cette situation.

— Dans les contrats d'encadrement ou de formation[175] les parties insèrent une clause résolutoire en vertu de laquelle le fondateur de l'école privée est

172 Colmar, 7 février 1975 D. 1978. 169 ; 10 février 1978. JCP 1978 IV 129.
173 Civ. 14 avril 1891. DP. 91. 1. 329. Note Planiol. S : 94. 1. 391 GAJC. P. 180.
174 MAzeaud et Cie. Les Obligations déjà cité.
175 Cissouma (S) Thèse d'Etat en droit privé UCAD. « Statut de l'Enseignement privé au Mali »

autorisé à renvoyer l'élève dont les parents ne paient pas les frais d'études aux termes convenus, et lorsque cela perdure, le contrat de formation peut être résilié de plein droit (sans aucun recours devant le tribunal).

— Dans les contrats de vente de denrées et effets mobiliers, la résolution de la vente aura lieu de plein droit et sans sommation, au profit du vendeur, après l'expiration du terme convenu pour le retirement[176].

— En droit de la consommation aussi, il est prévu que le contrat de vente ou prestation de service est résolu de plein droit sans indemnités si l'emprunteur a, dans un délai de 7 jours, rétracté son acceptation de l'offre[177] .

Il y a enfin une résolution qui se veut protectrice de l'autorité de l'employeur dans une entreprise. En effet, la loi et la jurisprudence permettent à un employeur de licencier pour faute grave ou faute lourde le travailleur auquel il est lié par un contrat de travail sans passer par une autorisation administrative.

La résolution ne joue qu'à des conditions précises afin de pouvoir produire ses pleins effets.

B°) Les conditions et effets de la résolution.

On retient généralement deux conditions avec des effets importants.

1°) Les conditions de la résolution

La résolution qui intervient toujours après une mise en demeure, est constitutive de source de responsabilité.

a°) L'inexécution, source de responsabilité.

417- Il s'agit de la défaillance du débiteur qui doit être reconnu responsable à l'issue d'une action en résolution. Pour que l'action en résolution puisse être efficace, il faut que la responsabilité contractuelle du débiteur puisse être re-

---

2008.

176 Code civil article 1657.

177 Loi n° 22 du 10 janvier 1978 article 13.

tenue. Il incombe donc au créancier de prouver la faute d'imprudence ou de négligence (ou obligations de moyens).

Il revient au débiteur, pour es dégager, d'établir une cause étrangère dans les obligations déterminées ou de résultat.

b°) La mise en demeure :

418- Elle vise à établir la mauvaise foi du débiteur. Il est d'usage de brandir l'épouvantail de la mise en demeure en cas de difficultés dans l'exécution du contrat car il est le prélude à un agissement du créancier pour entendre sanctionner son droit.

Cette mise en demeure peut être faite par voie judiciaire ou extrajudiciaire. Pour la cour de cassation française, la demande en résolution judiciaire vaut mise en demeure[178].

Les tribunaux, en pratique, tiennent compte de la bonne ou mauvaise foi du débiteur, de la moralité des parties, ou encore des sentiments qui animent le créancier quand il réclame la résolution[179].

La mise en demeure fait rejaillir à l'esprit les effets de la résolution.

2°) Les effets de la résolution

La résolution judiciaire produit des effets dont le plus important est la rétroactivité.

a°) La rétroactivité de la résolution.

419- La résolution met fin aux obligations nées du contrat pour l'avenir. Elle (résolution) opère rétroactivement en replaçant les contractants dans la situation où ils se trouvaient avant la conclusion du contrat. Donc les obligations non encore exécutées s'éteignent et celles dont l'exécution a déjà été accomplie donnent lieu à répétition c'est-à-dire à remboursement (article 107 RGO).

178 Cass. Civ. 28 février 1972 D 1972.
179 TERE (F) et Cie. Op. Cit.

La résiliation ne produit d'effets que pour l'avenir (article 107 RGO in fine) alors que la résolution entraîne la restitution des prestations déjà effectuées.

En effet, la résiliation est la suppression pour l'avenir d'un contrat successif ou d'un contrat dont l'exécution s'est étendue par nature sur un long moment, cas d'un achat par commande. L'exemple classique est offert par le contrat de bail pour l'inexécution par l'une des parties de ses obligations contractuelles. Dans ce cas spécifique le retour ou remboursement des prestations de l'une des parties notamment le temps d'occupation ou de jouissance du locataire est impossible, tandis que la résolution est normalement une sanction consistant en l'effacement rétroactif des obligations nées d'un contrat synallagmatique, lorsque l'une des parties n'exécute pas ses prestations. Ici le retour des prestations est possible et concerne la plupart des contrats de la vie quotidienne.

La résolution, à titre d'exemple, est d'une grande importance lorsqu'elle porte sur un contrat translatif ou constitutif de droits réels. Dans une vente, en raison de la résolution du contrat, tout se passe comme si la chose vendue n'était pas sortie du patrimoine du vendeur. Les droits qui ont été constitués sur la chose par l'acheteur (revente, hypothèque, servitude) sont rétroactivement anéantis.

b°) Le sort des contrats successifs. (Supra 49)

420- Ce sont des contrats qui ne s'exécutent pas en un seul trait. Par leur nature ils se concluent pour des délais de moyen ou long terme. Pendant leur durée de vie les parties doivent régulièrement honorer l'une en faveur de l'autre des prestations précises. On les appelle encore des contrats à exécution échelonnée. Exemple pour un contrat de bail initialement honoré par les parties pendant un temps plus ou moins long, si le locataire ne paie plus ses loyers, la résolution demandée par le bailleur n'affectera pas la période où les engagements étaient respectées ; le bail ne sera résolu, plutôt résilié qu'à compter de la période où le locataire est devenu défaillant. C'est pourquoi le législateur a ajusté le terme précis de résiliation pour ces contrats à exécution successive ou échelonnée pour marquer la difficulté de remboursement de l'une des prestations et en projetant en conséquence l'effet sur l'avenir.

Il y a lieu de s'interroger sur la validité des conventions en matière de résolution.

c°) Les conventions en matière de résolution.

421- Au regard de la liberté contractuelle, les conventions doivent être admises en matière de résolution. La jurisprudence opère cependant une distinction. Lorsque le créancier s'engage à ne pas demander la résolution d'une convention, la jurisprudence n'en admet la validité que si elle intervient postérieurement à l'inexécution donc après coup[180].

La convention la plus fréquente et aux termes de laquelle la résolution est encourue de plein droit en cas d'inexécution totale ou partielle, est le pacte commissoire appelé en pratique la clause résolutoire. Il n'est pas nécessaire de la faire prononcer par un tribunal. Mais dans les faits, il arrive fréquemment que la partie qui n'a pas ou a mal exécuté le contrat refuse d'admettre la résolution. Dans ce cas le recours au juge devient obligatoire et il se bornera à constater l'inexécution et sera tenu de prononcer la résolution. Le juge ne dispose d'aucun pouvoir lui permettant de conjurer la résolution[181].

En outre, le pacte commissoire est considéré comme un fait en faveur du créancier qui peut valablement y renoncer.

422- Dans la pratique, les juridictions exigent que la mise en application de la clause résolutoire soit précédée d'une mise en demeure du débiteur de s'exécuter.

La résolution[182] permet un équilibre une équité juridique parce qu'elle évite qu'une partie exécute entièrement ses obligations sans contre partie de son cocontractant.

L'inexécution des contrats synallagmatiques fait ressortir plusieurs aspects entrant dans la péripétie d'un engagement non respecté. Il est alors possible de conclure qu'en cas de risque survenu après la conclusion d'un contrat synallagmatique, que son exécution peut être raisonnablement compromise.

---

180 Terre (F) et Cie Op. Cité.

181 Civ. 3ème 16 avril 1986.

182 La résolution revêt l'appellation de résiliation lorsque les prestations ne sont pas respectées dans les contrats à exécution successive comme le contrat de travail, le contrat de formation ou d'encadrement, le contrat de bail…

PARAGRAPHE III : LE RISQUE DANS L'INEXÉCUTION DU CONTRAT.

423- Le risque dans l'exécution des contrats est pris dans les articles 108 et 109 RGO.

L'article 108 RGO énonce : « que dans les contrats synallagmatiques lorsque l'une des parties se trouve dans l'impossibilité d'exécuter sa ou ses prestations, cet état de fait délie son contrat ».

L'article 109 dispose : « Le transfert des risques de la chose est lié au transfert de la propriété, qu'il se produise au moment de la délivrance ou à tout autre moment fixé par l'accord des parties ».

Lorsque dans un contrat synallagmatique, l'une quelconque des parties n'a pas été à mesure d'exécuter les obligations qui lui incombaient, des suites d'un cas de force majeure, l'autre partie pourrait elle, être tenue d'assumer les siennes ? C'est en cela que la problématique de la théorie des risques comporte des principes et des exceptions.

A°) Le principe : « A res pevit debitori »

424- Dans une conception classique largement partagée, le principe voudrait que les risques soient supportés par le débiteur qui ne se serait pas exécuté. Dans les contrats synallagmatiques l'interdépendance des prestations fonde le fait que l'inexécution de l'une des obligations entraîne la disparition de l'autre obligation. Aussi dans un contrat de bail, si la chose louée est détruite des suites d'un cas fortuit ou force majeure, le locataire est dispensé entièrement ou partiellement du paiement des loyers selon que la chose louée a été entièrement ou partiellement endommagée[183].

Le législateur malien, règlementant le risque, a nettement établi la parité entre parties et leurs prestations.

---

183 Article 1722 du code civil : « Si pendant la durée du bail, la chose louée est détruite en totalité pour un cas fortuit, le bail est résilié de plein droit ; si elle n'est détruite qu'en partie, le preneur peut suivant les circonstances demander ou une diminution du prix, ou la résiliation même du bail.
Dans l'un et l'autre cas, il n'y a lieu à aucun dédommagement ».

1°) Le fondement et le fonctionnement de la théorie des risques.

La théorie des risques, se fondant sur l'interdépendance des prestations, connaît un fonctionnement spécifique.

a°) Le fondement.

425- Le risque est fondé sur l'interdépendance des obligations qui naissent d'un contrat synallagmatique. Ainsi la théorie des risques repose sur la volonté présumée des parties en ce sens qu'elles ont convenu tacitement que si l'une ne peut remplir son obligation par suite de force majeure, l'autre sera libérée. Ainsi quand vous prenez un billet de théâtre, en cas de force majeure (maladie, accident) survenu à un acteur et empêchant le spectacle, vous pouvez vous faire rembourser le prix du billet.

b°) Le fonctionnement.

426- L'anéantissement de l'obligation du créancier ou du débiteur comme conséquence de la théorie des risques n'est que l'application du contrat lui-même c'est-à-dire la mise en œuvre de la volonté des parties : les parties peuvent en conséquence se l'opposer sans passer par le tribunal.

L'inexécution de l'obligation due à la force majeure, produit de plein droit l'anéantissement de l'obligation corrélative[184].

La théorie des risques joue dans une catégorie de contrats et à aussi une incidence sur le sort des conventions s'y rapportant.

2°) Domaines et conventions sur le risque.

Dans quels contrats le risque est-il fréquent et des conventions préétablies peuvent- elles l'écarter ?

a°) Domaine.

427- Le risque porte toujours sur les contrats synallagmatiques c'est-à-dire les contrats où les deux parties ont intérêt. Ces contrats synallagmatiques peuvent

184 Cass. Civ. 2 1982. Bull. civ. 1982. IV n° 149.

être parfaits ou imparfaits (cf. supra). C'est là son domaine de rayonnement. En effet, arguant du fait que même si dans les contrats synallagmatiques imparfaits les obligations ne sont pas interdépendantes, elles sont néanmoins réciproques, la jurisprudence leur a sagement étendues le risque.

b°) Sort des conventions relatives au risques.

428- La règle « *res perit debitore* » était une règle supplétive les contractants ont le parfait droit de l'écarter à volonté. Ils peuvent convenir de mettre les risques à la charge du débiteur en décidant que celui-ci sera tenu d'exécuter son obligation bien qu'un cas de force majeure empêcherait l'autre partie d'exécuter la sienne.

Les conventions peuvent-elles jouer sur les effets de la théorie des risques ?

3°) Les effets de la théorie des risques.

429- Sous réserves d'une convention entre parties décidant autrement c'est la remise en cause rétroactive des choses. Tout se passe comme si le contrat n'avait pas été conclu. L'effet est similaire à celui de la résolution judiciaire. Donc à partir du moment où la force majeure empêche un contractant d'honorer ses engagements, son cocontractant sera tout de même délié, dispensé sans conséquences juridiques.

Le principe admet cependant une exception dont l'analyse est révélatrice.

B°) L'exception.

Cette exception a pour objet les risques liés au transfert d'un corps certain « *res perit domino* ». L'article 109 RGO prévient que le transfert des risques de la chose est lié au transfert effectif de la propriété, que ce transfert se produise au moment de la délivrance ou à un moment convenu des parties.

1°) Les risques du transfert de propriété d'un corps certain.

430- Ces risques pèsent sur le propriétaire (*Rest perit domino*). Ce sont des risques de la propriété de la chose. Ils sont donc à la charge du propriétaire. C'est lui qui en supporte la perte. (infra 636)

Le droit malien retarde le transfert de propriété à l'exécution de l'obligation de délivrance[185]. L'article 109 RGO est plus protecteur des intérêts de l'acquéreur que le doit français qui précise que le transfert de propriété se fait par le seul échange de consentement en dehors de toutes délivrance (article 1138 du code civil)[186].

Le droit malien retarde expressément le transfert des risques de la chose et le conditionne au transfert réel de la propriété. Or, ce transfert, sous réserve de l'accord des parties passant outre, est lié à la délivrance de la chose.

Ainsi dans un contrat de vente, si entre le moment de la conclusion du contrat et la livraison, la chose périssait, le vendeur devra en supporter la perte parce que le transfert de propriété n'était pas encore intervenu, il reste propriétaire de la chose même si le prix lui a été intégralement payé. Le législateur malien a donc innové par rapport au droit français en posant le principe de retardement du transfert des risques et de la propriété ?

Ce principe admet il une dérogation ?

2°) Adoption d'un autre contrat.

431- Elle découle de l'interprétation de l'expression « À tout autre moment fixé par accord des parties ».

Lorsque les parties conviennent de remettre le transfert de la propriété à un autre moment, la nature du contrat peut entièrement changer. C'est ainsi qu'il a été relevé que le vendeur peut devenir dépositaire de la chose après l'exécution de l'obligation de délivrance. L'acheteur est devenu propriétaire, mais a laissé la chose entre les mains du vendeur à la suite d'un contrat de dépôt ? Si la chose périssait, suite à une force majeure, l'acheteur sera tenu d'en payer le prix convenu au vendeur. Il supporte pleinement les risques.

432- L'exception d'inexécution, la résolution et le risque constituent des facteurs libératoires des contractants parce que les prestations entre les parties

185 Tapo (G) Cours de droit des obligations déjà cité.

186 L'article 1138 C. Civ. Dispose : « L'obligation de livrer la chose est parfaite par le seul consentement des parties contractantes. Elle rend le créancier propriétaire et met la chose à ses risques dès l'instant où elle a dû être livrée… ».

y sont interdépendantes. Donc la défaillance de 'lune des parties supprime toute obligation chez l'autre partie.

L'étude de l'inexécution du contrat a permis de comprendre une règle générale se dégageant de l'irrespect du lien contractuel et aboutissant à une condamnation réparatrice par le moyen de dommages intérêts compensatoires ou moratoires d'une part et d'autre part de comprendre que dans les contrats synallagmatiques parfaits comme imparfaits, la vie du contrat peut être compromise par l'inaction de l'une des parties ou le risque lié à la force majeure. En revanche cette étude n'a permis de circonscrire entièrement et nettement les champs de la responsabilité contractuelle et de la responsabilité délictuelle.

Dans la section qui suit, il serait bien indiqué d'analyser l'engagement unilatéral comme source d'obligations en plus des faits dits profitables et générateurs d'obligations qui malheureusement connaissent un mauvais classement réel et pédagogique. Ces faits profitables qui peuvent être appelés contrats de vie sociale (supra).

SECTION IX : LES ACTES JURIDIQUES DE LA MUTUALITÉ SOCIALE. (SUPRA 34).

C'est là la dernière source volontaire des obligations qui peuvent naître entre personnes partageant une même communauté sociale. Ce sont des obligations qui visent une convivialité juridique dans la société. Il s'agit d'une part de l'engagement unilatéral et d'autre part des faits profitables générateurs d'obligation qui sont de véritable contrat de vie sociale.

*** Approche philosophique :**

433- Elle porte surtout sur l'alignement des faits profitables comme contrats de mutualité sociale.

En lisant l'article 2 de la déclaration des Droits de l'Homme et des Citoyen du 26 août 1789 l'on découvre que : « Le but de toute association politique est la conservation des droits naturels et imprescriptibles de l'homme. Ces droits sont la liberté, la propriété, la sûreté et la résistance à l'oppression »[187]. C'est dire que dans chaque organisation sociale il est sous entendu que les uns et les autres ont des droits naturels dont la propriété, le droit de se sentir en sécurité sociale, économique et juridique. Or, les faits profitables participent de la reconnaissance et de la préservation de ces droits de propriété ainsi que de la personne humaine (convention d'assistance). Même si certains auteurs qualifient ces faits profitables de conventions légales[188], il est aisé de constater chez d'autres[189] la même approche mais qui ramènent à juste titre la loi à son expression de volonté générale contenue dans un grand contrat « que passent tous les hommes vivant en société ». Il semble constant donc que par leur naissance et leur vie en communauté quelle soit les hommes sont liés les uns aux autres par des contrats tacites ou exprès sans considération d'âge, de sexe, d'objectif précis ; c'est la seule conséquence de la vie en société. Tout se passe donc comme s'il y avait une grande mutualité à laquelle un abonnement général interpersonnel est institué entre les humains. Par ce fait chacun peut se voir engagé dans les liens d'une convention sans en avoir discuté préalablement le contenu et les contours. Il suffit qu'il y eût nécessité et possibilité de le faire.

---

187 Vincensiri (Jean Jacques) Le livre des droits de l'homme : histoire et textes. De la grande charte (1215) aux plus récents pactes internationaux Pages 80.

188 Benabend (A) idem.

189 Terre (F) et Cie. Idem P. 433.

444- Aussi pour revenir aux droits naturels des hommes en société on est censé être volontairement engagé vis-à-vis d'une personne lorsque cette dernière est intervenue pour préserver un élément de votre patrimoine (gestion d'affaire), ou pour vous secourir ou vous sauver d'un simple risque de péril actuel. C'est pourquoi il est escient de consacrer l'appellation de contrats de vie sociale à ces conventions.

*** Justification démarche.**

434- Le titre de la section « actes juridiques de la mutualité sociale » a été conçu pour tenter de démontrer que sans être identiques, les faits profitables présentent une certaine similitude, une certaine articulation avec l'engagement unilatéral qui est à vrai dire la dernière source volontaire des obligations.

L'engagement unilatéral n'a pas été règlementé par le code civil français mais les rédacteurs du Régime Général des Obligations l'ont envisagé dans trois articles (110 ; 111 ; 112 RGO). Le législateur malien a traité des faits profitables dans le titre II RGO sur la Responsabilité civile à travers un sous titre II intitulé « Les faits profitables, générateurs d'obligations ».

Pour des raisons de conception philosophique exposées plus haut fondées sur une certaine logique et pour des raisons pédagogiques, il a paru nécessaire d'extraire les faits profitables de la responsabilité civile et de les remonter à côté de l'engagement unilatéral en vue d'obtenir un exposé plus convenable et plus digeste.

Ainsi il sera analysé successivement l'engagement unilatéral (paragraphe I) et les faits profitables ou contrats de vie sociale (paragraphe II).

PARAGRAPHE I : L'ENGAGEMENT UNILATÉRAL.

Expression largement discutée en doctrine[190] dans son fondement même, l'engagement unilatéral parait pouvoir incarner une certaine valeur juridique. Pour s'en convaincre il faut le définir et le caractériser.

A°) Définition :

436- L'article 110 RGO dispose :

> « Il y a engagement vis-à-vis d'un tiers par la seule manifestation de sa volonté, indépendamment de l'acceptation de ce dernier ». A cette définition légale du législateur malien s'assimile celle donnée par la doctrine française191 : « L'engagement unilatéral est l'acte qui crée une obligation à la charge d'une personne par sa seule volonté ».

De son côté la jurisprudence sénégalaise a relevé que « l'auteur d'un engagement unilatéral stipulé dans un contrat librement souscrit est tenu d'exécuter son engagement[192] ».

436- L'engagement unilatéral ne saurait se confondre avec les actes juridiques unilatéraux comme le testament qui est, par essence, révocable à tout moment par son auteur ; ni avec un contrat unilatéral comme le contrat de donation où le donateur donne et le donataire accepte donc il y a contrat et non un simple engagement ; ni la stipulation pour autrui qui est un engagement immédiatement accepté du cocontractant, ni encore moins l'offre de contracter qui est la première partie de la formation du contrat en trois phases (supra) qui est particulièrement règlementé par le Régime Général des Obligations.

En effet, dans l'engagement unilatéral une personne peut être liée ou tenu en dehors de toute acceptation de son vis-à-vis éventuel. Cela est une démarche théorique pour marquer l'importance de l'engagement dont dépendrait l'accord, ou la volonté de l'autre partie.

---

190 L'engagement unilatéral est surtout contesté dans la doctrine française qui peine à l'accepter comme mécanisme juridique produisant des effets certains et indépendants.

191 Chabas (F). Mazeaud (H. L. J). Les obligations théories générales 9ème édition 1998 Pages 349 et suivantes.

192 CA Dakar n° 287 du 22 juin 1979. COCC. Annoté. Op. Cit.

437- En réalité pour cerner cette notion d'engagement unilatéral il faut s'appuyer sur la notion de motivation dans l'analyse de la cause dans les conditions de formation et de validation des contrats (article 28 RGO...56).

Ainsi, qu'est ce qui peut faciliter l'exécution d'un contrat précis ? C'est probablement, en plus des conditions habituelles de formation, les assurances qu'une personne peut renchérir. L'engagement unilatéral serait donc une certaine garantie promise ou donnée dans la phase des pourparlers, ou encore dans la phase d'exécution du contrat.

Par exemple :
1- Lorsque dans la négociation d'un contrat, pour accélérer l'accord du partenaire, l'un des négociateurs prend un engagement quelconque vis-à-vis d'un autre en faisant une condition pour l'acceptation globale de toute la convention. Ainsi il doit négocier un immeuble pour le logement et les activités d'un professionnel. Au cours des discussions, il prend l'engagement que si l'autre qui a deux immeubles, accepte un certain montant, il ferait prendre ses deux immeubles dont l'un pour le logement et le second pour l'activité professionnelle.

2- Lorsqu'un notaire, chargé d'une opération précise, pour en facilite la réalisation, il prend un engagement d'accompagnement en appui conseil vis-à-vis du cocontractant de son client. Ainsi il (notaire) est chargé d'expliquer un contrat de leasing bail ou de factoring à des parties pour sa signature ; mais pour des motifs propres et personnels à l'opération il s'engage à continuer les conseils pour la mise en œuvre post contrat, au cocontractant. Cela, le notaire le fait comprendre à toute personne intéressée. Il y a dans ce cas, de sa part un engagement unilatéral dont il peut être tenu si après la conclusion du contrat, il y a défaillance de son côté.

Le contrat s'explique par le mot engagement mais celui-ci est plus large que le contrat dont il peut en garantir la conclusion ou l'exécution. Le mot engagement dans le dictionnaire s'entend à la fois comme obligation et comme promesse. Donc l'engagement unilatéral est un mécanisme juridique qui a bien une valeur même si ce n'est pas au premier abord que cela est perceptible. On peut conclure que le législateur malien a eu raison d'adopter l'expression de Siegel[193].

193 Siegel est un juriste autrichien à qui est attribuée la paternité de l'engagement unilatéral. Cf.

B°) Caractéristiques de l'engagement unilatéral.

L'engagement unilatéral existe, il est vrai, indépendamment de son acceptation mais, il ne sera efficace que lorsqu'il a l'adhésion d'un tiers vis-à-vis duquel le promettant sera tenu. Donc à l'issue, il sera considéré comme une véritable convention devant répondre à des conditions de fond et de forme.

- Conditions de fond :
439- L'engagement unilatéral doit satisfaire aux conditions de fond exigées pour la validité des contrats déclare l'article 111 RGO. Ces conditions définies dans l'article 28 RGO sont relatives aux critères d'un bon consentement, d'une capacité à contracter, d'un objet licite et d'une cause irréprochable.

— Le même article précise, pour les conditions de forme, que la manifestation de volonté de l'obligation résultant de l'engagement unilatéral doit être expresse, exprimée sans ambiguïté ; ce qui fait raisonnablement déduire que la loi impose en la matière une convention solennelle. Donc l'engagement unilatéral doit résulter d'un écrit ad validitatem.

C°) Cas spécifique de l'offre publique.

440- C'est une application particulière de l'engagement unilatéral. Il n'est pas rare d'entendre par radio ou de lire dans la presse qu'une telle personne déclare avoir perdu tel ou tel bien et qu'elle donnerait tant de francs ou telle chose à toute personne qui retrouverait et lui apporterait son bien. Souvent, cette promesse de récompense est en totale disparité apparente avec la valeur de l'objet égaré. Par exemple un bracelet perdu et le promettant engageant 100.000F Cfa. Mais ce sont des motifs personnels qui peuvent l'expliquer. Par exemple c'est un bracelet de souvenir ou autre. Selon les termes de l'article 112 RGO dès qu'une telle offre a eu une suite par la retrouvaille ou la production de renseignements sur l'objet, elle est accomplie et le promettant est tenu d'honorer son engagement.

Toutefois il y a lieu d'être circonspect sur les offres publiques dont on peut objectivement se douter du caractère licite se rapportant à des choses hors du

Mazeaud idem P. 347.

commerce. Par exemple les déclarations de « mise à prix de tête »[194]. La tête d'une personne s'agissant de la vie ne saurait faire l'objet d'une offre juridique de destruction.

A côté de cette source volontaire d'obligation, qui est l'engagement unilatéral il convient de juxtaposer, dans la même conception, les faits profitables.

Paragraphe II : Les faits profitables, générateurs d'obligations.

441- Il s'agit des fameux contrats de vie sociale dont la nécessité tient à 'l'agrément de la vie en société.

Il s'avère nécessaire de noter que le fait de ne pas reconnaître les qualités pleines de contrats aux faits profitables, a amputé les quasis contrats d'un mécanisme favorable de recouvrement de créance. En effet, le droit OHADA a institué des mesures simples, efficaces et rapides de recouvrement des créances civiles et commerciales à travers l'Acte Uniforme sur les Procédures Simplifiées de recouvrement de créances et des Voies d'Exécution.

Ces mesures consistent en des injonctions de payer ou de restituer et de délivrer[195] dans les créances d'origine contractuelle excluant les créances d'origine quasi-contractuelle comme la gestion d'affaires et les créances résultant d'acte unilatéral[196].

C'est dire que les créanciers dans le cas des quasi contrats sont privés du droit de pouvoir recouvrer leur dû par le moyen d'injonction de payer et ce sans raison au fond. En élevant ces faits profitables, générateurs d'obligations au rang de contrat à part entière, l'exercice d'une telle injonction devient possible. Ce qui n'est que justice.

A°) La gestion d'affaires.

Elle est le prototype des faits profitables.

194 Certains Etats ou certains milieux religieux mettent à prix la vie de certaines personnes pour divers actes ou blasphèmes.

195 OHADA. Recouvrement des créances. Anne-Marie. Assi-Esso et N'Diaw Diouf. Etablissement Emile Bruylant, SA Bruxelles.

196 OHADA Recouvrement des créances idem P. 14.

1°) Notion :

442- La gestion d'affaire, d'après l'article 154 est l'administration volontaire d'une affaire d'autrui sans son opposition. C'est une situation qui ressemble à un contrat mais n'en serait pas un et c'est pourquoi on parle de quasi contrat.

Par exemple une personne qui s'occupe spontanément des intérêts d'une autre sans qu'on l'en est chargée. Ainsi un notaire qui diligente différents actes dans l'intérêt de son client absent.

Cette intervention est entourée de conditions strictes.

2°) Les conditions

Elles sont relatives aux actes et aux personnes.

a°) Les actes concernés :

443- L'article 154 in fine déclare que la gestion de l'affaire d'autrui peut consister en des actes matériels et juridiques.

S'agissant des actes matériels ils peuvent porter sur le transport d'un blessé par un moyen précis, la récupération et le gardiennage d'un animal emballé, le déplacement des biens pour les épargner un péril certain, réparation de la maison d'un voisin menaçant ruine.

S'agissant des actes juridiques, ils peuvent porter sur, l'assurance d'un bien au près d'une compagnie, ou mettre en location la maison en banco du voisin qui menaçait ruine et qu'on a réparée etc.

L'acte matériel ou juridique doit être utile. Ce qui laisse supposer que le maître d'affaire en tire un profit certain parce que c'était opportun ou raisonnable. Là ce sont des questions de fait où le juge a un large pouvoir d'appréciation.

En outre il faut que la gestion matérielle ou juridique réponde à une urgence avérée et incontestable, le gérant court des risques de non prise en compte s'il n'y avait pas urgence.

b°) Les acteurs concernés.

La gestion d'affaire met en scène le gérant d'affaire d'une part et le maître de l'affaire et ou ses héritiers d'autre part.

b-1°) Le gérant d'affaire.

444- Il doit agir en bon père de famille dans la conduite des actes matériels ou juridiques, objets de la gestion. En cas de défaillance le tribunal tiendra évidemment compte des circonstances pour évaluer sa responsabilité (article 155 RGO).

Le gérant doit agir exclusivement dans l'intérêt du maître de l'affaire et ou de ses héritiers. Sinon s'il y avait un intérêt personnel les conditions de la gestion ne seront pas réunies. Donc ce doit être un agissement désintéressé mais utile.

b-2°) Le maître de l'affaire.

445- Le maître de l'affaire devrait être absent ou être hors d'état de pourvoir lui-même à la gestion, cas de maladie, d'enlèvement de voyage etc.

Il devra approuver la gestion en ne s'opposant pas. Donc il y a une acceptation tacite de l'agissement du gérant d'affaire. Dès lors qu'il s'oppose à l'opération, les conditions de la gestion d'affaire ne devraient plus être réunies.

Le maître de l'affaire ne peut être supplanté sur les actes à caractère personnel, comme attribution de nom à son enfant né pendant son empêchement, entretien de sa femme sous d'autre forme etc.

3°) Les effets de la gestion d'affaires.

446- Par rapport au gérant : Il a l'obligation, par la loi (article 154 RGO) de poursuivre sa gestion jusqu'à ce que le maître de l'affaire ou ses héritiers puissent prendre le relais en y pourvoyant assidûment. Donc il ne faut pas commencer, quand on n'est pas sûr de terminer. C'est une opération qui peut être courte ou connaître une projection dans le temps. Il doit engager aussi des dépenses utiles et nécessaires car celles voluptuaires ne seront pas prises en compte forcément dans le paiement. Elles n'obligent pas. Elles ne pourront avoir au surplus que le même effet que les obligations naturelles.

— Par rapport au maître de l'affaire :

447- Il a l'obligation de remboursement de toutes les dépenses utiles et nécessaire (article 156 RGO). Tout se passe dans ce cas comme si le contrat était discuté et convenu en bonne et due forme. De même il sera tenu de tous les actes raisonnables connexes passés par le gérant. Même après le retrait de celui-ci il devra les observer avec les autres partenaires. Ce sera le cas lorsque après avoir réparé une maison en banco, le gérant la met en bail. Ce contrat de bail s'imposera au maître de l'affaire après le retrait du gérant de ses affaires.

B°) La restitution de l'indu.

La restitution de l'indu ou répétition de l'indu porte sur les situations où le paiement a été doublement effectué ou n'était pas dû.

1°) Notion.

448- Selon l'article 157 RGO celui qui par erreur ou sous l'effet de la violence, effectue un paiement sans cause ou exécute un contrat entaché de nullité est créancier d'une restitution de l'indu. Par exemple un buveur musulman meurt. Après son enterrement, comme cela est d'usage en islam, les parents demandent publiquement s'il doit à quelqu'un ou si quelqu'un lui doit. Pour éviter des mauvaises surprises deux de ses enfants se présentent successivement chez le propriétaire d'un bar où ils paient chacun le même bon de leur decujus. Ce bar man, soit de mauvaise fois soit par erreur a reçu deux fois ce à quoi il a droit. Il devra donc rembourser le montant versé par le second fils parce qu'il avait reçu le paiement de ce dernier sans base juridique.

Le défaut de base juridique est signalé dans d'autres cas par le Régime Général des Obligations comme le paiement par suite d'erreur ou par suite de violence exercée sur la personne ou logiquement la prestation, objet d'un contrat entaché de nullité ; Dans le cas du contrat nul, le retour des prestations est interdépendant et réciproque Le cas de figure de la répétition de l'indu n'intervient que lorsqu'une seule partie s'était d'abord exécutée ; c'est elle qui sera remboursée.

2°) Les conditions.

449- La condition essentielle est qu'il s'agit du paiement d'une dette qui n'existe pas ou n'était plus due.

— Le payant ou payeur devra être convaincu qu'il devait ou celui pour lequel il a payé devait. Sinon s'il savait ne rien devoir, la personne qui a reçu pourrait alléguer un cas de don.

— L'erreur peut porter sur la personne du supposé créancier, cas d'homonymie ou sur le montant, du lieu de 50.000F CFA dû, payé 100.000F Cfa effectif.

Le paiement de l'indu n'est véritablement intéressant que par ses effets.

3°) Les effets.

450- Le principe posé par l'article 158 RGO est que celui qui a indûment reçu, doit rembourser en y adjoignant les dépenses effectuées utilement pour l'entretien, l'amélioration ou l'embellissement de la chose.

a°) Le débiteur de bonne foi.

451- Celui-là devra rembourser juste le capital reçu sans intérêts. Dans une autre hypothèse, spécifie l'article 159 RGO, lorsque de bonne foi, le créancier, le recevant après réception, détruit ou annule son titre de créance, ou les garanties y afférentes ou a laissé prescrire son action contre le véritable débiteur il ne remboursera pas. Il s'agit ici du cas d'erreur curieuse sur la personne à qui était dû de l'argent correspondant à sa dette. Dans ce cas il peut détruire ses titres de créance et négliger de poursuivre son valable débiteur. Dans une telle hypothèse, les choses restent en l'état pour le recevant par la volonté de la loi et celui qui avait indûment payer devra se reporter sur le débiteur initial du recevant pour récupérer son dû.

b°) Le débiteur de mauvaise foi.

452- Si le recevant fut de mauvaise foi ou fut auteur de violence, il devra rembourser non seulement le capital mais aussi les fruits que la chose a pu produire notamment les intérêts au taux en cours que le capital aurait généré.

Ne bénéficiant dans ce cas d'aucune sympathie légale l'article 160 alinéa 2 énonce que même si le recevant de mauvaise foi avait aliéné la chose reçue ou qu'elle avait péri entre ses mains des suites d'un cas de force majeure ou de cas fortuit, il sera tenu néanmoins de la valeur totale de la chose au jour du remboursement. Cela est très lourd de conséquences parce que d'une part la force majeure qui est un fait libérateur habituellement ne joue pas en faveur du débiteur recevant et surtout le remboursement n'est pas seulement la valeur de la chose d'une façon moyenne mais plutôt sa valeur, le jour du jugement qui tient compte de la valeur de la chose sur le marché ce même jour. Si c'est une chose dont la valeur, le prix a flambé, c'est à cela qu'il sera tenu.

C°) L'enrichissement sans cause.

L'enrichissement sans cause est la dernière forme apparemment des quasis contrats.

1°) Notion.

453- Le Régime Général des Obligations conçoit l'enrichissement sans cause pour toute personne qui, en l'absence d'un acte juridique, s'est enrichi aux dépens d'autrui (article 161 RGO).

D'abord une observation s'impose, liée à la source de l'enrichissement où la loi parle d'acte juridique. Il semble qu'il eut été judicieux de parler de fait juridique au sens large comportant à la fois les actes et les faits juridiques. En effet, il est possible d'une façon générale, que l'on puisse juridiquement s'enrichir des suites d'un fait juridique pur, cas des dommages intérêts sanctionnant une faute de responsabilité civile.

454- D'une façon spécifique l'enrichissement sans cause suppose que les hommes doivent alimenter leur patrimoine à partir d'actes et de faits juridiquement reconnus. Dès lors qu'un enrichissement intervient alors qu'il ne peut être imputé à un acte ou à un fait avéré il se produit un déséquilibre inexpliqué et inexplicable entre deux patrimoines qu'il faut corriger nécessairement.

En fait, c'est l'intrusion positive de la morale à travers l'équité dans le droit qui défend qu'une personne s'enrichisse au détriment d'une autre sans cause juridique.

L'exemple classique est donné par la concubine éconduite par son concubin après un certain temps de vie commune. Pendant ce temps et si la concubine n'était pas là, le concubin devrait recourir aux services d'une aide familiale pour ses entretiens divers : linge, manger, entretien maison. La présence de la concubine l'ayant dispensé de ces services payants, elle serait fondée à demander des dommages intérêts à la fin de la vie commune. En effet, le concubin s'est enrichi sans cause parce que le concubinage en tant que tel n'est pas reconnu par le code du mariage et de la tutelle.

2°) Les conditions.

455- Elles sont simples et interdépendantes. Il doit y avoir :

— Un appauvrissement d'une partie au profit de l'autre, services rendus gratuitement, perte d'un bien etc. ;

— Un enrichissement au détriment de l'autre partie, dispense d'effectuer certaines dépenses, acquisition de bien etc. ;

— Une corrélation entre l'appauvrissement et l'enrichissement par exemple il y a un lien direct entre l'enrichissement du concubin et l'appauvrissement de la concubine ;

— Enfin une absence de cause juridiquement protégée ou défendable.

456- En outre, énonce l'article 162 RGO l'action de *In rem verso* ou action en enrichissement sans cause ne peut être reçue si l'appauvri a commis une faute dans l'exercice d'un droit originellement protégé. Ainsi dans les cas de courte prescription, le créancier négligeant, ne pourra plus invoquer l'enrichissement sans cause pour obtenir la sanction de son droit. C'est le cas d'un professionnel médecin ou notaire qui a deux ans pour recouvrer ses honoraires. Après ce délai, il ne pourra pas agir sur le terrain de l'enrichissement sans cause pour tenter de récupérer ses honoraires.

Le même article in fine subordonne le recours judiciaire à l'exploration de tous les autres moyens de droit. Le créancier devra d'abord passer par la réclamation à l'amiable, des mises en demeures extra judiciaires, par aussi l'arbitrage surtout dans les domaines professionnels.

3°) Les effets.

457- L'article 161 RGO dispose que la personne qui s'est enrichie est tenue d'indemniser la personne qui s'est appauvrie dans la mesure de son enrichissement et à concurrence de l'appauvrissement.

Pour bénéficier de cette indemnité, l'appauvri devra agir par la voie de l'action *in rem verso* pour obtenir le montant minimum[197] qui est évalué le jour de la demande et non au jour du jugement.

A ces trois faits profitables, la jurisprudence et une partie de la doctrine ont institué un autre fait profitable qui peut être légitimement ajouté à cette liste.

D°) La convention d'assistance.

458- Elle résulte des nécessités légales et sociales de la vie en communauté fondées sur le fait qu'en cas de gène, ou de péril d'un membre de la société, un autre devra ou voudra lui porter secours ou tenter de le sauver au prix de dommages sur sa propre personne ou sur son patrimoine. Tout se passe comme si une convention était initialement née entre les personnes et donc il y a une inexécution de la part de la personne secourue ou sauvée qui devra payer des dommages intérêts compensatoires au sauveteur. La doctrine française ne converge pas sur la nature de cet acte d'assistance[198] et continue de s'interroger.

La jurisprudence française vacille entre les idées de gestion d'affaires de responsabilité civile découlant de la convention d'assistance. Cependant dans bon nombre de cas logiquement et raisonnablement tranchés, elle (jurisprudence)

197 Mme Coello : Cours 2ème année ENA 1986.

198 Benabend (A) idem pour lui c'est plutôt une variante de la gestion c'affaires.
Terre (F) et Cie. Continuent de s'interroger en se contentant de dégager la sanction de la jurisprudence.

a bien vu l'existence d'une convention dite d'assistance[199] et qui s'ajoute aussi aux contrats de vie sociale.

459- Les actes juridiques de la mutualité sociale constituent une gamme variée de conventions à travers l'engagement unilatéral, la gestion d'affaire, le paiement de l'indu, l'enrichissement sans cause et même la convention d'assistance auxquels il convient de reconnaître une forme de contrat en la forme et au fond pour nécessité sociale, car ils constituent une série de contrats que chaque individu offre de conclure consciemment ou inconsciemment dans sa communauté.

Si l'obligation a pour source fréquente et normale des actes volontaires il peut arriver aussi que l'on soit obligé sans le vouloir. Ce sera le cas en responsabilité civile délictuelle et quasi délictuelle et l'on parle justement d'engagements involontaires.

199 Cass. 1er civ. 27 mai 1959, Bull. civ. I n° 271 P. 225. D 1959 P524. Note R Savatu=ier JCP 1959 II 11187 note P. Esmen :

1er déc. 1969. D1970. 422 Note Puech JCP 1970 II 16445 Note Aubert RTD civ. 1971 164 obs. G Durry.

27 janvier 1993. Bull I n° 42 P. 28 RTD civ.1993. 584 obs Jourdain.

C.A Paris 25 janvier 1995. JCP 1995 I 3867 n°1 obs. Fabre Magu dans Terre (F) et Cie. Idem page

CHAPITRE II :

LES ENGAGEMENTS INVOLONTAIRES

460- Il s'agit de la responsabilité civile délictuelle et quasi délictuelle qui naît à partir des faits juridiques. Le fait juridique d'après l'article 6 RGO :

> « Est un évènement volontaire ou involontaire susceptible de produire des effets de droit sans que ces effets aient été spécialement recherchés par les parties ».

Traditionnellement on oppose acte et fait juridiques. L'acte juridique étant volontaire qu'il soit unilatéral ou bilatéral, donc les effets qu'il produit ou doit produire sont également voulus.

Le fait juridique, lui, peut être volontaire comme le conducteur qui dépasse consciemment la limitation indiquée de vitesse sur une voie de circulation routière, ou encore un propriétaire qui construit sans autorisation un bâtiment ou un parent qui abandonne un enfant ; ou être complètement involontaire, autre facteur ayant négativement influencé le comportement actif ou passif normal de l'auteur ; ce qui est important dans le fait juridique, ce sont les effets qui créent des obligations à la charge de l'auteur sans que celui-ci l'ait voulu. Donc les effets qui naissent des faits juridiques ne sont pas voulus des personnes concernées par la cause.

Le fait juridique, lorsqu'il résulte d'un évènement volontaire, est qualifié de délit et lorsqu'il résulte d'un évènement involontaire (imprudence, maladresse) est qualifié de quasi délit. Il naît ainsi la responsabilité délictuelle et ou quasi délictuelle.

461- En théorie comme en pratique le rôle de la volonté n'a pas d'impact sur le principe et l'étendue de la réparation. Aussi est-il paru inefficace la distinction entre délit et quasi délit. Ainsi les deux expressions se réduisent à l'unique appellation de responsabilité délictuelle.

Quelle que soit l'origine de la responsabilité, elle s'apprécie par rapport à « la violation d'un devoir général de ne causer aucun dommage à autrui ». Sinon l'auteur est obligé de réparer (article 113 RGO).

C'est ce que résume le Doyen Benabend dans une formule simple mais complète : « La responsabilité se définit comme l'obligation de réparer les dommages causés à autrui »[1].

Pour cerner la responsabilité civile délictuelle, le raisonnement se fraie le cheminement suivant à travers différentes sections, les fondements et contours de la responsabilité délictuelle, les généralités sur ses différents régimes, la responsabilité du fait personnel, la responsabilité du fait d'autrui ; la responsabilité du fait des choses et des animaux et une responsabilité turgescente appelée le principe de précaution.

1 Benabend (A) Droit civil. Les Obligations Op. Cit. P 208.

SECTION I : LE FONDEMENT ET CONTOURS DE LA RESPONSABILITÉ DÉLICTUELLE

Comment est intervenue l'idée qu'une personne, élément de la communauté répare le préjudice qu'il cause à autre personne, élément de la même communauté ? Et sur quoi repose une telle idée ? Ensuite, cette responsabilité reconnue s'étendrait-elle comme une tache d'huile pour concerner tous les domaines juridiques ?

Paragraphe I : Les fondements de la responsabilité délictuelle.

462- Dans l'analyse des engagements volontaires, il est ressorti que l'autonomie de la volonté jouait un grand rôle dans la conception et la conduite des actes juridiques. Ainsi toute personne est libre (sous certaines réserves) de s'engager dans des liens précis ou pas. En le faisant, la personne discute le contenu de son engagement comme elle l'entend.

Il faut exactement comprendre que la responsabilité délictuelle se fonde sur l'envers du principe de l'autonomie de la volonté, par l'obligation de la volonté d'éviter certains actes ou comportements ou tout au moins de les entourer de garanties compte tenu des risques qu'ils peuvent faire courir aux autres membres de la société. Cette exigence s'est érigée en devoir général pesant sur chaque individu dans ses rapports avec les autres. L'équilibre social existe à ce prix.

462- Chaque fois que ce devoir général a été mis en mal, des questions se posent. La nature de ces questions a évolué en s'adaptant à l'évolution globale des conditions de vie des êtres humains. Ainsi, initialement, le devoir général ne pouvait être violé que par une faute humaine, ensuite est intervenue la notion de risque avec la révolution industrielle, suivie d'une certaine liaison faute plus risque, ensuite est intervenue la théorie de la garantie et de nos jours une notion se fait une place de plus en plus croissante : la précaution.

Il est aujourd'hui convenu et indéniable que la révolution industrielle a été extrêmement propulsant pour le droit de la responsabilité civile délictuelle. On peut s'en convaincre aux côtés du Doyen Terré qui affirme que :

« S'il n'y avait pas eu de révolution industrielle la matière de la responsabilité civile n'aurait pas l'importance qui est devenue la sienne aujourd'hui »[2].

A°) La faute :

464- A son propos la doctrine dans son ensemble, relève une responsabilité subjective parce qu'elle se fonde sur le comportement ou l'attitude de l'auteur du préjudice. S'il résulte du comportement de l'auteur une faute dans ses rapports avec la victime, il doit être condamné à réparer. Peu importe que cette faute soit intentionnelle ou qu'elle soit une faute d'imprudence ou de maladresse. Dans l'appréciation il peut être demandé à la victime de la prouver où elle peut même être présumée. C'est là tout le sens de l'article 125 RGO[3].

La responsabilité délictuelle exclusivement fondée sur la faute paraissait de plus en plus insuffisante pour couvrir les victimes parce que avec l'évolution des activités et de la technologie, il devenait difficile voire impossible dans certaines situations, pour les victimes, de prouver la faute de l'auteur du dommage subi. Or, on sait que même quand la faute est présumée, cette présomption peut tomber par la production d'une preuve contraire. Alors, il fallait penser à s'adopter à la réalité, inspirée par la condition de certaines victimes laisser pour compte en vue de révolutionner le droit de la responsabilité.

B°) Le risque

465- A l'opposé de la théorie subjective, une théorie dite objective a été conçue par la doctrine[4] fondée sur le risque. Pour répondre à son objectif, cette théorie met l'accent sur la réparation plutôt que sur l'auteur. Au fond cette théorie de risque a un lien qui est seulement indirect avec l'auteur. Ainsi elle fonde la responsabilité sur le risque que fait courir le promoteur d'une activité économique industrielle aux autres personnes, y compris ses employés. Peu importe que l'auteur ait commis une faute ou non. Cette théorie est fondée sur l'idée de justice sociale mais penche un peu plus vers les victimes dont elle permet une large prise en compte par l'intermédiaire du service public de la justice.

2 Terré (F) et Cie. Obligations Op. Cit. page 653.
3 L'article 125 RGO correspond aux articles 1382 et 1383 du code civil.
4 Théorie mise en lumière par Saleilles en 1897 Les accidents de travail et la responsabilité civile 1897. Et note D. 1897. 1. 437.

La théorie du risque a été poussée plus loin par un autre auteur[5] à travers la sécurité routière où il préconisa une indemnisation systématique de toutes les victimes d'accident de circulation pour les dommages corporels subis. C'est ainsi que l'on a pu parler d'une « socialisation du risque ».

En conclusion, la théorie du risque qui a influencé le législateur, et surtout la jurisprudence a permis un grand soulagement des victimes et a marqué une avancée de la responsabilité civile qui, en plus de la faute, s'appuie également et surtout sur le risque.

C°) Liaison faute et risque.

466- Certains auteurs dont le plus célèbre fut Jossérand[6] ont voulu apporter un certain tempérament à la théorie du risque en procédant par un équilibrage entre les deux types de responsabilité, celle fondée sur la faute et celle fondée sur le risque sans que l'une ne l'emporte sur l'autre et qu'elles aient des domaines d'application bien distincts. Ainsi fallait-il distinguer la responsabilité du fait personnel de celle du fait des choses. Au fond cette distinction ne peut être effective car l'imbrication entre les deux types de responsabilité est fréquente. Cette théorie a le mérite, quand même, de faire éviter les excès dans l'application de la théorie du risque.

D°) La théorie de la garantie.

467- Cette théorie dont le porte étendard fut Boris Stark s'est attelée à démontrer la nécessité de reconnaissance et de sanctions de droits et libertés de la victime. La réparation basée jusqu'ici directement et indirectement sur la faute de l'auteur n'intégrait pas suffisamment la situation de la victime lorsqu'elle a subi une atteinte quelconque qui peut être à la vie, à son intégrité corporelle ou à celle de ses proches ou à ses biens, à sa sécurité matérielle et morale. Selon cet auteur, la plupart des droits et libertés, au cours de leur exercice peuvent nuire à autrui que ce soit par exemple le droit d'exercer des recours judiciaires, d'exercer le commerce, d'exercice de critique littéraire. C'est lorsque leur exercice malveillant entraîne des dommages que l'auteur doit être tenu à réparation. Ainsi dit-on « aucun droit d'agir n'autorise à agir fautivement »

5 Tunc (A) La responsabilité civile, 2ème édition 1990.
6 Jossérand. De la responsabilité du fait des choses inanimées 1897.

Boris stark procéda à une distinction entre dommages corporels et matériels et dommages économiques et moraux. Il estime que les premiers doivent être systématiquement et objectivement couverts sans que l'on impose à la victime d'apporter une preuve quelconque d'où le sens de sa théorie de garantie ; et ce n'est que pour la seconde catégorie de dommage qu'une preuve d'atteinte sera nécessaire pour avoir droit à l'indemnisation. Car ici la nature économique laisse entrevoir la possibilité de commission de faute ou de nuisance.

468- Dans tous ces fondements, il ressort que la faute, élément fondateur de la responsabilité délictuelle, s'est vu ajouter d'autres éléments d'appréciation (risque, garantie) mais n'a jamais disparu au profit de l'un d'entre eux. Aussi est elle restée une notion extrêmement importante dans la mise en œuvre de la responsabilité. C'est sur elle que le Régime Général des Obligations se fonde pour déterminer à la fois la responsabilité du fait personnel, du fait d'autrui dans certains cas et aussi la notion de faute n'est pas étrangère à la responsabilité du fait des choses.

La responsabilité délictuelle qui s'est construite autour seulement de quelques articles du code civil et des décisions de justice découlant des faits d'instance est demeurée un chantier intellectuel ouvert, intégrant toute nouvelle idée susceptible de permettre la saisine et la sanction des droits des citoyens d'où l'émergence ces dernières années d'un autre principe.

E°) Le principe de précaution. (Infra 570)

469- Ce principe qui fera l'objet de développement ultérieur (infra) est né récemment en droit environnemental fondé sur le droit des générations à préserver la nature pour s'étendre facilement dans le domaine sanitaire et autre. Il impose aux autorités, aux associations, aux individus d'agir d'une façon générale avec beaucoup de précautions de manière à éviter tout risque aux citoyens. Ainsi dans le domaine de l'expérimentation scientifique l'attention est particulièrement attirée.

La responsabilité délictuelle est elle une discipline totalement transversale ?

PARAGRAPHE II : LES CONTOURS DE LA RESPONSABILITÉ DÉLICTUELLE.

La responsabilité délictuelle existe, basée sur un domaine qui lui est propre, les faits juridiques ordinaires dans la société. Cependant elle fait fréquemment l'objet de turgescences dans d'autres domaines juridiques où l'accueil n'est pas toujours plein et entier.

A°) Responsabilité délictuelle et droit social.

470- Le droit social est l'appellation commune du droit du travail et de la sécurité sociale.

A l'origine, il est vrai c'est le droit de la responsabilité délictuelle qui intervenait pour couvrir ou tenter de couvrir les risques en droit social. Mais avec l'essor économique il est apparu nécessaire d'imaginer une autre voie de couverture de risques car la responsabilité délictuelle y montrait ses limites d'une façon objective.

C'est ainsi qu'un régime spécial a été mis en place par les différents Etats pour palier à la fois l'insuffisance du droit de la responsabilité et la réalité du monde du travail.

Au Mali, dès qu'on est travailleur c'est-à-dire une personne qui met sa force de travail physique ou intellectuelle au service d'une autre contre rémunération dans le cadre d'un contrat de travail (article 1er al 2 du code du travail) on est couvert par la sécurité sociale.

471- La sécurité sociale au Mali[7] a été conçue pour se substituer à l'employeur dans certains cas en vue de la couverture de certains risques dont la réparation et la prévention des accidents de travail et des maladies professionnelles (article 1er CPS). La mise en œuvre est assurée par un service spécial dénommé l'Institut de Prévoyance Sociale (INPS) (article 2 CPS).

Pour tous les risques liés aux accidents survenus au lieu du travail par le fait de qui que ce soit (collègues, employeurs) ou sur le trajet aller et retour le plus court ou aux maladies dites professionnelles, c'est l'INPS qui prend entièrement en charge l'accidenté ou le malade.

7 Loi n° 62-68 AN-RM du 9 Août 1962 portant code de Prévoyance Sociale CPS au Mali.

L'employeur ne pourra être attaqué directement que lorsqu'il a manqué d'affilier ses employés à l'INPS ou de payer les primes patronales ou contributives des salariés. Dans ce cas c'est sur le terrain de la responsabilité délictuelle qu'il sera assigné. Mais en aucun cas les deux actions ne peuvent être reçues concomitamment.

B°) Responsabilité délictuelle et responsabilité contractuelle.

472- La responsabilité contractuelle a déjà été étudiée (supra 356) il a été annoncé le principe de la séparation entre les deux types de responsabilité.

Il est vrai que l'article 113 RGO les a envisagés ensemble dans son libellé, mais il convient d'en faire une séparation nette sur le plan théorique. Ce sont deux notions qui ne sauraient se confondre théoriquement même si dans la pratique les confluences sèment quelques difficultés. Ainsi lorsqu'un contrat de transport muni d'une obligation de résultat n'est pas exécuté et qu'il en résulte des blessures graves déformantes ou défigurant pour le contractant, ses proches ne seraient-ils pas fondés à recourir à la responsabilité délictuelle pour demander réparation du préjudice moral ? Ou encore une personne qui signale un véhicule de transport pour y monter, qui fait une manœuvre brusque à l'arrêt et qui l'emporte en les blessant grièvement. Il n'y avait encore pas eu contrat de transport ou ce contrat avait-il commencé par le signalement ? Les deux responsabilités sont distinctes mais peuvent coexister parfois.

C°) Responsabilité civile et responsabilité pénale.

473- Auparavant, le législateur malien avait règlementé la responsabilité civile dans le code pénal[8] où les article 26 et 27 reprenaient les dispositions des articles 1382, 1383, 1384, 1385 et 1386 du code civil français.

Le code pénal actuellement en vigueur s'est racheté en précisant dans son article 27 que « Pour l'appréciation de la responsabilité civile, les cours et tribunaux se conformeront aux dispositions du Régime Général des Obligations ». Le nouveau code pénal a ainsi confirmé la séparation entre les deux responsabilités. La victime est libre de saisir le juge civil ou de passer par l'action publique pour entendre sanctionner son droit. Mais la juridiction civile devra

8 Loi n° 99 AN-RM du 3 août 1961 portant code pénal. Il s'agit de l'ancien code pénal.

attendre que le tribunal pénal se prononce avant, conformément au principe : « le pénal tient le civil en l'état »[9] lorsque la victime saisit les deux. Dans les procédures judiciaires au Mali en général le même juge est compétent pour juger le pénal et se prononcer au civil.

Les conséquences de la tenue du civil en l'état par le pénal sont importantes car en effet, la décision pénale déterminera le sort de l'action civile de réparation. La jurisprudence sénégalaise l'a clairement exprimée en décidant que : « le juge civil n'est pas fondé à retenir la faute lorsque ces mêmes faits ont donné lieu à une décision pénale de relaxe »[10].

474- Ensuite les deux responsabilités se distinguent par leur nature, la responsabilité pénale est encourue lorsque ce sont les intérêts de la société qui sont violés à travers une disposition pénale légale générale ou spéciale alors que la responsabilité civile est encourue lorsqu'il y a atteinte aux droits d'un particulier, d'une personne privée.

Aussi peuvent elles se croiser sans jamais se confondre. C'est le cas lorsque à la suite de la commission d'une infraction pénale, une personne subie un dommage. La réparation de ce dommage est différente de la condamnation du prévenu à une peine d'emprisonnement ou d'amende.

Peut on dire que l'une est plus large que l'autre ? C'est la réponse qui suscite beaucoup de prudence dans la mesure où il peut y avoir infraction sans responsabilité civile parce qu'il n'y a pas eu de victime directe (cas de la mendicité) ou encore il peut y avoir responsabilité civile alors qu'aucune infraction à la loi pénale n'est commise. Exemple l'alinéa 1 de l'article 28 du code pénal précise qu'il n'y a ni crime ni délit lorsque le prévenu était en état de démence au temps de l'action alors qu'en droit de responsabilité délictuelle, la réparation peut être obtenue du fait d'un incapable dont le dément. (Article 128 RGO).

***Etat de la législation.**

475- Contre seulement cinq articles (1382 à 1386) du code civil sur la responsabilité délictuelle, les rédacteurs du Régime Général des Obligations ont conçu 33 articles pour gérer la responsabilité délictuelle ? Cet effort du législateur est à saluer, même si, il est vrai, son bréviaire fut le droit français dans ses différentes sources.

---

9 Req. 16 juillet 1928 DP 1929. 1. 33. Note Savatier. Gaz. Pal. 1928. 2. 310.

10 Cour Suprême n° 24 du février 1976. COCC annoté. Op. Cit.

En réalité, le peu de réglementation de la responsabilité délictuelle par le code civil dans ses généralités posait quelques difficultés majeures dont :

— le rôle important que devait jouer la jurisprudence en étant prise en étau entre les dispositions contraignantes et limitatives des articles 4 et 5 du code civil ;

— certaines décisions disparates à la suite des critiques de la doctrine. On pouvait voir des revirements ou errements jurisprudentiels incompréhensibles ;

— l'enseignement du droit de la responsabilité n'était guère aisé puisque la réflexion ne peut être cadrée dans ou par seulement quelques articles.

476- C'est ce à quoi le législateur malien a pallié en allant plus loin dans la réglementation.

Cette abondante législation, en plus des avantages correspondant à la correction et la fixation du droit français, facilite le travail d'approche et de réflexion de la doctrine sur le droit malien de la responsabilité délictuelle.

En effet, toute personne qui entreprend de réfléchir sur cette discipline au Mali ne sera pas écartelée entre positions doctrinales et multiples jurisprudences, même s'il faut convenir que la matière même de responsabilité délictuelle est difficile à cerner globalement et pleinement tant les abcès se crèvent assez vite.

*** Problématique de l'enseignement du droit des obligations au Mali.**
477- Lorsque la formation en droit se déroulait dans le cadre de l'Ecole Nationale d'Administration à la section Sciences Juridiques pour le droit privé, l'accent était mis sur une formation professionnelle pour avoir vite les cadres pour administrer la justice (magistrats, officiers de police judiciaire, officiers ministériels). Aussi c'était le plein emploi pour l'ensemble des sortants de l'ENA[11]. C'est ce qui explique que l'enseignement du droit de la responsabilité délictuelle était développé au détriment du droit des obligations contractuelles dans le droit civil de la 2ème année DEUG. C'est vrai que l'option socialiste n'était pas étrangère à la conception d'un tel programme car le droit des obligations contractuelles est un droit de promotion économique donc de développement de l'initiative privée.

11 De l'ENA, en sortant en petit nombre et il suffisait d'une simple demande manuscrite pour devenir magistrat ou officier ministériel ou de Police.

Comme par logique, la réforme des enseignements du droit civil avec une large place faite aux obligations contractuelles a correspondu avec les difficultés d'emploi liées à l'institution du concours d'accès à la fonction publique. Il faut reconnaître que le réveil a été positivement brutal à compter des années 1984-1985 par l'adoption d'un volume horaire très conséquent en droit civil de 2ème année avec quatre heures par semaine de droit des obligations et deux heures par semaine de droit de la responsabilité et également deux heures de travaux dirigés hebdomadaire. Soit en tout huit heures de droit civil avec aux évaluations deux épreuves au choix dont l'une en droit des obligations contractuelles et l'autre en Responsabilité délictuelle.

478- Cet état de fait va changer négativement avec l'avènement de l'université d'une part par la diminution du volume horaire qui n'est plus que de trois heures hebdomadaires avec les deux heures de travaux dirigés très limitativement enseignés d'autre part et surtout le droit des obligations se dilue dans une année d'enseignement général DEUG 2 où la spécialisation n'a pas encore commencé et où il est secondé par le doit administratif général comme seconde discipline de base. Naturellement, il va sans dire, que les étudiants se retrouvent difficilement car le droit des obligations est la charpente de tous les droits, il faut pour être juste et précis, commencer par le maîtriser sans grande faille.

Il est plus que urgent de revoir le, système d'enseignement du droit des obligations pour éviter d'entendre le leitmotiv invariable qu'il est un droit trop compliqué et lui consacrer toute sa priorité universitaire pour le bien des étudiants en Droit et des futurs enseignants et professionnels qu'ils seront.

SECTION II : GÉNÉRALITÉS SUR LES DIFFÉRENTS RÉGIMES DE RESPONSABILITÉ.

479- La vie harmonieuse en société est emprunte d'une obligation majeure entre individus. Cette obligation se résout en un devoir dit général qui interpelle individuellement et collectivement les membres du corps social pour son respect en évitant toute atteinte, tout dommage à l'un quelconque. Dès qu'il y a dommage que ce soit par un fait propre, le fait d'une chose qu'on garde, ou par le fait de personne dont on répond, il y a violation du devoir général et donc l'obligation de redresser, de réparer cette violation est établie. C'est ce principe que résume l'article 113 RGO en disposant que : « La responsabilité emporte obligation de réparer le préjudice résultant...de la violation du devoir général de ne causer aucun dommage à autrui ».

Ainsi il sera traité dans divers paragraphes le dommage et le lien de causalité, l'obligation de réparer, les causes exonératoires et la réparation du dommage.

PARAGRAPHE I : LE DOMMAGE ET LE LIEN DE CAUSALITÉ.

Le dommage incriminé peut exister sous plusieurs formes et sa sanction exige un lien sûr de cause à effet.

A°) Les variétés de dommages : (supra 376)

Il existe plusieurs variétés de dommages qu'un individu peut subir de la part d'un autre. Le régime général ne les a pas tous cités, mais tous peuvent être invoqués devant le tribunal.

1°) Les dommages retenus par le RGO :

Ce sont les dommages fréquents importants qui emportent.

a°) Le dommage matériel.

480- « Le dommage peut être matériel » (article 114 RGO). Le dommage matériel renvoie à la notion de dommage patrimonial c'est-à-dire tout préjudice subi par la victime directement sur son patrimoine ou qui a une incidence sur ce patrimoine. Il est évidemment entendu que ce préjudice emporte le dommage pécuniaire subi. Il peut s'agir de biens matériels abîmés, de lésions corporelles qui exigent une réparation pour remise en l'état, ou remboursement de frais engagés dans le traitement médical de la victime ou le fait de remédier à la perte d'un salaire résultant du manque à gagner lié à la période d'indisponibilité. Il peut aussi s'agir de préjudice résultant d'une concurrence déloyale ou illégale etc.

b°) Le dommage moral :

481- « Le dommage peut être moral » (article 114 RGO).

Le dommage moral n'a pas d'incidence sur le patrimoine de la victime. On dit qu'il est un préjudice extra patrimonial comme les atteintes portées au nom ; à l'image, à l'honorabilité etc.

En ce qui concerne l'atteinte au droit du respect de son image, il importe de savoir qu'il s'agit généralement de la photographie ou du filmage des personnes dans des lieux privés, ou de l'utilisation de ces mêmes images à des fins publicitaires même si elles ont été faites en lieu public et le tout sans l'autorisation expresse de la victime. La Cour d'Appel de Dakar l'a rappelé en 1985 dans la formule suivante : « La publication à des fins commerciales de l'image d'autrui sans son autorisation constitue une faute et entraîne un préjudice réparable »[12].

482- Le fondement même du préjudice moral a donné lieu à une vigoureuse contestation doctrinale au départ13. Selon ces acteurs l'argent réclamé comme dommages intérêts ne peut et ne saurait effacer la douleur et que d'ailleurs le dommage moral ne peut être évalué.

Ils sont allés jusqu'à laisser entrevoir une forme de peine privée que constitue l'allocation de dommages intérêts pour préjudice moral et que cela violait le principe de séparation des deux responsabilités civile et pénale.

483- Contre ces arguments, la majeure partie de la doctrine et à sa suite la jurisprudence ont reconnu le bien fondé d'une réparation du préjudice moral.

12 C.A Dakar n° 66 du 24 janvier 1985. COCCS annoté P. 57 OP. Cit.

13 Des auteurs furent opposés à sa reconnaissance. P.ESMEIN, Morage… dans Cours de droit des obligations. Tapo (AG) op. cité P.88.

Car il est vrai que le préjudice moral est irréparable par nature, mais il peut être compensé. Ainsi les dommages intérêts alloués n'ont pas une vertu réparatrice mais plutôt satisfactoire. En effet, l'indemnité permettra l'acquisition de certains biens à but compensatoire. La philosophie consolidant de cette idée fut qu'il vaut mieux une réparation imparfaite que la négation de toute réparation. La jurisprudence est allée dans ce sens[14].

Le dommage moral est reconnu et consacré par le législateur malien. On peut donc l'évoquer pour l'avoir subi directement ou par ricochet ou lorsqu'il résulte de l'atteinte à la vie ou à l'intégrité corporelle d'un être cher ou même d'une chose matérielle ou d'un animal.

2°) Les dommages sous entendu par le RGO.

Ce sont des dommages corporels et la perte d'une chance.

a°) Le dommage corporel.

484- C'est un dommage qui arrive fréquemment surtout dans le domaine des accidents de circulation. Il consiste à toute atteinte à l'intégrité physique de la personne humaine que ce soit pour blessures ou par décès.

En cas de blessures la victime aura à supporter une douleur physique, d'éventuels préjudices esthétiques, des amputations de membres, des pertes d'organes, (yeux, dents etc.). C'est un dommage qui doit nécessiter une réparation adéquate d'une façon objective.

A son sujet, la notion de préjudice d'agrément a été retenue lorsque particulièrement il (préjudice) résulte de la perte de qualité de la vie chez la victime[15] ou de la diminution des plaisirs de la vie[16].

b°) La perte d'une chance.

485- La perte d'une chance est un préjudice conçu dans l'état psycho mental de la « victime » d'une situation, qu'elle tente de partager avec l'auteur du

---

14 Civ. 13 février 1922. DP 1923 152. Legais. C consorts Templier.
15 Civ. 2ème, 193mars 1997.
16 CA. Paris 2 décembre 1977 dans Bâtonnier Tapo (K) Op cit.

dommage et le juge tout en se passant pour une personne qui a perdu une chance réelle dont les conditions objectives étaient réunies.

Ainsi le propriétaire d'un cheval, s'apercevant qu'un autre cheval habituellement surclassé par le sien, fut premier à une course à laquelle le sien n'a pas participé par la faute d'autrui.

Encore une lycéenne qui projetait d'entreprendre des études de pharmacienne où les critères d'âge sont précis, fut blessée par accident alors qu'elle venait d'échouer à la première partie de son baccalauréat. Sa demande peut elle être survie de l'effet recherché de perte d'une chance lié au retard que l'accident va la faire subir alors qu'elle même échoue dans les conditions normales aux examens ?[17] La jurisprudence n'a pas reconnu la perte d'une chance dans ces exemples.

— du dommage et le juge tant en se passant pour une personne qui a perdu une chance réelle dont les conditions objectives étaient réunies.

Ainsi le propriétaire d'un cheval, s'apercevant qu'un autre cheval habituellement surclassé par le sien, fut premier à une course à laquelle le sien n'a pas participé par la faute d'autrui.

Encore une lycéenne qui projetait d'entreprendre des études de pharmacienne où les critères d'âge sont précis, fut blessée par accident alors qu'elle venait d'échouer à la première partie de son baccalauréat. Sa demande peut elle être survie de l'effet recherché de perte d'une chance lié au retard que l'accident va la faire subir alors qu'elle même échoue dans les conditions normales aux examens ?[18] La jurisprudence n'a pas reconnu la perte d'une chance dans ces exemples.

Mais cela n'enlève en rien au fait qu'un préjudice lié à une forte probabilité malheureusement irréalisée ne soit reconnu et sanctionné en droit. Ainsi lorsqu'un préjudice, bien que futur, apparaît au juge du fond susceptible d'estimation immédiate, il peut faire droit à la perte d'une chance[19].

---

17 Civ. 2ème 12 mai 1966 (Bull. Civ X n°564. P404. D1967. 3.

18 Civ. 2ème 12 mai 1966 (Bull. Civ X n°564. P404. D1967. 3.

19 Crim. 1er juin 1932. DP 1932. 1, 102. Rapport. Pilon. S 1933. 1. 49. Note A. Mazeaud. GAJC. Op. P. 201.

3°) Les qualités du dommage.

486- Pour que le dommage existe il doit, selon les termes de l'article 114 al.1, être actuel, futur mais certain.

— Le dommage actuel signifie le dommage effectivement subi et stabilisé au jour du jugement. Ce qui n'exclut pas l'hypothèse des dommages futurs qui peut être sanctionnée le jour du jugement si sa survenue parait certaine. Par exemple un Stewart ou une hôtesse de l'air qui subit des dommages corporels alors qu'elle est employée dans une entreprise de tendance. Il ou elle s'attend à un licenciement prochain, même si cela n'est pas intervenu encore le jour du jugement. Donc la personne sera fondée à demander des dommages intérêts en fonction de la perte de son emploi aussi.

— Le caractère certain porte sur l'effectivité actuelle ou prochaine du dommage. Ainsi les simples dommages éventuels ne seront pas pris en compte par le juge.

— Le dommage doit être licite c'est-à-dire qu'il doit porter sur un droit reconnu et protégé par la loi. Ainsi le dommage résultant de la rupture d'un concubinage n'est pas sanctionné dans les conditions ordinaires sur le même fondement qu'un divorce par exemple.

4°) L'évaluation du dommage.

487- L'article 115 RGO dispose que :

« L'évaluation du dommage se fait au jour du jugement ou de l'arrêt ».

Il en résulte deux conséquences :

— D'une part la responsabilité délictuelle est un fait juridique et en tant que tel, son appréciation ressortit à la compétence exclusive des juges du fond. C'est le juge du premier degré à travers le jugement, ou les juges du second degré à travers leur arrêt qui décident. La cour suprême est sans implication dans l'analyse des faits se rapportant à la responsabilité civile. Elle veillera seulement si les dispositions législatives y relatives ont été bien appliquées.

— D'autre part, la situation de la victime n'est pas sanctionnée en droit le jour de la demande introductive d'instance, mais cette situation est analysée et les dommages intérêts idoines accordés le jour où les juges se prononcent. Cela est constant même entre les décisions des juges du premier et ceux du second degré. Aussi en cas d'accident, la victime qui saisit le tribunal aura l'avantage du temps de l'instance pour que les juges se prononcent mieux sur sa situation. Ce qui est une position logique déjà reconnue par la jurisprudence[20].

Tout fait donne-t-il lieu à réparation ?

B°) Le lien entre le fait et le dommage.

488- Le Régime Général des Obligations exige une relation entre le fait générateur et le dommage. Aussi l'article 116RGO énonce que :

> « La responsabilité implique une relation de cause à effet entre le fait générateur et le dommage ».

La relation de cause à effet suppose que le dommage subi soit imputable ou à un fait précis qui l'a directement ou indirectement provoqué. C'est la condition pour que la responsabilité puisse être engagée ou retenue. Par exemple le véhicule qui a renversé quelqu'un établit le lien entre son conducteur et la victime c'est-à-dire exactement l'imprudence du conducteur et le dommage, matériel, corporel ou moral de la victime.

489- Un conducteur, dans sa manœuvre de dépassement peu adapté, oblige un autre conducteur à se rabattre dans le ravin, occasionnant des blessures physiques chez le conducteur et dégâts matériels sur son engin. Il y a là un lien indirect mais sûr, de cause à effet entre la fausse manœuvre de l'auteur et la descente dans le ravin de la victime.

Une fois le dommage établi, il entraîne une obligation de réparer à la charge du débiteur auteur.

20 Civ. 15 juillet 1943 DA 1943. 21. JCP 1943 II 2500 1er esp. Note Aubrecht.

PARAGRAPHE II : L'OBLIGATION DE RÉPARER.

L'obligation de réparer tient compte de l'ordre public, de la nature de la faute et de la situation conjointe ou unique du ou des débiteurs.

A°) Caractères d'ordre public de la responsabilité délictuelle.

490- L'obligation de réparer joue pleinement dès que les conditions d'un dommage sont réunies et sont imputables au débiteur auteur. Rien ne doit pouvoir arrêter la réparation ni même une convention quelconque passée avant. C'est pourquoi on dit que la responsabilité délictuelle est d'ordre public. L'article 117 RGO le déclare avec force en ces termes :

> « Hors les cas prévus aux articles 134 et suivants, les dispositions concernant la responsabilité de droit commun ou les régimes particuliers de responsabilité sont d'ordre public ».

Il faut noter que les articles 134 RGO et suivants se rapportent aux conventions en matière délictuelle. Les conventions ayant pour objet d'effacer ou de diminuer la responsabilité délictuelle sont proscrites tant en droit commun qu'en régimes particuliers de responsabilité civile délictuelle et quasi délictuelle.

Quelle que irraisonnable que cela puisse paraître, il peut arriver que des personnes tentent une entente prématurée, hypothétique sur leur responsabilité en matière délictuelle. Cela n'est pas normal et la jurisprudence a toujours sanctionné en annulant[21].

B°) La faute lourde ou dolosive.

491- Dans les conditions habituelles la responsabilité délictuelle de droit commun comme d'un régime particulier admettent des cas d'excuses, d'anéantissement mais à des conditions précises (supra resp. contractuelle force majeure ou infra chap. III). Mais lorsque cette responsabilité est née suite à un certain comportement largement condamnable du débiteur auteur, il sera tenu à réparation. Ce sera le cas, lorsque le débiteur aura commis une faute lourde ou

21 Civ. 2ème SEct. Civ. 17 février 1955 D. 1956. 17. Note Pesmien. JCP 1955 II. 8951. Note R. Rodière.

une faute dolosive à la base du préjudice. C'est ce que retient péremptoirement l'article 117 alinéa 2 RGO : « En aucune façon le débiteur ne peut s'exonérer de la responsabilité d'un dommage causé à la personne ou des conséquences de son dol ou de sa faute lourde ».

Par exemple un incendie constitue un cas fortuit produisant les mêmes effets que la force majeure en éliminant la responsabilité. Mais s'il est établi que l'incendie a été provoqué par la victime, elle-même discrètement pour obtenir réparation de l'assurance, ce en sera pas possible. De même un travailleur qui frappera son employeur commet une faute lourde compromettant son contrat de travail, et il ne sera pas fondé à réclamer et obtenir des dommages intérêts pour licenciement abusif.

Ce principe joue dans les conditions identiques par rapport à un débiteur dont les préposés auraient commis les fautes de cette même nature (article 117 alinéa 3).

C°) La solidarité entre débiteurs.

492- C'est l'article 118 RGO qui l'institue dans les termes suivants :

> « L'obligation de réparer le dommage pèse solidairement sur tous ceux qui ont contribué à le causer ».

C'est une hypothèse simple où les débiteurs seraient multiples. S'il y a plusieurs débiteurs qui concourent à la survenue d'un dommage, ils seront tous tenus à réparation. (supra 329 et s).

La notion de faute et de son imputabilité n'est pas important ici comme en droit pénal où les aliénés et mineurs échappent à la peine.

En droit de la responsabilité délictuelle c'est la réparation qui est importante, et elle (réparation) a un effet préfix c'est-à-dire court contre tout le monde sans distinction d'âge (mineur) d'état psychique (dément) (article 128 RGO). Cependant il existe des cas où la responsabilité peut être anéantie ou amoindrie.

PARAGRAPHE III : LES CAUSES EXONÉRATOIRES.

Dans certaines situations le dommage pourrait ne pas donner lieu à une réparation ou la réparation ne sera que partielle si la victime a concouru à sa réalisation.

A°) Disparition ou diminution de la responsabilité délictuelle.

492- « La responsabilité peut disparaître ou être atténuée lorsque intervient un évènement qui modifie la relation de cause à effet la faute et le dommage » dispose l'article 119 RGO.

Il y a là le revers de la solidarité entre débiteurs. En effet, lorsque plusieurs débiteurs sont impliqués dans la réalisation d'un dommage, le tribunal analysera au cas par cas pour retenir soit la responsabilité collective mais à des degrés différents selon l'implication des uns et des autres, soit il retiendra une seule responsabilité en libérant les autres présumés auteurs. Cela est nécessaire parce que probablement tous n'ont pas concouru avec la même proportion de responsabilité dans la commission de la faute ayant conduit au dommage ou même que la responsabilité d'autres ne peut être retenue. A ce moment là, ceux dont la responsabilité est dégagée par les circonstances ou autres faits justificatifs sont mis hors de cause, et ceux dont l'implication n'est pas très déterminante auront une responsabilité atténuée.

Par exemple une victime d'accident qui n'a que les membres fracturés au moment du premier accident, avant l'arrivée à l'hôpital, le véhicule le transportant commet un autre accident avec lui et il a la colonne vertébrale fracturée ; une fois à l'hôpital, des suites d'une mauvaise tenue d'un stagiaire les nerfs optiques pètent et il devient aussi aveugle.

B°) La force majeure.

494- Elle a été analysée dans la responsabilité contractuelle et opère exactement dans les mêmes conditions qu'en responsabilité délictuelle (supra).

Seulement, à ce niveau, il serait bien indiqué de suggérer la création d'un fonds spécial de couverture des dommages non réparés du fait de la force majeure. C'est l'Etat qui est interpellé ici et devrait trouver les techniques nécessaires de faire alimenter ce fonds sainement par les citoyens.

Ce serait une action salutaire permettant une prise en charge effective de toutes les victimes. C'est çà aussi le développement. De toutes les façons l'Etat malien est intervenu suite aux évènements de mars 1991 pour indemniser toutes les victimes déclarées ou reconnues à la suite du soulèvement général des populations contre le régime en place.

C°) La faute de la victime.

495- L'agencement de la responsabilité délictuelle fait présumer la faute de l'auteur du dommage. En cela le, droit de la responsabilité a paru longtemps être un droit partisan, se penchant toujours du côté de la victime.

Mais de plus en plus, il a été relevé que la victime pouvait avoir quelque responsabilité dans ce qui lui arrive, dans la réalisation du dommage qu'elle a subi. Selon le cas, cet état de fait produit deux conséquences par l'article 121 RGO qui déclare :

> « La faute de la victime atténue la responsabilité de l'auteur du dommage dans la mesure où elle concourt à le causer.

Elle peut la faire disparaître si elle présente pour l'auteur du dommage les caractères d'un cas fortuit ou de force majeure ».

— Premièrement, lorsque par son comportement fautif la victime concourt à la réalisation du préjudice qui lui est causé, le tribunal appréciera le degré de concours de la victime et donc de libération de l'auteur. Cette hypothèse est plus fréquente dans les cas d'accident de circulation où beaucoup de victimes circulent à une vitesse excessive, ou sans permis de conduire, ou en inobservation des règles du code de la route. Dans ce cas il y aura une responsabilité atténuée conduisant à une réparation partielle évidemment.

— Deuxièmement c'est l'hypothèse de la faute exclusive de la victime. Lorsque le dommage causé à la victime est imputable à sa faute exclusive, l'auteur est dégagé comme par un cas de force majeure. C'est le cas quand la victime, voulant se suicider, se jette sous la voiture d'u chauffeur qui roule à vitesse règlementaire : qu'elle meurt ou qu'elle soit blessée, cette victime ou ses parents ne peut rien réclamer au propriétaire du véhicule ou à son assureur.

Le tribunal ne pourra pas condamner l'auteur à devoir quelque dommage intérêt que ce soit.

D°) Responsabilité et fait justificatifs :

496- Le législateur malien a pensé à ce détail en le notant dans l'article 122 RGO :

> « Il n'y a pas de responsabilité si le fait dommageable a été commis de façon raisonnable pour la légitime défense de soi-même ou d'autrui ou pour garantir des biens que l'auteur détient légitimement ».

A ce niveau les deux responsabilités civile et pénale se recoupent en partie. En effet, l'article 28 du code pénal précise qu' « il n'y a ni crime ni délit :

> 1°) lorsque le prévenu était en état de démence au temps de l'action ou de légitime défense de soie même ou d'autrui ;
> 2°) lorsqu'il a été contraint par une force à laquelle il n'a pu résister ;
> 3°) lorsqu'il a agi en vertu d'un commandement de la loi ou d'un ordre de l'autorité légitime ».

Les deux responsabilités disparaissent, par la loi, dans les cas de commandement de l'autorité légitime ou de l'ordre de la loi, de la légitime défense de soi ou d'autrui, sauf à préciser que la légitime défense est un fait juridique qui reste à approuver. Donc l'état de nécessiter diversement exprimée leur est commune également.

497- Par contre le droit de la responsabilité délictuelle marque sa différence par le fait qu'il oblige les incapables c'est-à-dire le prévenu en état de démence ou le mineur à réparer.

De même il admet la non réparation lorsque le dommage est causé à la suite de la tentative de sécuriser les biens légitimement détenus par l'auteur. La notion de biens légitimes laisse supposer les propres biens de l'auteur, ceux des membres de sa famille ou ceux en dépôt chez lui. Elle exclut conséquemment les biens volés. Donc un voleur ne saurait invoquer le bénéfice de l'article 122.

A la suite de l'article 121 évoquant la faute de la victime, l'article 122 fait penser au cas de consentement de la victime.

***Le consentement de la victime.**

498- Cette expression déclenche dans la tête du juriste la référence aux droits dont on a l'entière disponibilité.

Ainsi pour le premier cas il n'y a pas de difficultés particulières, le consentement de la victime peut supprimer la faute ? Cela est fréquent dans les dommages matériels.

Ainsi victime qui laisse ou fait détruire ses biens, ne pourra que s'en prendre à elle-même. Elle ne pourra pas assigner l'auteur de ces dommages.

Aussi la personne qui fait plonger sa montre à l'eau au motif que cette montre est anti-eau (water proof). Si la montre prend de l'eau, c'est l'affaire du propriétaire quelque soit la valeur de la montre. Mais pour le second cas c'est-à-dire lorsque la victime ne peut disposer des droits mis en cause le consentement ne peut opérer. On peut retenir les deux variantes suivantes :

— d'une part quand la victime expose son corps, sa vie et qu'il y ait un auteur qui accepte d'y porter atteinte, ce dernier sera condamné à réparer pour la simple raison que le corps humain, la vie humaine ne sont pas dans le commerce juridique et surtout l'homme, dans la société, est titulaire du droit à l'intégrité physique et du droit à la vie sans être propriétaire de son corps et de sa vie. Il n'est pas rare d'entendre que des gens se font tirés dessus par des tiers pour essayer des dispositifs mystiques anti-munition ou pare balles. Ou encore que des gens se font rouler des engins dessus pour des démonstrations ludiques. Cela est condamnable et les juges ne devraient aucune indulgence.

499 -D'autre part en acceptant certains sports : boxe, judo, karaté, football, basket-ball, les acteurs consentent à subir les dommages légitimes normaux dans le cadre de la réglementation de ces sports. Ces règlementations observent les dispositions d'ordre public. Il peut arriver qu'un acteur soit blessé ou y laisse la vie. Si le fait accidentel n'est pas intentionnel et intervenu dans le strict respect des règlements, il n'y a pas de responsabilité. Aussi un boxeur peut être blessé ou mourir suite à un coup reçu, un autre sportif peut perdre un membre etc. Mais lorsque le dommage arrive à la suite d'une faute intentionnelle mettant à nu la méchanceté de l'adversaire, sa hargne injustifiée, sa responsabilité délictuelle sera retenue sans exclure une éventuelle poursuite pénale.

PARAGRAPHE IV : LA RÉPARATION DU DOMMAGE.

L'objectif même du droit de la responsabilité civile est la réparation des préjudices causés aux tiers. Comment cette réparation est mise en œuvre ? Et le législateur est parti d'un principe pragmatique de réparation à la réparation par équivalent tout en veillant au fait qu'elle (réparation) puisse être juste et équitable en termes de convenances quantitatives.

A°) Le concours entre types de réparation.

500- D'abord c'est la réparation en nature c'est-à-dire celle qui consiste en la récupération matérielle et technique adéquate de la chose endommagée qui est reconnue par le législateur à la double condition que cela soit possible et que la victime le demande (article 123 RGO).

La commission d'un dommage suffit à placer la victime en position d'imposer sa voie de réparation. Elle choisira selon ses intérêts mais à la condition objective que la réparation matérielle soit techniquement possible. Par exemple une voiture endommagée et son propriétaire demandant à faire la tôlerie et le changement des phares et feux divers simplement. Ou encore un enfant est à la base de la mort d'un animal d'autrui et le propriétaire demande à ses parents le remplacement simple parce que les parents de l'enfant en ont du même genre.

501- En réalité, la réparation par nature, lorsqu'elle est demandée exclusivement, elle marque un esprit de tolérance, d'indulgence de la victime qui veut une juste réparation. L'auteur tient compte des circonstances, de ses rapports sociaux avec la victime etc., tout un ensemble de faits qu'il apprécie favorablement.

— Ensuite, il est possible qu'en plus de la réparation par nature ordonnée ou devenue effective[22] que la victime demande des dommages intérêts en sus à titre de réparation complémentaire (article 123 RGO).

22 Dans la pratique la mise en œuvre de la responsabilité délictuelle dans ses effets donne lieu à beaucoup de transactions entre tiers sans l'intervention du tribunal.

L'on peut se demander a priori sur le bien fondé d'une telle requête. Il semble qu'un tel complément vienne combler un autre dommage qui serait le dommage moral à la suite d'une réparation en nature quelque peu imparfaite, inadéquate et qui dérange psychologiquement le rapport de propriété entre la victime et son bien.

502- Il faut signaler dans le domaine des dommages corporels que l'octroi des soins est acquis d'office à la victime par l'auteur qui le conduit au centre de santé indiqué et en supporte les frais jusqu'à stabilisation et consolidation. Toutes les autorités peuvent l'ordonner, la police, la gendarmerie ou le tribunal. Mais cela n'est pas une réparation en nature parce que le corps humain n'est pas dans le commerce juridique. En effet, après consolidation[23] le processus en indemnisation, selon le bon vouloir de la victime et de ses parents reprend ses droits contre l'auteur du dommage.

— Enfin l'article 123 RGO in fine énonce qu'à défaut de la demande de la réparation par nature, que la victime devra bénéficier d'une réparation par équivalent. Sur ce plan elle ressemble à la réparation pleine dans l'exécution totale d'une convention. Par conséquent elle va consister à la condamnation du débiteur auteur à devoir des dommages intérêts au profit de la victime ou de ses parents. C'est ce qu'on a appelé les dommages intérêts compensatoires. Ces dommages intérêts n'effacent pas le préjudice subi mais viennent le compenser c›est-à-dire essayent de se substituer à lui en « comblant » un manque à gagner. Puisqu'ils ne sont pas en nature, donc ils consistent en argent et on parle de réparation pécuniaire. Là aussi, les parties peuvent s'entendre, ou le faire par le soin d'un arbitre ou se retrouver devant le tribunal et le juge l'ordonne.

Comment ces dommages intérêts sont fixés ?

B°) Fixation des dommages intérêts.

503- L'article 124 RGO dispose que :

> « Sauf dispositions particulières les dommages intérêts doivent être fixés de telle sorte qu'ils soient pour la victime la réparation du préjudice subi ».

23 La consolidation n'est pas forcément une guérison pleine et entière de la victime. Elle vise à situer en fin de douleur du dommage subi, la situation physique de la victime selon l'état général de son corps, l'incapacité temporaire, permanente totale, partielle, etc.

L'objectif du législateur ici est de pouvoir rétablir l'équilibre social entre l'auteur et sa victime par une réparation qui se veut intégrale n'égratignant ni les susceptibilités de l'auteur ni les attentes de la victime. Cela est-il possible par le juge ou l'arbitre ?

Que ce soit le complément de réparation en plus de la réparation par nature ou la réparation par équivalent, la fixation des dommages intérêts d'une façon parfaite et adéquate parait difficile voire impossible. Cela, d'autant que la loi fait bien de parler des dommages intérêts compensatoires car rien ne valait le statu quo anté des personnes concernées c'est l'observance de la non violation du devoir général de ne causer aucun dommage à autrui. Dès que ce devoir est violé, les personnes rentrent dans le champ de l'inconnu et devraient se contenter de l'à peu près dans le rétablissement des choses.

504- En conséquence, l'arbitre ou le juge tentera autant que faire se peut, au vue des différents rapports techniques, d'experts, des plaidoiries d'avocats, de sa propre religion dans la conduite des débats d'octroyer à la victime les dommages intérêts compensatoires en fonction de l'importance relative du préjudice subi. Evidemment le juge ne devrait pas accorder de dommages intérêts trop dérisoires par rapport à la demande de la victime comme il ne peut aller au-delà de ce qu'elle (victime a demandé) au regard de la règle « non judicata solvi » qui lui interdit d'octroyer plus la victime n'en a demandé. Dans le même temps lorsqu'une victime demande trop, il a le devoir de ramener à de justes propositions.

La difficulté de la fixation des dommages intérêts semble encore plus marquée quant à la réparation des dommages moraux.

Après cette étude générale de la responsabilité délictuelle, il semble à présent plus facile de conduire la réflexion par rapport aux différents régimes pris de façon spécifique.

SECTION III : LA RESPONSABILITÉ DU FAIT PERSONNEL.

L'on ne devrait être tenu à son propre insu comme responsable d'un dommage causé à autrui. Il peut arriver que l'on soit tenu de réparer des dommages causés à son insu pour le cas des personnes dont on répond ou des choses dont on a la garde. Mais lorsque la condamnation à la réparation découle d'un fait de l'auteur lui-même, il devrait être conscient qu'il a commis une faute de comportement active ou passive qui le met dans les liens inévitables de réparation. C'est la raison qui détermine le caractère important et fondamental de la responsabilité délictuelle découlant du fait personnel.

Ainsi il sera judicieux de tenter de saisir cette responsabilité d'une part à travers l'existence de faute et d'autre part en l'absence de faute.

PARAGRAPHE I : LA NOTION DE FAUTE.

506- La faute est une notion que les juristes utilisent et manipulent sans être d'accord sur sa définition. En fait, d'accord il existe une base consensuelle mais qui dans beaucoup de cas de figures ne peut caractériser d'une façon adéquate le comportement, l'agissement de l'auteur : la faute, produisant les mêmes effets, semble multiforme selon le degré de gravité, la manière de sa commission etc. Aussi elle sera étudiée dans sa définition, dans les cas d'abus et de trouble de voisinage.

A°) Définition.

507- La faute, déclare l'article 126 RGO est :

> « Un manquement à une obligation préexistante de quelque nature qu'elle soit ».

Cette obligation préexistante semble avoir pour source la violation du devoir général d'épargner autrui de tout dommage exprimé dans l'article 113 RGO. Les hommes vivant en société doivent se comporter les uns par rapport aux autres en bon père de famille à la fois par eux-mêmes, par les personnes dont ils répondent ainsi que les choses à leur garde. Aucun fait volontaire ou involontaire de l'un ne devrait porter atteinte à un bien ou à un droit quelconque d'autrui au sens large du terme. Car porter atteinte à un droit d'autrui est source de génération de responsabilité (article 114 in fine RGO). C'est ce principe de bon comportement mutuel fondé sur l'équilibre de la société qu'exprime l'article 125 RGO en ces termes :

> « Toute personne qui par sa faute même d'imprudence, de maladresse ou de négligence, cause à autrui un dommage est obligée de le réparer »[24].

508- Malgré ces définitions légales plus ou moins fournies, il est convenu que la notion de faute n'est toujours pas bien cernée. Aussi pour y aller davantage et tenter une meilleure compréhension de la notion, il s'avère nécessaire de recourir à une définition doctrinale en l'occurrence celle donnée par le doyen Benabent[25] :

> « La faute délictuelle est donc une atteinte à l'attitude que l'on peut attendre entre concitoyens normalement conscients et respectueux de l'équilibre qu'exige toute vie en société ».

En nuançant l'expression « entre concitoyens », la faute peut être envisagée dans des rapports entre non concitoyens notamment entre ressortissants de pays différents qui sont en relations diverses, l'on peut concevoir que cette définition du Doyen Benabent tient effectivement compte de la faute délictuelle dans sa possible diversité et son intensité.

B°) L'abus de droit.

509- « Commet une faute par abus de droit celui qui fait l'usage de son droit dans sa seule intention de nuire à autrui ou en fait usage contraire à sa finalité » dispose l'article 127 RGO.

Les droits existent et sont reconnus aux citoyens dans la mesure de leur exercice correct, vertueux par ceux-ci. Chacun doit avoir la notion de mesure en tête lorsqu'il réclame en droit, ou entend faire sanctionner ce droit.

24 C'est la reprise combinée des articles 1382 et 1383 du code civil en ce sens que l'article 1383 traite des fautes d'imprudence, de maladresse et l'article 1382 énonce que : « Tout fait quelconque qui cause à autrui un dommage oblige celui par la faute duquel il est arrivé à le réparer ». C'est la faute personnelle.

25 Benabend (A) Droit civil : les Obligations ; Op. cité. Page 221.

1°) Définition :

510- L'abus de droit est un excès dans l'exercice du droit qui peut se retourner contre son titulaire en le réduisant en défendeur.

L'abus de droit se conçoit comme une faute intentionnelle commise dans l'exercice d'un droit initialement plein et entier et qui a pour conséquence de se retourner contre son titulaire. L'abus du droit peut transparaître dans tous les domaines, il peut y avoir un abus du droit à la priorité dans la circulation routière, un abus de droit dans la procédure judiciaire etc.

2°) Caractéristiques :

Deux faits ou objectifs fondamentaux caractérisent l'abus de droit, l'intention de nuire et l'usage détourné.

a°) L'intention de nuire :

511- Elle porte sur le but que le titulaire poursuit en exerçant son droit. En principe l'exercice d'un droit répond à un besoin, c'est celui de se satisfaire. Ce besoin de satisfaction ne doit en aucune manière se muer en un besoin de nuire à autrui ; par exemple une personne qui entreprend une série d'actions judiciaires contre une autre personne, le bloquant à un moment donné (crucial pour ses affaires) dans l'accomplissement des activités professionnelles, et abandonne par la suite sans raison apparente l'ensemble de ces actions par la suite.

b°) L'usage détourné :

512- C'est l'hypothèse où une personne, consciente de la plénitude de ses droits dans une situation juridique, les exerce d'une manière illogique, incompréhensible. Ce sera le cas lorsque à l'approche d'un mariage l'un des fiancés rompt au seul motif qu'il est libre de se marier ou de ne pas se marier. Ce peut être encore le cas d'un syndicat, profitant de la reconnaissance légale du droit de grève, le déclenche sans préavis, sans observation du délai de négociation ou pour un motif non légitime. Même dans le domaine du droit du travail un licenciement dans le cadre d'un contrat de travail à durée indéterminée peut paraître abusif lorsque l'employeur ne respecte pas le délai de préavis, ou ne sollicite pas l'autorisation administrative dans certains cas, ou renvoie pour pouvoir utiliser à la même place un proche.

L'intention est la mesure dans l'exercice correct ou abusif d'un droit. Aussi apparaît-il nécessaire la vigilance des tribunaux pour saisir et sanctionner au besoin ces cas d'abus qui constituent une pourriture du droit contre la force du droit elle-même.

Il apparaît également que ce sont des questions de fait que le juge ne peut soulever d'office. C'est aux parties de le faire par voie d'action ou d'une façon reconventionnelle.

S'il est notoire que l'abus de droit dénote une intention de nuire chez le titulaire du droit, il est des cas où cette intention n'existe pas mais les droits des uns demeurent troublés par l'exercice du droit des autres.

C°) Le trouble de voisinage.

513- Le Régime Général des Obligations n'y fait pas allusion expressément, mais il le laisse sous entendre après l'abus de droit.

Le voisinage est la parenté légale, se dit on, dans la société. A ce titre les voisins sont amenés à supporter certains troubles de nature bénigne et permanente ou certains troubles de nature plus grave mais intervenant rarement. La philosophie cohabitatrice étant que chacun, un jour où l'autre pourrait être auteur d'un tel trouble, donc il y a un modis vivandis qui se dégage. Des fois l'activité, à la base du trouble peut avoir été autorisée par l'administration ou découlée de l'exercice légal, correcte d'une activité professionnelle, cas d'un industriel fabriquant des produits de consommation précis suivies d'émission de fumées, de bruits insupportables.

Alors, lorsque les troubles sont bénins ou occasionnels les voisins sont réduits à les supporter sans dédommagement possible. Mais quand ces troubles deviennent importants, anormaux, la jurisprudence se penche inexorablement vers leur réparation[26]. La détermination du caractère anormal relève de l'appréciation souveraine du juge du fond[27].

26 Civ. 27 novembre 1844. DP 1845. 1. 13.
27 Tapo (A.G) Op. Cit. P. 94. Civ. 3ème, 3 novembre 1977. 1978. 434.

514- La question de la réparation peut être posée quand à sa nature.

Il semble que lorsque la réparation par nature est possible par l'adoption de certains dispositifs réduisant les bruits, fumées, c'est elle qu'il faut ordonner. S'il y a lieu à éliminer par exemple des chiens qui aboient trop, il faut l'ordonner sous peine d'astreinte. Lorsqu'une telle réparation ne s'avère pas possible, il faudra ordonner une réparation compensatoire par l'allocation de dommages intérêts.

Les rédacteurs du Régime Général des Obligations n'ont pas manqué de prévoir les cas de responsabilité en l'absence de toute faute et de rappeler que les faits fautifs constituent des éléments relevant de l'appréciation des juges du premier et du second degré.

Paragraphe II : L'absence de faute.

515- Il convient d'analyser le caractère de fait de la faute échappant à la cour suprême avant d'envisager la faute par rapport à l'incapacité.

A°) La faute, un fait juridique.

Le législateur malien dans l'article 129 RGO énonce que :

> « Le juge apprécie les faits et qualifie par rapport à la conduite d'un homme prudent et diligent, en tenant compte des circonstances de l'espèce ».

Le comportement humain doit être évalué par rapport à « une unité de mesure » relevée chez le bon père de famille qui est une personne moyennement intelligente, au comportement raisonnable, à la psychologie équilibrée. Ainsi chaque conduite humaine fautive est comparée à celle de cet homme idéal. S'il est établi que le bon père aurait agi de la même manière, l'auteur de la faute est disculpé, mais s'il s'avère que le bon père aurait agi autrement dans le bon sens même en s'abstenant, en ce moment l'auteur est condamnable. Ce faisant, le juge ne peut pas tirer un axiome pour sanctionner tous les cas de la même manière. Il lui est imposé un raisonnement spécifique à chaque cas qui lui serait soumis. C'est ce qui est très logique dans la mesure où chaque conduite humaine fautive est déterminée par ses circonstances de production particulières. Ainsi la conduite de l'auteur du dommage peut être entièrement intentionnelle ou intervenir par imprudence, maladresse ou autre ou même le rôle joué par la victime peut influencer l'acte ou le comportement de l'auteur.

Dans tous les cas ce sont les juges du fond qui apprécieront les faits dans leur rapport avec la conduite incriminée pour en tirer les conséquences de droit. La cour suprême devra se confiner simplement à rechercher si la décision des juges du fond n'a pas outrepassé les dispositions des articles de la loi applicables.

Peut on en conclure que sans faute il n'y a pas de réparation ?

B°) La faute et l'incapacité.

516- Les dispositions de l'article 128 RGO lèvent toute équivoque à ce sujet en instituant l'obligation de réparer de l'incapable. (supra 157).

L'article 128 RGO dispose :

> « Il n'y a pas de faute si l'auteur du dommage était de par son état naturel dans l'impossibilité d'apprécier son acte.
> Toutefois, tout acte peut obliger l'auteur du dommage à réparer ou être pris en compte pour l'exonération partielle ou totale ».

C'est ce qu'on appelle en droit de la responsabilité civile délictuelle la « réparation sans faute » fondée sur le respect absolu de l'équilibre des rapports sociaux dont aucune violation n'est admis sauf faute exclusive de la victime ou en cas de force majeure absolue.

L'incapable ne commet pas de faute selon l'alinéa premier de l'article 128. Il faut entendre l'incapable dans son sens large du terme tel que défini dans le code du mariage et de la tutelle dont l'article 146, parlant des majeurs incapables, cite les personnes en état habituel d'imbécillité, de démence ou de fureur ; il s'agit aussi des enfants mineurs qui n'ont pas encore atteint l'âge de 21 ans.

517- Cette catégorie de personnes ne saurait commettre une faute même si de leur agissement ou comportement il est résulté des dommages bénins ou graves. Cela n'est que théorique parce que la non commission d'une faute ne les dispense pas de réparation des dommages causés.

Puisque chaque personne a forcément un patrimoine et que le contenu du patrimoine n'a aucun rapport avec l'état mental et psychique ou avec l'âge de la personne, la loi a décidé que chaque fois qu'un élément de la société subi un dommage de la part d'un incapable, que le patrimoine de ce dernier réponde par l'imputation des charges de la réparation.

Il revient une question à l'esprit : et lorsque le patrimoine de l'incapable n'est pas fourni ? Ce sont les parents, les tuteurs qui vont répondre, s'ils ont commis de faute de surveillance. Mais là, la victime doit apporter la preuve du défaut de surveillance.

518- De même le législateur pousse sa logique jusqu'au bout dans la mesure il prévoit l'hypothèse où la victime serait l'incapable lui-même. Dans ce cas les juges verront au regard des faits, quelle a été la participation de la victime incapable dans la réalisation du dommage. L'indemnité accordée tiendra compte de ce degré de participation. Cette solution était déjà envisagée par la jurisprudence française[28].

La responsabilité du fait personnel se conçoit comme celle qui incarne la responsabilité au sens véritable du terme dans la mesure où elle permet de saisir l'auteur du dommage pour ses actes indus. Il est vrai que la nécessité de l'équilibre social a fait imposer une réparation pour faute par le législateur. Mais cela aussi se comprend car seule une défaillance dans les mesures sociales et légales peut expliquer la commission de dommages par un incapable.

A côté de cette responsabilité il existe une autre dont une personne peut être tenue à réparation sans implication directe personnelle.

28 Ass. Plen. 9 mai 1984. DP 1984. 525. RTD civ. 1984. Obs. J Amed.

SECTION IV : LA RESPONSABILITÉ DU FAIT D'AUTRUI.

519- L'article 140 RGO, tout en confirmant la responsabilité du fait personnel qui est la plus importante, énonce que l'on peut être tenu du dommage « qui est causé par le fait des personnes dont on doit répondre ».

Dans des cas limitativement retenus le législateur dans sa quête de stabilité et de sécurité sociale, a bien voulu sanctionner des comportements fautifs de garde ou de surveillance de personnes : cas des parents et des maîtres et artisan ; ou sanctionner les conséquences d'un pouvoir de direction résultant d'un contrat de travail : cas du commettant.
On parle en général pour caractériser cette responsabilité, du fait d'autrui, « des civilement responsables ».

En effet, au nom du principe de la personnalité des peines, le responsable du fait d'autrui ne peut être poursuivi au pénal pour les fautes commises par les personnes dont il répond. Par contre sur le plan civil, il peut lui être demandé la réparation pleine et entière des dommages causés par les personnes dont il répond.

PARAGRAPHE I : LA RESPONSABILITÉ DES PARENTS POUR LEURS ENFANTS.

520- C'est une conséquence directe et immédiate de la filiation qui crée des devoirs réciproques entre parents et enfants (article 80 du code de la parenté). Cette responsabilité découle pour les parents de l'exercice légal des droits qui se résument dans la puissance paternelle et qui leur confère l'avantage de gérer les biens de leurs enfants mais aussi l'obligation de les entretenir et de les éduquer (article 81 CP).

Il est nécessaire, pour cerner cette responsabilité, de comprendre la notion de parents d'avoir une idée précise de la faute qu'il (parents) peuvent commettre.

A°) La notion de parents.

521- Selon les termes de l'article 142 RGO : « Est responsable du dommage causé par l'enfant mineur habitant avec lui ; celui de ses père, mère ou tout autre parent qui en a la garde ».

Plusieurs hypothèses sont susceptibles de se présenter selon l'état de la famille de l'enfant.

Il faut commencer par spécifier que la notion d'enfant comporte à la fois les propres enfants du couple comme les enfants adoptés légalement que ce soit adoption simple ou en adoption plénière respectivement désignées adoption protection et adoption filiation en droit malien[29].
D'abord, lorsque les deux parents vivent ensemble avec l'enfant sous le même toit, la garde et par voie de conséquence la responsabilité revient au père de l'enfant en vertu e l'article 34 CMT qui énonce que : « Le mari est le chef de famille ».
Cette responsabilité du père doit s'étendre sur le cas de ses enfants naturels reconnus mais non récupérés pour quelle que raison de fait que ce soit.

522- Dans les établissements et institutions socio protecteurs recevant les enfants initialement abandonnés ou volontairement remis (SOS Sanankoroba, Mopti) ce sont les directeurs de ces établissements qui assument la responsabilité parentale.

— Ensuite les articles 40 et 41 transfèrent la qualité de chef de famille soit à la femme ou la première épouse ou à toute personne désignée par le mari en cas d'absence prolongée, d'interdiction, de séparation de corps de fait, ou en cas de condamnation à une peine criminelle du mari.

Il faut spécifier que si c'est un cas de séparation de corps de fait, le mari continuera d'être responsable des actes des enfants séparés de son fait ou de celui de sa femme.

— Enfin dans le cas de décès du mari entraînant la fin du mariage ou même des deux époux, le chef de la circonscription administrative désignera un tuteur sur proposition du conseil de famille.

523- Si entre temps les enfants commettent des infractions, quel sera le sort réservé à la réparation ?

Il s'agira de réfléchir dans deux sens : d'une part si le dommage intervenu dans le délai normal imparti par la loi, la réparation devra être supportée par le patrimoine indivis ou le patrimoine propre de l'enfant (article 128 RGO).

29 Code de la parenté articles 58 et suivants et 66 et suivants.

D'autre part si le conseil de famille a tardé à se réunir ou que le chef de circonscription administrative a tardé à procéder à la nomination du tuteur proposé, le tribunal devra chercher la faute de ce côté et ce sont les membres du conseil de famille qui seront responsables collectivement ou individuellement selon le degré de négligence des uns et de autres. Si c'est le chef de circonscription la faute sera établie et c'est la circonscription ou l'état qui devra supporter la réparation tout en conservant son droit de recours par l'action récursoire.

B°) Responsabilité basée sur la faute.

524- Les enfants sont des êtres humains profitant comme leurs parents de toutes les libertés : aller et venir, récréation etc. et de tous les droits reconnus. Sauf qu'ils (enfants) doivent les exercer sous garde et surveillance de leurs parents ou des personnes qui exercent l'autorité parentale sur eux. Si au cours de l'exercice de ces droits divers, l'enfant provoque un dommage à autrui, c'est plutôt la faute de leurs parents ou tuteurs qui sera recherchée.

L'enfant en droit positif malien est toute personne physique qui n'a pas atteint 21 ans[30] qui est l'âge de majorité civile c'est-à-dire de l'indépendance juridique à laquelle est assimilée l'émancipation de l'enfant pouvant intervenir dès l'âge de 18 ans (article 83 CP) notamment par le fait du mariage.

Par rapport à la responsabilité parentale l'article 142 RGO déclare :

> « Il n'y a pas de responsabilité dès lors que la personne chargée de la garde démontre qu'elle n'a commis aucune faute de surveillance ou d'éducation et qu'elle n'a pu empêcher le fait dommageable ».

Il apparaît que c'est une simple présomption que la loi établit et que le parent s'en sort en apportant la preuve qu'il n'a commis aucune faute dans la garde de l'enfant, qu'il n'a commis aucune faute d'éducation ou de surveillance. Cette appréciation se fait in concréto. C'est-à-dire que le tribunal analyse le comportement de l'enfant par rapport aux circonstances du dommage à l'effet de comprendre si une garde plus serrée, ou une surveillance plus rapprochée pouvait éviter la commission du dommage.

---

30 Article 5 du code de la nationalité, divers textes règlementant les conditions d'accès aux différentes professions juridiques et judiciaires.

525- A ce moment dans la négative quel sera le sort du dommage causé ? Restera-t-il non réparé ?

Non. Il sera réparé mais à la condition que dans le patrimoine propre de l'enfant il y ait un actif conséquent susceptible d'y répondre. Le parent ou tuteur ayant couvert son propre patrimoine par la démonstration qu'il n'a commis aucune faute.

Pour pousser le raisonnement jusqu'au bout, la victime pourra- t-elle attendre l'âge de majorité de l'enfant pour l'assigner ? Cela ne devrait pas être autorisé dans la mesure où la faute s'apprécie au jour de sa commission. En revanche, si le patrimoine fut insuffisant le jour du dommage ou du jugement pour réparer, est ce qu'à sa majorité l'ancien incapable ne devrait pas continuer à réparer ? Le reconnaître et le consacrer serait faire le lit à une insécurité sociale face à la justice sociale.

PARAGRAPHE II : LES RESPONSABILITÉS DES MAÎTRES ET ARTISANS POUR LEURS APPRENTIS.

526- C'est une responsabilité d'encadrement. La vie humaine est une chaîne continue, en ce sens que des gens enseignent à d'autres, des gens apprennent à d'autres. Ainsi les maîtres et artisans d'aujourd'hui furent les apprentis d'hier et pour réussir leur qualification, ils ont dû se comporter correctement. En conséquence il leur est exigé de veiller à cette même correction chez leurs apprentis.

Il faut s'assurer à la fois des notions évoquées et de la responsabilité encourue.

A°) Les notions.

527- L'artisan c'est celui qui apprend une profession à une autre appelée apprenti, métier d'arts, chauffeur etc.

— Le maître est également un professionnel plus aguerri que l'artisan qui assure une formation, un apprentissage à un niveau plus élevé dans les domaines techniques divers. On parle de maître artisan.

— L'apprenti, quant à lui, peut être toute personne sans critères d'âge et de sexe qui n'avait aucune initiation, et qui est reçu par un artisan sous contrat pour une initiation professionnelle. Il peut encore être une personne déjà initiée, ou qualifiée qui décide d'ajouter à ses compétences techniques et professionnelles en approfondissant ou en diversifiant ses connaissances. Ainsi, sous la même appellation, il (apprenti) peut être engagé chez un artisan ou un maître.

Le régime Général des Obligations relève que :

> « Les maîtres et artisans sont responsables des dommages causés par leur apprentis pendant le temps où ils sont sous leur surveillance » (article 143 al. 1RGO).

528- D'une façon large le maître ou l'artisan répond de tous les dommages causés par leurs apprentis dans l'atelier que cela soit volontaire ou non. Aussi un apprenti qui abîme une pièce dans un garage rend le garagiste responsable qui devra réparer ou remplacer la dite pièce. De même un apprenti qui commet un accident avec le véhicule en essai rend doublement responsable son maître pour la réparation du dommage subi par le véhicule et par rapport aux dommages causés à d'autres tiers par l'accident.
D'une façon restreinte, le maître n'est responsable que des dommages que l'apprenti commet pendant le temps où il est sous sa surveillance. En clair, sur le chemin d'aller, de retour, ou d'autres comportements responsables, sortie intempestive de l'apprenti du garage, complicité avec certains clients, dans ce cas le maître ne répond pas. L'apprenti est responsable et ses éventuels complices devraient s'en prendre à eux-mêmes.

B°) Responsabilité basée sur la faute.

529- L'article 143 al 2 dispose : Que :

> « Ils (maîtres) peuvent se dégager de cette responsabilité en apportant la preuve qu'ils n'ont pu empêcher le fait qui a causé le dommage ». C'est une responsabilité qui découle d'une simple présomption également, pouvant être combattue par la démonstration d'une preuve contraire qu'ils n'ont commis aucune faute de surveillance de l'apprenti et qu'il n'était pas possible pour eux, d'empêcher le dommage intervenu.

A ce moment la victime devra se reporter sur l'apprenti et ses parents s'il est mineur pour la réparation du dommage subi.

PARAGRAPHE III : LA RESPONSABILITÉ DES COMMETTANTS PAR LEURS PRÉPOSÉS.

530- Cette responsabilité est pendante d'un pouvoir juridique reconnu à l'employeur par le droit de travail. En effet, l'employeur a, dans ses prérogatives, le pouvoir de diriger et de sanctionner son employé. Dès lors il devient facile de déduire que tout ce que l'employé fait est censé découlé du respect de son contrat de travail. En conséquence les dommages qu'il commet devraient être couverts, supportés par son patron.

A°) L'employeur présumé responsable.

531- Les dispositions de l'article 144 RGO établissent que :

> « Les commettants répondent des dommages causés par une personne soumise à leur autorité lorsque celle-ci encourt dans l'exercice de ses fonctions une responsabilité à l'égard d'autrui ».

Ici plus que dans le cas de la responsabilité parentale, le commettant est censé agir, se comporter par l'intermédiaire de son employé qui ne ferait qu'exécuter ou observer ses (employeur) instructions en prenant quelques heureuses initiatives parfois.

Cette idée est confirmée par l'alinéa 2 de l'article 144 RGO qui spécifie que lorsque les personnes agissent pour le compte d'une personne morale, elles engagent identiquement la responsabilité de celle-ci. Or, pour le cas de la personne morale, c'est la loi qui règlemente ainsi la représentation selon son statut. C'est donc une présomption juste et logique.

B°) Les conditions de la responsabilité du commettant.

Malgré cette forte présomption qui pèse sur l'employeur ou la personne morale, il a été dressé quelques conditions pour que leur responsabilité puisse être retenue.

L'article 145 RGO révèle deux conditions dont l'une est confirmative et l'autre infirmative.

1°) La condition confirmative :

532- L'article 145 al 1 RGO ajoute que : « Le commettant n'est responsable que si le fait dommageable est en relation avec l'exercice des fonctions du préposé ».

Quoique présumé agir dans le cadre d'un mandat général professionnel, l'employé ne devra commettre des actes ou prendre des initiatives qu'en rapport avec les attributions techniques et administratives de sa fonction. Dès qu'il s'en éloigne ou qu'il exerce autre compétence. Son commettant ne saurait répondre de ses écarts professionnels qu'il devra assurer pleinement lui-même.

2°) La condition infirmative :

533- Elle est à l'envers de la précédente et se constate lorsque selon l'alinéa 2 de l'article 145 RGO : « Le préposé a accompli un acte indépendant du lieu de préposition ». Il s'agit des initiatives malheureuses, des cas d'excès de zèle, voire de malhonnêteté de l'employé. Dans le cas précis de malhonnêteté le commettant pourrait être responsable toujours si toutefois l'acte incriminé a quelque rapport avec les attributions du préposé. Aussi dans un garage de tôlerie, un préposé qui essaie de faire la peinture d'un client de bonne foi à l'insu du commettant et qui rate la dite peinture. Le client pourra assigner le commettant pour être indemnisé.

C°) Choix de l'assignation de la victime.

La victime, aux termes de l'article 146 RGO al 1er dispose d'un choix d'assignation, qu'elle peut exercer en visant l'un quelconque du commettant ou du préposé pour se faire dédommager car la responsabilité du commettant n'est pas exclusive de la responsabilité du préposé.

La victime pourra, selon son bon vouloir et sa stratégie traduire celui contre lequel elle peut facilement établir la faute et obtenir réparation.

D°) Le recours du commettant.

535- Le commettant qui répare, possède une action récursoire contre son préposé si celui-là est fautif (article 146 al 2). Il ne s'agit pas de la faute du préposé par rapport à la victime simplement mais aussi et surtout sa faute par rapport aux attributions de son contrat de travail avec le commettant. La conséquence de l'action récursoire est que le préposé fautif rembourse entièrement tous les frais occasionnés par la réparation chez le client du commettant.

PARAGRAPHE IV : LA RESPONSABILITÉ DES ENSEIGNANTS POUR LES ÉLÈVES.

536- Les structures de formation intellectuelles sont censées être collectives en ce qu'elles mettent ensemble beaucoup d'enfants (élèves et étudiants) provenant de divers milieux avec des réalités différentes, des comportements différents. Cela nécessite, pour réussir l'objectif, une bien sérieuse surveillance de la part des responsables que sont les enseignants, professeurs et instituteurs.

Ainsi il sera analysé, le domaine, la preuve de la faute et la distinction entre enseignement public et privé.

A°) Domaine.

537- La responsabilité enseignante vise les élèves des structures de base et du secondaire au Mali.

L'article 147 RGO dispose :

> « Les enseignants des cycles fondamental et secondaire sont responsables des dommages causés par leurs élèves pendant le temps qu'ils sont sous leur surveillance.
> Les personnes ou institutions chargées de l'éducation et de la surveillance des enfants mineurs répondent des dommages causés par ceux-ci ».

Il s'agit des enfants mineurs des jardins d'enfants et clos d'enfants de 0 à 6ans des élèves des écoles fondamentales de 7 à 14 ou 15 ans de la première année primaire à la 9ème année fondamentale, plus selon l'ordre choisi au secondaire (lycée ou technique professionnel) 3 à 4 ans le tout sans redoublement. Ce qui se ramène à un âge de 18 à 19 ans pour obtenir le baccalauréat ou le brevet de technicien.

A priori, l'on relève que le législateur malien, implicitement prévoit un âge structurel et non un âge réel juridique.

En effet, la grande majorité des élèves terminent les cycles secondaires alors qu'ils ne sont pas devenus majeures (21 ans) sauf à interpréter favorablement l'alinéa 2 de l'article 147 sur la responsabilité des institutions d'éducation où le législateur a parlé d'enfants mineurs. Dans ce cas, même les écoles supérieures et l'université peuvent être responsables du fait des étudiants qui n'ont pas encore la majorité. Conséquence, ce ne sont plus seulement les enseignants des cycles fondamental et secondaire mais mêmes certains enseignants du cycle supérieur qui peuvent être responsables.

B°) La faute prouvée.

538- Les fautes, imprudences, ou négligences invoquées contre les enseignants comme ayant occasionné le fait dommageable doivent être prouvées par le demandeur en instance (article 147 in fine RGO). L'instance ressortit à la compétence du tribunal judiciaire civil et l'action de la victime se prescrit par trois ans (article 148 al 2 RGO) à compter du jour où le dommage a été commis.
L'article 147 vise les dommages causés soit à des tiers soit à d'autres élèves pendant le temps que ceux-ci étaient sous la surveillance effective des dits enseignants ou des établissements.
Les enseignants et les écoles peuvent écarter leur responsabilité en prouvant qu'ils n'ont pas commis de faute, et mieux encore en expliquant qu'une surveillance même attentive, ne pouvait empêcher le dommage survenu.

539- Ce principe a été suffisamment relevé par la cour d'Appel de Dakar dans le cas de l'enseignant privé. En effet, estime la jurisprudence sénégalaise « l'obligation qui pèse sur l'enseignant privé est une obligation de moyen ; celui-ci étant tenu en s'acquittant du devoir de surveillance qui pèse sur lui, de prendre toutes dispositions utiles pour éviter à l'enfant qui lui été confié un accident »[31].
Sur l'appréciation de la faute, il est fait référence au bon père de famille c'est à dire un enseignant diligent, moyennement intelligent. Le tribunal verra en pratique comment l'enseignant a laissé les enfants faire des jeux dangereux ou brutaux, ou laisser se semer un désordre à l'occasion d'un simple changement entre salles de classes ou tout autre incident source de désordre[32].

31 CA Dakar n° 167 du 28 mars 1980. COCC annoté. Op. Cit. .
32 TERE (F) et Cie. Op. Cit.

C°) Distinction entre enseignement public et privé

540- Cette distinction est intéressante en ce qu'elle confère la responsabilité de l'état à la place de l'enseignant fonctionnaire ou contractuel de l'Etat.

> « La responsabilité de l'Etat est substituée à celles des membres de l'enseignement public ».

Le procès en responsabilité se déroulera normalement et l'enseignant fonctionnaire ou contractuel de l'Etat devrait se défendre très correctement et aura intérêt à démontrer qu'il n'a commis aucune faute de surveillance. Il y a intérêt dans la mesure où en cas de condamnation de l'Etat à devoir des dommages intérêts, ce dernier (Etat) dispose de l'action récursoire contre son employé pour se faire rembourser. Il va en résulter une ponction mensuelle sur ses salaires jusqu'à concurrence du montant déboursé par l'Etat.

540- Du coté de l'enseignement privé[33] l'on pourrait déduire que la responsabilité de l'école privée est substituée à celle de l'enseignant qui a laissé se commettre le dommage et l'école à travers son promoteur aura un droit de recours contre son enseignant employé fautif. Il procédera également, pour compenser, à des prélèvements sur les rémunérations de cet enseignant.

Il reste l'hypothèse où, dans le cas particulier du Mali, un élève public envoyé dans une école privée par l'Etat provoque un dommage. Dans ce cas qui doit répondre en dernier ressort ? Logiquement ce serait l'Etat qui répondra. De même un élève dans une école privée commet une faute détachable d'un comportement normal à l'école devrait engager la responsabilité de ses parents directement.

La responsabilité du fait d'autrui est importante et complétive de la responsabilité du fait personnel. Mais sa conception s'ouvre vers un autre type de responsabilité.

33 La notion d'enseignement privé n'est pas tout à fait la même au Mali qu'en France. Cf. Sékou F Cissouma. Thèse d'Etat en Droit Privé sur le « statut de l'enseignement Privé au Mali » UCAD avril 2008.

SECTION V : LA RESPONSABILITÉ DU FAIT DES CHOSES ET DES ANIMAUX.

542- C'est une responsabilité de principe que le droit érige au compte des propriétaires ou autres utilisateurs de bonne ou de mauvaise foi des biens surtout mobiles et des animaux.

« Toute personne est responsable du dommage causé par le fait des choses ou des animaux dont elle a la garde », dispose l'article 149 RGO. En fait, il est question d'une part des choses qui ne bougent que par l'action humaine donc suite à la volonté consciente de l'homme et d'autre part d'êtres privés de toute capacité de discernement, les animaux.

La responsabilité du fait des choses et des animaux est une expression à saisir, à circonscrire pour aboutir à la responsabilité du gardien (paragraphe I) et il est intéressant de comprendre la responsabilité résultant du bâtiment ou de l'incendie (paragraphe II).

PARAGRAPHE I : DÉFINITION ET CONTOURS.

Qu'est ce que la garde en droit et quand est ce que le gardien est déchargé de toute responsabilité ?

A°) Définition.

543- Selon les termes de l'article 150 al 1 :

> « La garde est le pouvoir d'usage de direction et de contrôle détenu par le propriétaire qui utilise l'animal ou la chose personnellement ou par l'intermédiaire d'autrui ». Ce qui amène à distinguer d'une part le pouvoir sur la chose et d'autre part son utilisation.

1°) Le pouvoir sur la chose ou sur l'animal.

La loi met trois pouvoirs au profit du propriétaire.

a°) Le pouvoir d'usage.

544- Le pouvoir d'usage est le fait pour le propriétaire de se saisir de son bien ou de son animal pour s'en servir directement conformément à son utilité et pour la satisfaction d'un bien précis sans nuire à autrui.

Exemple : prendre sa moto, sa voiture pour aller au travail, attacher son cheval, son âne pour une traction d'eau.

b°) Le pouvoir de direction.

545- Une fois que la chose ou l'animal doit servir son propriétaire, c'est par la volonté de ce dernier que la chose se déplace ou est déplacée. Par conséquent la chose ou l'animal passe par la voie ou se trouve à un lieu précis que le propriétaire- utilisateur- a bien voulu lui imprimer. Toute position occupée par la chose ou son utilisateur est présumée être celle que le propriétaire veut qu'elle occupe et ce, qu'elle soit une chose animée ou inerte.

c°) Le pouvoir de contrôle.

546- Le pouvoir de contrôle reconnu au propriétaire, lui permet d'arrêter tout mouvement quelconque, toute utilisation quelconque de la chose ou de l'animal. De même, le pouvoir de contrôle oblige le propriétaire à empêcher que la chose ou l'animal commette un préjudice au détriment d'autrui. Il permet que la chose serve son propriétaire sans nuire aux autres membres du corps social.

2°) L'utilisation de la chose ou de l'animal.

547- La chose et l'animal sont des biens qui doivent servir socialement et économiquement leur propriétaire ou leur titulaire. Mais comment s'y prendre ? Le propriétaire peut s'en servir directement ou par personne interposée comme ses enfants, proches, commettants etc. A l'appréciation, la responsabilité encourue par ces derniers ne serait pas détachable de celle du propriétaire. En effet, ils sont censés exercer les pouvoirs d'usage, de direction et de contrôle sous la responsabilité du propriétaire, encore que dans tous les cas, le véritable propriétaire peut toujours arrêter toute utilisation par le biais de son pouvoir de contrôle.

La jurisprudence française avait établi également les responsabilités des animaux et du fait des choses animées, inanimées ou inertes au compte de leur propriétaire[34] par une présomption de faute.

B°) Contours de la garde.

548- Le principe est que la garde est présumée être assurée par le propriétaire ou des gens répondant de lui par un lien légal quelconque. Mais il peut en être autrement comme le précise l'alinéa 2 de l'article 1 :

> « La garde est transférée lorsque le propriétaire a conféré à autrui l'animal ou qu'un tiers l'utilise sans sa volonté ». (infra 563).

Cette idée a eu un solide échos dans la jurisprudence notamment sénégalaise qui établit en substance que le transfert de la maîtrise de la chose entre les mains d'un tiers ne disculpe pas nécessairement le propriétaire et donc il est nécessaire, pour ce faire, qu'il y ait un acte ou des circonstances qui permettent le transfert ou sa présomption au débiteur pour que le propriétaire soit dégagé.

La même exigence demeure lorsque le prêteur a sur l'emprunteur une autorité familiale, technique ou économique[35].

Ce qui laisse entrevoir un transfert de droit et un transfert de fait.

1°) Le transfert de droit de la garde.

549- Lorsque le propriétaire par une convention bilatérale ou unilatérale, à titre onéreux ou non, loue, prête une chose à autrui, la chose reste sa propriété mais sa garde change de titulaire. Il en sera de même, lorsque le propriétaire placera un bien en réparation : voiture ou moto au garage, ou un animal à une clinique vétérinaire. (infra 564).

---

34 Civ. 27 octobre 1885. DP 86. 1-207. S 86. 133 ; resp. Pro animal.

Ch. Revu. 13 février 1930. DP. 1930 1 57. note Ripert, S 1930 1. 121 Note Esmein chose inanimée.

Civ. 19 février 1941 DC 1941-85 Note J Flou responsabilité chose inerte, rôle passif.

35 CA Dakar n° 96 du 27 mars 1970 COCC. Annoté op. Cit.

Il peut cependant y avoir un problème par rapport au pouvoir de contrôle du propriétaire en vertu duquel il peut faire retourner ou immobiliser la chose ou l'animal. Cependant la convention, étant considérée comme la loi des parties, il parait difficile pour le propriétaire d'arrêter son effet avant son échéance ou l'atteinte de son objet (cas de prêt par exemple).

2°) Le transfert de fait de la garde : (infra 565).

550- Lorsqu'un tiers procède à l'utilisation d'une chose ou d'un animal sans le consentement de son propriétaire ou titulaire, il en devient gardien dès que le légitime propriétaire perd toute emprise sur la dite chose. Ce sera le cas lorsque dans le cas de personnes pour lesquelles (enfants) le propriétaire utilise le droit de garde, outrepassent leurs mandats. Mais c'est surtout le cas des voleurs qui est visé. La définition pénale du vol dit qu'il : « est une soustraction frauduleuse du bien d'autrui ». C'est le caractère frauduleux qui légitime le transfert de fait de la garde, au compte du présumé voleur. Cependant ce transfert de garde pour être à l'abri d'éventuelles contestations, est soumis à quelques conditions dont la déclaration du vol à la police ou à la gendarmerie et surtout qu'il ne puisse être établi que le propriétaire fut négligent dans la garde dans les moments précédant le vol[36].

C°) La responsabilité du gardien

550- C'est une responsabilité dite objective parce qu'elle dépend uniquement du préjudice dont la chose ou l'animal serait à la base. Donc l'existence du dommage causé par l'animal ou la chose en quelque position qu'ils soient, suffit à établir la responsabilité délictuelle du gardien (article 151 al 1 RGO).

Il faut est fréquent que le dommage résulte d'une attaque frontale violente entre deux choses qu'on appelle collision où il y a victime de part et d'autre. Le régime Général des Obligations n'y fait pas d'allusion ; par contre les rédacteurs du code des obligations civiles et commerciales du Sénégal l'ont envisagé dans l'article 140 qui dispose qu' « en cas de collision, les victimes peuvent chacune invoquer les dispositions de la responsabilité du fait des choses ou des animaux ».

36 C.A Dakar n° 220 du 8 mai 1981. COCC SURET2 Op. Cit.

Donc il s'agit d'un cas de responsabilité réciproque où les victimes des deux camps vont s'adresser aux gardiens des deux choses et à leurs assureurs pour être indemnisés.

La responsabilité du gardien peut disparaître entièrement ou partiellement s'il est établi que le préjudice causé ne pouvait être conjuré du fait de la force majeure ou qu'il impliquait le fait déterminant d'un tiers ou était imputable en partie ou exclusivement à la victime elle-même (al 2 art151 RGO).

552- Chacune de ces éventualités appelle une observation.
D'abord pour la force majeure, elle effacera la responsabilité lorsqu'elle intervient dans des conditions normales. Sinon si elle est consécutive à une faute du gardien ; voleur, garde conventionnelle prolongée, il ne saurait y avoir exonération.

Ensuite le fait du tiers libérera selon son importance totalement ou partiellement le gardien de la chose. Mais le préjudice ne resterait pas non réparé dans ce cas parce que la responsabilité du tiers devrait se substituer à celle du gardien en vertu de l'article 125 RGO ou 1382 du code civil selon sa participation.

Enfin la faute de la victime, quelque soit son statut (mineur, majeur incapable, volonté de se suicider). Ce sera une question de fait à apprécier par les juges lesquels concluront à sa responsabilité partielle ou non conformément à l'article 128 RGO.

La responsabilité du fait des choses connaît d'autres domaines.

Paragraphe II : Responsabilité résultant du bâtiment et de l'incendie.

Ce sont des responsabilités spécifiques liées à l'importance du bien, source de la responsabilité ou à la gravité du fait à l'origine du préjudice.

A°) Les bâtiments défectueux.

553- Le législateur malien a posé dans l'article 152 RGO une responsabilité de principe résultant d'une obligation de prudence et de vigilance du propriétaire.

> « Dans les cas particuliers où le dommage a été causé par la ruine d'un bâtiment, à la suite de son mauvais entretien ou d'un vice de sa construction, le propriétaire est responsable à titre principal vis-à-vis de la victime, quand bien même il ne disposerait pas effectivement de la garde de ce bâtiment ou n'aurait pas connu le vice de construction qui a causé le dommage ».

Le législateur malien est allé au delà de l'article 1386 du code civil[37].

Un bâtiment est conçu et exécuté conformément à des normes techniques précises en raison de son utilité sociale qui est d'abriter des familles, composées d'êtres humains. En conséquence, il y a lieu de se prémunir pour que le lieu d'abris ou de protection contre les intempéries ne devienne pas source de dommages pouvant anéantir la vie humaine. S'il devait arriver un préjudice à la suite de la ruine d'un bâtiment, ce préjudice va être excessivement important sans nul doute à la fois pour l'intégrité et la vie humaine ainsi que sur le plan économique et matériel. Ainsi Le Régime Général des Obligations a dégagé une responsabilité secondaire supplétive.

1°) Le propriétaire, responsable à titre principal.

554- Le propriétaire est responsable à titre principal parce que :

— d'une part sur le plan juridique il est à la base de l'occupation du bâtiment par sa mise volontaire en location ou pour tout autre motif d'occupation ;

— d'autre part matériellement, il avait l'obligation de prendre certaines précautions avant de construire et ce en conformité avec les dispositions du code domanial et foncier notamment, faire élaborer un plan conformément à la nature du sol, solliciter et obtenir préalablement une autorisation de construire, faire exécuter, ou surveiller les travaux du chantier par un technicien etc. Ainsi le propriétaire pourra éviter un possible vice de construction.

37 Le propriétaire d'un bâtiment est responsable du dommage causé par sa ruine, lorsqu'elle (ruine) est arrivée par suite du défaut d'entretien ou par le vice de sa construction article 1306 c. civil).

2°) A titre secondaire.

555- D'une façon supplétive la responsabilité des techniciens chargés de concevoir et d'exécuter les plans de construction ou chargés de l'entretien peut être retenue au cas où le propriétaire les avait régulièrement constitués en respectant leurs exigences et recommandations.

La victime aurait un choix, dans l'assignation entre le propriétaire et les techniciens) mais pourra assigner les deux (propriétaire et technicien pour se faire dédommager. Le propriétaire a deux actions logiquement contre les techniciens. Une première action pour responsabilité contractuelle et une seconde qui serait une action récursoire au cas où il (propriétaire) a été condamné au profit de la victime à lui devoir des dommages intérêts.

Tous les titulaires de contrats divers devant intervenir dans la construction d'un bâtiment contrat de travail, contrat d'entreprise, devront correctement exécuter leurs obligations pour éviter d'éventuelles responsabilités à la fois contractuelles ou délictuelles[38].

B°) Le cas de l'incendie.

556- Le texte malien l'article 153 RGO fait une méprise rédactionnelle en parlant de « l'immeuble ou de biens immobiliers » or, l'article 1384 du code civil parle de biens mobiliers. Donc l'article 153 RGO doit être lu et compris comme suit :

> « Toutefois celui qui détient, à titre quelconque, tout ou partie de l'immeuble ou des biens mobiliers dans lesquels un incendie a pris naissance ne sera responsable vis à vis des tiers, des dommages causés par cet incendie que s'il est prouvé qu'il doit être attribué à sa faute ou à la faute des personnes dont il est responsable ».

Le principe qui se dégage de cet article est l'irresponsabilité de la personne de chez qui l'incendie est parti, où a pris naissance. Que ce soit dans l'immeuble, maison d'habitation, bureau qu'il occupe ou des biens meubles dont il est propriétaire ou titulaire, qu'il en soit propriétaire ou locataire. En effet,

38 Civ 4 août 1942 DC 194. 1, note G. Ripert. S. 194. 1. 8. Note Houi. JCP 1942 IV 2006. Note PL.P.

la philosophie de cette irresponsabilité pourrait être fondée sur le fait que l'incendie, avant sa propagation chez autrui, commence par consumer tout chez celui chez lequel il a pris naissance. Lui demander dans ces conditions de réparer chez autrui alors qu'il vient d'être ruiné serait inhumain et le droit risque de rater son objet par une telle exigence.

557- Par contre, malgré qu'il en soit première victime, si l'incendie lui est imputable ou imputable à une personne dont il répond, il sera tenu à réparation du préjudice causé à autrui. Ce n'est pas une faute présumée. Il faut, pour la victime, de l'établir d'une façon indubitable.

Le droit de la responsabilité délictuelle s'étant montré flexible en raison de ses différents fondements faute, risque, garantie etc. il va sans dire, qu'il constitue une notion extensible et turgescente. La faute est une notion liée à l'homme, à son évolution et le risque dépend des activités et initiatives humaines également. C'est ainsi qu'il est apparu récemment une notion nouvelle qui fraie petit à petit son chemin théorique qui sera précédé des particularités de la responsabilité des véhicules terrestres.

PARAGRAPHE III : LES PARTICULARITÉS DE LA RESPONSABILITÉ DES VÉHICULES TERRESTRES : AVANCÉES NOTOIRES DU DROIT OHADA.

558- L'étude des particularités d'une responsabilité des véhicules terrestres n'entrave en rien la responsabilité du fait des choses et des animaux décrite dans l'article 149 RGO et suivants. En théorie la responsabilité découlant de la possession des véhicules terrestres vient compléter et raffermir la responsabilité du fait des choses et des animaux qui est plus large. L'article 149 RGO dispose :

> « Toute personne est responsable du dommage causé par le fait des choses ou des animaux dont elle a la garde ». En dehors des animaux la notion de choses peut porter à la fois sur des choses mobilières comme les véhicules à moteur terrestres, toute autre chose comprise comme bien pouvant appartenir ou servir l'homme ; ou sur des choses immobilières : Sol, des endroits spécialement aménagés, comme magasins de vente, les salles de distractions au sens large, etc.

559- Il convient cependant de noter avec satisfaction une nette avancée dans les options du législateur OHADA en matière de responsabilité des véhicules terrestres à travers le code CIMA sur l'assurance dont les dispositions consistent, à vrai parler, en des dispositions spéciales par rapport aux dispositions des codes civils ou des obligations existants notamment le Régime Général des Obligations du Mali.

Pour comprendre ce code CIMA relativement à la responsabilité des véhicules terrestres il faut en cerner la définition, le domaine, les acteurs de dommages qu'il vise et les victimes couvertes. Tout cela devrait être utilement précédé d'une approche réaliste à saisir.

*** Approche réaliste :**

560- La volonté du législateur OHADA est, sans ambages, son inclination à assurer une indemnisation universelle des victimes d'accident de circulation routière. A cet effet il a élargi la notion même de victime en l'étendant à beaucoup d'autres personnes initialement écartées (infra) ainsi que la notion d'auteur en l'étendant aux personnes pouvant se retrouver en infraction (infra).

Par cette option le législateur CIMA est réaliste parce qu'il tient compte d'une façon générale de la position économiquement faible des pays de l'OHADA où comte tenu de beaucoup d'impondérables, des victimes d'accident de circulation pourraient se retrouver sans réparation aucune.

Cependant, comme on le dit « l'arbre ne doit pas cacher la forêt » dans la mesure où la préoccupation du législateur OHADA pourrait facilement laisser la place, conjoncture difficile aidant, à une autre préoccupation majeure relative à la non assurance de certains véhicules[39]. En cas d'absence d'assurance de véhicule, l'on retomberait purement et simplement dans le schéma de l'article 149 et suivants du Régime Général des Obligations du Mali.

Il faut rappeler que les dispositions du code CIMA ont fait l'objet de développements pertinents et particulièrement éclairants de grands auteurs africains.[40]

39 Il peut y avoir beaucoup de véhicules qui circulent sans être assurés ou dont l'assurance est périmée à l'insu des propriétaires. Cela sans tenir compte des motifs de déchéance du droit d'assurance pour d'autres raisons.

40 CIMA : Droit des Assurances. Anne-Marie A Assi-Esso, Joseph Issa Sayegh et Jacqueline Lohoues-Oble.

A°) Définition :

561- Par le jeu de l'assurance il est établi un principe juridique consistant en l'effacement opportun du véritable auteur de l'accident, auquel est substitué la compagnie d'assurance pour verser l'indemnité subséquente à la victime41. Puisque l'assurance des véhicules terrestres à moteur est obligatoire, les compagnies d'assurance récoltent les primes d'assurances de plusieurs clients et procèdent, en cas d'accident causé par ces véhicules ou les personnes à leur bord à autrui, à la réparation des dommages causés.

B°) Domaine de l'assurance :

562- L'assurance obligatoire concerne tous les véhicules terrestres à moteur ainsi que leurs remorques et semi-remorques appartenant à des personnes physiques ou morales[42] qui peuvent causer des dommages aux tiers (autrui) ou leurs biens. Pour que ces engins circulent, ils doivent être assurés car ils sont dotés d'une énergie cinétique[43] que fait courir des risques aux autres. Le engins des chemin de fer et les tramways sont exclus de l'assurance obligatoire (article 200 al 1er code CIMA).

C°) Les auteurs des dommages couverts par la loi.

A ce niveau il y a eu des avancées du droit communautaire par rapport aux législations nationales. Ainsi en plus du propriétaire d'autres personnes ont été reconnues comme gardiens de véhicule.

1°) Le propriétaire du véhicule. (supra 548)

563- Le propriétaire, lorsqu'il passe un contrat régulier d'assurance, il est couvert entièrement par l'assurance en cas de dommage causé à autrui que ce dommage soit causé par lui-même ou par le fait d'une autre personne dont il répond. Cette couverture s'est consolidée avec la prise en charge, par le code CIMA, des dommages causés par le propriétaire lorsqu'il est même en état d'ébriété c'est-à-dire sous l'effet de l'alcool (article 211 al. 1er du code CIMA).

41 La victime peut assigner l'un des deux : assuré ou assurance.

42 L'Etat en est exclu parce qu'il serait toujours solvable.

43 CIMA : Droit des Assurances. Anne-Marie A Assi-Esso, Joseph Issa Sayegh et Jacqueline Lohoues-Oble.

2°) Les autres gardiens.

Ce sont les professionnels et le voleur qui en constituent l'essentiel.

a°) Les professionnels. (supra 549)

564- Il s'agit des garagistes, des personnes intervenant habituellement dans la vente, la réparation ou le contrôle du bon fonctionnement de l'automobile. Ils doivent s'assurer pour couvrir leur responsabilité ainsi que celle de leurs collaborateurs ou celle des personnes rentrées en possession du véhicule de leur chef[44].

b°) Le voleur. (supra 550)

565- Le voleur est couvert de droit par l'assurance du propriétaire du véhicule selon les termes de l'article 200 al. 2 du code CIMA qui précise que l'assurance garantit, en plus de la responsabilité du propriétaire de l'automobile souscripteur du contrat celle de tout gardien ou de tout conducteur même non autorisé qui devient légalement « assuré »[45]. Une telle couverture du voleur parait atypique a priori. Cependant elle n'est qu'apparente et vise surtout la prise en charge effective, sans risque de la victime. En effet, l'alinéa 3 de l'article 200 du code CIMA permet à l'assureur de réclamer au voleur, auteur du dommage, l'indemnité qu'il a eu à verser à la victime. L'assureur sera donc subrogé dans les droits du créancier qui était la victime de la personne qui a pris le véhicule contre le gré de son propriétaire.

D°) Les victimes (tiers) ayant droit à réparation.

La notion de tiers s'est dédoublée et a conféré désormais des avantages certains.

1°) La notion de tiers bénéficiaire.

Aux tiers habituellement connus se sont ajoutés de nouveaux à l'effet de révolutionner le droit des assurances.

---

44 CIMA. Droit des assurances. Op. Cit.

45 CIMA. Droit des assurances. Op. Cit. P. 350.

a°) Les tiers classiques.

566- Ils sont généralement constitués des piétons, des cyclistes, les termes de l'article 225 visent également les victimes toutes sources confondues, « victimes contractuelles » comme « victimes délictuelles »[46]. Ces personnes peuvent évoquer la responsabilité d'un transporteur.

b°) Les nouveaux tiers.

567- Par rajout aux tiers retenus par les législations nationales, le droit OHADA dans le code CIMA article 200 in fine a pris en compte désormais les membres de la famille du conducteur ou de l'assuré que sont ses enfants, son conjoint, ses parents au sens strict et large du terme. En cas d'accident ceux-ci ont également droit à réparation nonobstant leur lien de parenté avec l'assuré[47]. En principe même les personnes visées comme constituant une surcharge pour le véhicule, ont droit à l'indemnisation.

2°) Les avantages acquis.

Ces avantages profitent à la victime à un double titre.

a°) Par l'écartement de la force majeure et situations voisines.

568- C'est là la véritable révolution de la responsabilité délictuelle découlant de la circulation routière par rapport au droit commun de la responsabilité délictuelle. Cette révolution peut être relevée dans les articles 226 et 228 du code CIMA. D'une part l'article 226 déclare l'inopposabilité à la victime de la force majeure ou du fait d'un tiers, d'autre part l'article 228 prévient que la victime ne peut être privée de réparation en raison de sa propre faute sauf dans le cas où elle a volontairement recherché les dommages subis48. Signalons cependant que si la victime ne peut perdre le bénéfice de la réparation pour fait d'un tiers ou pour sa propre faute, que l'assurance devrait être subrogée dans les droits du créancier de la réparation dans le premier cas et dans le second cas, ce devrait être une somme simplement forfaitaire qui devrait être allouée à la victime comme réparation à titre de réparation sanction. Il reste

46 CIMA. Droit des assurances. Op. Cit.
47 Idem.
48 CIMA. Droit des assurances. Op. Cit. P. 347.

à noter que le cas de la force majeure peut être constitutif de conflit entre le droit communautaire et le droit national dans certains Etats comme le rappelle cette jurisprudence ivoirienne : « En tout état de cause, cette présence de bœufs sur la voie publique a constitué pour l'automobiliste un évènement imprévisible et insurmontable exonérant le gardien du véhicule en cause de toute responsabilité »[49]. Cette décision est suivie dans la jurisprudence.

b°) Le bénéfice de l'action directe.

569- Le second avantage conféré par l'assurance résulte de l'article 54 al.1 du code CIMA qui confère l'action directe à la victime qui lui permet de pouvoir directement assigner l'assurance pour obtenir réparation. Ce qui a pour conséquence de garantir la victime qui sera seule à profiter de l'indemnité d'assurance[50]. (infra 655)

Cette particularité de la responsabilité et de l'indemnisation quasi-automatique offerte par le droit OHADA opère un rapprochement avec un autre type de responsabilité.

49 Cour d'Appel d'Abidjan, ch. Civ. Com. 29 octobre 1982. Rev int. Dr. 19861/2 P. 141- 151. Idem P. 347.

50 Idem.

SECTION VI : LE PRINCIPE DE PRÉCAUTION. (SUPRA 469)

570- La notion de précaution a été érigée en principe dans le langage juridique autour des années 1990.

D'abord consacré dans le domaine de la protection de l'environnement, le principe de précaution s'est progressivement étendu à celui de la sécurité alimentaire, des actes médicaux etc. Il est conçu en droit de la responsabilité civile délictuelle comme un principe supplétif de la réparation des dommages pouvant découler des actes et activités des praticiens, entrepreneurs et décideurs politiques. Il sera examiné en deux parties, son contenu (paragraphe I) et la responsabilité y afférente (paragraphe II).

PARAGRAPHE I : CONTENU DU PRINCIPE DE PRÉCAUTION.

Il s'agit de comprendre le principe dans son acception et les domaines qu'il couvre.

A°) Définition.

571- Principe issu du droit de l'environnement, selon lequel, l'absence de certitude, compte tenu des connaissances scientifiques et techniques du moment ne doit pas retarder l'adoption de mesures effectives et proportionnées visant à prévenir un risque de dommages graves et irréversibles à l'environnement à un coût économiquement acceptable[51].

L'article 25 de la loi sur la sécurité en biotechnologie[52] affirme que :

> « Dans l'éventualité de dommages graves ou irréversibles, l'application du principe de précaution doit être de règle ».

La nature juridique et la portée exacte du principe de précaution ne sont pas établies avec certitude quoi qu'il produise des effets juridiques à la fois au pénal et au civil. Il y est particulièrement visé, les rapports entre l'homme et son environnement naturel, physique, humain. Car il doit exister un équilibre matériel entre eux.

51 Lexique des termes juridiques 13ème édition. Dalloz 2001.

52 Loi n° 08-042/du 1er décembre 2008 relative à la sécurité en biotechnologie en République du Mali.

B°) Domaines couverts par le principe de précaution.

572- Le principe de précaution est en passe de connaître une expansion générale, toutefois il a commencé par le domaine environnemental.

Dans le droit environnemental, l'équilibre naturel impose raisonnablement une certaine équité entre générations successives. Aussi les ressources naturelles comme l'eau, l'air, la flore et la faune doivent être exploitées avec réserve par les générations actuelles de manière à sauvegarder les intérêts des générations à venir. Si cet équilibre est faussé les générations anciennes ou actuelles sont responsables devant les générations actuelles ou futures. Généralement les gens agissent sans pouvoir calculer en chiffre leur responsabilité, sinon la perception des risques que l'on fait encourir aux successeurs serait plus évidente. Tout se passe comme si les précédentes générations agissent en ignorance inconsciente. Par conséquent le principe de précaution se veut une arme contre une telle ignorance et ses conséquences.

Après l'environnement le principe de précaution s'est étendu dans les domaines de la santé avec en France le problème de la transfusion sanguine comme illustration. Il a été à la base de ce nouveau risque que les services de santé ont fait courir à certaines personnes en 1994 et c'est la responsabilité de l'Etat qui était visée. Dans le domaine de l'alimentation et de l'hygiène alimentaire les consommateurs doivent être protégés contre les produits défectueux, les publicités trompeuses, l'effet des organismes génétiquement modifiés (exemple : vache folle, poulet de dioxine, lait de mélamine etc.).

PARAGRAPHE II : RESPONSABILITÉ DÉCOULANT DU PRINCIPE DE PRÉCAUTION.

573- Il s'agit de comprendre la nature et le fondement de cette responsabilité et d'y apporter une appréciation critique

Le législateur malien a très récemment adopté un texte relativement à la biotechnologie[53] dont le champ d'application, selon son article premier, concerne l'importation, l'exportation, le transit, l'utilisation confinée, la libération ou la vente d'OGM (organes génétiquement modifiés) ; que cela soit destiné à

53 Loi n° 08-042/du 1er décembre 2008 relative à la sécurité en biotechnologie en République du Mali.

être libéré dans l'environnement ou à être utilisé comme denrée alimentaire pour humains ou bétail…

A°) Nature et fondement de la responsabilité.

574- Il s'agit d'une responsabilité délictuelle qui se fonde sur la liaison faute et risque les articles 125 et 149 et suivants RGO ou 1382 et 1384 du code civil français (supra). Cependant ces deux principes ne paraissent pas suffisants pour cadrer le principe de précaution qui va au-delà dans la mesure où il peut résulter même d'un risque mal connu ou complètement inconnu.

La responsabilité découlant du principe de précaution vise à la fois et avec la même exigence les particuliers et l'Etat. Aussi d'une part l'article 58 de la loi sur la sécurité biotechnologique impute la responsabilité et la réparation à la personne dont l'activité a provoqué le dommage et causé le préjudice ou la perte. Ainsi sont concernés les fournisseurs, distributeurs, dépositaires, développeurs et producteurs d'organes génétiquement modifiés et leurs dérivés.

D'autre part l'article 40 du même texte met au compte de l'Autorité Nationale Compétente (Etat) l'obligation de mettre sur pied, d'entretenir et d'utiliser au besoin une stratégie de gestion des risques, en vue de la protection de la santé humaine et animale, la diversité biologique et l'environnement en général contre les accidents pouvant survenir dans l'ingénierie génétique ou l'utilisation des OGM.

Il semble que ce soit un droit naturel de sûreté pour la victime qui soit visé par le principe de précaution. Aussi l'auteur d'un dommage en l'absence de toute faute, ou même de tout risque prévisible peut être tenu à réparation dans le cadre du principe de précaution. C'est ce qui explique son importance chez les praticiens, entrepreneurs et décideurs politiques. Par exemple il est du ressort du devoir des décideurs de mener les investigations nécessaires avant d'ordonner certaines recherches ou expérimentations. De même les particularités devraient cerner tous les contours en termes de conséquences de leurs activités avant de les cerner.

B°) Critiques :

Le principe de précaution peut être critiqué à un double égard.

1°) Principe de précaution face aux progrès scientifiques.

576- L'existence et la consécration du principe de précaution sont source d'hésitation des entrepreneurs à investir ou des pouvoirs politiques à ordonner des recherches expérimentales sans lesquelles il n'y a pas de progrès scientifiques, par les risques de condamnation pénale et civile qu'il leur fait courir après, au gré du simple hasard. Donc il constituerait un épouvantail juridique contre le progrès de la science, donc contre le progrès humain dans une certaine mesure. Il est tout indiqué de le règlementer mieux en lui assenant des limites raisonnables.

2°) Principes de précaution et abus.

577- Il a été remarqué que certaines institutions, des organisations non gouvernementales, en l'occurrence prétendant agir au nom du principe de précaution, tombent à dessein et fréquemment dans des cas d'abus et de violence.

<u>Exemples</u> : Association Green Peace France (CE 25 septembre 1998) partis politiques et associations écologiques disant défendre la nature contre certaines expérimentations ou investigations ; les exploitation d'or au Mali etc.

Le principe de précaution, s'il était bien règlementé et mieux appliqué, permettrait une grande révolution dans le droit de la responsabilité délictuelle parce que très peu de dommages resteraient non réparés.

La responsabilité délictuelle est une source involontaire mais extrêmement importante de l'obligation juridique. Elle peut être retenue pour faute personnelle, de personne ou chose dont on répond et surtout elle constitue une notion assez flexible pouvant intégrer beaucoup d'autres aspects du comportement humain.

Les engagements volontaires et involontaires vis-à-vis des cocontractants ou des tiers fondent l'origine des obligations pour en déterminer la source.

Il demeure indispensable, pour envisager le droit des obligations dans son ensemble, d'analyser son régime.

DEUXIÈME PARTIE

LA VERSATILITÉ ET L'EFFICACITÉ DES OBLIGATIONS

578- L'étude des obligations quant à leur origine a permis de ressortir successivement les actes volontaires (contrats et conventions), les engagements juridiques de la mutualité sociale (engagement unilatéral, les faits profitables comme la gestion d'affaires, l'enrichissement sans cause et le paiement de l'indu) et les faits juridiques qui sont source d'engagement involontaire comme le droit de la responsabilité délictuelle.

Il a été établi que tous ces engagements produisent exclusivement des incidences sur le patrimoine et non sur la personne des individus concernés. Ainsi ils mettent sur scène deux personnes aux obligations différentes voire contraires : l'une pouvant exiger de l'autre quelque ; on a pu parler d'un côté actif et d'un côté passif de l'obligation. La personne qui est en droit de demander s'appelle créancier et celle qui est en position de devoir s'appelle débiteur.

579 Lorsque ce dernier est incontestablement établi, il existe pour les parties l'éventualité de l'exercice de certains droits, se rapportant à la vie de l'obligation concernée, lequel exercice résulte de la possibilité pour elles de transiger sur leurs droits respectifs en les transmettant par divers mécanismes ou en les éteignant par d'autres.

580- Il reste entendu que lorsqu'on parle de droit, il doit exister et pour qu'il existe, il doit pouvoir être prouvé pour lever tout équivoque sur son existence. D'où, pour cette seconde grande partie l'étude de la versatilité et de l'efficacité des obligations.

Comme exposé la versatilité se rapporte à la transmission et à l'extinction (chapitre I) pour marquer l'idée de changement dans la vie des obligations et l'efficacité (chapitre II) pour montrer qu'aucun droit ne peut atteindre son objectif, donc être efficace, s'il ne peut être prouvé.

CHAPITRE I :

LA VERSATILITÉ LIÉE À LA TRANSMISSION ET À L'EXTINCTION DES OBLIGATIONS

581- Les obligations reconnues par les parties entre elles ou reconnues au profit d'une personne par la loi ou le tribunal peuvent connaître des changements divers au gré des parties ou de la personne qui en profite. C'est encore dans une large mesure le principe de l'autonomie de la volonté qui se manifeste. En effet, l'exercice du droit de créance rentre dans le cadre de différentes possibilités offertes par la loi notamment le Régime Général des Obligations. Ces possibilités légales sont fonction de la liberté des parties à disposer de leurs droits comme elles l'entendent. Ainsi les parties sont libres de transmettre librement leurs droits à qui elles veulent ou de les éteindre entre elles par des moyens contraignants ou non contraignants voire par renonciation. Il sera analysé d'une part la transmission des obligations (section I) et d'autre part l'extinction des obligations (section II).

SECTION I : LA TRANSMISSION DES OBLIGATIONS.

582- La transmission d'une obligation est le mouvement par changement de titulaire du droit que l'on fait subir volontairement à l'obligation (cession de créance subrogation) ou par changement de débiteur (délégation de dette) ou enfin par le remplacement même de son objet (novation).

Il existe aussi dans la sphère de l'autonomie de la volonté un mécanisme permettant purement et simplement un basculement de l'ensemble des obligations et aussi des droits d'une partie au contrat en se désengageant ; le code des obligations civiles et commercial du Sénégal l'a prévu, c'est la cession de contrat. Le Régime Général des Obligations du Mali n'a pas parlé de la cession du contrat alors que pourtant dans la pratique il a cours dans la vie quotidienne.

Selon l'article 244COCCS, parlant de contrat, « avec le consentement de son cocontractant, chaque partie peut substituer un tiers dans les rapports dérivant du contrat et non encore exécutés. La cession de contrat est opposable au contractant cédé et lui profite du jour ou son consentement a été constaté par écrit ».

D'abord en la forme, il s'agira d'un contrat solennel c'est-à-dire constaté par écrit.

Ensuite le consentement du cocontractant est nécessaire pour que la cession puisse avoir lieu. Ce qui est une exigence de l'article 77 RGO puisque le contrat est la loi des parties.

Enfin il faut relever à juste titre que ce consentement pourrait faire défaut sans toutefois que la cession des obligations contractuelles soit remise en cause. C'est sera le cas notamment lorsque un immeuble occupé par un preneur est vendeur par le propriétaire ; le contrat de bail continuera de régner et l'acheteur sera subrogé dans les droits du vendeur ( ). De même lorsqu'une entreprise est rachetée ou fusionnée, les contrats de travail par exemple en cours passent au compte du nouvel acquéreur sauf licenciement économique.

Ainsi seront successivement étudiées dans quatre paragraphes la cession de créance ; la subrogation ; la novation et la délégation.

PARAGRAPHE I : LA CESSION DE CRÉANCE.

583- Elle est la première opération de la transmission des obligations. Elle traduit la volonté du créancier de contourner les difficultés liées au recouvrement d'une dette précise ou sur un débiteur précis, pouvant ou devant le conduire, pour avoir satisfaction, à passer par certaines voies de droit non souhaitées, en l'occurrence, l'arbitrage ou le tribunal. Mais surtout la cession de créance permet de « mobiliser » une créance qui est actuellement « immobilisée » par un terme non encore échu[1].

A°) Notion et principe.

584- La cession de créance consiste en la forme à une opération mettant en scène trois personnes, le créancier cédant, le créancier cessionnaire et le débiteur cédé, mais au fond il y a toujours deux parties : un débiteur cédé face à un nouveau créancier dans les mêmes conditions de délai et d'objet.

Cela est un mécanisme parfaitement légal reconnu par l'article 163 RGO qui énonce :

> « Le créancier peut céder son droit à un tiers sans le consentement du débiteur à moins que la cession ne soit interdite par la loi, la convention ou la nature de l'obligation ».

La cession de créance peut être inspirée par divers motifs : d'abord lorsque le créancier initial n'est pas prompt, par son pacifisme, à l'action judiciaire source de nouvelles dépenses et d'aléas ; ensuite surtout lorsque pour éviter l'attente du terme indiqué dans la convention, parce qu'il éprouve certaines difficultés financières, il veut avancer ou précipiter le gain. Eh bien il emprunte la voie de la cession en « vendant » sa créance ou en négociant à des conditions précises un autre créancier à l'effet pour son débiteur de devoir sa prestation au nouveau créancier qu'il aura trouvé. C'est une opération fréquente dans le monde des affaires mais aussi dans le domaine social où un employeur peut avoir une convention avec une institution financière de la place chez laquelle il vire les salaires de son personnel à la fin de chaque mois. Ainsi avant les fins de mois les employés ont recours à des avances de salaires.

1 Benabent (A) Droit civil. Op. Cit. Page 304.

Mais la cession se fait à des conditions précises.

B°) Les conditions de la cession de créance.

Il y a des conditions de fond et de forme auxquelles la cession de dette doit se conformer.

1°) Les conditions de fond.

585- La cession doit être possible : lorsque la loi ou la nature de l'obligation n'y sont pas compatibles la cession de créance est écartée. De même lorsque les parties elles mêmes avaient initialement écarté la cession, elle ne sera toujours pas possible sauf nouvel accord entre elles (article 163 RGO).

— Dans les gains à caractère salarial et alimentaire, la cession de créance devra respecter un certain quantum, un certain plafond légal. En effet la loi évite au maximum les transactions, les aléas autour des salaires et pensions alimentaires, lesquels sont présumés convenir à peu près aux besoins véritables des bénéficiaires. En conséquence leurs titulaires ne peuvent s'engager au-delà d'un certain seuil. Au Mali la loi et la pratique bancaire fixent ce montant au tiers du gain. De toutes les façons, accepter d'aller au-delà revient à prendre des risques injustifiés par le prêteur puisqu'ils (salaires) ne peuvent être saisis au-delà du tiers de leur montant[2].

586- - Pour qu'il y ait cession de créance entre ancien et nouveau créancier, il est nécessaire que l'ancien remette au nouveau le titre de la créance, du droit ou les références de l'action.

Dans la pratique ce sera la remise de l'instrumentum, comportant le negocium c'est-à-dire le papier sur lequel la créance est reconnue en la forme originale ou lorsqu'il n'y a pas d'écrit, de produire les mêmes témoins de la créance auxquels il faudra ajouter aussi des témoins de la cession.

— Pour toute garantie, le créancier cédant ne devra au créancier cessionnaire que l'existence de la créance et des sûretés y afférentes en principe par la production éventuelle des moyens de preuve qui l'appuient. C'est dire que le cédant n'est pas garant vis-à-vis du cessionnaire de la solvabilité du débiteur

2 Code de travail, l'article 123 pose le principe.

cédé. Il n'en sera autrement que si le créancier cédant s'engage expressément. On peut déduire que la cession de créance est une opération juridique qui se déroule au risque du créancier cessionnaire (article 166 RGO).

2°) Les conditions de forme :

587- Elles sont nombreuses et importantes.

— La cession de créance est exclusive du consentement du débiteur (Art 163 RGO), le créancier n'est pas tenu de solliciter un avis quelconque de son débiteur avant de pouvoir céder sa créance à une autre personne.

— En revanche, la cession de créance doit être constatée par écrit et signifiée au débiteur cédé. En tant que mécanisme juridique de transfert de droit, la cession de créance doit faire d'une part l'objet d'un écrit qui peut, en l'absence de toute précision par l'article 165 RGO, être sous seing privé ou authentique et d'autre part l'objet d'une signification au débiteur cédé. La signification est l'œuvre des officiers ministériels comme les huissiers de justice.[3]

Il faut préciser que selon les exigences de l'article 165 RGO, si les conditions d'écrit et de signification ne sont pas remplies la cession de créance n'est opposable ni au débiteur cédé, ni aux autres cessionnaires ainsi qu'au créancier du cédant. Ce dernier détail laisse entrevoir qu'une seule créance peut faire l'objet de plusieurs cessions et que le créancier du créancier cédant peut intervenir dans son cours normal par le truchement de l'action oblique ou l'action paulienne selon ses intérêts.

C – Cas spécifique des titres nominatifs et effets de commerce

588- Les rédacteurs du régime général des obligations n'ont pas perdu de vue le sacro-saint principe du droit commercial basé sur la rapidité que requiert les opérations commerciales ainsi que son corollaire qui est d'économiser au maximum en limitant au strict minimum les dépenses ; car on est dans un domaine où la recherche du bénéfice est plutôt la règle.

3 Statut des huissiers de justice. Signification ART.

C'est par respect pour ce principe que les dispositions de l'article 167 RGO ont bien voulu limiter les conditions des significations qui peuvent paraître lourdes, lentes et dispendieuses. Aussi précise l'article 167 RGO :

> « Selon les règles et usage du commerce, les titres nominatifs se transmettent par transfert avec la participation du débiteur cédé, les titres à ordre par endossement et les titres au porteur par simple tradition ».

— D'abord pour titres nominatifs que sont les obligations découlant des emprunts obligatoires des Etats, de grandes sociétés comme les banques. Dans ce cas les titres sont établis au nom et au profit du créancier ayant répondu favorablement et sont inscrits en son nom dans les registres de l'emprunteur[4]. Pour qu'il y ait cession de créance il suffit que le créancier cédant vienne avec le créancier cessionnaire au siège de l'institution ou tout autre lieu bien indiqué et le changement est opéré matériellement avec la participation de tous.

589- Ensuite, pour les titres à ordre se rapportant aux effets de commerce, billet à ordre, lettre de charge, ou le chèque, il suffit d'un simple endossement pour que la cession de créance s'opère. Cet endossement consiste matériellement à renverser les titres et y procéder par suscription de la mention : « veuillez payer à l'ordre de tel » le présent titre.

Enfin pour les titres au porteur, la procédure de cession est encore plus simple. Car ce sont des documents, les mêmes que les précédents qui renferment en leur sein le droit de créance en cause[5]. Ce sont les mêmes effets de commerce qui ne sont pas libellés ou endossés au nom d'une personne précise, mais simplement au porteur. Donc la personne qui détient est présumée avoir un droit de créance incorporée dans le titre qu'elle produit afin d'être payé[6]. Le libellé de « au porteur » sur les titres a l'avantage de la simplicité par la simple remise que l'article 167 appelle la tradition, mais présente dans le même temps l'inconvénient majeur du dessaisissement par perte ou extorsion. La personne qui détient le titre au porteur pourrait se faire payer indûment par la seule présentation du document au guichet.

4 Benabend (A) Droit civil, Op. cit, P. 309.
5 Benabent (A), idem, P. 308.
6 Benabent (A), idem. P.

D – Effets de la cession

590- Les effets sont envisagés entre les créanciers cédant et cessionnaires où le second sera pleinement substitué au premier dès que le premier remet au second le titre porteur de la créance. Tout va se passer désormais comme si le créancier cessionnaire fut créancier dès l'origine de la créance. Il prendra à son gré toute initiative par rapport à la créance et par rapport au débiteur cédé. Le débiteur cédé est obligé de le reconnaître désormais comme seul créancier. Dans le cas spécifique des titres nominatifs et effets de commerce, la cession rend inopposable au porteur du titre l'ensemble des exceptions existantes antérieurement, par le débiteur contre le cédant (article 167al 2) donc les effets deviennent immédiats et sans condition.

L'hypothèse de la cession de créance litigieuse est sous entendue dans l'article 164 RGO qui parle « d'une action sur un Tiers ». Par contre elle est clairement exprimée dans les articles 1699 et 1700 du code civil.

L'article 1699 du code civil dispose que « celui contre lequel on a cédé un droit litigieux peut s'en faire tenir quitte par le cessionnaire, en lui remboursant le prix réel de la cession avec les frais et loyaux coûts et avec les intérêts à compter du jour où le cessionnaire a payé le prix de la cession à lui faire ».

591- L'idée de cession de créance litigieuse découle d'une contestation sur l'existence, les garanties afférentes ou l'étendue de la créance portée devant le tribunal. C'est ce qu'exprime l'article 1700 du code civil en affirmant que la chose est censée litigieuse dès qu'il y a procès et contestations sur le fond du droit. Ainsi, selon les possibilités offertes par l'article 1699 du code civil, le débiteur cédé peut prendre l'initiative de rembourser au créancier cessionnaire le prix de la cession et autres frais pertinents qu'il avait, lui, verser au créancier cédant. En la forme, le débiteur cédé se rend acquéreur de la créance cédée au créancier cessionnaire, mais au fond il se désengage de toute obligation liée à l'existence de la créance qui s'éteint par voie de conséquence.

Pour comprendre cette opportunité légale au profit du débiteur, il faut se rappeler que la cession de dette est une transaction entre personnes et dès lors il n'est pas exclu que le créancier cessionnaire essaye, par tous les moyens, de gagner au maximum dans l'opération, quitte à aggraver le sort du débiteur. On dit que le débiteur cédé s'est retiré. Par rapport à ce droit de retrait, le débiteur cédé, qui l'exerce s'appelle retrayant et le créancier cessionnaire contre lequel il a été exercé s'appelle retrayé[7].

La cession de créance présente beaucoup de similitudes avec un autre mécanisme de transmission d'obligation.

PARAGRAPHE II : LA SUBROGATION

592- Très apparentée à la cession de créance, la subrogation est un mécanisme juridique qui se conçoit entre créanciers sans un avis quelconque du débiteur. En effet, une personne paraissant tiers pour le débiteur au départ, deviendra son créancier, avec tous les privilèges liés à cette qualité, si ce tiers venait à régler en tout ou partie la créance du créancier initial.

A – Notion et source de la subrogation

La notion de subrogation ne se conçoit pas toujours sans nuance et sa source renvoie au contrat ou à la loi.

1 - Notion

593- Subroger veut dire venir s'installer, s'asseoir à la place de quelqu'un comme pour lui succéder pour une cause bien précise. Cette définition révèle simplement que la subrogation se ramène à la substitution de personnes. Or, il est possible que la subrogation puisse porter aussi sur des choses, donc elle peut être réelle. La gestion quotidienne des rapports contractuels et de certaines situations juridiques nous le font voir fréquemment. Ainsi, un débiteur qui avait déposé un gage propose et obtient l'aval de son créancier de procéder au changement matériel du gage, par exemple mettre une radio à la place d'une montre ; la radio est subrogée à la montre. Ou encore dans la situation des époux mariés sous le régime de la communauté des biens, lorsque les ressources financières d'un époux ont servi à payer un bien précis ou lorsque l'on vend un bien pour payer un autre, quelle que soit sa nature avec les revenues de la vente, le bien acheté vient se substituer donc est subrogé au bien vendu

7 TERRE (F). et Cie : les obligations Op cit P. 1201 et 1203.
Gombeaux Gilles. Pierre Vorrin+. Droit Civil mamel Tome 1.
23ème édition. L G D J 1991, P. 510.

dans le patrimoine commun ou propre des époux ou de l'époux. On parle d'emploi et de remploi[8].

Les rédacteurs du Régime Général des Obligations se sont confinés à la subrogation personnelle qui confère, elle, un changement de créancier ; la créance elle-même restant intacte avec l'essentiel des garanties y afférentes.

2- Source

594- La subrogation à pour source soit la convention entre parties, soit la loi. C'est ce qu'exprime l'article 168 RGO « La subrogation dans les droits du créancier au profit d'une tierce personne qui le paye est conventionnelle ou légale ».

a- La subrogation légale

595- Il convient de se reporter à l'article 171 RGO où le législateur malien revient sur les cas de subrogation légale dite de plein droit.
« La subrogation a lieu de plein droit » déclare cet article :

> 1 – au profit de celui qui, étant lui-même créancier, paye un autre créancier qui lui est préférable à raison de ses privilèges Il s'agit de l'hypothèse où un débiteur à plusieurs créanciers et ayant consenti des garanties de différentes natures et ou à des dates d'enregistrement différentes (hypothèque). Naturellement, des créanciers viendraient avant d'autres en cas de réalisations des sûretés. Alors, pour éviter ou limiter les risques, un créancier nanti et avisé pourrait désintéresser entièrement son « préséant juridique », c'est-à-dire un créancier dont les droits viennent avant les siens dans le but d'être subrogé dans le rang de celui-ci en bénéficiant de tous les avantages que celui-ci avait. Ce qui est une opération automatique et très fréquente dans les affaires.
>
> 2 – au profit de l'acquéreur d'un immeuble, qui emploie le prix de son acquisition au paiement des créances auxquels cet immeuble était hypothéqué. A priori, l'on ne voit pas la perspicacité de cet alinéa. Mais en réalité, il ne manque pas d'intérêt, car il semble conforter la précarité des droits, et la fragile position du créancier acheteur d'un immeuble hypothéqué. En effet, voulant se remettre à l'abris

8 Monty et Raymond, Droit Civil, les régimes matrimoniaux.

d'une possible dépossession à la suite de l'exercice d'un droit de préférence et de suite découlant de l'hypothèque, l'acquéreur évite de remettre le prix d'achat au vendeur de l'immeuble et l'utilise à payer les créances du vendeur. C'est un fait particulièrement intelligible parce que, du coup, l'acquéreur devient le propriétaire apparent de l'immeuble en s'étant subroger au vendeur et en ayant réglé les dettes de ce dernier par rapport à son bien. Ainsi il met en difficultés à la fois les créanciers du vendeur qui n'auront plus intérêt à agir et le propriétaire vendeur qui ne peut plus réclamer le bien. Il reste que cet acquéreur pourrait être tenu de payer le prix supplémentaire s'il est ressorti une différence entre le prix discuté et le désintéressement des créanciers du vendeur.

596- 3 – Au profit de celui qui, étant tenu avec d'autres ou pour d'autres au paiement de la dette, avait intérêt de l'acquitter. « C'est le cas des obligations indivisibles (article 13 RGO) des obligations solidaires (article 16 RGO). La règle ici, est que l'un quelconque des débiteurs peut être poursuivi par le créancier commun pour la totalité de la dette. Le débiteur qui paiera sera lui, déduction faite de sa quote-part, subrogé dans les droits du créancier pour réclamer individuellement à ses codébiteurs initiaux le montant payé. Cela concerne même les obligations qui découlent du droit de la responsabilité délictuelle. Ainsi le commettant peut payer à la place de son préposé (article 146 RGO), l'Etat paiera à la place de l'enseignant fonctionnaire ou contractuel, et le promoteur d'école privée à la place de son employé (article 148). Là aussi la subrogation s'opère, par le moyen d'une action particulière dénommée « action récursoire ».

4 –« Au profit de l'héritier bénéficiaire qui a payé de ses deniers les dettes de la succession » l'on sait que le decujus laisse un héritage qui passe en indivision aussitôt. Cette indivision à des créanciers qui sont les anciens créanciers de l'auteur décédé. Si avant le partage, l'un des héritiers paye un créancier donné ou l'ensemble des créanciers, il est subrogé à la place de ces derniers à concurrence de leurs dettes réglées. En pratique, l'héritier payant sera intégralement remboursé des sommes versées avant que le reste ne soit partagé entre eux différents successeurs.

b- La subrogation conventionnelle

597- Comme cela est démontré dans la subrogation légale, le mécanisme présente une source de garantie dans les affaires sociales et économiques. Mais aussi à cause de sa simplicité liée à la non exigence de la formalité de signification[9]. La subrogation se présente ainsi comme une source de crédit pour les parties. En effet, elle permet une relance, un revigorement des affaires tombées en atermoiement. Les institutions financières peuvent toujours ainsi favorablement intervenir en faveur des débiteurs. Ces aspects sont généralement bien perçus des parties au contrat qui ne se privent plus de l'éventualité et de l'opportunité de la subrogation.

Les articles 169 et 170 RGO offrent aux parties la possibilité de recourir à la subrogation pour le raffermissement de leurs liens. Que ce soit les conventions ayant pour objet de l'argent ou des choses fongibles.

B – Les conditions de la subrogation

598- Le Régime Général des obligations pose un certain nombre de conditions pour la validité de la subrogation conventionnelle au rang des quelles :

— Son caractère exprès. La subrogation conventionnelle ne peut être sous entendue, l'article 169 exige qu'elle soit clairement exprimée de manière à lever toute équivoque.

— Sa concomitance avec le paiement. S'il n'est pas nécessaire que les parties, créancier et débiteur l'envisagent à l'origine de la convention initiale, en revanche lorsque le nouveau créancier convient de régler le débiteur avec effet de se substituer à l'ancien créancier, cela doit intervenir au même moment du paiement désintéressant l'ancien créancier. La mention que le payant est subrogé dans les droits du payé devra ressortir. Cela n'est pas admis plus tard.

— Il s'agit d'une importance attachée à la volonté libératrice du débiteur qui recourt à un prêt pour désintéresser son créancier (article 170 RGO). D'abord ce débiteur est libre de le faire et surtout, d'une façon unilatérale, il peut subroger le prêteur sans son consentement dans le droit du premier créancier. C'est le cas dans les dettes d'argent ou de choses fongibles. Mais

9 Benabend (A) Droit Civil, les obligations Op. cit, P. 312.

lors qu'il s'agit d'un corps certain, la volonté du créancier originel est nécessaire. Le débiteur, dans ce cas, doit prendre soin de faire enregistrer la date de paiement pour qu'elle soit certaine. De même la destination de la chose empruntée devrait y être signalée.

C – Effets de la subrogation

Le Régime Général prévoit deux hypothèses, d'une part lorsque le paiement est total et d'autre part lorsque le paiement n'est que partiel.

1 – En cas de paiement total :

599- Le subrogé bénéficiera automatiquement de tous les accessoires et sûretés attachées à la créance (article 172 RGO).

La subrogation idéale est le désintéressement unique et total du premier créancier et l'entrée en jouissance de l'intégralité de ses droits pour le nouveau créancier. Rien ne change dans l'ordre des choses, c'est-à-dire dans la globalité de la créance qui n'a pas elle-même varié, mais plutôt n'a changé que de titulaire.

Le créancier subrogé, ajoute l'article 172 RGO, ne pourrait demander plus que le débiteur ne lui devait. Son recours sera contenu dans les limites de son paiement. Ce qui laisse entrevoir l'admission d'une subrogation partielle.

2 – En cas de paiement partiel

600- Les parties à une convention de subrogation sont libres de lui conférer des droits similaires au cas du paiement total où beaucoup moins selon l'article 173 RGO « sauf convention contraire » si non la loi indique que lorsque le paiement n'est que partiel, le créancier originel est préféré par rapport au créancier (tiers) subrogé. En effet, par rapport au reliquat de la dette, tout se passe comme si le débiteur avait deux créanciers. La loi dit que : le créancier originel est préféré, donc, le débiteur, en payant le reliquat doit le faire entre les mains de ce dernier au détriment du subrogé partie. Il semble juste, toute fois que les règles de la solidarité active devraient jouer en faveur du débiteur lequel selon ses intérêts peut se libérer entre les mains de n'importe lequel du créancier originel ou du subrogé partiel.

Cette analyse parait logique dans la mesure où l'article 174 RGO, prévoyant l'hypothèse de pluralité de débiteurs par l'implication dans la même dette du subrogé partiel, fait jouer les règles de la solidarité passive à la seule condition que la quote part du subrogé partiel soit déduite du reliquat de la créance.

Le législateur malien a envisagé dans la transmission des obligations une variation de l'objet même de l'obligation. Il l'a fait en extirpant la novation de l'extension des obligations, pour la remonter dans les changements de créancier ou de débiteur d'obligation.

PARAGRAPHE III : LA NOVATION

601- Quelle que originale que soit la position du législateur malien par la classification qu'il fait de la novation parmi les mécanismes constitutifs de la transmission des obligations, elle n'est pas étrangère au droit français, lequel, bien qu'ayant classé la novation comme source d'extinction de droit, ne manque pas de relever, à travers la doctrine[10] un rapprochement effectif avec ceux-ci (mécanismes).

A – Définition

602- La notion de novation est expliquée par l'article 175 RGO en ces termes : « La novation est la substitution d'une obligation nouvelle à une obligation ancienne qui se trouve ainsi éteinte… »

Historiquement, la novation fut empruntée pour contourner une lacune du droit romain qui consacrait « la non transmissibilité du lien obligatoire » résultant en principe de la créance[11]. Ainsi le stratagème des parties contractantes consistait à prévoir et à passer par la novation pour faire survivre ou subsister la dette sur la tête d'un ayant droit universel ou particulier. En cela la novation pouvait être navettante entre créancier et débiteur : d'où la légitimité du législateur malien de classer la novation parmi les transmissions d'obligation.

10 Beabend (A), Droit Civil, Op. cit, P. 349. TEVVE (F) et Cie, Droit Civil, les obligations Op. cit, P. 1307.

11 TERRE (F), Cie, Op. Cit. P. 1307.

Sinon, en droit moderne, la novation opérée surtout par le changement d'objet de l'obligation au point où il n'est pas superfétatoire de se poser la question si elle n'est pas une subrogation réelle qui ne dit pas son nom ?

603- L'article 175al 1 affirme qu'il y a remplacement d'une obligation ancienne par une obligation nouvelle relativement à l'objet. Par exemple, dans une convention de prêt d'argent, les parties conviennent qu'un objet corps certain, ou autre bien fongible soit payé à la place. Donc il y a un nouveau contrat qui met fin la convention de prêt d'argent et qui lui substitue la remise d'un immeuble d'une certaine qualité de telle ou telle espèce de bien. Cela aura pour conséquence de mettre fin à l'écoulement automatique des intérêts moratoires édicté par les articles 138 et 139 RGO.

Au-delà de l'objet et de la cause de l'obligation le législateur malien prévoit la novation dans les modalités de l'exécution des obligations entre parties notamment par la suppression et l'adjonction de certaines contraintes au gré des parties ou même par changement de débiteur ou de créancier. Dans ce dernier cas de figure le champ de la confusion avec la cession de créance et la subrogation devient inévitable.

B – Les conditions de la novation

605- Elles sont nombreuses et concernent la forme et le fond.

— D'abord, en la forme, la novation ne se présume point (article 175 al 2 RGO), les parties doivent exprimer d'une façon claire la novation pour qu'elle puisse exister. Elles (parties) devraient prendre soin de l'exprimer par acte authentique ou sous seing privé en précisant la nature de l'ancienne obligation ainsi que celle de la nouvelle.

— Ensuite, une novation n'est possible qu'entre deux contractants majeurs ayant donné librement leur consentement sans aucun vice (article 176 RGO). Ce qui renvoie à l'article 28 RGO sur les conditions de validité des conventions en l'occurrence le respect des critères de consentement, de capacité, d'objet et de cause.

D'ailleurs, estime la jurisprudence,[12] la novation n'opère pleinement qu'à la condition que l'ancienne obligation abandonnée et novée fut valable. Si elle était nulle, la nouvelle obligation censée se substituer à elle sera dépourvue de cause et ne produira pas d'effet.

De même, retient toujours la jurisprudence[13] lorsque la nouvelle convention censée s'exécuter en lieu et place de l'ancienne, tombe sous le coup de la nullité, le créancier ne perd pas ses droits et le débiteur n'est pas libéré pour autant car les termes de la première convention reprennent leur vigueur automatiquement.

— Enfin, dans la novation contrairement à la cession de créance ou à la subrogation, le consentement du débiteur est nécessaire et exigé (article 177 RGO).

C – Effets de la novation

605- Lorsqu'elle intervient dans le respect des conditions légales et des exigences conventionnelles la novation met fin à la vie de l'ancienne obligation pour éclore une nouvelle obligation qui lie désormais le créancier et le débiteur. Sous réserve de la volonté des parties de disposer autrement, les sûretés liées à la dette ancienne s'éteignent subséquemment[14] en ce qui concerne le bail professionnel.

En terme de délai, la novation consacrera un nouveau départ, par exemple si un bail à usage d'habitation est nové en bail professionnel, le décompte de la durée va redémarrer[15] en ce qui concerne le bail professionnel.

La novation présente une transition vers la véritable transmission d'obligation envisagée du côté du débiteur.

12 Civ. 1ère 7 novembre 1995. Bâtonnier Tapo Op. Cit.
13 Civ. 3ème 30 avril 1975. Com 30 novembre 1983 idem.
14 Benabend (A), Droit Civil, les obligations, idem, P. 351.
15 Ibidem, P.351.

PARAGRAPHE IV : LA DÉLÉGATION.

C'est une mobilité de l'obligation en sens inverse de celle de la cession de créance. Elle a été envisagée par les rédacteurs du Régime Général des obligations mais en l'assortissant de conditions plus contraignantes que celles de la cession de créance.

A – Définition et importance

606- L'article 178 RGO définit la délégation comme « une opération par laquelle un débiteur appelé délégant donne à son créancier délégataire un autre débiteur délégué qui s'oblige envers le créancier ». Dans la chaîne des relations sociales ou d'affaires, il arrive fréquemment que des personnes soient redevables les unes aux autres d'obligations diverses mais à des conditions et termes variés. Ainsi un sens pratique peut amener un débiteur à vouloir se substituer un autre débiteur dans ses rapports avec son créancier. Cela est possible par la loi, mais joue largement par la volonté favorable du créancier. Par exemple dans le monde des finances, la micro finance s'en dette auprès des banques pour satisfaire leurs clients ordinaires. Dans certaines conditions ces micros finances peuvent proposer aux banques de s'adresser directement à leurs clients ordinaires pour recouvrer leurs dus. Cela est possible, mais à quelles conditions ?

Dans le rapport tripartite envisagé, le débiteur délégué acceptera de se substituer pour plusieurs raisons. Où il doit comme c'est le cas des clients de la micro finance ou en raison des réalités sociales voire légales.

En effet, dans la société malienne, l'esprit de solidarité résultant de la communauté de vie (famille, tribu, ...) est tel qu'il est inimaginable pour les autres membres de laisser dans les tribulations l'un quelconque des leurs sans secours. Cela est renforcé par un anachronisme textuel résiduel relatif à la contrainte par corps (supra). L'effet recherché par la contrainte par corps ou la subsistance dans la pratique de la dette civile (supra) est la réaction favorable des parents et autres proches au côté du débiteur délégant de fait.

B – Les conditions de la délégation

607- Un consentement général est exigé chez les trois acteurs de la délégation selon l'article 179. Le débiteur délégué doit être d'accord avec le débiteur délégant et après il faut et surtout que le créancier soit d'accord avec la présentation du débiteur délégué pour que le débiteur délégant soit désengagé. En effet, le débiteur délégant peut présenter une importance particulière pour le créancier dans la garantie d'exécution de sa créance : solvabilité, technicité ou professionnalisme dans une obligation de faire, diligence particulière dans une obligation de ne pas faire. Ainsi un patient peut ne pas accepter les soins d'un autre médecin que son cocontractant lui indique.

— Le débiteur délégant n'est pas garant vis-à-vis du créancier délégataire de l'insolvabilité ultérieure du débiteur délégué, sauf s'il s'y est engagé expressément dans l'acte de délégation. L'adjectif « ultérieur » est important parce que si la délégation intervient alors que le débiteur délégué est déjà tombé en faillite au cas où il est commerçant ou en déconfiture au cas où il n'a pas la qualité de commerçant, elle (délégation) ne sera pas valable (article 181 RGO) et le délégant continuera d'être débiteur unique. L'état de faillite dans le cas du débiteur délégué commerçant devrait concerner toutes les étapes de difficultés : phase d'alerte, de redressement judiciaire ou de liquidation de bien.

— L'article 180 RGO exige une certaine solennité pour la libération du délégué.

En effet, le débiteur délégant devrait déclarer la libération du débiteur délégué, son ancien débiteur d'une façon claire et nette.

C – Effets de la délégation

608- La délégation présente beaucoup d'effets entre parties. Elle crée entre le créancier délégataire et le débiteur délégué un rapport nouveau. En raison de ce caractère nouveau, le débiteur délégué ne peut pas bénéficier des exceptions qu'avait le débiteur délégant pour les évoquer contre le délégataire (article 179). Ces exceptions éventuelles étant des droits secondaires, ils suivent le sort de l'obligation principale qui, elle, est tombée. Donc c'est l'application de la règle que le secondaire suit le sort du principal.

Le créancier délégataire qui accepte désormais le débiteur délégué ne pourrait plus se retourner contre son débiteur originel, c'est-à-dire le débiteur délégant. Pour toutes fins utiles par rapport à sa créance il aura à s'adresser au débiteur délégué. Cependant en cas de collusion entre délégant et délégué contre les intérêts du délégataire, le recours contre les deux devrait lui être autorisé au nom de la bonne foi et de la justice.

La versatilité des obligations ne se limite pas qu'à leur transmission, elle se fait voir très souvent aussi dans leur extinction.

SECTION II : L'EXTINCTION DES OBLIGATION

609- Les obligations entre parties peuvent s'éteindre de plusieurs manières dont la plus importante demeure le paiement. Le paiement peut être volontaire du côté débiteur qui s'exécute à l'échéance de la dette ou forcé selon l'inaction, la mauvaise foi ou les difficultés du débiteur. En plus le législateur retient diverses autres modalités d'extinction sous l'intitulé de « les autres modes d'extinction des obligations » ou l'extinction peut s'opérer soit en fonction des liens patrimoniaux antérieurs ou actuels entre parties (compensation, confusion) soit sans paiement du tout.

Ainsi il sera analysé successivement l'exécution volontaire, l'exécution forcée et les autres modes.

PARAGRAPHE I : L'EXTINCTION VOLONTAIRE

610- L'exécution volontaire est la manifestation positive du débiteur d'honorer son engagement par le paiement qu'il propose en pécuniaire ou en nature de l'objet initialement convenu ou une modification de cet objet que le créancier accepte, ou une remise totale ou partielle que le débiteur accepte du créancier.

A – Le paiement

611- Le paiement est l'exécution volontaire d'une obligation préexistante (article 182 RGO) : Il convient de noter à propos du mot paiement qu'il a un sens plus large que celui que donne l'article 182 dans le cadre de l'exécution volontaire.

En effet, dans le cas d'une exécution forcée réussie, il y a également paiement par règlement de l'obligation. De même le mot paiement a un sens global de satisfaction par la réception par le créancier de l'objet de sa créance. Si cet objet fut de l'argent, un corps certain ou autre bien, le paiement se résumerait au remboursement adéquat de cet objet en espèce ou en nature.

Le paiement est une opération qui a plusieurs modalités qui seront successivement traitées.

1 – Les parties au paiement

C'est la distinction classique créancier et débiteur et l'obligation ainsi que les droits et les devoirs liés es qualités.

a- Le débiteur personnellement tenu

612- L'objet du contrat étant l'engagement de donner, de faire ou de ne pas faire quelque chose, il va sans dire que le rôle du débiteur sera perçu selon la spécificité de l'engagement en vue. Ainsi si l'objet spécifique du contrat est de faire, c'est la notion de prestation de service qui devient importante. Dans ce cas les qualités techniques et professionnelles du débiteur sont mises en orbite ; il est logique que le créancier tienne à ce que ce soit seulement le débiteur qui s'exécute en personne. Par exemple, un médecin devant apporter tel ou tel soin, ou faire telle intervention chirurgicale. D'une façon plus générale, tout travailleur engagé dans les liens d'un contrat de travail est tenu de s'exécuter en personne en principe.

En dehors de la nature même de l'obligation, les parties peuvent dans le cadre des autres obligations (donner ou de ne pas faire) convenir que la prestation du débiteur sera assurée personnellement par celui-ci. Dans ce dernier cas et sauf nouvel accord des mêmes parties, le débiteur sera tenu de s'exécuter en personne. C'est cela qu'exprime l'article 183 RGO en disant que le paiement doit être fait par le débiteur personnellement selon la nature de l'obligation ou la volonté des parties.

613- Hormis l'hypothèse où le créancier a un intérêt dans une exécution personnelle par le débiteur et le respect de leur convention à ce sujet, l'article 184 RGO a prévu qu'un tiers peut jouer un rôle libératoire du débiteur en payant en ses lieu et place. Ce sera le cas dans la pus part des obligations contractuelles où il y aurait une obligation de donner ou de ne pas faire ainsi que les obligations résultant de la responsabilité civile délictuelle.

Pour éviter tout amalgame juridique[16] le tiers devrait être conscient que c'est en bon droit qu'il paye à la place du débiteur (volonté libérale, cession de créance etc.).

16 Sinon, le paiement de l'indu pourrait être évoqué plus tard si le paiement fut une erreur

Il reste acquis au débiteur qu'il peut s'opposer au paiement offert par le tiers. En effet, l'article 182 al 2 dispose : « toutefois le créancier peut refuser l'exécution offerte par le tiers si le débiteur lui a manifesté son opposition ». Cela peut avoir des explications et certaines conditions.

Pour comprendre, il faut se dire que chacun est maître de ses rapports sociaux, chacun vit et se comporte selon ses motivations dans sa société et donc il n'est pas possible d'imposer certains actes à une personne donnée, furent-ils dans son intérêt sans son accord.[17] On peut accepter des avantages de telle personne et les refuser de telle autre. Tout cela rentre dans le cadre de la liberté individuelle de vie et de la libre disposition des droits dont on dispose.

Par rapport aux conditions, au cas où le débiteur s'opposerait au paiement par le tiers, il peut être déduit deux conditions :

— La première impose au débiteur de manifester clairement son opposition auprès de son créancier par l'expression de son désaccord.

— Corrélativement, le créancier devrait en être d'accord. La loi en disant que « le *créancier peut* » ne l'oblige guère à refuser le règlement proposé. Par conséquent le créancier demeure maître d'accepter l'offre ou de ménager les états d'âme de son débiteur. Il se décidera en fonction de ses intérêts.

b- La position du créancier

614- La libération du débiteur de l'obligation passe en principe par le paiement entre les mains du créancier en personne (article 185 RGO).

Le débiteur devra lui apporter l'objet de l'obligation, ou lui offrir de payer en tout cas tenir cela à sa disposition. Au cas où il fut débiteur cédé il devra s'y prendre de la même façon face au créancier cessionnaire.

Le débiteur ou débiteur cédé sera libéré lorsqu'il procède au paiement entre les mains du représentant de son créancier (mandataire légal ou conventionnel) ou avec les héritiers. Dans ce dernier cas, le paiement entre les mains de n'importe lequel des héritiers devrait libérer entièrement le débiteur vis-à-vis de tous.

---

17 Cas de la remise de dette où l'accord du débiteur est nécessaire.

Le paiement doit échoir « en bonnes mains ». Il s'agit pour le débiteur de s'assurer qu'il paie réellement entre les mains de son créancier pour ne pas avoir à répéter le paiement (article 159 RGO). Si le débiteur, de bonne foi, a payé à une personne apparemment créancière, il sera libéré parce que le paiement est réputé valable (article 186). Cependant, il y a des conditions à cette validité :

D'une part le paiement effectué devrait être ratifié, c'est-à-dire, reconnu et apprécié par le véritable créancier ou à défaut qu'il soit établi que le paiement a profité au créancier véritable, au sens large du terme.

615- La vigilance du débiteur, qui se libère par un paiement, doit être de mise parce que la jurisprudence est ferme sur le point précis que le créancier « désintéressé » doit être en toute connaissance de cause c'est-à-dire qu'il a reçu lui-même, ou que quelqu'un répondant de lui a reçu le paiement pour son compte effectif. Par conséquent il y a lieu de vérifier le mandat de ses éventuels représentants. C'est ainsi que la Cour de Cassation française a décidé qu'une demande en résiliation de bail pour non paiement de loyer devrait être admise même si le preneur avait libéré lesdits loyers entre les mains d'un notaire. Car il fallait, pour le libérer, vérifier si ce notaire avait pouvoir de recevoir ce paiement[18].

2 – L'objet du paiement

De l'objet du paiement il ressort des modalités liées à l'objet et aux parties ainsi qu'à un objet spécifiquement pécuniaire.

a- Les modalités liées à l'objet et aux parties

Elles déterminent l'objet dans ses différents aspects fixent les contraintes du débiteur vis-à-vis de son créancier.

a- 1- L'objet

616- Pour que le paiement soit reconnu valable, les biens objet du paiement doivent être la propriété du débiteur (article 187 al 1 RGO). Les biens d'autrui, ne peuvent intervenir dans le paiement des dettes du débiteur. C'est dire que les biens volés, empruntés ne peuvent être remis à un créancier pour se libérer.

18 Civ. 3ème 2 mars 1977. Bâtonnier Tapo. Op. Cit.

L'objet de l'obligation doit être apporté au créancier en un trait ou en un coup par le débiteur sauf si la loi en dispose autrement, ou qu'une décision de justice apporte des tempéraments dans l'exécution ou que les parties s'entendent à un autre mode d'exécution (article 190 RGO).

L'article 191 RGO déclare que les frais qu'occasionne le paiement sont à la charge du débiteur sauf si les parties avaient convenu du contraire dans leur convention. Il s'agira des frais de timbre au guichet, des frais déplacement de l'objet : location de véhicule transportant corps certains ou choses fongibles etc. D'une façon générale toute dépense qu'entraînerait le processus de la remise de l'objet du paiement.

a- 2 Les parties

617- Les conditions les plus nombreuses et les plus contraignantes pèsent et les plus contraignantes sur le débiteur qui est l'acteur central du paiement.

— D'abord le débiteur qui exécute une prestation due ne peut plus revenir sur son acte sous prétexte de son incapacité en alléguant son état de mineur, de majeur interdit, de femme mariée non autorisée (article 187 al 2 RGO). Le paiement demeurera acquis dans ce cas de figure au créancier.

L'objet pour lequel le débiteur s'était initialement engagé demeure le prestation qui l'oblige qu'il devra rembourser ou remettre pour s'entendre libéré. Il n'a aucun moyen de droit d'obliger le créancier à accepter un objet différent de celui de son engagement.

Cependant, la loi apporte quelques assouplissements selon que l'objet porte sur un corps certain ou sur une chose de genre.

Ainsi le débiteur d'un corps certain se libère par la remise de la chose en l'état où elle se trouvait avant sauf à recourir à la responsabilité délictuelle par le créancier pour défaillance intervenue.

Le débiteur d'une chose de genre dont la détermination porte sur son espèce, sera libéré par la livraison d'une chose de qualité moyenne.

618- Il n'en serait autrement que si les parties ont initialement écarté cette possibilité (article 190 RGO). Par exemple celui qui avait emprunté une tonne de riz RM 40 pourrait se libérer en fournissant une tonne de riz B12. Apparemment le riz B12 est de qualité moindre que le riz RM40.

— Ensuite, le créancier, aux termes de l'article 188 RGO n'est effectivement payé que s'il a été capable de recevoir le paiement. Le débiteur doit prendre soin de ne pas payer entre les mains d'un incapable (mineur, majeur interdit). Si ce fut le cas, le débiteur, pour être libéré et ne pas payer deux fois, aura la charge de prouver que le paiement « a tourné au profit du créancier » (article 188 in fine RGO). Ce sera le cas si le débiteur a payé entre les mains d'un mineur ou d'un autre interdit. Pour qu'il soit effectivement libéré, il devra établir avec certainement l'aide d'un parent de l'incapable, du tuteur légal ou toute autre personne que ces ressources ont été effectivement utilisées au profit du créancier pour son entretien personnel ou celui de son patrimoine ou de ses proches par exemple.

b- Les modalités liées à un objet monétaire

619- Le législateur malien prévoit que lorsque la dette a pour objet une somme d'argent, elle est payée en monnaie du lieu de paiement (article 192 RGO). C'est dire que toutes les dettes devant être payées au Mali le seront en franc CFA. Cependant au nom de la liberté des conventions, les parties peuvent effectuer leur paiement en d'autres monnaies en cours au Mali, comme l'Euro, le Dollar U. S ou Canadien selon leurs besoins et intérêts.

Le législateur malien a été réaliste en laissant la possibilité aux parties surtout dans les engagements importants comme les paiements internationaux de ménager leurs rapports financiers selon plusieurs critères : dettes libellées en monnaie, clauses monétaires en or, référence faite à certains matières premières ou tout autre indice souhaité par elles (parties) (article 193, 194 et 195 RGO).

3 – Temps et lieu du paiement

620- Le lieu et le moment constituent des modalités importantes dans l'exécution de l'engagement.

a- Le lieu du paiement

621- L'article 196 RGO précise que « le paiement doit être fait au domicile du débiteur, sous réserve de la convention des parties et des dispositions de la loi ».

Le principe est que le débiteur reste sur place à l'échéance et attend que le créancier le relance en vue du paiement. Ainsi le propriétaire, bailleur se rend à l'échéance au domicile du locataire pour recouvrer les loyers. On parle de caractère quérable des loyers. Cette disposition légale n'est pas d'ordre public ; ainsi le débiteur peut aller payer son créancier à son domicile ou aller procéder à un versement dans son compte bancaire. De même les parties peuvent convenir de tout autre lieu de paiement. Il en est de même pour la loi qui peut changer l'ordre des choses par exception. C'est ainsi que dans le cadre de l'obligation alimentaire entre ascendants et descendants, les parents doivent recevoir le paiement en tant que créanciers en leur domicile.

Dans le cas d'un paiement relatif à un corps certain ou déterminé, le lieu de paiement est celui de la situation de la chose au moment de la conclusion de la convention (al 2 et 196 RGO). Mais les parties peuvent en disposer autrement. La plus grande conséquence du lieu de paiement est liée à la compétence du tribunal qui devra connaître du contentieux né à la suite de la non exécution ou des problèmes survenus au cours de l'exécution. C'est le tribunal du domicile du débiteur qui est compétent sauf si les parties conviennent autrement par l'élection de domicile ou dans le cas de la créance alimentaire ou ce sera le tribunal du domicile du créancier alimentaire qui se sera compétent.

b- Le moment du paiement

622- Le paiement est exigible à la naissance de l'obligation (article 197 RGO). Or l'obligation ne naît pas que lorsque la dette arrive à échéance. Le temps du paiement est consécutif à l'arrivée du terme fixé dans la convention.

Si le créancier n'est pas payé à l'échéance, et s'il veut exiger le paiement il a obligation selon les termes de l'article 197 RGO de procéder à une mise en demeure du débiteur avant de tenir l'exécution forcée. Cette mise en demeure est obligatoire sauf si elle était initialement écartée dans la convention de prêt ou par des dispositions spéciales des Actes Uniformes sur le commerce ou les usages commerciaux.

Quelle que soit la nature de l'obligation, un débiteur peut bénéficier par la loi ou par le juge de délai de paiement donc de paiement par tempérament. L'article 198 parle à ce sujet de moratoire légal ou de délai de grâce[19].

623- Ce délai de grâce peut-il être accordé automatiquement par le juge ?

A l'évidence, la réponse est négative parce que l'article 198 RGO érige au moins quatre conditions qui subordonnent cette possibilité judiciaire.

— D'abord, la dette ne doit pas porter sur les dettes fiscales, ce sont les créances des impôts, auxquelles on assimile les créances douanières, sociales (celles dues à l'I N P S).

— Ensuite, le juge tient compte de la conjoncture difficile d'une façon générale en analysant les circonstances économiques objectives. Au surplus, il tiendra compte de la bonne foi du débiteur.

— Ensuite encore, ce délai, normalement annuel, ne peut être accordé plus de deux fois, pour cette période légale de douze mois.

— Enfin, le juge devra préalablement avoir condamné dans une première décision le débiteur à s'exécuter avant de pouvoir lui accorder une seconde décision le délai de grâce.

4- L'imputation

624- L'imputation est, dans la mesure d'une insuffisance de la prestation due par le débiteur, alors qu'il doit conjointement plusieurs dettes, laquelle, ou lesquelles dettes seront prioritairement payées ?

Pour ce faire, les rédacteurs du Régime Général des obligations ont prévu une liberté limitée pour le débiteur avant de fixer les modalités à suivre.

19 Article 526 et suivant du code procédure civile commerciale et sociale.

a- liberté limitée du débiteur

625- Le législateur détermine un principe, juste théorique en disposant dans l'article 199 al 1 que « le débiteur de plusieurs dettes a le droit de désigner lors du paiement celle qu'il entend acquitter. » cette possibilité voit ses effets limités par une série de conditions énumérées par le même article. Ainsi le débiteur n'a pas la possibilité :

— d'imputer son versement sur une dette non échue et surtout les dettes dans lesquelles, contrairement à la règle générale, le terme a été fixé au bénéfice du créancier. Il ne le pourra qu'avec l'accord du créancier.

— Imputer le paiement sur la dette dont le montant est supérieur à la somme versée. Le débiteur n'a pas vocation à choisir ou payer une partie d'une dette plus élevée que le montant qu'il propose sauf accord du créancier.

— imputer le paiement sur le capital d'une dette productrice d'intérêts et d'autres frais. Le paiement insuffisant qu'il effectue sera d'abord imputé aux intérêts que la somme a produits, et aux autres frais de procédure (frais de citation etc.). ce n'est qu'avec le consentement univoque du créancier que les sommes avancées viendraient en déduction du capital du prêt alors que les intérêts subsistent. Il faut signaler que dans la pratique bancaire, les montants sollicités et obtenus en prêt ne sont pas entièrement tenus à la disposition des clients. Généralement, les banques amputent les montants alloués des intérêts de la dette ou procèdent par une immobilisation d'un certain pourcentage du capital pour garantie. Ce qui est une pratique condamnable.

A défaut pour le débiteur de choisir l'imputation, la loi elle même (articles 200 et 201 RGO) donne des indications.

b- Modalités légales

626- Dès que les propositions du débiteur n'agréent pas son créancier, les parties se conforment aux dispositions légales en la matière.

Ainsi le paiement sera :

— imputé sur la dette que le créancier désignera si immédiatement le débiteur ne s'opposait pas.

— imputé d'abord sur les dettes échues avec priorité à celles que le débiteur avait plus d'intérêt à payer. Il s'agit d'éviter que ces dettes produisent automatiquement dans les conditions définies par les articles 138 et 139 RGO des intérêts moratoires.

— imputé sur la dette la plus ancienne, si les dettes ont la même nature. Cela est logique par exemple dans les cas de dettes résultant d'arriérés de loyers, il s'agit d'imputer le paiement au plus vieil arriéré qui risque la prescription.

— Enfin dans les autres cas de figure l'imputation est fonction du nombre et de l'importance des dettes.

5 – Les offres de paiement et consignation

627- Tout débiteur se prépare à payer son créancier. Une fois près, le débiteur, à l'arrivée du terme, proposera à son créancier le remboursement.

Le créancier dans les conditions normales, doit accepter et doit même en être content. Cependant si paradoxalement le créancier refusait le paiement le débiteur a les moyens juridiques de se libérer en faisant des offres de paiement suivies de consignation.

a- Refus d'une offre de paiement par le créancier

628- L'article 202 RGO sous entend l'acceptation de son paiement par le créancier. S'il refuse le paiement, le débiteur lui fera des offres réelles suivies de consignation aux risques du créancier.

Les offres réelles consistent à une invitation solennelle par voie d'huissier ou de notaire du créancier à accepter son paiement.[20]

20 TERRE F. Droit civil, les obligations, Op. Cit. P.1252.

Lorsque le créancier refuse malgré tout, le débiteur fera consigner l'objet du paiement. Si l'objet est en numéraire, il (débiteur) les versera à la caisse de consignation et dépôt ou auprès du greffe du tribunal compétent pour statuer. Si c'est un corps certain, ou autre bien, le débiteur se fera guidé par le greffe du tribunal compétent.

Cette consignation consistera pour le débiteur, en tout état de cause, d'opérer un dépôt physique des sommes ou de l'objet de l'obligation en s'en dessaisissant effectivement. La consignation sera toujours considérée comme valable si l'objet en numéraire faisait l'objet d'un chèque qui « emporte transmission irrévocable de la propriété de la provision » au porteur ou bénéficiaire[21]. Ce serait par exemple un chèque certifié.

b- Conséquences

Par principe les offres réelles suivies d'une consignation libèrent le débiteur (article 202 al 2 RGO). Cette libération est assortie de certaines conditions à la fois au fond en la forme.

b- 1 – conditions de fond

629- La validité des offres réelles selon l'article 203 RGO impose que :

— premièrement elles soient faites à un créancier capable de les recevoir ou à son mandataire (Cf. supra. art 188 RGO).

— deuxièmement elles soient faites par une personne capable de payer (supra)

— troisièmement elles portent sur la totalité de la somme exigible ainsi que les intérêts et frais. Il se peut que le motif de refus du créancier soit fondé sur le fait d'un paiement partiel proposé. Alors, pour être libéré, le débiteur doit s'acquitter de la totalité de la dette en principal et accessoires.

— quatrièmement il faut que le terme soit échu s'il avait été stipulé en faveur du débiteur.

21 Civ. 1er 10 février 1998 Bâtonnier Tapo. Op. Cit.

— cinquièmement si c'était une dette assortie d'une condition, que cette condition soit arrivée, satisfaite ou réalisée.

— sixièmement les offres de paiement doivent avoir été faites au lieu convenu entre parties, à défaut ce sera au domicile du créancier.

— Enfin, en septième lieu, que le débiteur se dessaisisse effectivement de la chose objet du paiement en la déposant à la caisse de dépôt et consignation ou en tout autre lieu indiqué par le greffier du tribunal compétent (article 204 al 2 RGO).

b- 2 – Les conditions de forme

630- L'article 204 RGO ne rend pas nécessaire l'intervention du juge.

Le débiteur doit juste solliciter le concours d'un officier public chargé de :

— premièrement faire les offres réelles précises par la présentation physique.

— deuxièmement que le créancier soit sommé d'accepter le paiement à l'initiative du débiteur

— troisièmement que cet officier public, huissier en l'occurrence dresse un procès verbal du refus du créancier de recevoir le paiement et de leur consignation.

Il reste à signaler que les frais des offres réelles et de la consignation sont supportés par le créancier (article 205 RGO). En effet, ils auront été occasionnés dans leur totalité par le refus du créancier de recevoir son paiement.

Les conditions citées sont cumulatives pour que le débiteur soit libéré. Si l'une d'elle fait défaut, le débiteur pourrait ne pas être libéré et en conséquence les frais des offres lui seraient imputés.

6 – La preuve du paiement

631- La preuve du paiement obéit aux règles de droit commun de la preuve sauf volonté contraire des parties (article 206 RGO). (Infra 737).

Il faudra faire la part des choses entre les dettes de nature civile et celles de nature commerciale. Pour les dettes de nature commerciales, la preuve est libre quel que soit le montant de la somme versée. En conséquence la preuve se fera par tous les moyens ; écrits, commencement de preuve par écrit, livres de commerce bien tenus, témoignages etc.

Par contre pour les dettes de nature civile, la preuve répondra à des critères précis. Ainsi pour les obligations d'origine délictuelle la preuve se fait par tout moyen (article 266 RGO) alors que pour les obligation d'origine contractuelle la preuve se fera conformément aux articles 265 et 267 RGO. L'article 267 précise que « il doit être passé acte devant notaire ou sous signature privée de toute convention dont l'objet excède 5000 f CFA ». Dans tous les autres cas de figure il est fait recours aux modes de preuve retenus dans l'article 265 RGO, l'écrit le témoignage, la présomption, l'aveu et le serment.

a- Le paiement total

632- La preuve du paiement total peut être rapporté par l'exigence d'une quittance du créancier par le débiteur payant ou par la remise ou la destruction du titre original du créancier (article 207 RGO). Cette remise du titre original sous seing privé au débiteur : « Vaut preuve de la libération » (article 214 RGO).

En outre lorsque le créancier remet une quittance à son débiteur pour le paiement du principal de la dette, cela fait présumer du coup le paiement des intérêts (article 208), cela est d'autant pertinent que le paiement des dettes doit commencer par les intérêts (supra).

b- paiement partiel

633- La preuve du paiement partiel, peut être faite par une décharge partielle remise au débiteur ou sur l'instrumentaire détenu par l'accipiens (article 207 al 2 RGO). Dans ce cas mention du paiement est faite au dos du titre original.

7 – Paiement des obligations naturelles

Le paiement de l'obligation naturelle donne lieu à une perception légitime et écarte toute restitution.

a- une perception légitime

634- L'obligation naturelle est une obligation qui était devenue juridiquement inefficace par désuétude, par inaction du créancier. Le créancier était sanctionné pour sa négligence ou son ignorance. L'exécution éclairée d'une telle obligation par un ancien débiteur capable revêt sa validité fondée sur la légitimité d'un droit naturel « qu'on a toujours droit à ce qu'on avait simplement perdu » (article 209 RGO).

L'obligation naturelle est inefficace dans son existence mais juridique dans ses effets lorsqu'elle est exécutée.

b- Ecartement de toute restitution.

635- C'est en toute logique que l'article 210 RGO écarte toute possibilité pour le débiteur de demander une répétition de l'indu. En effet, on lit dans son acte, la volonté ferme de vouloir payer à son ancien créancier ou créancier « sursitaire »[22] ce qu'il lui devait et que ce dernier n'a pu ou n'a pas exigé. C'est une façon indirecte de renoncer à une remise de dette.

Après l'objet convenu au paiement, celui-ci peut connaître un autre objet à la convenance des parties.

B – La dation en paiement

La spécificité de la dation fondée sur l'esprit de tolérance se comprend à travers sa définition et son régime.

1 – Notion :

636- La dation est un mécanisme juridique qui laisse la possibilité aux parties de changer l'objet de la première convention pour en faciliter l'exécution. C'est une convention de secours qui vient lubrifier le processus de libération du débiteur vis-à-vis de son créancier. C'en est pas véritablement une nouvelle convention comme c'est le cas dans la novation. En effet, déclare l'article 211

22 Le créancier sursitaire est une expression empruntée au droit pénal ou le condamné avec sursis risque de purger la première condamnation en cas de récidive. En droit civil, si le paiement est terminé, il n'y a pas lieu à devoir son remboursement.

RGO, le créancier ne peut être obligé d'accepter autre chose que ce qui lui fût promis, mais dans le cadre de la dation il peut convenir avec le débiteur d'une prestation de remplacement.

Ainsi une convention qui avait pour objet la délivrance d'un bien meuble ou immeuble pourrait désormais avoir pour objet de l'argent correspondant à sa valeur. A l'inverse une convention ayant pour objet de l'argent initialement pourrait avoir après accord mutuel, un bien précis de substitution.

La dation est souvent perçue comme une sanction à l'inexécution des obligations du vendeur dans un contrat de vente commercial. C'est ainsi qu l'article 250 AUDCG prévoit que l'acheteur pourra exiger du vendeur si les marchandises livrées ne sont pas conformes au contrat la livraison de marchandises de remplacement.

En tant que mode d'extinction de l'obligation la dation évolue dans un régime qui lui est propre.

2 - Régime juridique de la dation

637- Une fois que la convention de dation intervient, elle emporte transfert de la priorité conformément au droit commun en la matière (article 212 RGO).

En fait la convention de secours ou de rachat ne vient pas garantir l'exécution de la première convention, elle est conclue pour plutôt faciliter son exécution. En conséquence le nouvel objet convenu n'est pas une sûreté mais bien la prestation nécessaire pour la validité du contrat. Si l'objet est un bien, le débiteur en transfert la propriété au créancier qui devient le nouveau propriétaire.

Mais en droit malien le moment de ce transfert n'est pas défini, il dépend selon l'article 109 RGO de la volonté des parties qui peuvent procéder à ce transfert immédiatement ou le retarder. Or, le transfert des risques est lié au transfert effectif de propriété (supra 430).

638- En outre, il est établi que les règles relatives à la rescision d'une vente pour cause de lésion s'appliquent également à la dation en paiement[23]. C'est

23 Civ. 3ème, 4 juillet 1968. Bâtonnier Tapo Op. Cit.

dire que lorsque un immeuble fait l'objet d'une dation en paiement la lésion de plus des 7/12 sur sa valeur réelle expertisée pourrait faire échec à la dation comme convention substituante sinon dès lors que la lésion ne joue pas, l'immeuble ou toute autre chose devient la propriété du créancier et par conséquent le débiteur ne serait pas fondé à évoquer une restitution de l'indu en cas de dation en paiement portant sur un immeuble d'une grande valeur offert pour éteindre une créance beaucoup moindre[24].

En outre, et selon les termes de l'article 212 al 2 RGO, si le débiteur n'exécute pas sa prestation de la convention de secours, cela peut avoir pour conséquence d'éveiller les exigences de la première convention, auquel cas le créancier obtiendra son exécution forcée. Cependant le créancier aura le choix selon ses intérêts de faire revigorer la première convention ou de s'en tenir à l'exécution de celle résultant de la dation.

C – La remise de dette

Le législateur malien a procédé à une réglementation simple de la remise de dette en la définissant et en spécifiant sa preuve en passant par ses caractéristiques.

1 – Définition

639- L'article 213 RGO définit la remise de dette comme « la libération accordée volontairement par le créancier à son débiteur qui l'accepte ».

La remise de dette soutend chez son auteur, un esprit de libéralité un don qu'il fait à son débiteur à la condition évidente que cette libéralité soit acceptée de lui clairement[25]. Ainsi le créancier renonce à toute réclamation, à toute action juridique ou judiciaire contre son débiteur dans la créance envisagée.

2 – Caractéristiques

640- Compte tenu de son importance la remise de dette doit provenir d'un créancier capable, une personne qui peut, seul, exercer le droit de disposition.

---

24 Cour Suprême arrêt n° 268 du 19 novembre 2007.

25 Le consentement du débiteur en matière de remise de dette a fait l'objet de développement dans l'acceptation de l'offre (supra 110)

Elle doit porter sur des droits dont le créancier a l'entière disponibilité et dont il mesure l'étendue.[26]

La remisse de dette peut être totale ou partielle. C'est-à-dire que le créancier peut vouloir pardonner toute la dette au débiteur ou simplement une partie, l'autre partie demeurant exigible par les moyens de droit.

Par ailleurs la remise de dette doit profiter à tous les débiteurs concernés par la même cause, qu'ils soient des débiteurs solidaires ou indivisibles, c'est ce qui peut être déduit de l'article 1284 du droit civil.

La remise de dette peut être à titre gratuit ou à titre onéreux. La forme gratuite confirme l'intention libérale du créancier. En revanche la forme onéreuse peut dépendre des motivations du créancier. En effet, il sera jugé chez lui s'il veut pardonner une dette en vue d'acquérir du débiteur une facilité, ou un avantage quelconque dans leurs rapports futurs. Ainsi un fournisseur accorde une remise du reliquat de sa dette à une école privée afin de permettre au promoteur de renouveler son prêt annuel auprès de son institution financière à l'effet de venir renouveler sa commande auprès de lui (fournisseur) en lui versant un certain montant de liquidité. Il y a là l'arrière pensée d'un gain rapide et sûr contre une position statique improductif.

3 – Preuve de la remise de dette

641- L'établissement d'une telle preuve est important surtout pour le débiteur qui doit se prémunir en vue de se mettre à l'abri de déconvenues ultérieures que ce soit de la part du créancier malveillant ou de ses ayants droit. L'article 214 RGO soutendant une preuve nécessairement écrite, prévoit deux types de preuve à force différente.

D'une part, lorsque l'instrumentum était sous seing privé, sa remise volontaire par le créancier au débiteur est considérée comme une preuve irréfragable de sa libération, si c'est l'original. La remise du titre original fait présumer absolument un paiement ou une intention libérale sans équivoque.

26 Bénabent (A), Droit Civil, les obligations, Op. P. 373.

D'autre part, lorsque le titre de créance découle d'une décision de justice exécutoire ou d'un acte authentique (notarié) avec formule exécutoire, sa remise volontaire fait présumer simplement une remise de dette. C'est dire que la velléité de remise de dette invoquée par le débiteur peut tomber par la preuve contraire du créancier.

Cette position est logique, en effet, si dans le cas de l'acte sous seing privé le titre original est généralement détenu par le créancier lui même, en revanche dans le cas de la grosse, le titre provient d'un tiers (tribunal) ou est détenu par un tiers (officier public), donc le débiteur peut l'avoir par d'autres moyens. En conséquence sa présentation doit être sujette à confirmation.

Le législateur malien a prévu un nouveau mode d'extinction des obligations.

D – La cession de biens[27]

Elle est une forme d'extinction des obligations instituée par le Régime Général des Obligations du Mali, sur le bien fondé duquel, des interrogations se font entendre.

1 – Définition

642- Le texte le définit comme :

> « L'abandon qu'un débiteur fait de tous ses biens à ses créanciers lorsqu'il se trouve hors d'état de payer ses dettes » (article 215 RGO).

Le législateur malien semble adapter, par ce type de cession, l'application gracieuse de l'article 2092 du code civil qui dispose :

> « Quiconque s'est obligé personnellement est tenu de remplir son engagement sur tous ses biens mobiliers et immobiliers, présents et à venir ».

Donc il s'agit, pour le débiteur, conscient qu'il ne peut pas honorer ses engagements, de se débarrasser par lui-même ou par l'intermédiaire de la justice de l'ensemble de ses biens au profit de ses créanciers.

27 Il faut faire attention à ne pas confondre cession de biens et cession de dettes.

2 – Formes de la cession

Elle est volontaire ou judiciaire

a- Cession volontaire

643- A la suite de la loi qui prévoit le recours aux biens du débiteur pour désintéresser ses créanciers, les parties peuvent l'avoir stipulé dans leur convention de dette. Si à l'échéance le paiement n'intervenait pas, la cession de bien volontaire devrait intervenir en exécution de cette clause de contrat (article 216 RGO).

b- Cession judiciaire

644- Perçue comme un bénéfice légal, la cession judiciaire des biens dénote une bonne foi chez le débiteur malheureux qui abandonne ses biens dans le but expresse d'éviter la contrainte par corps qui le conduirait en prison (article 217 RGO).

Effectivement, ajoute l'article 219 RGO, les créanciers ne peuvent refuser la cession judiciaire, sauf prévision de la loi, et elle met le débiteur à l'abri de la prison par la décharge de la contrainte par corps.

3 – Conséquences de la cession de biens

645- D'abord, qu'elle soit volontaire ou judiciaire, la cession de biens ne confère pas la propriété des biens cédés aux créanciers (article 218 RGO).

Elle leur donne la possibilité, le droit de faire vendre les biens en question et se faire payer sur le prix selon leurs prérogatives.

Si le montant a suffi, le débiteur est libéré, dans le cas contraire il n'est libéré qu'à concurrence de la valeur des biens abandonnés. Ainsi, ses biens futurs devraient connaître le même sort jusqu'à total paiement de créanciers.

4 – Observations sur la cession de biens

646- La cession de biens en tant que mécanisme juridique d'extinction des obligations suscite des interrogations légitimes à la fois sur son fondement et sur sa finalité.

— **Sur son fondement** : il semble institué pour éviter au débiteur que la loi fait, elle-même bien de qualifier de « malheureux », la contrainte par corps (voir supra) qui n'est même pas réglementé par l'Acte uniforme sur les voies d'exécution. Pour quelles raisons ?[28] La contrainte par corps est aujourd'hui très mal perçue par l'ensemble des législateurs modernes qui ne reconnaissent aux obligations que leur caractère patrimonial stricte à l'exclusion de tout esclavage, de toute prison pour un débiteur.

— **Sur sa finalité** : l'on peut s'interroger également sur la finalité de la cession des biens alors que le Mali, prenant part à l'OHADA, a admis l'application de l'Acte uniforme sur le Recouvrement des créances et de leurs voies d'exécution. Justement, cet Acte uniforme a prévu des dispositions dites favorables qui ne mettent pas le créancier au premier plan de la vente des biens. En effet, le débiteur peut esquiver la vente forcée en procédant, par lui-même à la vente à l'amiable de ses biens. Ce qui présente beaucoup d'intérêts pour lui, notamment l'absence de publicité qui l'exposerait davantage en étalant ses difficultés financières et surtout il pourrait obtenir un meilleur prix. Pour ce faire le débiteur bénéficie d'un délai d'un mois francs (article 116 al 1 AUDDRCVE).[29]

L'exécution volontaire marque une certaine coopération entre parties dans la gestion de leurs rapports contractuels normaux ou devenus difficiles par le non respect de certaines prestations mais toujours avec la volonté de contournement des voies judiciaires.

En est-il de même pour l'exécution forcée ?

28 OHADA. Anne Marie l'H. ASSI- N'Diaw Diouf – Recouvrement des créances, P. 1 et 2.
29 Idem, P. 130 et 132.

PARAGRAPHE II : L'EXÉCUTION FORCÉE

Contre des dispositions générales, l'exécution forcée des obligations, pour atteindre leur but, peut passer par l'astreinte, certaines actions comme l'action directe, les actions oblique et paulienne ou même l'action en déclaration de simulation.

A – Généralités sur l'exécution forcée

647- Il est nécessaire de spécifier qu'en plus des dispositions du Régime Général des obligations, les dispositions du code de procédure civile commerciale et sociale s'appliquent ainsi que celles de l'Acte uniforme sur les procédures simplifiées de recouvrement et les voies d'exécution du 10 avril 1998.

L'exécution forcée permet donc au créancier de poursuivre en justice ou conventionnellement devant arbitre son débiteur en saisissant ses biens pour les vendre et se faire payer ou se faire attribuer les dits biens.[30]

1 – Personnes concernées

648- Il s'agit de toute personne physique ou morale qui ne s'exécute pas à l'échéance de son engagement qui peut y être contraint par les voies de droit (article 220 RGO).

Toutes fois l'Etat malien, les collectivités publiques, aux termes de la loi, ne peuvent faire l'objet d'exécution forcée. Il s'agit dans ce cas de négocier de transiger pour obtenir satisfaction, la patience étant la règle.[31] Au contraire certaines administrations d'Etat comme le fisc, les douanes sur les titres de créances qu'elles adressent à leurs débiteurs peuvent les assortir de force exécutoire en souscrivant des commandements de payer. C'est le cas particulier de l'administration des impôts. Ces administrations peuvent aller jusqu'à saisir les biens des débiteurs et procéder à leur vente.

30 OHADA. AUDRCVE, Op. P. 1.
31 AUDRCVE

2 – Conditions préalables

649- Elles sont édictées dans l'article 222 RGO.

Le créancier, pour recourir à l'exécution forcée doit préalablement être muni d'un titre de créance revêtue de la formule exécutoire au nom du peuple malien.

La formule exécutoire peut être apposée par le greffier en chef, sur la copie de la grosse, du tribunal qui a rendu la décision ; elle peut être le fait d'un notaire sur un acte à caractère expéditif ou autre ; elle peut enfin résulter d'une décision d'arbitrage ayant reçu l'exequatur[32] du tribunal compétent[33].

Si cette condition essentielle est remplie, le créancier pourra bénéficier du concours de la force publique pour l'appuyer. Mais c'est l'huissier de justice qu'il constitue, qui procède légalement et matériellement à la notification et à l'exécution forcée.

3 – Modalités de l'exécution forcée

650- Avant la véritable exécution forcée, la loi prévoit des cas d'avertissement de précautions, appelés mesures conservatoires que le juge autorise en vue de préserver les intérêts du créancier dans la prévention éventuelle de la poursuite de la procédure. Elles existent tant en matière civile que commerciale (article 64, 67, 72, 90, 136 à 144 AU DCG).[34]

En dehors des mesures conservatoires, l'exécution forcée peut se poursuivre par la voie de saisie des biens mobiliers et immobiliers du débiteur défaillant en observant d'une part les dispositions du code de procédure civile commerciale et sociale (article 222 RGO), et d'autre part en respectant également les dispositions communautaires de l'Acte uniforme sur le Droit de Recouvrement et les voies d'exécution.

32 Voir AU Arbitrage. Meyer. OHADA. Droit de l'arbitrage.
33
34 OHADA, Recouvrement des créances, Op. Cit. P. 73.

B – L'astreinte

L'astreinte en tant que moyen de vaincre la « résistance » d'un débiteur refusant de s'exécuter, est un mécanisme, au processus, complètement juridictionnel.

1 – Notion d'astreinte (supra 337)

651- Tout comme l'exécution forcée à laquelle le débiteur peut être condamné ou aux dommages d'intérêts, l'astreinte constitue un moyen de pression judiciaire dont le rôle est de faciliter l'exécution de l'obligation à laquelle elle se rapporte.[35]

D'une nature sus generis, l'astreinte ne peut exister indépendamment. Elle constitue toujours une condamnation « appendice » c'est-à-dire accessoire pour l'exécution d'une obligation principale. C'est ainsi que l'article 223 RGO la définit comme une sanction civile, infligée provisoirement à un débiteur récalcitrant par le tribunal, en vue de l'amener à exécuter en nature son obligation. Son objet consiste en une somme d'argent fixée par jour de retard d'une exécution ou d'une autre périodicité que le juge fixerait jusqu'à totale exécution de l'obligation appuyée.

Puisqu'elle se rapporte surtout à l'exécution en nature des obligations, l'astreinte peut être effectivement efficace au-delà c'est à dire dans toutes les obligations, de donner, de faire, ou de ne pas faire. Par exemple condamner à tant de francs par jour jusqu'à ce que vous donniez tel livre emprunté à telle personne, ou condamner à tel montant par jour de résistance jusqu'à ce qu'il (entrepreneur) achève l'élaboration du plan de l'immeuble de telle personne ou encore dans le cadre d'une servitude, condamner le titulaire du fonds servant à tant par jour jusqu'à ce qu'il arrête d'obstruer le service du fonds dominant. On retrouve dans la jurisprudence française différentes décisions allant dans ce sens.[36]

---

35 Idem.

36 Req. 29 janvier 1834 DP 34. 1. 81. 9. 34. 1. 129 : Civ. 1er sect. Civ. 20 oct. 1959 DP. 1959. 537. Note G Holleoux. S. 1959. 225 JCP 1960 I. 11449. Note Mazeaud GAJC P. 444 et 415 et suivant

L'astreinte est une sanction d'application exclusivement judiciaire dans la mesure où c'est le juge qui est au centre de son mécanisme, par la condamnation et l'appréciation ultérieure.

2 – Caractéristiques judiciaire de l'astreinte

652- A l'origine, l'astreinte fut l'œuvre de l'imagination de la jurisprudence française avant d'être consacrée par la loi en France en 1932.[37]

Malgré l'intervention de la loi, le juge reste la cheville ouvrière dans la mise en œuvre de l'astreinte.

D'abord, l'astreinte suppose une première décision (ou source) de condamnation, du moins une première obligation de s'exécuter pour le débiteur que cette source soit le tribunal, l'arbitrage ou un acte authentique notarié, qui reste inexécutée par le débiteur que l'on soupçonne de faire de la résistance. Le juge commence en principe par prononcer une astreinte provisoire (article 224 RGO).

Ensuite, après l'exécution, le juge intervient à nouveau pour liquider l'astreinte en tenant compte des circonstances de l'espèce. Il peut être ainsi déduit de l'article 224 que le juge dispose d'un large pouvoir d'appréciation dans la cause qui lui donne la possibilité de ramener à une juste proportion le montant de l'astreinte en abattant au besoin le montant ou la périodicité. C'est ce qui est logique dans la mesure où l'astreinte ne se substitue ni à l'exécution forcée ni aux dommages intérêts auxquels le même débiteur peut être condamné.

653- Toutefois, les circonstances de l'espèce au regard de l'attitude du débiteur peuvent amener le juge à prononcer immédiatement une astreinte définitive sans recourir au préalable à l'astreinte provisoire. Certainement, cette hypothèse joue dans les cas extrêmes d'indélicatesse du débiteur. Cette position de la loi est critiquable. Il devrait toujours être nécessaire de passer par l'astreinte provisoire et que l'astreinte définitive fasse l'objet d'une nouvelle décision du juge qui tienne compte de la bonne foi ou de la mauvaise foi du débiteur

37 Benabent (A), Droit civil, les obligations Op. P. 364.

condamné à l'astreinte provisoire. Cela pour une raison simple, car l'astreinte définitive n'est en principe pas révisable.[38]

Enfin, selon l'alinéa 2 de l'article 225, l'astreinte est une pénalité infligée au débiteur indélicat et profite directement au créancier, sans préjudice des dommages intérêts qui peuvent en être cumulativement accordés. Sur ce point le principe de l'astreinte s'attire les critiques objectives de la plupart de la doctrine.

En effet, condamner le même débiteur, à une exécution forcée, l'obliger à une astreinte provisoire ou définitive et encore le condamner à devoir des dommages- intérêts au même créancier est difficile à comprendre et à admettre.

Cette critique qui ne manque pas d'intérêt appelle à quelques observations.

— Il ne doit pas être oublié que le débiteur indélicat fait l'objet d'une exécution forcée, c'est dire qu'il éprouve des difficultés à satisfaire son créancier.

— Il ne doit pas être non plus oublié que la morale collective et individuelle n'autorise pas l'enrichissement excessif d'un élément de la communauté au détriment d'un autre, que cela peut être source de haine, de rancœur généralisée pouvant rejaillir sur l'objet du droit qui est de permettre la bonne vie en société.

— En outre, une telle condamnation, fait participer l'institution de la justice apparemment dans le conflit entre créancier et débiteur par un acharnement contre le débiteur.

Aussi, est-il possible de faire la proposition suivante :

654- Par rapport à l'astreinte, une distinction doit être opérée entre obligations selon qu'elles visent un objet patrimonial ou extrapatrimonial.
Lorsque l'obligation se rapporte à un objet extrapatrimonial comme ne pas obstruer l'usage du fonds dominant, éliminer un animal dont les cris gênent le voisin, proclamer des résultats d'examen etc. la condamnation doit être limitée à l'astreinte stricto sensu sans aucune possibilité d'ajouter des dommages intérêts.

38 Idem, P. 365

Lorsque l'obligation se rapporte à un objet patrimonial comme, payer une dette, donner telle chose, exécuter telle œuvre en nature, l'astreinte, faisant suite à la condamnation à l'exécution forcée, devra être également exclusive de dommages intérêts. S'il n'était pas possible d'éviter les dommages intérêts, il serait indiqué que tout de même, ces dommages intérêts profitent à d'autres personnes que le créancier.

L'idée n'est pas nouvelle[39] et il peut être raisonnablement proposé que ces dommages intérêts viennent enrichir un éventuel fond de garantie pour les victimes laisser pour compte (supra) ou profitent à des œuvres de bienfaisance. Disons que ce devrait être possible pour le créancier de choisir entre l'astreinte et les dommages intérêts selon le montant mais en aucune façon il ne doit bénéficier des deux.

L'exécution directe est mise en œuvre par les différentes actions.

C°) L'action directe et l'action oblique.

655- Tous les juristes conviennent qu'il n'y a pas de droit sans action à l'inverse, pas d'action sans droit[40]. Généralement les personnes qui entendent faire sanctionner leurs droits exercent des actions devant les juridictions compétentes par le moyen de demandes introductives d'instance, si bien que dès qu'on veut passer par une spécification d'action, cela laisse entrevoir des particularités à analyser.

1°) L'action directe :

656- Le principe veut que chaque créancier ait le droit d'agir directement contre son débiteur pour la sanction de son droit. Mais cela ne doit pas amener à comprendre que la procédure se fait par le moyen d'une action directe. La précision de « action directe » conduit à l'exercice direct d'un droit indirect qu'on a contre quelqu'un. Supra 569).

39 Bénabent (A), Op. P. 365.
40 Dicton juridique à source inconnue.

a°) Définition et légitimité :

657- Selon le Doyen Terré François : « L'action directe permet à un créancier de poursuivre directement, en son propre nom et pour son propre compte le débiteur de son débiteur »[41]. En fait, c'est l'éruption légitime d'une personne intéressée dans les rapports entre deux personnes qui ont le lien de créancier à débiteur l'un vis-à-vis de l'autre. Aussi le tiers intervenant s'adresse au débiteur du chef de son créancier qui se trouverait subitement engagé vis-à-vis de lui (fait juridique) ou qui aurait des relations conventionnelles non honorées (acte juridique).

Le Régime Général des Obligations, qui n'a parlé de l'action directe que dans un seul article (226 RGO) précise que « Le créancier (tiers intervenant) peut exercer directement en son propre nom l'action du débiteur ».

Ce n'est pas n'importe quel droit qui donne lieu à l'exercice de l'action directe, il faut, pour être autorisé à exercer cette action, qu'elle soit prévue par la loi.

Ainsi il existe une action directe entre la victime d'un accident contre l'assureur de l'auteur du dommage[42] les ouvriers employés disposent d'une action directe contre le maître de l'ouvrage en vertu de l'article 1798 du Code Civil, tout comme le mandant dispose d'une action directe contre le mandataire de son mandataire (article 1994 du Code Civil).

Dans les baux à usage d'habitation, les bailleurs et sous locataires peuvent avoir des actions directes les uns contre les autres[43].

b°) Régime de l'action directe.

658- L'article 226 RGO énonce que : « ... les exceptions opposables au débiteur ne le sont pas au créancier qui bénéficie d'un privilège sur la créance de son débiteur ».

41 Terré (F) et Cie. Droit civil, les Obligations op. Cit. P. 1103.

42 Article 54 alinéa 1er du Code CIMA intitulé « Action Directe ». CIMA. Droit des Assurances. P. 290.

43 Article 9 Décret 146 PG RM du 27 septembre 1967 portant Réglementation des loyers des locaux d'habitation en République du Mali.

Il faut comprendre que l'exercice de l'action directe n'est pas obligatoire par le créancier. Il peut se contenter du schéma classique en s'adressant à son débiteur immédiat qui en fera de même vis-à-vis du sien propre. Mais son exercice (action directe) permet de raccourcir la procédure et c'est de cela que participe la volonté du législateur qui écarte l'opposabilité des exceptions vis-à-vis du titulaire de l'action directe. Dès que le fait, source de l'obligation est établi ou que la créance est certaine, non contestée, liquide c'est à dire évaluable en numéraire et exigible c'est-à-dire arrivée à terme, le titulaire de l'action directe peut l'exercer sans aucune autre crainte d'être contrarié par quelle que exception que ce soit.

2°) L'action oblique.

L'action oblique constitue un palliatif juridique et judiciaire à la négligence ou à l'inaction d'un débiteur.

a°) Définition. (supra 9).

659- L'article 227 RGO dispose que : « le créancier peut exercer les actions que son débiteur aurait négligé d'intenter, à l'exception de celles qui sont exclusivement attachées à la personne ». Chaque personne dispose de droits et d'obligations d'une façon générale, et d'une façon particulière certains droits ou obligations naissent entre certaines personnes sans qu'elles ne l'aient souhaité ou il se peut qu'elles l'aient souhaité par divers actes reconnus par la loi comme le contrat et autres. Si l'on est tenu de s'acquitter de ses obligations, l'on n'est pas tenu, en revanche, d'exercer tous les droits surtout lorsqu'on en a l'entière disponibilité. Mais cette liberté peut avoir des limites lorsque le titulaire du droit en sclérose est redevable à une autre personne. Par exemple étant débiteur d'une personne donnée, une personne néglige d'exercer son droit de poursuite contre son propre débiteur qui lui doit tel ou tel montant d'argent ou tel ou tel bien réalisable en numéraire. Son créancier, à lui, pourrait exercer l'action à sa place en s'adressant au débiteur « commun » pour lui demander l'exécution de son obligation en vue d'en profiter lui-même.

Tel que décrite l'action oblique intéresserait en premier lieu les créanciers chirographaires c'est-à-dire ceux n'ayant pas de garantie particulière à leurs créances.

Par ailleurs l'action oblique reste l'objet d'initiative personnelle car en matière civile, il n'existe pas de procédures collectives au profit des créanciers comme en matière commerciale[44].

L'action oblique exige des conditions pour pouvoir être exercée.

b°) Conditions de l'action oblique.

660- Elles sont nombreuses :

— Le créancier qui exerce l'action oblique doit y avoir un intérêt personnel. Certainement que l'inaction du débiteur empêchait ses créances d'être payées.

— La créance dont l'exécution est poursuivie doit revêtir les caractères certain, liquide et exigible.

— Le créancier ne peut exercer les droits de son débiteur lorsque ceux-ci sont exclusivement attachés à la personne. Par exemple il ne peut introduire une action en divorce, en séparation de corps contre son débiteur au motif que son épouse est dispendieuse.

— Le débiteur doit être négligent et l'article 228 al 2 RGO exige sa mise en cause dans le procès intenté.

D'une façon générale, le créancier pourra s'adresser au tribunal pour faire annuler actes ou mêmes formuler une voie de recours contre une décision de justice qui condamne ou déboute le débiteur dans une affaire à incidence patrimoniale. Il lui est normalement possible d'agir dans le sens d'interrompre une prescription menaçant son débiteur[45].

c°) Conséquences de l'action oblique.

661- L'article 229 RGO dispose que : Les exceptions opposables au débiteur peuvent être opposées indifféremment au créancier diligent qui exerce l'action oblique. Aussi le défendeur pourra soulever des exceptions de nullité, de prescription extinctive etc.

44 Cours Madame Coello op. Cit. Inédit.
45 Cours Madame Coello. Inédit.

Le créancier ne bénéficie pas d'un droit de préférence sur le fruit de la condamnation. En effet, les biens reçus vont dans le patrimoine du débiteur. Donc le créancier diligent viendrait en concurrence avec les autres consorts c'est-à-dire les créanciers chirographaires de son débiteur.

Toutefois, il peut être observé que cette dernière disposition ne constitue pas une affirmation péremptoire dans son libellé. Aussi devrait il être possible au juge d'autoriser soit à un virement direct dans le patrimoine du créancier diligent jusqu'à concurrence de son dû ou de l'ériger en créancier préféré du fait de sa diligence.

D°) L'action paulienne. (supra 9).

L'action paulienne est une action qu'un créancier, se croyant actuellement ou probablement lésée par certains actes de son débiteur, exerce pour arrêter ou sanctionner ceux-ci (actes.

1°) Définition et conditions.

662- « Le créancier peut agir en inopposabilité des actes frauduleux accomplis par son débiteur après la naissance de sa créance et qui lui portent préjudice » (article 230 al 1 RGO). L'action paulienne vise et sanctionne la conduite frauduleuse ou malveillante d'un débiteur indélicat. Elle met en scène le créancier exerçant l'action, le débiteur ainsi que les éventuels acquéreurs ou bénéficiaires des biens en cause.

L'article 211 de l'ancien code pénal[46] du Mali qui n'est pas repris dans le nouveau code pénal certes, n'a plus de valeur pénale mais revêt, sur le plan civil une importance inouïe pour saisir le comportement indélicat d'un débiteur par les actes visés qui peuvent fonder indubitablement l'action paulienne.

Ainsi ce vieil article vise les cas où la personne qui à l'échéance premièrement a dissimulé, détourné, vendu au-dessous de leur valeur ou donné des objets dépendant de son actif, fait remise d'une créance ou acquitté une dette fictive ; deuxièmement, reconnu comme réelles des dettes ou obligations en tout ou en parties fictives ; troisièmement avantagé l'un des créanciers au

46 Loi n° 61-99AN-RM du 03 août 1961 portant code pénal.

détriment des autres ; quatrièmement, soustrait ou volontairement altéré ses livres[47]. Ce sont là des actes dits actes d'appauvrissement soutendus par un comportement édulcoré de fraude aux droits des créanciers[48].

663- Tout comme l'action oblique, la loi exige que l'action paulienne soit consécutive à une dette certaine, liquide et exigible (article 230 al 2 RGO). L'article 231 RGO impose également la preuve d'une collusion entre le débiteur et les éventuels acquéreurs des biens objets des actes d'appauvrissement et frauduleux. Ainsi la loi exige que cet acquéreur fut au courant de cette fraude. Il en est de même pour le sous acquéreur à titre onéreux.

2°) Renforcement de l'acquéreur.

664- L'acquéreur, à certaines conditions, peut garder le bien dans son patrimoine. L'acheteur du bien dont le retour est demandé, peut réconforter sa position en se mettant à l'abri de toute poursuite ; mais par le paiement du juste prix de la chose ou par le redressement juridique nécessaire selon le cas. Ainsi si le bien lui a été cédé à un prix moindre, il devra payer jusqu'à concurrence de la valeur réelle du bien acquis.

3°) Conséquences de l'action paulienne.

665- Les actes d'appauvrissement frauduleusement passés n'existent que parce que le créancier n'y a fait aucun recours. Sinon en cas de recours judiciaire, les dits actes n'auront aucune chance de survie dans la mesure où l'article 232 RGO prévient que :

> « Le juge prononce l'inopposabilité de l'acte au créancier qui bénéficie seul de cette décision ».

Dans ce cas l'action paulienne se différencie de l'action oblique qui fait intégrer dans le patrimoine du débiteur le fruit de l'exécution forcée initiée par le créancier diligent. Donc à la différence de l'action oblique l'action paulienne qui aboutit, profite exclusivement au créancier qui l'a exercée. Pour la loi, seuls les créanciers qui intentent l'action paulienne en profitent et l'intervention des créanciers est largement ouverte. Ils peuvent intervenir en première instance comme en appel[49].

---

47 Loi n° 91-045/AN-RM du 23 février 1991 insérée par cette partie dans l'article 211 du code pénal ancien.

48 Civ. 1er 17 octobre 1979. JCP 1981 II 1927. Note Chestin. Defrenois 1980. 906. Ob Aubert.

49 Capitant (A) et Cie. GAJC. Op. cit. P 422.

Cet effet relatif de l'action paulienne est reconnu depuis fort longtemps par la jurisprudence française[50].

E°) L'action en déclaration de simulation :

666- L'article 233 RGO dispose :

> « Tout créancier peut agir en déclaration de simulation contre les actes de son débiteur susceptibles de lui causer préjudice même s'ils sont antérieurs à as créance ».

L'action en déclaration est une action judiciaire par laquelle un plaideur veut rétablir la vérité en faisant apparaître la contre-lettre[51].

Cette action en déclaration de simulation telle que envisagée par le régime général des obligations entre débiteur et créancier présente une grande similitude avec l'action paulienne (supra). En fait il s'agit de la position d'un créancier dans un acte apparent ou ostensible qui vient de s'apercevoir qu'il existe une contre-lettre qui réduit ou compromet ses droits. Lorsque ce sont les clauses du contrat apparent qui s'appliquent, il (créancier) attaquera les clauses de la contre lettre dans le sens de les faire annuler[52] ou encore à l'inverse le créancier, dans une contre lettre, est entrain d'observer que le débiteur entreprend des actes de simulation susceptibles de compromettre ses droits en dehors de la contre lettre.

667- La différence avec l'action paulienne se situe au fait que l'action en déclaration de simulation peut concerner même des actes antérieurs à la naissance des droits du créancier.

L'étude des actions vient conforter l'importance que le législateur malien attache à l'exécution des obligations d'une façon générale et à l'exécution forcée d'une façon spécifique.

Il existe d'autres modes d'extinction des obligations décrites dans le Régime Général des Obligations sous l'appellation « les modes d'extinction ».

50 Req. 28 août 1871. S. 78-1. 316 GAJC.
51 Mazeaud (L, J) Chabas (F) Obligations Théorie Générale 9ème édition op. Cit. P 933.
52 Civ. 25 avril 1939. DP 1940 112N.

PARAGRAPHE III : LES AUTRES MODES D'EXTINCTION.

Ces autres modes portent sur un jeu légal ou conventionnel entre deux patrimoines la compensation ; l'acquisition d'un autre patrimoine ou d'un élément d'un autre patrimoine qui vient s'ajouter au sien propre en raison du principe de l'unicité du patrimoine, c'est la confusion ; d'une impossibilité objective d'exécuter une obligation ou d'une extinction par l'écoulement d'un certain temps. C'est la prescription extinctive.

A°) La compensation.

668- La compensation, se ramenant à un épongement de dettes ou de créances respectives et réciproques entre les mêmes parties, a été définie par le législateur malien, reconnu sous diverses formes avec des effets précis.

1°) Définition :

669- L'article 234 RGO dispose :

> « Lorsque deux personnes sont respectivement créancière et débitrice l'une de l'autre, il s'opère entre elles une compensation qui éteint la dette de chacune d'elles jusqu'à concurrence de la plus faible ».

Il s'agit là d'un pragmatisme évident mettant les parties à l'abri des dépenses de procédures inopportunes pour recouvrer chacune, sa créance sur l'autre.

Ainsi Ibrahim devait 125 000 f CFA à Seydou et par le jeu des relations sociales, économiques ou professionnelles diverses, Seydou aussi est devenu créancier d'Ibrahim pour soit 125 000 f CFA ou 150 000 f CFA. Il devrait s'opérer une compensation entre ces deux dettes jusqu'à concurrence de la plus faible. C'est dire que si le montant de Seydou est 125 000 F CFA, la compensation effacera la dette de part et d'autre et les deux parties sont libérées l'une vis-à-vis de l'autre. En revanche, si la dette de Seydou est de 150 000 F CFA, en vertu de la compensation, Ibrahim ne devrait plus que 25 000 F CFA, c'est-à-dire la différence entre 150 000 F et 125 000 F, c'est cela le sens de « jusqu'à concurrence de la plus faible ».

Ce système de compensation est à la base du développement de l'activité bancaire notamment avec les commerçants, les grandes entreprises qui ouvrent des comptes dits « courants » dans les banques. L'esprit du compte courant amène le banquier à ne pas être trop regardant sur la réalité (le solde) du compte de son client pour y accomplir des opérations de sortie de fonds. Le client émet des chèques sans s'assurer qu'il y a la provision mais la banque paye. De son côté, le client peut procéder à tous moments à des versements, virements extrêmement importants et la banque à l'occasion d'opérer la compensation par le jeu des écritures comptables en prélevant ses intérêts et autres frais.

La compensation a trois caractéristiques dont la plus importante est la forme légale.

2°) Caractéristiques de la compensation

670- La caractéristique légale est décrite par le régime général des obligations sous l'appellation de compensation de plein droit. Il (RGO) a expressément prévu la compensation par voie judiciaire alors que rien ne s'oppose à la forme conventionnelle dans la mesure où la compensation porte sur des droits des individus.

a°) La compensation légale

671- Les dispositions de l'arbitres 235 RGO rendent cette compensation obligatoire même à l'insu des parties et quelle que soit la cause de chacune des dettes. Toutefois le même texte prévoit quelques cas où la compensation ne peut opérer. En plus, l'article 236 RGO détermine quatre conditions qui doit observer la compensation légale.

a-1°) Contrariété à la compensation :

672- La compensation ne peut intervenir, du moins à l'initiative du débiteur dans le cas où l'une des deux dettes présente pour objet soit la restitution d'une chose dont le propriétaire a été injustement dépouillé, soit la restitution d'un dépôt, soit les aliments que la loi déclare insaisissables (article 235 in fine).

— Pour la restitution d'une chose indûment enlevée ou la restitution d'un dépôt la position de rejet de la compensation par le législateur est légitime, car il s'agit d'abord de rétablir le droit relatif soit au fait injuste de dépouiller quelqu'un soit à la confiance qu'inspire le contrat de dépôt entre parties.

— Pour les créances alimentaires, auxquelles on ajoute les créances de salaires, la position du législateur est encore inspirer par le fait que ces créances sont censées faire vivre leurs titulaires. Par conséquent il ne peut être toléré une compensation quelconque permettant au débiteur d'en priver le créancier. Il est possible que la chose soit analysée autrement au cas où le titulaire du droit c'est-à-dire le créancier de la dette alimentaire renonce d'initiative et librement au profit du débiteur. Dans ce cas la compensation pourrait être possible[53] .

a-2 Condition de la compensation légale

673- Elles sont déterminées dans l'article 236 RGO° qui dispose que : pour qu'il y ait compensation légale, il faut :
— que les deux obligations aient pour objet une somme d'argent ou des choses fongibles.

Lorsque les obligations ont pour objet le numéraire, la compensation ne pose pas de problème. Il faut donc préciser que lorsque l'objet est évaluable en argent, la compensation peut s'opérer.

La compensation exclut en principe les obligations fondées sur des corps certains où chacune des parties devra s'assumer. Elle n'est possible que pour les choses fongibles c'est-à-dire celles qu'on peut prendre les unes pour les autres. Par exemple telle espèce ou qualité ou quantité de céréales ;

— Qu'elles soient certaines, liquides, exigibles et saisissables.

674- Il s'agit du respect des conditions de fond de toute créance soumise à exécution forcée fixées par l'article 31 de l'Acte Uniforme sur le Recouvrement des Créances de l'O.H.A.D.A[54].

53 Terre (F) et Cie. Droit civil : les obligations Op.cit P. 1289 et 1290.
54 OHADA. AUDRCVE. P.50, 51,52.

La créance certaine est une créance existante incontestée ni soumise à aucune condition.

La créance liquide est une créance évaluée en argent ou évaluable en argent. Ce caractère épargne le débiteur de la possibilité d'une saisie excessive sur son patrimoine. Il institue la juste mesure.

La créance exigible est celle qui est arrivée à échéance c'est-à-dire qui n'attend qu'une exécution volontaire du débiteur ou une injonction du créancier.

Les créances saisissables sont celles revêtant les qualités précitées et qui ne tombent pas sous l'emprise des exceptions de l'article 235 RGO[55].

— Qu'elles existent entre les mêmes parties.

Cette disposition doit être entendue au sens strict parce que une personne ne doit pas payer à la place d'une autre sous réserve des obligations solidaires ou indivisibles.

675- Ainsi la compensation n'opèrera qu'entre deux personnes qui se doivent respectivement dans le respect des conditions fixées. Même en droit de régimes matrimoniaux et en cas de communauté de bien, le créancier d'un époux commun ne pourra compenser qu'avec les biens propres à l'exclusion des biens communs sauf à apporter la preuve que la créance ou la dette a profité à la communauté par l'entretien des enfants du foyer...

— Que l'une des parties ne soit pas déclarée en règlement (redressement) judiciaire ou en liquidation de biens. En droit OHADA, la compensation dans cette hypothèse est en principe rejeté dès qu'il y a eu jugement d'ouverture lequel jugement dessaisit le débiteur de sa gestion. Il y a désormais des restrictions plus ou moins importantes dont le patrimoine du débiteur est l'objet et qui obligent à traiter les créanciers sur un même pied d'égalité[56].

55 Article 235 RGO : »Cette compensation a lieu de plein droit, même si à l'insu des débiteurs quelle que soit la cause de chacune des dettes, sauf dans le cas où l'une des deux dettes a pour objet :
1°) soit la restitution d'une chose dont le propriétaire été injustement dépouillé ;
2°) soit restitution d'un dépôt :
3°) soit les aliments que la loi déclare insaisissables.

56 Sawadogo Michel. OHADA. Droit des Entreprises en difficultés P. 172. Bruyant. Bruxelles 2002.

— Lorsque les dettes ou les créances connexes ont la même source juridique, actes ou faits juridiques c'est-à-dire découlent d'une source volontaire ou involontaire la compensation est possible entre ces créances. La connexité se traduit par un lien plus ou étroit entre les créances réciproques[57].

La connexité s'entend au sens large et ne peut être soumise aux conditions de liquidité et d'exigibilité selon la jurisprudence française[58].

b°) La compensation judiciaire.

Selon l'article 238 le juge peut ordonner la compensation entre dettes simplement certaines et liquides. Le défaut provisoire du caractère liquide ne devrait retenir le juge s'il dispose des éléments d'appréciation pour procéder à cette liquidation. Le juge peut tirer les éléments d'appréciation de la liquidité d'un rapport d'expertise. Ainsi lorsqu'un promoteur d'école a sollicité les services d'un entrepreneur pour construire des salles de classes pour lesquelles les conditions sont particulièrement méticuleuses et qu'il y ait des défaillances à corriger obligatoirement avant de pouvoir y installer des élèves, le juge va ordonner une expertise qui peut conclure effectivement à la réalité des failles. Le juge va condamner l'entrepreneur à devoir des dommages intérêts. Dans ce cas le promoteur lui demandera d'ordonner la compensation entre le reliquat qu'il devait, lui, et l'indemnité à laquelle l'entrepreneur a été condamné. Ainsi le promoteur sera à l'abri de la mauvaise foi ou de l'insolvabilité éventuelle de l'entrepreneur.

La compensation parait être un mécanisme qui s'impose au juge dès qu'elle réunit les conditions. Aussi l'article 237 RGO énonce que même la grâce dans l'exécution d'une créance que le juge aurait ordonnée ne fait pas obstacle à la compensation. De même l'article 70 du code de procédure civile commerciale et sociale autorise l'introduction de la demande de compensation à tout moment de la procédure même à l'appel.

57 TERRE (F) et Cie. Op. cit. P. 1294.
58 Civ. 1ère 18 janvier 1967. D. 1967. 358. Note Jean Mazeaud GAJC P. 428.

C°) La compensation conventionnelle.

677- Elle découle de l'article 234 RGO dans la mesure où, elle n'est pas légale, ou ordonnée par la justice et qu'elle porte sur des droits dont les parties ont l'entière disponibilité.

La compensation conventionnelle présente certains avantages pratiques :

— D'abord les parties peuvent contourner certains critères de la compensation légale comme les caractères liquide, exigible, ou fausser le jeu entre les mêmes parties en substituant une dette pesant sur la tête d'une autre personne proche du véritable créancier ou débiteur tel un fils ou un beau frère[59]. Ensuite elle (compensation conventionnelle) peut être source d'un grand essor des affaires par le truchement du compte courant par exemple (supra).

3°) La compensation et le tiers.

678- Selon l'article 240 RGO, la compensation n'a pas lieu au préjudice des droits qui sont acquis à tiers. Ce principe est intéressant dans l'exemple même que donne le texte en question relativement à la saisie arrêt. Il est vrai que la saisie arrêt est ignorée du droit OHADA mais on sait qu'elle porte sur des montants pécuniaires. Ainsi une banque au niveau de laquelle le créancier d'un de ses clients avait à procéder à une saisie, peut elle même devenir entre temps créancière du même client par l'arrivée du terme d'un prêt. Dans ce cas elle ne va pas se dépouiller de l'argent du client au profit du tiers saisissant, et ce à son propre détriment. Elle va d'abord se servir prioritairement.

De même une caution, aux termes de l'article 241 RGO peut opposer au créancier de la personne cautionnée, la compensation de ce qu'il lui doit avant tout autre recours contre elle ; c'est-à-dire elle (caution) va demander au créancier qui doit aussi au débiteur principal cautionné de procéder entre eux à une compensation avant de s'adresser à elle pour le reliquat éventuel. Ce moyen peut être appelé la défense oblique.
Mais, précise l'alinéa 2 de l'article 241 RGO, le débiteur principal ne peut opposer la compensation de ce que le créancier doit à la caution. Cela est simple à comprendre car en effet les rapports entre la caution et le créancier ne concernent en rien le débiteur principal qui n'a pas à s'y mêler sous aucun prétexte.

59 Benabent (A) op. Cit. P. 345 et 346.

La même règle fondée sur les mêmes raisons explique qu'un débiteur solidaire ne puisse opposer la compensation de ce que le créancier doit à son codébiteur.

4°) Effets de la compensation :

680- La compensation régulièrement intervenue, éteint la dette ou la créance à la limite de la plus faible. Seule restera exigible, la plus value éventuelle. Du coup, les parties ne peuvent plus agir l'une contre l'autre en exerçant les voies de recours judiciaire pour les parties de dette éteintes.

La compensation est donc un mode d'extinction légal dès que les conditions légales ou conventionnelles sont réunies.

B°) La confusion :

681- La confusion est un fait qui met fin à l'existence d'une dette par une identité acquise des qualités de créancier et de débiteur en une personne.

1°) Notion :

682- Lorsque les qualités de créancier et de débiteur par rapport à une seule obligation se retrouvent en la même personne, il y a confusion en droit et cela éteint l'obligation quels que soient sa nature, son objet ou sa cause.

C'est vrai qu'en morale pure, on peut être exigeant vis-à-vis de soi même, mais en droit on ne peut exiger à soi même, on ne peut réclamer à soi même l'exécution de quelque obligation que ce soit.

La confusion intervient tant au niveau des personnes physiques que des personnes morales.

Au niveau des personnes physiques, l'exemple qui s'est procuré la place idéale est la transmission d'un patrimoine du décujus à son ou à ses héritiers qui opère un confusion entre le patrimoine du décujus et celui de l'héritier. La confusion sera parfaite si l'héritier est unique et imparfaite si les héritiers sont nombreux.

Dans le cas de l'héritier unique s'il devait à son père ou que celui-là lui devait, l'acceptation de l'héritage par lui mettra fin à ce lien d'obligation entièrement en raison de l'article 242 RGO. En revanche, si les héritiers sont nombreux, il y aura une extinction partielle au prorata de ce que l'un devait à l'autre.

Au niveau des personnes morales, le système est le même en cas de fusion entre différentes entreprises entre lesquelles des dettes furent nées. Ainsi les gens se rappellent ces dernières décennies, la fusion entre SOTELMA et MALITEL, entre CMDT et HUICOMA, ou entre BMCD et BDM.

S'il y avait des dettes quelconques entre ces différentes sociétés, elles eussent été éteintes par le fait de la confusion juridique entre les deux entités parce qu'il n'y a plus désormais que SOTELMA et MALITEL ou CMDT ou BDM évoluant en entité unique.

2°) Modalités de la confusion.

683- La confusion produit ses pleins effets entre les parties concernées même si, à proprement parler, elle laisse des traces d'impact sur leurs comptabilités. Lorsque d'autres personnes interviennent ou ont leurs intérêts concernés, des nuances apparaissent. Ainsi :

— D'abord, si la caution profite de la confusion opérée dans la personne du débiteur principal par la fin subséquente du cautionnement, par contre le débiteur principal ne saurait se prévaloir de la confusion opérée dans la personne de la caution parce que le débiteur évolue complètement en dehors des rapports entre caution et son créancier. Il devra toujours payer sa dette dans les mêmes conditions à la caution (article 243 RGO).

— Ensuite quand la compensation ne porte que sur une partie de la dette ou de la créance (article 244 RGO) la confusion ne joue que pour la partie de l'obligation transmise ; Ce sera le cas dans l'exemple où plusieurs héritiers reçoivent collectivement le patrimoine du decujus : la quote-part du concerné sera réduite d'autant.

— Enfin l'article 245 prévoit l'hypothèse où la confusion se produirait entre le créancier et l'un de ses codébiteurs solidaires. Dans ce cas aussi, la créance ne s'éteint que pour la part de ce dernier. Par exemple lorsque un decujus avait dans la même cause une créance sur un groupe de débiteurs dont son propre fils. Le profit du patrimoine, par confusion, par le fils du créancier défunt libère juste et uniquement le fils, les autres lui devront leurs quotes-parts respectives.

Dans les possibilités d'extinction de dettes, le Régime Général des Obligations a prévu un autre cas spécifique mais raisonnable.

C°) L'impossibilité d'exécution de l'obligation.

684- L'obligation peut être définitivement éteinte ou provisoirement éteinte d'une part si le corps certain et déterminé qui en est l'objet vient à périr ou se perd sans la faute du débiteur. Ce cas est assimilé au cas de force majeur visé par l'article 120 RGO (supra).

Il reste évident que si la faute du débiteur est établie, il sera tenu d'exécuter l'obligation. Ce sera le cas, lorsque le débiteur n'a pas respecté une mise en demeure, à tarder au-delà du temps de prêt convenu etc. d'autre part si le fait promis par le débiteur devient illicite postérieurement à la convention. Par exemple le débiteur devrait fournir telles ou telles marchandises qui sont désormais interdites d'importation, ou proscrites pour autres raisons. Dans ce cas l'obligation s'éteint, mais en principe par rapport à celle de livrer la chose ; sinon si le créancier avait procédé à des versements d'acomptes, ils seront l'objet d'un reversement et cela, sans intérêt, sauf à dépasser le temps de remboursement par le débiteur.

Les rédacteurs du Régime Général des Obligations ont largement règlementé un autre mode d'extinction qui apparaît comme une extinction sanction vis-à-vis du créancier.

D°) La prescription extinctive :

685- La prescription, résultant de l'écoulement d'un temps plus ou moins long pendant lequel le créancier n'exerce pas son droit de recours pour une exécution forcée de son obligation ou pour sanctionner son droit, constitue une véritable sanction à l'endroit de celui-ci (créancier). Quelques fois, l'esprit de la prescription se fonde sur une présomption de paiement du créancier. Aussi il faudra successivement comprendre la notion de prescription, évoquer les contraintes dont elle peut être l'objet, définir sa nature, et la rapporter dans des aspects spécifiques.

1°) La notion de prescription.

686- Le terme est l'enjeu de la prescription. Le législateur malien à travers le Régime Général des Obligations n'a règlementé que la prescription extinctive qui fonde la caractéristique du droit des obligations civiles. N'ayant fait aucune allusion à la prescription acquisitive, c'est-à-dire celle intervenant en matière de droit réel, il reste à déduire que ce sont les dispositions du code civil qui s'appliquent pour raison écrite.

a°) La prescription acquisitive :

687- L'article 2262 du code civil dispose :

> « Toutes les actions, tant réelles que personnelles sont prescrites par trente ans, sans que celui qui allègue cette prescription soit obligé d'en rapporter un titre, ou qu'on puisse lui opposer l'exception déduite de la mauvaise foi ! ».

Le législateur français a visé dans cet article tous les droits patrimoniaux qu'ils soient personnels ou réels. Donc ils ont le même régime par rapport à la prescription. Dès que le délai de 30 ans est écoulé le propriétaire ou le possesseur peut perdre l'ensemble de ses droits et la personne en position de bénéficiaire de cette situation peut l'opposer à l'ancien titulaire par voie d'exception. Aussi le nouveau titulaire peut-il même penser à établir ses titres de possesseur ou de propriétaire désormais.

La prescription s'applique sans distinction de statut et de droits ; ainsi énonce l'article 2227 du code civil :

> « L'Etat, les établissements publics et les communes sont soumis aux mêmes prescriptions que les particuliers et peuvent également les opposer ». Il faut, tout de même rappeler que c'est l'une des rares situations où les personnes morales publiques sont soumises aux mêmes réalités que les personnes privées individuelles ou morales.

688- Le droit malien a opéré une distinction entre les deux prescriptions. La prescription extinctive dont le délai de droit commun est de vingt ans a été règlementé dans le Régime Général des Obligations et il n'a pas fait allusion à celle acquisitive. Du moins il (droit malien) n'y fait référence que dans l'article 131 du code domanial et foncier[60] par une impossibilité de prescrire par rapport aux immeubles immatriculés ou en libération de charges. L'immatriculation est une phase procédurale intermédiaire entre la possession et la propriété et devant en principe conduire à la pleine propriété[61].

Cependant dans le même article, le législateur prévient que les immeubles immatriculés, bâtis ou non en zone urbaine ou rurale abandonnés pendant trente années consécutives par son propriétaire seront acquis à l'Etat. Donc c'est la prescription acquise dont le délai se conforme à celui de l'article 2262 du code civil. On peut donc affirmer que le droit malien consacre à son tour un délai légal de trente ans pour la prescription acquisitive.

b°) La prescription extinctive.

689- Le texte de l'article 247 RGO énonce que :

> « La prescription résulte de l'inaction du créancier pendant un délai fixé par la loi, qui libère le débiteur de son obligation ».

La prescription visée dans le Régime Général des Obligation vise celle dite extinctive ou libératoire. C'est donc un mode d'extinction des obligations qui se manifeste en sanction du comportement inactif du créancier originel. Aussi le texte fixe un délai absolu pour exercer les droits de créance. Une fois que ce délai est dépassé, l'obligation s'éteint et le débiteur est libéré.

Le fondement du droit étant le besoin de justice et celui de sécurité, il est convenu qu'en laissant la possibilité aux citoyens d'exercer sans délai toute action, toute réclamation, l'on vivrait dans une insécurité généralisée et la justice sociale pourrait en prendre un coup. Si le long délai écoulé ne fait pas penser à un probable paiement, déjà, il ne pourra qu'être emprunt d'aléas, comme des difficultés de preuve, substitution de personnes dans les parties (héritiers) etc.[62]

---

60 Ordonnance n° 00-0271 P-RM du 22 mars 2000 portant Code Domanial et Foncier en République du Mali.

61 Ce sont les articles 73 et suivants du même code qui traitent de cette opération.

62 Benabent (A) Droit Civil, les Obligations Op. Cit. P. 381.
TERRE (F) et Cie Droit civil les Obligations Op. Cit. P. 1352 et 1353.

***Délai de la prescription.**

690- Le délai se calcule par jour et non par heure. Il court à commencer du lendemain du jour ou l'obligation est exigible ; le jour anniversaire s'il n'est férié est également compté (article 247 RGO).

Dans le décompte du délai, le premier jour n'a pas de chance d'y figurer car en effet, les choses, les intentions commencent à se fixer à un moment, de ce jour, où en tout cas 0 heure est déjà dépassée. Donc il faut se replacer au jour suivant à compter de 0 heure pour avoir une journée pleine.

Si un terme fut fixé, et c'est généralement le cas, ce terme, à l'échéance s'arrête à la date indiquée à minuit et la prescription commencera immédiatement à 0 heure du lendemain. D'ici là le créancier devrait faire une mise en demeure ou une injonction de payer ; s'il l'a négligé, le délai coura immédiatement.

691- Il faudrait faire attention aux jours fériés et chômés, ils comptent pleinement pendant l'écoulement du délai, c'est seulement l'ultime dernier jour, déterminant dans la clôture de la prescription qui ne devrait pas tomber sur un jour férié ou chômé. Dès que c'est le cas, le sort du débiteur sera suspendu jusqu'au premier jour ouvrable après le ou les jours fériés. Par exemple, si un délai de prescription devrait s'arrêter un samedi, ce samedi et ce dimanche ne compteront pas il faudra attendre le lundi jusqu'à minuit.

Sur ce point le droit sénégalais semble plus ferme dans la sanction de l'inaction du créancier. En, effet, l'article 218 al. 2 énonce que le délai de la prescription extinctive court dès le lendemain du jour de l'exigibilité et expire au jour exactement comme en droit malien mais à la différence de celui-là, le délai demeure expiré même s'il tombe sur un jour férié.

La prise en compte de l'objectif de la prescription qui est la sanction de l'inaction du créancier confère une légitimité à la décision du législateur sénégalais qui, du reste, met fin à toutes polémiques de dernière heure entre les parties à un éventuel procès. Ainsi le créancier ne pourra plus exciper d'un éventuel droit résultant de jour férié pour briser les espoirs libératoires de son débiteur. La jurisprudence sénégalaise est stricte sur ce point également. CA n° 210 du 23-7-1971.

2°) Les différentes prescriptions.

Il existe la prescription de droit commun et des prescriptions particulières répondant à des délais divers.

a°) La prescription de droit commun :

692- A la différence du législateur français qui porte le délai de prescription à 30 années, le législateur malien, en ce qui concerne la prescription extinctive ou libératoire a ramené le délai à vingt années « sauf dispositions contraires de la loi, le délai de la prescription extinctive de droit commun est de vingt ans » (article 254 RGO).

Cet article est suffisamment clair pour faire comprendre qu'excepté des prescriptions raccourcies du fait de la loi, les droits personnels s'éteignent par l'écoulement d'un délai de vingt ans sans exercice.

Le même texte a prévu plusieurs prescriptions spécifiques.

b°) Les prescriptions particulières.

Elles visent les prescriptions de courte durée et la preuve par serment d'une prescription annale.

b-1. Les prescriptions de courte durée.

693- Elles portent sur des prescriptions quinquennales et annales ou autres. D'abord les prescriptions quinquennales obligent aux termes de l'article 255 RGO les titulaires de certains droits à les exercer dans un délai maximum de cinq années sinon leur créance s'éteindra. Il s'agit des obligations à exécution périodique tels les arrérages de rentes, les loyers, les pensions alimentaires, les intérêts des sommes prêtées. En fait il faut insister sur le fait que ce n'est pas tout le droit qui s'éteint dans ces cas d'espèce, mais l'extinction porte sur les segments de droits non exécutés et non exigés. Par exemple si c'est un contrat de location, le locataire pourra bénéficier de la prescription des loyers des douze mois de la première année du bail, mais continuera à devoir les loyers de la deuxième année. Pour matérialiser, on prendra un bail conclu en l'an 2000 où le propriétaire néglige de réclamer ses loyers jusqu'en 2005. Donc en

2006, il ne sera pas tenu de payer les loyers de 2000 en vertu de la prescription mais sera tenu des loyers des années d'après.

Ensuite les prescriptions simplement annales sont prévues par l'article 256 RGO pour la réclamation des salaires, émoluments, honoraires, frais de pensions et d'hôtel et le prix des fournitures de toutes sortes faites à des non commerçants Là également il faut revenir sur la dernière partie qui porte sur les rapports entre commerçants et non commerçants. Donc c'est le non commerçant qui prescrit contre le commerçant fournisseur d'articles après l'écoulement d'un délai franc d'une année sans réclamation de sa part.

C'est à propos de la prescription annale qu'il peut être fait le reproche d'un laxisme rédactionnel par le législateur malien quant à l'administration de sa preuve.

b-2. La preuve par serment de la prescription :

694- Dans une rédaction sevrée et orpheline, les rédacteurs du Régime Général des Obligations ont édicté dans l'article 258 RGO que :

> « Le créancier auquel la prescription annale sera opposée pourra déférer le serment au débiteur sur la question de savoir si la somme réclamée a été payée.
> Le serment pourra être déférée au infra 802.
> Si le serment déféré n'est pas prête, le délai de prescription est de vingt ans ».

Cet article, tel qu'il intervient dans le chapelet de succession des articles du Régime Général des Obligations se révèle complètement incohérent, et non intelligible. Pourquoi ? Les raisons sont simples car liées à :

***Une ellipse grammaticale mal évitée.**

695- En effet, l'équivalent de cet article dans le code civil, du moins celui qui l'a inspiré est l'article 2275 qui désignant les personnes intéressées, a utilisé le pronom démonstratif « ceux auxquels » ces prescriptions seront opposées, *peuvent déférer le serment...* ». Il se trouve que pour comprendre l'usage de ce pronom « ceux auxquels », il faut encore se reporter sur l'article 2272 du code civil qui institue une prescription courte de deux ans pour l'action des huissiers pour le salaire des actes qu'ils signifient, ainsi que l'action des maîtres pour le prix de l'apprentissage, des médecins, sages femmes pour leurs visites, des marchands contre les non marchands.

En effet, cette courte prescription se fonde sur le fait d'une présomption de paiement par le débiteur compte tenu des rapports entre débiteur et créancier et surtout que ces dettes ne sont généralement pas constatées par des titres[63].

Comme il y a une présomption de règlement au profit du créancier, celui-ci pourra faire dépendre l'issue du procès d'un serment (infra) qu'il fera prêter par le débiteur sur la question précise du paiement effectif par lui. Si le débiteur refuse de payer ce serment, la prescription annale sera remise en cause et ce sera parti pour la prescription de droit commun qui est de vingt années (article 254 RGO).

Il reste à préciser que la prescription annale est un délai préfix aux termes de l'article 259 RGO qui court en conséquence contre tous, mineurs et majeurs sous tutelle y compris lesquels n'auront d'autres recours que l'assignation de leur tuteur en cas de négligence.

3°) Les contrariétés à la prescription.

La contrariété à l'écoulement du délai de prescription peut être le fait soit d'une interruption soit d'une suspension.

a°) L'interruption de la prescription.

696- L'interruption consiste en un fait, un évènement qui vient compromettre entièrement l'écoulement du délai aboutissant à la prescription extinctive. Ainsi, dispose l'article 248 RGO, la prescription peut être interrompue par l'aveu judiciaire c'est à dire la reconnaissance pleine et entière du débiteur, la demande en justice c'est-à-dire l'action intentée par le créancier pour entendre sanctionner son droit personnel, le commandement de payer, c'est-à-dire l'injonction ou la mise en demeure signifiée par un huissier de justice de payer, ou encore par une exécution totale ou surtout partielle, qu'elle soit volontaire ou forcée par le débiteur. Dans ce dernier cas le débiteur lui-même interrompt la prescription en toute connaissance de cause.

63 Code civil : Edition 2004 Dalloz P. 2011.

L'effet de l'interruption est l'annulation entière du délai écoulé antérieurement à l'un des faits spécifiés ci-dessus. Donc pour qu'on puisse parler de prescription, il y aura un nouveau délai fondé sur un nouveau départ dont le décompte s'amorcera en aval du jour de l'acte interruptif (article 249 RGO). L'interruption efface, par son effet tout le temps initialement couru et prive le débiteur de l'espoir libératoire prochain.

L'interruption est différente de la suspension.

b°) La suspension de la prescription.

697- La suspension consiste en une mise entre parenthèses du délai de prescription qui connaîtra en conséquence un prolongement pour être complet. Selon l'article 250 RGO l'action en justice, les délais de grâce que le juge serait amené à accorder au débiteur en observant un texte ou par son pouvoir d'appréciation, l'incapacité légale c'est-à-dire les mineurs et les majeurs interdits, parce qu'ici le délai ne peut courir que lorsque l'enfant (s'il fut héritier de celui contre lequel courrait la prescription) aurait 21 ans ou lorsque le majeur sera guéri ou encore l'impossibilité d'agir dans laquelle s'est retrouvé le créancier ; cas d'absence, d'enlèvement etc. suspendent la prescription.

Du point de vue juridique, la suspension n'annule point le délai déjà écoulé, qui restera le délai acquis. Elle contrariera le délai en l'arrêtant simplement, d'une façon momentanée (article 251 RGO). Dès que la cause de la suspension cesse, le délai continuera de courir par rajout au délai antérieur, précédant l'acte de suspension. Par exemple un débiteur qui espérait prescrire à vingt ans finissant en 2005, pourrait voir ce délai se reporter à l'an 2006 soit un an après pour décompte des vingt ans effectifs si un délai de grâce suivi d'autres raisons avait été donné à son créancier pour un an.

4°) Les conventions portant sur la prescription.

De telles conventions sont écartées par le législateur sur le principe même de l'invocation de la prescription, mais peuvent porter sur le droit de l'exercer.

a°) L'écartement des conventions.

698- « Le débiteur ne peut renoncer par avance à la prescription extinctive » prévient l'article 252 RGO dans ses dispositions préliminaires. En effet autoriser une telle convention entre créancier et débiteur serait renier le bien fondé de l'esprit et de la philosophie de la prescription extinctive qui vise à faire régner dans les rapports contemporains des citoyens la sécurité et la justice.

b°) Possibilité de la convention :

699- Le même article 252 RGO admet que le débiteur puisse dans le cadre d'une convention, renoncer à se prévaloir de la prescription. Que ce soit d'une façon expresse ou tacite il faut comprendre que ce renoncement n'est possible qu'une fois que la prescription est acquise au débiteur. Donc ce n'est que pour des motivations personnelles qu'il (débiteur) s'engage désormais à honorer l'engagement vis-à-vis du créancier car la dette se réduit désormais en une obligation naturelle à laquelle il est loisible au débiteur de tenir ou de ne pas tenir.

A défaut d'intenter une action pour faire constater la prescription par le tribunal et procéder à la régularisation de sa situation, le débiteur peut, par le moyen d'une exception, opposer son refus de s'exécuter au créancier que ce soit en première instance ou en appel (article 253 RGO). S'il se trouve que le débiteur était tenu une dette, objet d'une solidarité active, il est dégagé vis-à-vis de tous les créanciers ou leurs ayants droit sauf s'il renonce conformément à l'article 252 in fine.

En dehors de la prescription de droit commun et des prescriptions particulières le Régime Général des Obligations a prévu des cas de forclusion et de déchéances.

5°) Les forclusions et déchéances.

700- Le législateur malien déclare dans l'article 260 RGO que :

> « Lorsque la loi oblige à agir dans un certain délai dit préfix pour acquérir ou conserver un droit, ce délai ne peut être ni interrompu ni suspendu sauf disposition légale contraire ».

Plus fréquentes dans les rapports entre administration (pouvoirs publics) et citoyens (particuliers) les forclusions et déchéances existent aussi dans les rapports entre particuliers. Généralement elles (déchéances forcluses) sont assorties de délai courts et préfix c'est-à-dire courant contre tout le monde pour obliger les citoyens titulaires de certains droits « à faire diligence » pour « des raisons d'ordre »[64].

En réalité l'esprit de l'article 260 RGO vise à la fois les actions tendant à l'acquisition ou la conservation de droits comme l'exécution de certaines obligations légales.

Par exemple dans les effets du cautionnement décrits par l'Acte Uniforme portant Organisation des Sûretés, l'article 14 oblige le créancier à aviser la caution de toute défaillance du débiteur, « déchéance ou prorogation du terme en indiquant le montant restant dû par lui en principal, intérêts et frais au jour de la défaillance etc. ». A défaut d'accomplissement de ces formalités, le créancier est déchu vis-à-vis de la caution, précise l'article 14 des intérêts de la dette.

701- De même la loi portant Code de la Nationalité malienne prévoit la déchéance de cette nationalité de toute personne naturalisée malienne qui commet avant dix ans certaines infractions graves (article 43 C.N).

Dans le dépôt de dossiers ou la fourniture de certaines pièces complétives des dossiers, des délais sont impartis, à respecter obligatoirement sous peine de forclusion.

La loi elle-même prévoit des exceptions liées à la force majeure ou le délai de forclusion sera temporairement suspendu (article 261 RGO).

702- Les obligations se transmettent entre personnes librement et de plusieurs façons décrites par la loi ; elles s'éteignent aussi de plusieurs façons à la fois par le moyen de paiement volontaire ou forcé, par la volonté conjointe des parties d'accorder et d'accepter une remise, par un non paiement effectif aussi mais lié à des situations juridiques particulières prévues par la loi elle-même comme la confusion ou la prescription.

64 TERRE (F) et Cie. Droit civil : les Obligations. Op. cit. P. 1353.

Par ailleurs pour que les obligations existent et soient sanctionnées, il faut que leur existence ne donne lieu à aucune contestation, ou du moins que cette contestation, si elle existe puisse être circonscrite par des moyens de droit reconnaissant les droits pour le créancier de l'obligation et instituant effectivement des obligations pour le débiteur.

Le législateur malien y a pensé et règlementé la preuve dans le Régime Général des Obligations à travers le Titre V intitulé : La preuve des Obligations. Ce qui renvoie à l'efficacité des obligations.

CHAPITRE II :
L'EFFICACITÉ DES OBLIGATIONS LIÉES À LA PREUVE

703- Pour pouvoir invoquer un droit quelconque, il faut être prémuni à cet effet, afin de lui éviter toute contestation à la fois pour son existence que pour l'étendue de son contenu. C'est à cette condition qu'il sera possible de le faire sanctionner positivement en obtenant son exécution ou en évitant sa force exécutoire. On parle généralement de preuve du droit et de preuve de libération de l'obligation.

*** Justificatifs :**
704- Habituellement règlementée dans la partie réservée aux obligations[1] ou dans le texte régissant les obligations[2] la preuve est cependant étudiée dans le programme de la première année DEUG en Faculté dans la partie Droits subjectifs.

Il semble bien qu'il y ait une distorsion pédagogique au moins à un double titre :

D'abord, comment comprendre une étude approfondie de la preuve dans tous ses aspects en 1ère année ? Même si elle est consécutive à un aperçu sur les autres segments du droit des obligations, (actes juridiques et faits juridiques), le programme de la deuxième année a pour objet exclusif l'étude des obligations nées des actes et faits juridiques alors qu'aucun retour n'y est prévu sur la preuve.

---

1 Dans le code civil, le chapitre réservé à la preuve est intitulé : « De la Preuve des obligations et de celle du paiement règlementée de l'article 1315 à 1369 suivi des engagements qui se forment sans convention c'est-à-dire les quasi contrats. Donc la preuve y est règlementée en plein centre des obligations.

2 Le Régime Général des Obligations du Mali a procédé à la réglementation de la preuve dans son titre V intitulé « La preuve des obligations ». C'est dire intrinsèquement que la preuve est une partie intégrante pleine du droit des obligations.

> Ensuite sur un plan strictement intelligible, il ne parait pas évident que l'étudiant de 1èer année Droit puisse comprendre comme souhaité, l'étude de la preuve qui est un thème très théorique, quelque peu aride voire complexe. La preuve, à l'exégèse, est sans nul doute au dessus de la compréhension utile des étudiants débutants.

Voilà pourquoi il a semblé utile d'étudier la preuve dans les obligations comme le prévoient les textes.

*** Généralités.**

705- Il est nécessaire de relever de prime à bord que les intitulés sur la preuve dans le code civil et dans le Régime Général des Obligations ont la même portée même si le texte malien n'a pas ajouté « la preuve du paiement ». Ce défaut est très vite rattrapé dans l'article 262 alinéa 2 « celui qui prétend être libéré doit justifier le paiement… ».

Le juriste qui aborde le problème de la preuve commence par se poser quelques questions comme : qu'est ce que la preuve ? Que veut dire prouver ?

Sur la définition de la preuve elles (preuves) sont des procédés au moyen desquels il peut être établi l'existence d'un droit ou d'une prétention juridique[3].

> « Prouver au sens courant du terme, est faire apparaître ou reconnaître quelque chose comme vrai » Dictionnaire Robert.

Contrairement à ce que l'on voit très souvent, la preuve n'est pas exclusivement contentieuse ; il peut être demandé de prouver quelque chose en l'absence de tout conflit. Aussi lorsqu'on veut se marier, l'on doit prouver qu'on a l'âge requis par la loi devant l'officier d'état civil.

706- Une distinction importante est à relever selon qu'on prouve un acte juridique ou un fait juridique.

Pour les faits juridiques la preuve est faite, selon les conventions, leur nature ou leur objet conformément aux exigences légales (article 265 RGO).

3 Alex Weill et Terre (F) Introduction Générale à l'étude du droit dans le mémoire de maîtrise du Dr Sékou F Cissouma ENA- SJ 1989 P.1

Pour les faits juridiques, c'est le principe de la liberté de la preuve qui est la règle (article 266 RGO al1). Toutefois pour la preuve de certains faits juridiques comme la naissance ou le décès, il faut produire un document les constatant, il s'agit des actes de naissance ou de décès.
De même l'alinéa 2 de l'article 266 RGO réaffirme le sacro-saint principe de la liberté de preuve en matière commerciale « La preuve est libre en matière commerciale pour les actes juridiques ».

Pour pouvoir user, jouir tranquillement, disposer à dessein d'un droit ou encore pour pouvoir invoquer une situation juridique donnée, il ne suffit pas d'en être titulaire seulement ou de se trouver dans cette situation encore faut il être à mesure d'en prouver l'existence, sinon le droit ou la situation sera réputée ne pas exister. D'après un célèbre doctrinaire français « l'importance du problème de la preuve est évidente. Ne pas avoir de droit ou ne pas pouvoir le prouver même si on l'a, c'est tout un »[4].

Par ailleurs une remarque importante est à faire sur l'existence du droit et sa preuve. Ce ne sont pas deux notions à confondre puisqu'elles sont distinctes. La distinction entre les deux termes s'établit à l'occasion de la nullité d'un acte instrumentaire qui serait nul au regard de la loi. L'acte nul, en effet, n'a aucune incidence sur l'existence du droit appelé négotium qui pourra être prouvé par un autre mode de preuve.

707- Concernant les conventions sur la preuve, hormis certaines matières d'ordre public tel l'état des personnes, la liberté de changer est reconnue dans la mesure de la disponibilité des droits par les parties. Mais il n'est pas admis de conventions qui tenteraient de modifier la charge de la preuve entre les parties telle qu'elle est repartie par la loi (article 262, 263 RGO).

Le Régime Général des Obligations ne retient que cinq modes de preuve qui sont cités dans l'article 265 RGO : l'écrit, le témoignage, la présomption, l'aveu et le serment. Or, eu égard aux progrès de la science et de la technique des procédés de preuve nouveaux sont apparus tels les modes de reproduction de la parole, d'images, des techniques de prise de sang etc. A défaut de réglementation particulière, on les assimile aux présomptions comme simples indices.

4 Stark (Boris) : Introduction Générale à l'étude du droit dans le mémoire de maîtrise du Dr Sékou Cissouma. Op. Cit. P. 2.

Des modes de preuves retenus, le Régime Général des Obligations privilégie certains par rapport à d'autres. Ainsi l'écrit, considéré comme preuve littérale, prime sur le témoignage qui est pourtant bien pratiqué dans notre société dont la majorité est illettrée.

708- D'une façon générale, le problème de la preuve soulève quatre questions principales :

Premièrement : sur quoi doit et peut porter la preuve ? C'est la question de l'objet de la preuve. Il est vrai, le législateur décrit les présomptions légales parmi les modes de preuve, mais ces présomptions étant plutôt un déplacement de l'objet de la preuve ne devraient-elles pas être étudiées dans l'objet de la preuve ?

Deuxièmement : qui doit faire la preuve ? C'est la question de la charge de la preuve.

Troisièmement : Par quels moyens la preuve peut-elle être faite ? C'est la question de l'admissibilité des moyens de preuve.

Quatrièmement enfin, comment chaque moyen de preuve doit-il être présenté au juge ? C'est la question de l'administration de la preuve.

Dans le cadre du droit des obligations seules les trois premières questions seront abordées, la quatrième question, faisant l'objet d'une réglementation dans le code de procédure civile commerciale et sociale (articles 298 à 333).

Il sera examiné dans une section I l'objet et la charge de la preuve qui constituent l'écheveau du problème de preuve et dans une section II les procédés de preuve où les différents modes seront étudiés les uns après les autres de manière à établir leur importance et force respective.

SECTION I : L'OBJET ET LA CHARGE DE LA PREUVE.

709- L'existence de questions essentielles en matière de preuve comme : Que doit on prouver ? Objet de la preuve ou qui doit prouver ? Charge de la preuve font appel à des principes juridiques à respecter dans tous les cas.

PARAGRAPHE I : L'OBJET DE LA PREUVE

La réponse à la question qu'est ce qu'il faut prouver amène à faire d'une part la distinction du fait litigieux et du droit applicable et d'autre part à analyser les présomptions légales.

A- Distinction du fait et du droit :

Une telle distinction impose de comprendre la portée de la preuve sur les faits invoqués ainsi que leur pertinence.

1°) La portée de la preuve :

La preuve est ici envisagée dans son aspect conflictuel. Dans cette hypothèse l'application de la preuve répond à un principe faisant une ouverture exceptionnelle.

a°) Le principe :

710- Toutes les situations juridiques existantes actuelles sont présumées intactes vis-à-vis des gens qu'elles concernent. Les gens qui en profitent sont censés être de bonne foi, donc ne rien devoir aux autres jusqu'à preuve du contraire ou sous réserve d'un aveu de leur part les engageant. Cette bonne foi leur demeure acquise en vertu de l'article 264 RGO qui dispose :

> « Celui qui réclame l'exécution d'une obligation doit prouver l'existence. Celui qui prétend être libéré doit justifier le paiement ou le fait qui a réduit l'exécution de son obligation ».

C'est ainsi qu'on ne peut jamais ménager ses rapports avec une administration quelconque ou obtenir une décision judiciaire à l'issue d'un procès sans exposer les faits ou exhiber l'acte instrumentaire contenant les faits.

Généralement le demandeur est tenu seulement à l'exposer des faits. Il n'est pas tenu de viser les textes de loi qui sont applicables puisqu'en vertu d'une vieille maxime, il est dit que : « La cour connaît le droit ». C'est-à-dire que le juge qui a pour rôle d'appliquer la loi, connaît tout le droit positif national (malien).

Par exemples : 1°) Une personne se disant frère germain d'un sien décédé sans femme, sans enfant alors que leurs père et mère sont déjà décédés, s'estime désormais le seul successeur de droit du décujus. Il lui incombe de prouver la mort de son frère et leur lien de parenté ; il revient au juge d'apprécier les conséquences rattachées à cette mort et qu'en absence d'enfants, de conjoint ou d'ascendants privilégiés,la succession du décujus est acquise effectivement à un collatéral privilégié notamment le frère.

2°) Une personne prétend qu'une autre lui doit de l'argent jusqu'à concurrence d'un million ou qu'un contrat d'entreprise portant sur la construction d'un immeuble n'est pas respecté, il lui revient de le prouver en sortant l'acte écrit relatif à la créance du million ou le contrat d'entreprise faisant état des différents engagements. C'est comme cela que le juge ordonnera une exécution forcée en nature ou par compensation en vertu des dispositions du Régime Général des Obligations.

3°) Une personne prétend avoir subi un lourd préjudice matériel et corporel suite à un accident. Cet accident intervenu consécutivement à la faute d'un conducteur avec sa voiture ou sa moto. La victime devra seulement prouver le préjudice au moyen des dossiers médicaux et des constats techniques (huissiers, experts). Il reviendra au juge d'appliquer l'article 125 RGO qui dispose :

> « Toute personne qui, par sa faute même d'imprudence, de maladresse ou de négligence cause à autrui un dommage est obligé de le réparer ».

Ainsi le juge ordonnera le paiement d'une indemnité à la victime en vertu de cet article.

b°) L'exception :

711- L'exposé simple des faits ne suffit pas dans certains cas pour faire fonctionner efficacement le système probatoire. En effet lorsque les faits invoqués font appel à une loi étrangère, comme cela est fréquent dans les questions de droit international privé, pour le défendeur au procès ; la personne qui réclame leur application doit produire la loi ou la preuve de la coutume[5].

2°) La pertinence du fait.

712- Tous les faits allégués devant un tribunal doivent revêtir un caractère sérieux et certain pour donner des chances à la prétention. Le tribunal rend des jugements et s'intéresse peu, par conséquent, à la fantaisie et à la légèreté des hommes. Il est reconnu que pour bénéficier de la protection des juridictions les parties doivent, en tout état de cause, respecter les dispositions de l'article 6 du code civil relatives au respect de l'ordre public et des bonnes mœurs.

B°) Les présomptions légales.

Qu'est ce qu'une présomption et quelle est sa force ?

1°) Définition :

713- La présomption, dispose l'article 286 RGO « est un procédé de preuve en vertu duquel la loi ou le juge induit, de l'existence d'un fait, l'existence d'un autre fait ». Lorsqu'elle est envisagée sous son aspect légal, la présomption constitue, à vrai dire un déplacement de l'objet de la preuve et non une dispense de la charge de la preuve. Le demandeur se contentera seulement d'invoquer une situation juridiquement défendue par un texte de loi. Par exemple un homme, pour prouver qu'il est père d'un enfant dont un autre réclame la paternité, aura à prouver qu'au moment où l'enfant fut conçu, il était le mari légal de sa mère.

2°) Force probante.

714- La présomption légale, en vertu des articles 287 RGO peut être absolue, irréfragable ou simple. Elle est simple lorsqu'elle admet une preuve contraire et irréfragable c'est-à-dire absolue lorsqu'elle n'admet aucune preuve contraire susceptible d'être produite par le second homme qui se prétend père de l'enfant. C'est donc une présomption dite irréfragable.

---

5 Alex Weill et François TERRE : Droit Civil. Introduction Générale.

Généralement la loi elle-même, dans les différentes situations, prévoit les présomptions simples admettant une preuve contraire à travers la formule « sauf preuve contraire ». Cette preuve contraire doit être produite par la partie intéressée.

En outre la loi énonce que celui qui établit les faits ou situations auxquels la loi reconnaît une présomption n'est plus obligé de justifier en prouvant les droits subséquents liés à ces faits (article 263 RGO). Ainsi dans le cas de l'enfant conçu et né dans le foyer conjugal de sa mère, où le mari de cette mère est présumé père, cet homme n'a plus besoin de faire état qu'au moment de la conception de l'enfant il était présent à son domicile conjugal et en bonne santé physique et qu'il n'y avait pas de liens distendus avec son épouse, donc il est le père de l'enfant. Il est dispensé de toutes ces preuves par la loi car sa situation de mari légal suffit pour que l'enfant porte, de droit, son nom.

La charge de la preuve est importante et constitue même souvent une question d'ordre public en droit probatoire[6].

PARAGRAPHE II : LA CHARGE DE LA PREUVE.

715- Traditionnellement le procès met en scène trois personnages : le demandeur, le défendeur et le juge.

Le demandeur, par intérêt supposé, assigne le second en vue de la reconnaissance et de la sanction d'un droit ; le défendeur riposte généralement des arguments pour anéantir les prétentions du premier ou tout au moins pour diminuer leur force ; le juge à l'écoute attentive de ces deux parties, aura pour[7] mission de dire le droit d'une façon impartiale.

Pour avoir une idée complète de cette charge de la preuve, il sera successivement analysé le rôle des parties, le rôle du juge, la portée du caractère d'ordre privé des règles de preuve et les incidents relatifs au respect des principes étrangers au système de la preuve.

6 Alex Weill et François TERRE. Op. Cit.
7 Encyclopédie Dalloz. Droit Civil V.

A°) Le rôle des parties.

716- Le procès civil au sens large est l'affaire des parties. Ce sont elles qui l'initient, le conduisent et qui ont la latitude de mettre un terme à son cours normal.
Ainsi le procès est conduit selon un ordre et des incidents peuvent surgir à tout moment de la procédure.

1°) Ordre et risque de la preuve :

Dans un procès civil qui ne peut être gagné qu'au prix de présentation de meilleurs preuves, il s'agira de comprendre le rôle des parties et aussi et surtout les limites du pouvoir du juge.

a°) Ordre de la preuve :

717- Toute personne qui réclame l'exécution obligation quelconque devrait en prouver l'existence (l'article 262 al 1 RGO). De même la bonne foi est un comportement ou une attitude présumée chez chaque citoyen et il appartient à celui qui prétendrait le contraire c'est à dire la mauvaise foi d'en apporter la preuve (article 264 RGO).

Ainsi une présomption simple établit que les situations juridiques présentes sont normales et fermes et ceux à qui elles profitent sont de bonne foi. Pour les remettre en cause il faut en rapporter la preuve juste qui révèle le contraire.

Dans cette logique, lorsque quelqu'un se prétend créancier d'une autre personne, il doit prouver l'acte juridique, source de cette obligation devant le juge. Ce préalable a été réaffirmé dans un arrêt de principe de la Cour Suprême[8] qui a rappelé que :

> « La preuve incombe plutôt au demandeur qu'à la juridiction saisie. La juridiction saisie a pour rôle d'apprécier les faits qui lui sont soumis afin d'asseoir souverainement sa conviction ».

Il peut être déduit de cette décision que la preuve est un fait juridique qui relève à ce titre de l'appréciation souveraine des juges du fond. Envisageant le côté du défendeur l'article 262 al 2 RGO énonce d'une façon réciproque que :

8 Arrêt du 30 décembre 1978 Jurisprudence de la cour Suprême du Mali.

« celui qui prétend être libéré doit justifier le paiement ou le fait qui a produit l'extinction de son obligation ».

Ce principe est celui adopté par la jurisprudence française[9] qui explique en substance que :

> « Celui qui est légalement ou contractuellement tenu d'une obligation particulière d'information doit rapporter la preuve de l'exécution de cette obligation ».

Cette extinction peut être le fait d'un paiement direct, par compensation (supra) par prescription etc.

Par exemple un débiteur qu'on prétend redevable d'une certaine somme d'argent, fait état, dans ses moyens de défense du remboursement ou de la prescription extinctive. C'est ce qui a fait dire au Doyen Alex Weill que « Ainsi la charge de la preuve se déplace suivant les alternances de la discussion juridique »[10].

b°) Risque de la preuve :

718- En principe le juge joue le rôle « d'arbitre » dans le procès entre les prétentions des deux parties.

Il peut arriver que le demandeur, convaincu de ses droits ne puisse prouver le bien fondé de sa prétention tandis que le défendeur, dans sa défense, pourrait faire certaines déclarations ou produire certaines pièces qui seront paradoxalement à l'avantage du demandeur. Dans ce cas le juge peut trancher en faveur du demandeur défaillant. C'est ce que confirme un arrêt de la Cour Suprême du Mali[11] :

> « En matière civile, le rôle du juge est un rôle d'arbitre : lorsque malgré un complément d'information, la preuve ne peut être apportée par le demandeur, la cour peut baser sa décision sur l'affirmation du défendeur, la cour apprécie souverainement les faits invoqués ».

9 Civ. 1er février 1997. Gaz. Pal. 1997. 1. 274, rapp. P. Sargos. D 1997. Sem. Cour 319 Obs. J Penneau. JCP 1997. 140-29. Obs. G. Viney. GAJC. Op. Cit. P.67.

10 Weill (A) TERRE (F) : Introduction Générale au Droit.

11 Arrêt n° 46 du 10 septembre 1984.

Cette décision appelle quelques observations.

D'abord la cour suprême vise la cour d'appel par l'expression « cour » or, les juges du fond comprennent à la fois ceux de la cour d'appel et ceux de l'échelon inférieur c'est-à-dire les tribunaux de première instance et les justices de paix à compétence étendue. Il est juste question du quanta de l'objet du litige qui détermine l'implication ou la non implication des juges du second degré dans le cours d'une décision de justice.

719- Ensuite le juge suprême semble assortir le penchement du juge du fond d'un complément d'information ordonné et qui n'a pas été fructueux pour le demandeur dans ses moyens de preuve. Donc il y a un certain retardement injustifié de l'intervention du juge en faveur du demandeur. Ce d'autant qu'en droit français un secours généralisé a été institué en faveur des parties au procès. En effet une évolution législative a vu le jour en France depuis 1972 qui a pris corps dans l'article 10 du code civil, dispose dans les termes suivants :

> « Chacun est tenu d'apporter son concours à la justice en vue de la manifestation de la vérité.
> Celui qui, sans motif légitime, se soustrait à cette obligation lorsqu'il a été légalement requis, peut être contraint d'y satisfaire, au besoin, à peine d'astreinte ou d'amende civile sans préjudice de dommages intérêts »[12].

Il serait souhaitable qu'une telle innovation inspire le législateur malien.

2°) Incidents des voies de recours et la charge de la preuve :

Ces incidents se révèlent dans les procès d'appel ou ceux conduits en l'absence d'une partie.

a°) Dans procès en appel :

720- Tout comme en première instance, la charge de la preuve continue de peser sur le demandeur initial en appel et cela, quelque soit le résultat du procès des premiers juges et quelque soit le demandeur en appel[13].

---

12 Loi du 5 juillet 1972 intégrée pour cette partie dans l'article 10 du code civil français.

13 Civ. Cour cassation 24 novembre 1954.

b°) Dans les jugements de défaut :

721- Le défaut de comparution d'une partie au procès soumet la procédure ainsi que la décision qui en découle à des aléas. Ainsi lorsqu'une partie au procès ne comparait pas alors que la charge de la preuve dépendait d'elle, les juges peuvent inverser cette dernière (charge preuve) en invitant l'adversaire à prouver. La conséquence est que :

> « La partie condamnée par défaut, ayant formé opposition ne saurait faire grief aux juges du fond d'avoir inverser la charge de la preuve en constatant, pour le débouter de son opposition, qu'il n'avait pas justifié de son bien fondé »[14].

3°) Charge de la preuve de la loi étrangère et de la coutume invoquée.

722- Dans chaque Etat moderne, les citoyens sont soumis à un ensemble de textes en vigueur appelé droit positif qui a été préalablement adopté et publié. Ainsi parallèlement à l'adage « nul n'est censé ignorer la loi (nationale) » il est dit très souvent que « Nul n'est censé connaître la loi étrangère ». Par conséquent c'est au plaideur qui réclame l'application de la loi étrangère d'en apporter la preuve. Aussi longtemps que le plaideur n'apporte pas cette preuve par la production matérielle du dit texte, la loi invoquée est censée inexistante[15].

Il en va de même pour les coutumes. Lorsqu'en matière successorale par exemple un plaideur invoque une coutume ou un usage que le défendeur repousse, il devrait produire la preuve de l'existence de ces sources de droit. En général il s'agit de faire venir des gens connaisseurs de cette coutume qui attesteront devant le juge de leur existence et vigueur effectives dans la localité, la profession ou l'ethnie considérée.

B°) Le rôle du juge :

Le rôle du juge s'apprécie diversement selon la nature de l'instance. S'il s'agit d'une instance inquisitoriale le juge peut intervenir activement dans les débats et s'il s'agit d'une instance civile, il a un devoir de confinement ou de service.

---

14 Civ. 8 mars 1961 Bull. Civ. 1 n° 148.

15 Cour d'appel de Paris 8 novembre 1953 JCP 1954 n° 13- 473.

1°) Le rôle du juge dans une procédure inquisitoriale :

723- Autant qu'il existe de disciplines juridiques autant se conçoivent des procédures spécifiques se rapportant à leur forme. Chacune des procédures selon les intérêts visés ou protégés répond à des réalités spécifiques. Ainsi par exemple dans les procédures pénale et administrative, s'il est difficile d'affirmer qu'elles sont totalement inquisitoires du début à la fin, il n'est pas moins vrai de relever que pour leur essentiel ces procédures ne sont pas totalement accusatoires.

La procédure inquisitoire même, par définition, se distingue de la procédure accusatoire de part le rôle joué par le juge. Ici, ce rôle est actif, le juge intervient activement, pose toutes les questions utiles et nécessaires de sa propre initiative, ordonne toutes les mesures d'instruction qu'il estime nécessaires etc.[16]

La justification d'une telle procédure est que le juge, se plaçant du côté des intérêts généraux menacés ou frustrés par un particulier, doit défendre ceux-ci à tout prix.

2°) Le rôle du juge dans une instance civile.

724- Le juge joue un rôle important dans une instance civile même si ce rôle est tributaire de celui que les parties doivent elles-mêmes jouer. Deux principes se posent à ce niveau et permettent, de façon nette, de se faire une idée du devoir d'un juge en matière civile. Il s'agit du principe de neutralité du juge et de celui de l'immutabilité du litige.

a°) Le principe de neutralité du juge.

725- Ce principe constitue un des grands apports, au droit, de la doctrine. En effet, à l'origine, il (principe) ne fut pas défini par la loi, mais il fut affirmé par la doctrine qui lui a dévolu deux sens dont un sens moral et un sens technique.

16 Encyclopédie Dalloz : Droit V.

a-1°) Neutralité du juge au sens moral.

726- Le sens traditionnel traduit un état d'indépendance d'esprit du magistrat. Ici la neutralité est :

> « cette vertu du juge qui suspend son jugement, le garde de toute prévention et le rend également accueillant aux argumentations et aux preuves régulièrement fournies par toutes les parties »[17].

Ce principe met en exergue le caractère impartial du juge pour même respecter et assurer les droits de la défense. Autant dire, que le juge ne doit se prononcer que lorsque sa conviction est assise et cela sans influence extérieure aucune.

a-2°) Neutralité du juge au sens technique.

727- Cette seconde neutralité est fondée sur le constat que la vérité juridique en matière civile est celle qui ressortira du débat accusatoire entre parties en instance. Toute ingérence spontanée du juge dans le débat est en principe anormale. Le juge devra se contenter de jouer un simple rôle « d'arbitre ». C'est ce qui fait dire à un grand auteur que :

> « Le juge est une sorte d'automate à qui on fournit les matériaux du procès pour retirer ensuite un jugement »[18].

Toutefois le principe de neutralité du juge en matière civile n'implique pas une indifférence glaciale. Ce constat est vérifié à deux niveaux.

D'une part les juges refusent très souvent certaines offres de preuve si elles n'ont pas certaines qualités. C'est le cas lorsque le fait allégué n'est pas pertinent c'est-à-dire en rapport avec le litige ; concluant, c'est-à-dire de nature à asseoir la conviction du juge ; ou encore lorsque le moyen de preuve proposé n'est pas légalement admissible. A ce propos, il peut être rappelé l'article 1677 du code civil qui dispose :

---

17 Chevallier (J). Remarques sur l'utilisation par le juge de ses informations personnelles. Revue trimestrielle de droit civil 1962. P 5.

18 Tissier. Le centenaire du code de procédure civile et les projets de reformes. Rev. Trim. De droit civ. 1906-648. Encyclopédie Dalloz V.

> « La preuve de la lésion ne pourra être admise que par jugement, et dans le cas où les faits articulés seraient assez vraisemblables et assez graves pour faire présumer la lésion ».

D'autre part, la loi permet au juge d'ordonner d'office une expertise, une enquête (articles 40 et 44 CPCCS), la présentation d'office des livres de commerce, ou de recourir au serment supplétoire (article 300 RGO).

b°) Le principe de l'immutabilité du litige.

728- Malgré le constat ci-dessus évoqué, le juge civil a été constamment soumis au respect invariable d'un principe à savoir : ne rien extraire, ne rien ajouter de son initiative personnelle dans l'objet du litige. On parle à ce propos de « principe dispositif » qui consiste à écarter le juge de l'objet et l'amener à se contenter de son dossier régulièrement alimenté par les pièces et déclarations des parties pour la défense de leur cause. De ce fait, le juge se comporte d'égale façon vis-à-vis des protagonistes puisqu'il ne peut ordonner de mesures d'instruction à propos d'un fait non invoqué par l'une des parties.

Cependant, il existe une exception à ce principe qui autorise l'intervention directe, d'office du juge lorsque l'ordre public est concerné par l'objet du litige. Ainsi l'article 62 al 2 RGO déclare que :

> « La nullité absolue peut être invoquée par tout intéressé. Elle peut être invoquée en tout état de cause par le Ministère Public ou soulevée d'office par le juge ».

c°) Caractère d'ordre privé des règles de preuve.

729- L'autonomie de la volonté connaît certes, des limites légales objectives, mais elle continue constamment de se signaler dans tous les secteurs du droit, ne serait-ce que par des interrogations sur son admission possible ou non. C'est à son sujet que la réflexion du juriste est continue et continuée.

La question se pose donc de savoir précisément si les conventions sont possibles sur la preuve ? C'est en matière civile et il est reconnu généralement que le procès civil est l'affaire des parties surtout lorsqu'il porte sur des droits à leur entière disposition. Or, le Régime Général des Obligations, ne faisant aucune mention à ce sujet, il s'agira d'interpréter ce silence en analysant la position de la doctrine, celle de la jurisprudence et raffermir leur avis favorable pour des dispositions législatives du code des obligations civiles et commerciale du sénégal.

1°) Position de la doctrine :

730- La doctrine joue essentiellement un rôle d'information et d'orientation vis-à-vis de la jurisprudence et ces deux constituent très souvent des sources d'inspiration certaines du législateur.

D'abord une partie de la doctrine[19] estime que toute convention sur la preuve est à rejeter parce quelle juge que le droit sur la preuve doit avoir un caractère impératif voire public vu le rôle que joue l'Etat dans le maintien de la paix sociale en résolvant les litiges par le truchement du service public de la justice.

Ensuite une opinion totalement contraire fut soutenue par d'autres auteurs20 ; lesquels concèdent bien le côté intérêt public de la justice mais l'opposent, d'une façon pertinente, à l'objet du procès civil qui met en scène des intérêts individuels. Ils relèvent, à juste titre, qu'une convention sur la preuve est au fond une convention sur le droit.

Enfin, une position intermédiaire vit le jour par le truchement d'autres auteurs[21]. Cette opinion propose de reconnaître une valeur aux conventions portant sur la charge de la preuve et de rejeter celles (conventions) qui portent sur les procédés (modes) de preuve.

D'une façon générale l'opinion de la doctrine moderne est favorable à la convention sur la preuve.

2°) Position de la jurisprudence.

731- Suivant la logique des tenants des conventions sélectives sur la preuve par rapport à la charge de la preuve où la convention est acquise, et les modes de preuve où la convention doit être conjurée, la jurisprudence admet à son

19 Le Balle. Bendant, Lerebourg, Pigeonnière : Encyclopédie de droit civil V dans mémoire de maîtrise du Dr Sékou F Cissouma ENA 1989 OP. Cit.

20 Esmen, Gaboldé. Idem.

21

tour, les conventions sur la preuve surtout lorsque la dite convention porte sur la charge de la preuve[22]. Toutefois elle est plus réservée lorsque les conventions sur des matières d'ordre public comme l'état des personnes[23], ou la force probante des actes authentiques.

Il semble plus souhaitable que sur cette question de conventions que ce soit le législateur qui se prononce. En tout cas le législateur Sénégalais l'a fait en inscrivant cette question dans deux articles auxquelles il ne faut pas manquer de recourir. Il s'agit des articles 37 et 38 du code des Obligations civiles et commerciales du Sénégal COCCS.

Le premier, l'article 37 COCCS dispose :

> « Les conventions sur la preuve sont valables dans la mesure où les parties règlent conventionnellement l'acquisition ou la perte d'un droit par la production d'un mode de preuve déterminée ».

Cet article admet, d'une façon nette la convention sur de preuve comme la doctrine française (supra) acquise à l'admission pleine et entière de la convention. En effet, le texte sénégalais ne fait pas de distinction entre la charge ou les procédés de preuve, mais seulement il impose que le droit concerné soit à l'entière disposition des parties au procès. Ce qui est sensiblement l'orientation récente de la jurisprudence française[24].

732- Le second, l'article 38 COCCS énonce :

> « Sont nulles les conventions ayant pour but de modifier la charge de la preuve telle qu'elle est repartie par la loi ».

Le législateur sénégalais rejette fermement les conventions si elles devraient changer la charge de la preuve ordonnée par la loi. Généralement la charge de la preuve, incombant au demandeur, il n'est pas admis que les parties s'entendent pour inverser cette prédisposition légale sous réserves des aléas de conduite du procès par le juge.

22 TERRE (F). Introduction Générale au Droit. 5ème édition Dalloz 2000. P. 510.
23 Idem P. 540.
24 Com. 8 novembre 1989. D 1989. 369 cf. TERRE (F) Op. Cit. P. 510.

D°) Incidents relatifs au respect des principes étrangers au système de la preuve :

Au cours de la recherche des moyens de preuve pour se garantir dans la lutte judiciaire, certains incidents sont à même de se produire entre les protagonistes eux-mêmes ou entre un protagoniste et certaines administrations. Au rang de ces incidents il peut être retenu trois essentiels : le respect du secret professionnel, le respect du secret de la correspondance et le respect du secret des affaires.

1°) Le secret professionnel :

733- L'article 130 du code pénal stipule :

> « Tous ceux qui, étant dépositaire, par état ou profession des secrets qu'on leur confie, hors le cas où la loi les oblige à se porter dénonciateurs, auront révélé ces secrets, seront punis d'un emprisonnement de six mois à deux ans et facultativement d'une amende de 20000 F à 150000fr. cfa ».

Ce texte prévoit les mêmes sanctions pour les membres des juridictions coupables d'avoir violé le secret des délibérations.

Il résulte de cet article du code pénal que certaines personnes de par l'exercice même de leurs fonctions ou professions sont amenées à être destinataires d'un certains nombre de renseignements en déposition de preuve. En somme, ces renseignements peuvent être utilisés dans un procès civil au sens large au profit d'une partie et naturellement au détriment de l'autre.

Généralement ces personnes détentrices sont écartées de l'instance à titre de témoins par exemple. Ainsi la déposition d'un avocat ou la divulgation de documents, à lui remis par un client, ne sauraient être invoqués par la partie adverse comme preuve, même si cette partie les a reçus suite à une collusion avec l'avocat.

2°) Le secret de la correspondance :

734- A ce niveau également, un épouvantail répressif garantit l'équilibre du procès, lorsqu'il est lié au secret résultant de la correspondance. Ainsi l'article 131 du code pénal stipule :

> « La suppression totale ou partielle ou l'ouverture de lettre, cartes, télégrammes ou paquets confiés à la poste sera punie de onze jours à un an d'emprisonnement et d'une amende de 20000F à 240000F ou de l'une de ces deux peines seulement ».

Le moyen de la poste visé dans le texte devrait s'interpréter d'une façon extensive de manière à concerner toute correspondance, de quelle que manière qu'elle ait été envoyée y compris entre les mains de particuliers. Il suffit que les dispositions habituelles et minima soient prises en l'occurrence, le fait d'envelopper, d'y mettre l'adresse claire et précise du destinataire, de remettre à une personne qui accepte d'acheminer.

Il résulte aussi de l'article 131 du code pénal que pour produire une lettre missive signée ou non en justice comme preuve valable, il faut rentrer à sa possession d'une façon régulière c'est à dire avec l'assentiment de son destinataire ou dans des conditions qu'il ne conteste nullement.

3°) Le secret des affaires.

735- Le système probatoire doit être conduit en tout état de cause en ménageant les secrets quels qu'ils soient sous réserve de l'exigence particulière que sa révélation détermine l'issue d'un procès. C'est ainsi que le célèbre auteur français Gavalda révèle que : « Le secret des affaires ne peut l'emporter sur l'intérêt éminent de la justice »[25].

Le code de commerce du Mali comme la législation OHADA autorisent la production des livres de commerce en justice pour servir de preuve. Il faut signaler que cela ne va pas sans risque. En effet, cette production de documents peut causer de lourds préjudices à l'une des parties qui verrait l'ensemble de ses documents secrets mis à la disposition de son adversaire qui peut être, en même temps, son concurrent dans la vie normale des affaires.

La jurisprudence, dans sa hardiesse, a vite perçu cet aspect délicat et a créé l'expression ou plutôt le moyen suivant : « l'expertise perquisition » pour palier les éventualités[26]. Là, un expert est commis à qui les documents nécessaires sont présentés. Il en extrait, juste, les éléments en relation avec le litige.

---

25 Gavalda. Encyclopédie de droit civil V Op. Cit.

26 Civ. 11 mai 1960 gaz. Pal. 1960. Paris 29 octobre 1963 gaz pal. 1964. 1-282.

736- Heureusement pour le secret des affaires, le code de commerce a limitativement indiqué les matières dans lesquelles le tribunal peut ordonner la production des livres de commerce : affaire de succession, de partage de communauté de biens, de sociétés en redressement judiciaire ou liquidation de biens, de litiges avec les administrations financières.

Le droit de la preuve renferme des questions que le juriste est amené à se poser en différentes étapes de son étude. Dans ses aspects charges et objet, ces questions recherchent le plaideur qui doit supporter la charge de la preuve, ainsi que sur ce à quoi elle doit porter. La réponse à cette double interrogation amène à concevoir une scène tripartite entre les deux parties au procès et le juge qui a pour rôle de trancher entre elles avec l'objectif de respecter les deux fondements du droit à savoir le besoin de sécurité et le besoin de justice.

Pour réussir son rôle, comment le juge doit-il s'y prendre ? Est-ce qu'en laissant les parties se défendre comme elles l'entendent ou doit il les amener à se conformer aux seuls modes de preuves prévus par la loi ?

SECTIONS II : LES DIFFÉRENTS MODES DE PREUVE RETENUS PAR LA LOI.

737- Les rédacteurs du Régime Général des Obligations citent cinq modes de preuve dans l'article 265 qui déclare :

« Les seuls modes de preuve retenus sont :
l'écrit
le témoignage
la présomption
l'aveu
le serment ». (supra 631)

Il est à remarquer que des procédés nouveaux sont apparus, pouvant servir d'instruments probatoires. Mais faute de mention expresse, ils ne constituent que des présomptions simples desquelles on déduit des indices ou ne sont utilisés que comme simples renseignements.

Par exemple les enregistrements de paroles, le magnétophone, les téléphones portables et leurs options ou l'examen de sang en matière de filiation. Les dispositions de l'article 265 se veulent concises dans la mesure où le texte s'insinue par l'expression « les seules modes de… ». C'est-à-dire que les parties devraient s'en tenir à l'un quelconque mais seulement à l'un seul des procédés visés par le Régime Général des Obligations.

Ces différents modes de preuve prévus par la loi seront étudiés en deux paragraphes successifs commençant par les modes de preuve préconstitués suivis des modes de preuve à posteriori.

PARAGRAPHE I : LES MODES DE PREUVE PRÉCONSTITUÉS.

738- Établis comme pour répondre à l'adage « *La confiance n'exclut pas le contrôle* » les modes de preuve préconstitués ont pour objet de prévenir éventuellement à l'avenir toute difficulté entre les parties contractantes. Il s'agit d'écrits tels les actes authentiques, les actes sous seing privé et d'autres écrits dits spéciaux.

Très objectivement, cette pré constitution de preuve, si elle est normalement faite, au-delà des susceptibilités psychologique, humaines et de tous les états d'âme, garantit de façon plus sûre les actes que le témoignage par exemple qui, du reste, est un mode de preuve beaucoup pratiqué.

Vu l'abondance multiforme et la complication voire l'inexécutabilité des rapports juridiques quotidiens entre les hommes, la preuve écrite parait plus adéquate pour palier les insuffisances du témoignage comme les cas d'éloignement, de maladie ou même de décès du dit témoin.

***Notion d'acte :**

739- Avant toute étude sur l'écrit, il parait nécessaire d'analyser le vocable « acte » sur lequel les méprises sont nombreuses chez les juristes.

En effet, le mot acte se prête à un double sens qu'il convient de distinguer selon qu'il porte sur le négotium ou l'intrumentum. Lorsqu'il porte sur le négotium, il désigne l'acte juridique qui dénote la manifestation de la volonté conjointe des parties de parvenir à une convention quelconque. Lorsqu'il porte sur l'intrumentum, il désigne le papier sur lequel est rédigé, est constaté, l'acte, l'accord juridique : on parle d'acte instrumentaire ou d'instrumentum et c'est ce dernier sens qui importe en premier lieu dans l'étude de la preuve même s'il détermine souvent le fond, l'objet de la convention (article 267 RGO).

A°) Domaine de l'écrit. (supra 203)

740- Les dispositions de l'article 267 RGO préconisent qu' « il doit être passé acte devant notaire ou sous signature privées de toute convention dont l'objet excède 50000 F CFA et il n'est reçu aucune preuve par témoin et outre le contenu des actes encore qu'il s'agisse d'une somme ou valeur inférieure à 50000F Cfa ».

Ce texte comporte à la fois des dispositions de fond (objet de 50000F Cfa) et de forme (nécessité d'écrit).

Une comparaison sommaire permet de noter que ce montant est fixé à 5000F français par voie règlementaire qui gère désormais cet aspect[27] que le code des obligations civiles et commerciales du Sénégal COCC dans son article 14 l'a ramené à 20000F Cfa. On relève le souci de réalisme du législateur malien qui

27 Décret du 15 juillet 1980.

tient compte de l'oralité encore développée dans notre pays lié au taux important d'analphabètes et surtout d'illettrés pour maintenir cet objet à 50000 F Cfa emportant obligation d'un acte instrumentaire.

A la lecture de l'article 267 RGO deux règles s'en dégagent en substance, mais avant leur analyse, il importe de s'interroger sur la définition de l'écrit ainsi que de l'impacte des progrès scientifiques et techniques sur lui.

***Notion d'écrit et évolution :**

741- Une définition élastique de l'écrit est intervenue en droit français dans les années 2000[28] et qui a pris corps dans l'article 1316 qui explique que la preuve littérale c'est-à-dire la preuve par écrit résulte d'une suite de lettres, de caractères, de chiffres ou de tous autres symboles dotés d'une signification intelligible, quels que soient leur support et leurs modalités de transmission.

L'écrit est conçu dans l'article 1316 dans son sens le plus large possible. Il s'agit de tout fait ou pratique sûr, pouvant garantir d'une façon matérielle l'existence incontestée d'engagement entre citoyens pourvu que les parties conviennent du sens de cet écrit. Ainsi les parties peuvent constater leurs engagements en plusieurs langues vivantes ou mortes, en dessins ou signes conventionnels tels les idéogrammes etc. S'agissant des idéogrammes, il existe dans la cosmogonie malienne, ainsi on peut voir un ensemble de signes traduisant certaines formes d'expression, certaines idées chez les différentes ethnies du Mali. On parle à cet effet d'idéogrammes Bozo, Dogon, Bambara etc.

742- Par ailleurs la même loi, prenant en compte les acquis de la technique en l'occurrence dans le domaine informatique, a reconnu et consacré l'écrit sous forme électronique au même titre que l'écrit sur support papier (l'article 1316 al 1 du code civil) et renferme la même force probante que ce dernier (article 1316 al3 du code civil).

L'élément de validité de l'écrit qui est la signature a été envisagée sous sa forme électronique par l'article 1316 al 4 et spécifié par le décret d'application. La fiabilité de la signature électronique demeure ainsi acquise jusqu'à preuve du contraire (article 1316 al 4).

28 Loi n° 2000-230 du 13 mars 2000 avec un décret d'application pris en 2001. Décret n° 2001-272 du 30 mars 2001 pris pour l'application de l'article 1316 al 4 du code civil relatif à la signature électronique.

Les deux règles importantes se dégageant de l'article 267 RGO sont :

1°) Première règle : substance de l'article 267 RGO :

743- Le contenu de l'article 267 RGO pose d'abord une formalité qui n'a d'autre fin que d'assurer la sécurité des relations juridiques entre parties. Son inobservation n'a aucune incidence négative sur la consistance du droit invoqué. Au surplus, elle empêcherait le recours à certains modes de preuve tel le témoignage et les présomptions ; ce qui est logique et exact puisque pour une telle convention les parties devraient se ménager un écrit. Il apparaît donc que les parties ne seraient pas dépourvues de tous moyens de preuve car en effet elles peuvent pourvoir à la preuve en procédant par voie d'aveu judiciaire et de serment décisoire. Ces deux procédés ont également une force probante qui lie[29] le juge. A défaut d'écrit, deux substituts s'offrent aux parties l'aveu et serment.

2°) Deuxième règle : Interdiction de prouver par témoin contre et outre un écrit.

744- Cette règle pose une double prohibition :
D'une part l'interdiction de prouver contre : c'est refuser le témoignage et les présomptions pour établir les inexactitudes ou omissions de l'acte ou de certaines prétentions de celui-ci. C'est-à-dire que l'écrit est souverain et donc contre lui, il faut un autre écrit ou l'aveu ou le serment du défendeur.

D'autre part, l'interdiction de prouver outre, prohibe, elle, les rajouts c'est-à-dire les modifications postérieures à la rédaction de l'acte. Exemple : des intérêts non prévus initialement dans l'acte écrit d'un contrat de dépôt.

Il est aisé de constater un principe invariable dans la preuve littérale ainsi rappelé. « Toute allégation contradictoire aux énonciations d'un écrit ne peut être prouvée que par écrit, aveu ou serment »[30].

En dehors des dispositions générales de l'article 267, de nombreux autres textes spéciaux relevés d'une façon éparse, exigent un écrit pour constater les conventions.

---

29 Alex Weill et François TERRE. Op. Cit. Jean Chevallier, « cours élémentaire de droit : Droit Civil » 1ère année.

30 Traoré (A). Mémoire de maîtrise « L'écrit comme élément de preuve civile au Mali : théorie et réalité ». ENA 1982.

Exemples : Le contrat de transaction (article 2044 du code civil) le contrat de gage (article 2074 du code civil) le contrat d'assurance terrestre (article 8 de la loi du 13 juillet 1930).

745- Cette liste se rallonge avec la subrogation conventionnelle consentie par le créancier au débiteur (article 169 RGO), le contrat d'édition (article 39 de l'ordonnance n°77-46 du 12 juillet 1977 fixant le régime de la propriété littéraire et artistique). Il en est de même des conventions collectives en droit social (article 62 du code du travail).

Dans le domaine commercial, sont soumis à un écrit les contrats suivants : les contrats assortis d'une clause compromissoire, le contrat de dépôt de marchandises dans les magasins généraux (article 1142 CCG français), les contrats de crédit-bail, bail commercial, la vente du fonds de commerce etc.

B°) Les actes authentiques :

Qu'est ce qu'un acte authentique et à quelles conditions est il valable ?

1°) Notion :

746- L'acte authentique, déclare l'article 270 RGO :

> « Est celui qui a été reçu par un officier public ayant le droit d'instrumenter dans les lieux où l'acte a été passé et qui a été rédigé dans les formes requises par la loi ».

L'officier public peut être un officier d'état civil lorsqu'il dresse les actes d'état civil tels les certificats de naissance de mariage de décès. Il peut être un huissier de justice pour certains actes relevant de son ministère. Les compétences d'officier public sont exercées à l'étranger auprès des ambassades entre nationaux maliens par les consuls qui reçoivent tous les actes instrumentaires.

Sinon dans la vie quotidienne, l'officier public ou ministériel, dans le domaine instrumentaire désigne essentiellement le Notaire qui a vocation d'authentifier les actes auxquels les parties doivent ou veulent conférer l'authenticité (article 4 du statut des notaires)[31].

31 Loi n° 96-023/AN-RM du 21 février 1996 portant statut des notaires.

Dans certains contrats, la loi, elle-même, oblige les parties à passer par devant notaire. C'est ainsi que l'article 57 du statut des notaires[32] énonce :

> « Sont obligatoirement notariés :
> les libéralités ;
> les contrats de mariage
> les actes constitutifs ou translatifs d droits réels ;
> les baux à usage commercial, industriel et professionnel ;
> les actes de sociétés à but lucratif ».

747- En dehors de cette liste limitative toutes les conventions de quelle que nature qu'elles fussent ou quelque soit leur objet, peuvent, à la suite de la volonté des parties contractantes revêtir la forme authentique.

Cependant il faudrait être prudent sur les critères compétence- authenticité. En effet, tous les actes élaborés pour les officiers ministériels ou autres autorités ne revêtent pas le caractère authentique de ce seul fait. Pour que l'acte revête l'authenticité c'est-à-dire ne pouvant être remis en cause que par une inscription en faux, il est nécessaire que cet acte rentre dans la compétence spéciale du professionnel[33]. Sinon si l'acte entre dans une suite de compétence fourre-tout ou générale sa force probante fera l'objet d'une appréciation souveraine du juge. C'est ainsi que le procès verbal d'un huissier de justice renfermant une promesse de vente n'est pas considéré comme acte authentique[34] ou qu'un constat dressé à la demande d'un particulier par le même professionnel n'est pas authentique[35]. Il faut convenir que ces éléments constatés par voie d'huissier apporteront un véritable appoint à la preuve des prétentions.

2°) Conditions de validité :

La validité d'un acte authentique tient à la fois à une condition de rédaction liée à la personne de l'officier (rationae personae) ainsi qu'à des conditions de garantie de vigilance et de véracité.

32 Idem. Recueil 2000 T. III. P. 804 et 805.

33 Lorsque l'huissier agit dans le cadre de ses attributions strictes, ses actes sont authentiques. Civ. 25 juillet 1932. Lorsqu'un commissaire-priseur procède à une vente dans le cadre de son office, son procès verbal de vente est un acte authentique. Paris 16 mars 1981. Bâtonnier Tapo. Op. Cit.

34 Civ. 1er février 1991 Idem.

35 23 février 1956 idem.

a°) Rédaction de l'acte :

748- L'acte doit être rédigé par un notaire compétent c'est-à-dire lorsqu'il intervient dans une matière où il est déclaré matériellement compétent par la loi. Par exemple un notaire ne peut valablement célébrer un mariage ou établir un certificat de décès.

A la compétence territoriale limitée aux différents ressorts judiciaire est venu se substituer une compétence territoriale nationale en vertu de l'article 6 de la loi actuelle portant statut des notaires.

Cette compétence territoriale nationale est valable pour les seuls notaires titulaires d'un office à l'exclusion des greffiers notaires dont la compétence se confine dans les limites de leurs juridictions respectives.

Il existe des conditions liées à la personne du notaire. Ainsi ne remplit pas les conditions légales d'exercice de la profession, un notaire suspendu ou radié. Si la suspension ou la radiation est connue des parties, l'acte instrumentaire est nul. Par contre si elle est ignorée des parties dont la bonne foi peut être établie l'acte instrumentaire sera reconnu valable.

b°) Les formalités de garantie, de régularité et de validité.

Les conditions liées aux formalités sont édictées en trois sens qui portent tous sur la présentation matérielle correcte de l'acte.

b-1 Rédaction de l'acte en français :

749- Cette exigence semble une formalité substantielle dans la mesure où le français est non seulement la première langue officielle au Mali, mais également la langue de travail. Par conséquent, on devrait logiquement déduire que le notaire a l'obligation de rédiger tous les actes qu'il reçoit, en français sous peine d'inefficacité.

b-2 Acte sans blanc ni interligne :

750- L'acte notarié doit être sans blanc ni interligne. En effet, la quasi-totalité des actes notariés sont rédigés en minute (original) qui est conservé chez le notaire et une expédition appelée grosse est délivrée aux parties. Cette grosse est revêtue de la formule exécutoire.

Certains actes, certainement en raison de leur moindre importance, sont rédigés en brevet c'est-à-dire en original remis aux parties. Ce sont généralement les actes de notoriété, les procurations, les quittances de loyers etc.

Les surcharges, interlignes, additions et ratures sont en principe interdites sauf s'ils font l'objet de renvois explicatifs au bas de l'acte.

b-3) Signature des parties :

751- Après la rédaction de l'acte instrumentaire, les parties et le notaire doivent tous signer après que ce dernier leur ait fait lecture. Pour définir la signature, il peut être proposé la définition donnée par le doyen Alex Weill :

> « Une signature valable est toute marque distinctive et personnelle manuscrite, permettant d'individualiser son auteur sans doute possible et traduisant sa volonté non équivoque de consentir à l'acte »[36].

3°) Sanction :

751- L'article 27 al. 2 RGO dispose : « L'acte qui ne remplit pas ces conditions vaut comme acte sous seing privé s'il a été signé des actes ». Il s'agit de l'inobservation cumulative ou particulière des conditions ou de l'une d'elle exposées ci-dessus.

Egalement c'est là qu'apparaît, comme on peut le constater, la suprématie incontestable de l'acte authentique. L'acte authentique supposé qui devient nul en tant que tel sera utilisé comme acte sous seing privé si les parties l'avaient signé. A défaut de signatures, il devra être assimilé à un simple commencement de preuve par écrit.

4°) Force probante :

753- La foi en la convention entre parties que renferme l'acte authentique est pleine et totale. Cette plénitude s'impose aux héritiers des parties ou à leurs ayant cause (article 271 al1 RGO).

36 Weill (A) et Terre (F) : Introduction Générale à l'étude du droit 8ème édition P. 386.

Tous les éléments que comporte l'acte authentique signé du notaire ou autre officier public sont présumés vrais, exacts pour autant qu'il les aura personnellement constatés. Le contenu de l'acte s'impose erga omnes c'est-à-dire à l'égard de tous, tout le temps qu'il n'est pas remis en cause par une personne intéressée (article 271 al 2) par son inscription en faux contre ledit acte.

L'alinéa 3 de l'article 271 RGO déclare que : « Pour le surplus l'acte fait foi *seulement jusqu'à preuve de contraire* ». C'est l'hypothèse où l'acte authentique ne vaudrait plus que comme actes sous seing privé ou commencement de preuve par écrit (supra).

La force probante s'analyse par rapport à deux points : quant à l'origine de l'acte et quant à son contenu. Dans les deux cas la notoriété de la signature du notaire, l'aspect physique même de l'acte instrumentaire, la façon dont les faits sont rédigés permettent de s'apercevoir de la vérité.

Le plaideur qui conteste la régularité, la sincérité d'un acte authentique devra, pour écarter son autorité s'inscrire en faux contre ledit acte. Cela consistera en une procédure assez longue, complexe assortie de risques.

5°) La procédure d'inscription en faux.

Pour la cerner, il faut en étudier le mécanisme et les effets car elle constitue une procédure hors du commun.

a°) Mécanisme :

754- Il est règlementé dans les articles 567 et suivants du code de procédure pénale[37].

La demande d'inscription de faux....est adressée au président de la cour Suprême. Le demandeur ou son avocat signe la demande et procède à son dépôt au greffe de la cour suprême (article 567 CPP).

37 Loi n° 01-080 du 20 août 2001 portant code de procédure pénale en République du Mali. JO du 1er février 2002. Secrétariat Général du Gouvernement article 567, 568, 569, 570, et 2571.

Le premier président réserve une suite à la demande dans le mois du dépôt après avis du procureur général en rejetant ou en permettant, par voie d'ordonnance l'inscription en faux. Si l'inscription en faux est ordonnée, l'ordonnance désignera, par voie de renvoie, la juridiction de droit pour connaître du faux. Dans ce cas le plaideur aura la charge de la preuve du faux qu'il invoque.

b°) Effets :

755- Le législateur malien n'a pas fait de mention relativement aux effets d'un acte authentique remis en cause par une inscription en faux contrairement au code civil ou l'article 1319 al2 suspend l'acte authentique en cas de plainte en faux principal et laisse la liberté aux tribunaux de suspendre ou non suivant les circonstances en cas de faux incident.

Qu'est ce qu'un faux principal et comment le distinguer du faux incident ? Par définition le faux principal vise le fond du procès, c'est-à-dire la question de droit substantiel par opposition à l'exception de procédure dont le faux incident est l'objet. Le faux incident est dirigé contre l'acte instrumentaire et non contre le négotium, il tend à en démontrer l'altération, la modification, l'addition postérieure ou d'autres mentions susceptibles de le mettre en cause.

Au delà de la contestation, le droit malien dans l'article 566 du code de procédure pénale prévu le sort final de l'acte authentique déclaré nul. En effet les dispositions de l'article 566CPP relèvent que lorsque les actes authentiques sont déclarés faux entièrement ou partiellement, la juridiction (cour ou tribunal) compétente devra ordonner leur rétablissement conforme, leur reformation ou leur radiation pure et simple.

c°) Les actes sous seing privé.

756- Dans un pays où le taux d'alphabétisation est encore chancelant (15 à 20%) le droit positif sur cette matière ne pouvait s'adapter mieux à la réalité en accordant moult possibilités aux citoyens. Ce mérite est à concéder aux rédacteurs du Régime Général des Obligations dans la conception et la rédaction de l'acte sous seing privé qui ont su laisser une large marge de manœuvre instrumentaires aux contractants.

En effet, les articles 272 al 2 ; 2273 ; 274 RGO offrent à tout le monde lettré comme non lettré, alphabétisé ou non une ouverture particulière certaine en vue d'une sécurisation des relations juridiques civiles (supra).

Aussi pour avoir une idée d'ensemble sur les actes sous signatures privées il faut d'abord s'intéresser à leur distinction en actes généraux et actes spéciaux (1 et 2) analyser ensuite leur force probante (3) et enfin s'interroger sur comment faire en cas de contestation (4) ?

1°) Les actes sous seing privé généraux.

Tout écrit, en dehors des actes authentiques, peut il être considéré comme acte sous seing privé ? Répond-il à une forme précise de rédaction ?

a°) Définition.

757- Selon l'article 272 RGO :

> « L'acte sous seing privé est un acte rédigé librement par les particuliers sans l'intervention d'un officier public.
> Il peut être rédigé de la main des parties ou de la main d'un tiers, dactylographié ou même imprimé.
> Il peut être rédigé en français, dans d'autres langues étrangères ou dans les langues nationales ».

On comprend aisément que l'acte peut être écrit en n'importe quelle langue par les parties ou même par un tiers indifférent ; il peut être manuscrit ou non. Mais chacune des parties doit dans tous les cas signer.

Il est à remarquer que cette définition est juste formelle, de laquelle il peut être déduit une définition matérielle qui consiste à constater un accord entre parties par écrit quelle que soit la forme de cet écrit, pourvu qu'il soit signé par les parties au négotium[38]. Les parties peuvent rédiger l'acte elles mêmes, ou le faire rédiger par un tiers neutre. Cet acte peut être dactylographié ou porter sur un imprimé (supra 756).

38 Voy : Alex Weill. Et François TERRE. Op. Cit.

b°) Différentes formes d'actes sous seing privé.

Le législateur malien en a prévu plusieurs selon la volonté et l'aptitude des parties.

b-1°) Contenu de l'article 272 al 3 RGO.

758- L'acte sous seing privé peut être rédigé en français qui est la langue de travail ; dans d'autres langues étrangères comme l'anglais, l'arabe, le Russe, l'Allemand etc. ou encore dans les langues nationales que sont le bambara, le Minianka, le peulh, le Sonrhaï, le Sarakolé, le Sénoufo, le Bobo, le Dogon, le Tamasheq etc. Au bas de chaque acte il doit y avoir la signature des parties.

b-2°) Contenu de l'article 273 RGO.

759- Il est prévu ici l'hypothèse où un contractant ne parlerait pas la langue dans laquelle l'instrumentum est rédigé. En ce cas traduction est faite dans un autre acte qui sera joint à l'acte écrit dans la langue connue de la partie.

b-3°) Contenu de l'article 274 RGO.

Cet article connaît une application lorsque l'une des parties est illettrée. Pour que l'acte soit valable, la partie doit être assistée de deux témoins lettrés qui confirmeront son identité et sa présence propre ou celle de son mandataire. Ces témoins devraient en plus, prouver que la nature et les effets de l'acte ont été spécifiés à la partie, par eux, assistée.

A titre de comparaison, il existe une grande similitude entre le COCC du Sénégal et le RGO du Mali en ce qui concerne la forme des actes sous seing privé, n'eut été l'hypothèse de l'article 272 al 3 sur la possibilité de rédaction de l'acte en langue étrangère ou nationale que le COCC n'a pas prévu et qui demeure une originalité du texte malien.

2°) Actes sous seings privés spéciaux.

Dans l'éventail des actes sous seing privé, deux ont été soumis à des formalités rédactionnelles spéciales. Il s'agit d'une part des actes relatant des conventions particulières et d'autre part les actes qui constatent les promesses unilatérales.

a°) Les actes sous seing privé relevant des conventions synallagmatiques.

761- L'article 275 RGO dispose : « L'acte sous seing privé relatif à une convention synallagmatique doit être rédigé en autant d'originaux qu'il y a de parties ayant un intérêt distinct ».

Par rapport à cette précaution, on parle de formalité du double ou de l'original, multiple Cependant un seul exemplaire peut être rédigé s'il devait être remis à une tierce personne n'ayant aucun intérêt dans le contrat.

La formalité édictée par l'article 275 RGO a pour but de mettre en égale position les parties, en cas de contestation ? Son inobservation réduit la force de l'acte qui ne pourrait servir que comme un commencement de preuve par écrit laissant ainsi une place privilégiée au témoignage.

b°) Les actes constatant un engagement unilatéral :

762- Ces actes sont alimentés par des engagements contenant des obligations en sommes d'argent ou des choses appréciables en argent.

L'article 276 RGO déclare que l'acte doit être rédigé entièrement de la main de la personne qui s'oblige. A défaut de cela, l'acte doit comporter non seulement la signature mais aussi la mention « bon pour » ou « approuvé » et cumulativement en toutes lettres et chiffres la somme, objet de l'obligation. Il faut signaler que la préférence est donnée au montant en lettres en cas de différence entre les montants écrits en chiffres en lettres.

Généralement dans les conventions de prêts bancaires, un document est élaboré par les services compétents de la banque qui réduit le client à prendre un engagement de remboursement et qui se termine par la formule « lu et approuvé » suivi de la signature. Le bon pour est fréquent dans les rapports de fonctionnement quotidiens entre personnes. C'est le cas lorsque l'emprunteur sollicite et obtient un prêt relativement important auprès de son prêteur.

La formalité du « bon pour » a pour but de protéger le débiteur inexpérimenté contre les abus éventuels de blanc seing.

Par exemple un débiteur non aguerri dans la gestion des rapports humais ou dans les affaires peut signer un papier en blanc pour prendre immédiatement une somme d'argent avec un créancier chargé de remplir l'acte lui-même. Celui-ci, de mauvaise foi et par cupidité pourrait mentionner plus que le débiteur n'a emprunté.

3°) Force probante des actes sous seing privé.

La force probante des écrits privés se situe à la fois par rapport à leur contenu et à leur date.

a°) Force probante quant au contenu de l'acte :

763- Les dispositions de l'article 277RGO précisent que : « L'acte sous seing privé reconnu par celui auquel on l'oppose ou déclaré sincère par le juge, fait foi de son contenu à l'égard de tous jusqu'à preuve de contraire ».

Celui à qui on oppose un acte sous seing privé, doit, soit avouer son écriture auquel cas il perd le procès ou dénier son écriture c'est-à-dire sa signature auquel cas le tribunal ordonne une vérification d'écriture (infra).
En tout état de cause, contre cet écrit la partie contestante ne peut prouver que par un autre écrit répondant aux mêmes conditions de forme en principe.

b°) Force probante quant à la date.

764- La force probante de l'écrit sous seing privé est pleine et entière entre les parties et s'impose dans les mêmes conditions à leurs ayants cause à titre universel[39] quant à sa date (article 278 al 1 RGO). L'ayant cause à titre universel est la personne qui a un intérêt précis, une créance précise par rapport au contractant.

Par rapport aux tiers c'est-à-dire les personnes étrangères au contrat tels les créanciers chirographaires, ceux-ci peuvent redouter une collusion entre les contractants contre les intérêts, en antidatant par exemple l'acte en vue de frauder leurs droits. Pour palier toute éventualité il faudrait une date certaine..

---

39 L'ayant cause à titre universel est la personne qui reçoit une partie du patrimoine d'une autre personne à cause de mort.

Pour que la date soit certaine selon l'article 278 RGO, elle doit être enregistrée à l'administration des domaines. Le décès de l'une des parties au contrat peut conférer date certaine ; il en va de même lorsque mention de l'acte est faite dans un acte dressé par un officier public. Dans ce dernier cas la date profite subséquemment de l'authenticité de l'acte privé initial ou principal.

4°) Procédure de vérification d'écriture.

765- Celui contre lequel on invoque un acte sous seing privé pour reconnaissance et application et qui voudrait le méconnaître est obligé de désavouer formellement son écriture ou sa signature (article 279 RGO). Cette dérogation répond à une procédure règlementée par le code de procédure civile commerciale et sociale (articles 39 al 1 ; 40 ; 41 ; 42 et 43).

Le tribunal commet un ou plusieurs experts pour procéder à une expertise sur les points déterminés, objet de la contestation. Ces experts, après avoir prêté serment, procèdent à un collationnement c'est-à-dire une comparaison affinée et rédigent un rapport adressé au président du tribunal.

D°) Autres écrits spéciaux :

Les écrits en matière probatoire concernent d'une part ceux ayant une force probante certaine et d'autre part les écrits spéciaux non signés des parties.

1°) Écrits spéciaux ayant force probatoire.

Certains actes, lorsqu'ils répondent à certaines conditions formellement fixées par la loi, font foi de leur contenu. Il s'agit de :

a°) La lettre missive signée de son expéditeur.

766- La lettre missive n'est pas définie par le Régime Général des Obligations. Elle peut être comprise comme tout écrit matérialisant les rapports entre les personnes correspondant entre elles pour diverses raisons.

L'article 280 RGO accorde une pleine foi aux engagements contenus dans une lettre missive à condition qu'elle soit signée par la personne qui l'a expédiée.

b°) Copies, photocopie ou autre reproduction d'actes instrumentaire.

767- Les copies, photocopies ou autres reproductions d'actes authentiques ou d'actes sous seing privé ont la même force probante que l'acte original lui-même lorsqu'elles ont été certifiées par un officier public (article 281 RGO).

La certification consiste à une suscription sur la copie, après comparaison minutieuse avec l'original, pour reconnaître que c'est le même document qui a été textuellement reproduit sans rajout ni manquant Dès que cette suscription est faite l'acte certifié fait preuve comme l'original ou l'acte initial lui-même.

2°) Écrits spéciaux non signés.

768- Certains écrits peuvent intervenir dans le système probatoire alors qu'ils n'avaient pas été conçus originellement à cette fin. Généralement ils ne sont pas revêtus de la signature de leurs auteurs.

De tels écrits peuvent néanmoins servir d'indices probatoires. Parmi ces écrits, il peut être évoqué les livres de commerce et les commencements de preuve par écrit.

a°) Les livres de commerce :

769- Prévues par la législation nationale malienne[40] les obligations du commençant de tenir une comptabilité ont été reprises dans la législation OHADA notamment dans l'Acte Uniforme sur le Droit Commercial Général de l'article 13 à l'article 17.

L'article 13 déclare que tout commerçant, personne physique ou morale a l'obligation de tenir un registre s'appelant journal qui enregistre au jour le jour l'ensemble de ses opérations commerciales (article 13 al 1). Il devrait également tenir un autre document s'appelant grand livre avec balance récapitulative et aussi un registre dit livre d'inventaire (article 13 al 2). Ces documents doivent être cotés et paraphés par le président de la juridiction compétente (tribunal de commerce au Mali) et aussi devraient-ils être tenus sans blanc ni interligne ni altération d'aucune sorte.

40 Article 70 de l'ancien du code de commerce, loi n° 86-13 AN-RM du 21 mars 1986.

770- Lorsque ces livres sont correctement et régulièrement tenus, ils peuvent être admis par le juge pour constituer une preuve entre commerçants.

Cette possibilité de preuve parait très logique entre commerçants et doit avoir une force probante imbue d'une pleine foi car en effet, une opération signalée dans tel ou tel livre de tel commerçant devrait avoir un échos dans les livres de l'autre commerçant partenaire si la loi de bonne tenue est respectée.

Il peut être déduit par ailleurs qu'entre un commerçant et un non commerçant, les énonciations des livres ne peuvent servir que comme de simples indices, que l'intime conviction des juges complète ou écarte.

b°) Les commencements de preuve par écrit.

771- Aux termes de l'article 269 al 2 RGO on appelle commencement de preuve par écrit « Tout écrit qui rend vraisemblable le fait allégué et qui émane de celui auquel on l'oppose, de son auteur ou de son représentant ».

L'analyse de ce texte établit qu'il faut la réunion de deux conditions pour que le commencement de preuve par écrit puisse être évoqué :

— d'une part l'écrit évoqué doit rendre vraisemblable le fait allégué. C'est-à-dire il doit conférer toutes les apparences possibles de justesse au titre en question ;

— d'autre part l'écrit évoqué doit émaner de son rédacteur. C'est-à-dire que l'acte instrumentaire doit être écrit par la personne même ou son représentant contre laquelle on l'évoque. Ainsi il faudra prouver que c'est bien cette personne qui l'a écrit elle-même ou l'a fait écrire par quelqu'un en ses lieu et place.

Egalement sont considérés comme commencement de preuve par écrit, les déclarations d'un plaideur suite à une comparution personnelle devant le juge. C'est la même règle lorsque la partie citée refuse de comparaître (article 269 in fine).

C°) Lettre missive non signée, registres et papiers domestiques.

772- Une lettre expédiée à une partie, non signée de son expéditeur ne comptera que comme un simple commencement de preuve par écrit si l'on veut l'opposer au destinataire.

Il en serait de même pour les registres et papiers domestiques. Cette expression générique désigne toutes les écritures qu'une personne fait sans y être tenue, soit sur de simples feuilles, soit dans de véritables cahiers, carnets ou registres dans le but certainement de conserver la trace des évènements et spécialement les opérations juridiques qui l'intéressent[41].

De telles écritures font foi dans certaines matières comme le mariage, la naissance et les décès en cas de perte, de destruction, ou d'absence des registres d'état civil (article 53 loi régissant l'état civil)[42].

Elles peuvent aussi avoir force probante lorsque celui qui les invoque dispose d'un commencement de preuve par écrit.

d°) Ecriture mises sur titre ou sur quittance.

773- Il s'agit de l'hypothèse du paiement saccadé soit par la volonté du créancier soit par l'autorisation du tribunal. Ainsi l'article 207 al 2 RGO énonce que si le paiement est partiel, la personne qui paie pourra exiger que mention soit faite sur le titre originel conservé par le créancier. Ce qui consistera en une autre suscription libératoire sur le titre, mentionnant le montant versé et reçu. Des difficultés peuvent naître entre un créancier et son débiteur lorsque ce dernier s'exécute par un paiement en acomptes. A chaque acompte le débiteur peut recommander une décharge au verso du titre initial qui sert d'acte instrumentaire libératoire. Les difficultés ainsi nées doivent être à l'avantage du débiteur et donc tranchées au détriment du créancier qui aurait lui-même fait ou fait écrire la mention sur l'acte.

L'esprit général des preuves préconstituées est la recherche d'une preuve permanente et incontestable des engagements volontaires et faits juridiques. Cette preuve présente une force absolue par rapport aux actes authentiques,

41 Traoré (A). Mémoire ENA Op. Cit. P.18.

42 Loi n° 87-27/AN-RM du 16 mars 1987 régissant l'état civil en République du Mali. Article 53.

aux actes sous seing privés régulièrement passés, aux copies légalisées, aux lettres signées mais présente une force moindre pour les autres : commencements de preuve par écrit, documents commerciaux entre professionnels et non professionnels etc. rendant nécessaire l'intervention du juge dont l'intime conviction est déterminante dans le sort positif ou négatif réservé à ces derniers actes.

Le législateur a certainement accordé la primauté aux écrits instrumentaires mais a encore réglementé d'autres modes auxquels les parties peuvent recourir après coup.

PARAGRAPHE II : LES MODES DE PREUVE À POSTERIORI

Ce sont les modes de preuve que les parties n'ont pas ménagés au préalable, elles les créent ou y ont recours au moment du procès. Ce sont le témoignage, les présomptions du fait de l'homme et le serment. Ces modes de preuve requièrent une prudence, une certaine sagacité de la part du juge.

A°) Le témoignage.

774- Le témoignage est un procédé de preuve qui est ou devrait être favori dans les sociétés où l'islam en tant que religion, prédomine ou encore dans les pays où l'instruction est peu répandue.

Il a été établi que le témoignage présente moins de sécurité que la preuve littérale à cause d'un certain nombre de faits en l'occurrence le risque d'oubli du témoin, son décès, ses déplacements (voyages), son état de santé, son éventuelle subornation etc. C'est ce qui explique ses limites quant à son admissibilité dans les conventions d'une certaine importance.

1°) Définition :

775- Ni le code civil français, ni le COCC sénégalais ne définissent le témoignage contrairement au Régime Général des Obligations du Mali qui en donne une définition précise. En droit français comme sénégalais la définition du témoignage est l'œuvre de la doctrine et de la jurisprudence.

L'article 280 RGO définit le témoignage dans les termes suivants :

> « Le témoignage est la relation, sous la foi du serment, par une personne qui n'est pas partie au procès, d'un fait qu'elle a connu, par ses propres sens ».

Il convient d'ores et déjà de faire la nuance avec l'acte de notoriété et la commune renommée qui sont des notions voisines mais différentes.

L'acte de notoriété est tout papier dans lequel la concordance entre les déclarations faites par plusieurs personnes à propos d'un même fait sur invitation du juge ou d'un officier public a été constatée.

> « La commune renommée consiste aux dépositions faites en justice sur les faits auxquels les témoins n'ont pas assisté personnellement et qu'ils ne connaissent que par la rumeur publique »[43].

Cette dernière forme est plus incertaine parce que les organes (de sens) des rapporteurs ne sont pas intervenus directement eux-mêmes. C'est ce qui explique raisonnablement que la loi ne l'admette que d'une façon exceptionnelle. Ainsi la commune renommée est admise contre les administrateurs négligents ou fautifs des biens d'autrui. Par exemple l'article 431 du code civil admet contre l'administrateur des biens d'un mineur qui n'aurait pas ménagé la preuve écrite de la consistance des biens soumis à son administration.

2°) Domaine du témoignage.

776- En disposant qu'il doit être passé acte authentique ou sous seing privé de toute convention dont l'objet excède 50000F Cfa et qu'il ne serait reçu aucune preuve par témoins contre et outre le contenu des actes même s'ils sont relatifs à des sommes ou valeurs inférieures à 50000F Cfa, l'article 267 RGO semble réduire considérablement le domaine d'acceptation du témoignage. Cela veut dire que seules les conventions qui n'ont pas atteint 50000F Cfa comme objet peuvent être prouvées par témoignage car l'écrit intervenu va exclure le témoignage malgré que l'objet soit inférieur à 50000F Cfa. Egalement la preuve des faits juridiques et des actes commerciaux peut être rapportée par témoignage. Cependant le témoignage peut connaître un champ encore plus vaste.

43 Jean Chevalier « Cour élémentaire de droit » droit civil 1ère année.

a°) L'article 267 RGO et l'ordre public.

777- Par rapport à la possibilité d'évoquer le témoignage en droit, le juriste est amené à se poser la question si les dispositions de l'article 267 RGO sont d'ordre public, c'est-à-dire si elles doivent être rigoureusement respectées quelle que soit la situation juridique envisagée.

La Cour Suprême du Mali a estimé que l'article 267 RGO qui est inspiré par l'article 1341 du code civil n'est pas d'ordre public en ce qui concerne la preuve.

Elle l'a affirmé dans un arrêt de principe depuis l'année 1972 :

> « Attendu que ce moyen qui n'est autre que l'invocation de l'article 1341 du code civil (267 RGO) est également irrévocable en ce sens que le principe de ce texte n'étant pas d'ordre public.... »[44].

La jurisprudence considère ainsi que le témoignage est protecteur des intérêts privés des parties qui peuvent librement y renoncer soit avant, soit en cours d'instance.

b°) Admission de la preuve testimoniale :

La preuve par témoin peut être admise quelque soit le quantum de l'objet en cas notamment :

b-1°) D'impossibilité matérielle de ménager un écrit.

778- Dans certaines circonstances socio environnementales les personnes n'ont pas la liberté de leur initiative. Ainsi peuvent-elles être amenées à agir en ne respectant pas la lettre de certains textes en vigueur.

Par exemple lorsqu'un bâtiment prend feu, son propriétaire peut déménager tous ses bagages en dépôt chez une autre personne, son voisin. Il est clair que devant cette situation d'urgence absolue requérant rapidité, on ne saurait raisonnablement exiger la production d'un écrit pour prouver l'effectivité d'un tel contrat de dépôt même s'il parait évident que son objet est largement supérieur à 50000 Fcfa.

44 Jurisprudence civile de la Cour Suprême du Mali : arrêt n°6 du 22mai 1972.

b-2° De rapport effectif ou de parenté.

779- Quelque soit l'objet de la convention lorsqu'un tel rapport est établi entre personnes ou contractants, la preuve par témoin est autorisée. Il s'agit par exemple de convention entre père et fils, frères, beaux-parents, époux etc. L'on déduit dans ces cas généralement qu'il y a empêchement moral de demander ou d'exiger la confection d'un écrit vu la familiarité ou l'intimité des rapports (article 268 RGO).

Il faut signaler que ces rapports sont particulièrement importants au Mali et connaissent un sens plus large édulcoré de plus de susceptibilité qu'en occident.

b-3°) De production de commencement de preuve par écrit.

780- Lorsque l'une des parties produit un commencement de preuve par écrit, l'article 269 RGO permet qu'il soit consolidé par d'autres moyens « les témoignages et présomptions sont également recevables, parce qu'il existe un commencement de preuve par écrit ».

b-4°) De fraude à la loi.

781- Selon le lexique des termes juridiques la fraude à la loi est une action révélant chez son ou ses auteurs la volonté de détourner certaines prescriptions légales en modifiant, par des artifices, des circonstances de fait c'est-à-dire la cause.

Aux termes de l'article 289 RGO « la preuve testimoniale est admise à moins que l'acte visé ne soit attaqué pour cause de fraude ou dol ».

Les parties qui auraient convenu de frauder en outrepassant l'objet de la preuve de l'article 267 RGO par exemple, se verraient refuser ainsi le témoignage. Les juges ne pourraient raisonner qu'au moyen de présomptions. Ce sera le cas lorsque un comptable d'un service où les prêts sont interdits au-delà de 25 000F CFA. Pour éviter de remplir les formalités de l'article 267 RGO qui l'oblige à la preuve littérale, prête 75000Fcfa à une personne en scindant ladite somme en trois tranches de 25000Fcfa chacune de manière pouvoir à prouver par témoins. Si une telle pratique est découverte le témoignage lui sera refusé.

3°) La preuve probante.

La force probante du témoignage se conçoit doublement par rapport à la personne du déposant[45] et par rapport à la chose, objet du témoignage.

a°) La personne du témoins.

782- Les déclarations de n'importe quelle personne ne peuvent être constitutives de témoignages. Aussi les rédacteurs du Régime Général des Obligations ont exclu, dans deux articles, la déposition de certaines personnes.

D'une part ne seront considérés que comme de simples renseignements n'ayant aucune valeur testimoniale stricto sensu les déclarations des personnes qui ne peuvent témoigner sous la foi du serment (article 284 RGO). Il s'agit particulièrement des mineurs, des majeurs incapables etc.

783- D'autre part une suspicion légitime peut être admise contre les dépositions de certaines personnes qui seraient naturellement récusées ou récusables (article 285 RGO). Il s'agit de personnes ayant les mêmes intérêts qu'un des protagonistes. Cette règle est extensible aux amis, à certains parents, subordonnés ou apprentis etc. La suspicion peut porter sur les déclarations des personnes ayant un différent relativement sérieux avec l'une des parties. Toutefois leurs déclarations peuvent être prises comme de simples indices.

Ces deux articles (284 et 285 RGO) n'ont pas d'équivalents dans le code civil ou dans le COCC du Sénégal. Ils peuvent être compris comme une perspicacité notoire du législateur malien qui a su transposer les dispositions d'ordre procédural français dans un domaine juridique de fond.

En conclusion la personne du témoin, pour emporter les qualités légales et la conviction du juge, doit être exempt des vices et états prévus dans les articles 284 et 285 RGO. Surtout le témoin doit être une personne du juste milieu dans l'acte ou dans le procès dont les déclarations peuvent être utilement exploitées par le juge qui vise lui la sécurité et la justice dans la société.

45 Le déposant est la personne qui donne un témoignage.

b°) la chose, objet du témoignage.

784- Le témoignage est un fait et à ce titre il fait l'objet d'une analyse et d'une application souveraine des juges du fond.

En effet, le juge est entièrement libre d'attacher aux dires des témoins le crédit qu'il estime pertinent ? Son appréciation est souveraine ; Ce principe, incontesté, entraîne plusieurs conséquences dont particulièrement celle que les témoignages ne se comptent pas.

Le juge peut bien fonder sa conviction sur les déclarations d'un seul témoin quand bien même il serait contredit, lui, par tous les autres témoignages. Il (juge) peut ne pas tenir pour avéré un fait attesté par plusieurs témoins.

785- De même le juge n'est pas lié par le fait que les dépositions de tous les témoins sont concordantes[46].

Toute cette situation de fait dont le témoignage est l'objet est résumée dans un arrêt de la Cour Suprême du Mali dans les termes suivants :

> « La force probante des témoignages relève des faits de la cause. Ils sont souverainement appréciés par les juges du fond. En conséquence ils échappent à la censure de la Cour Suprême ».

La haute juridiction est sur ce point claire et précise[47].

Toutefois il est important d'insister sur le fait que la force probante du témoignage est une question de fait à démontrer de manière à pouvoir conquérir et asseoir la conviction des juges du fond.

B°) Les présomptions du fait de l'homme.

Les présomptions constituent le siège d'un certain bon sens, de l'application de l'intelligence humaine, ou de la logique sur l'interprétation des faits de manière que ces faits se situent les uns par rapport aux autres d'une façon telle que l'on puisse déduire une vérité[48].

46 Cavaillès Jean. Conseiller technique au Ministère de la justice du Mali, note sur l'arrêt n° 5 du 27 avril 1970.
47 Jurisprudence civile de la Cour Suprême du Mali : arrêt n° 37 du 30 septembre 1985.
48 Jean Chevalier. Op. Cit. Boris Stark. Introduction Générale à l'étude du droit.

L'on peut toujours se poser la question de savoir comment elle est admise en droit (B) et quelle va être sa force probante (C).

1°) Définition.

786- Selon l'article 286 RGO :

> « La présomption est un procédé en vertu duquel le juge induit, de l'existence d'un fait, l'existence d'un autre fait ».

Les présomptions portent ainsi sur des indices ou circonstances desquels le juge tire des inductions pour asseoir sa conviction. Par exemple un commerçant se prétend créancier d'un non commerçant à qui il a prêté une certaine somme d'argent à telle date précise. Le non commerçant nie la dette. Le juge constate à la date indiquée par le demandeur que le compte bancaire du défendeur a été crédité d'un montant qui équivaut à l'objet du litige ; de plus le commerçant l'avait mentionné dans ses livres de commerce et de surcroît le non commerçant ne parvient pas à indiquer d'autre source de gain fiable de la dite somme. En pareil cas, le juge peut faire droit à la demande du commerçant en condamnant le non commerçant au paiement c'est-à-dire au remboursement de la somme plus les intérêts.

Aucune source n'est négligeable pour le juge pour tirer des indices. Aussi il peut en tirer même d'une enquête ou d'une instruction nulle, de livres de commerce irrégulièrement tenus etc.[49]

787- En outre l'article 290 RGO signale que :

> « Les modes de reproduction de la parole peuvent seulement être retenus comme présomptions du fait de l'homme ».

Ces modes de reproduction de la parole ou de usages comme le magnétophone, les communications téléphoniques interceptées, les photographies prises sur arrêt etc. quoi qu'étant une fidèle reproduction supposée de ce qu'a pu dire ou faire une partie ne peut servir de preuve systématique contre elle (parole). En effet le législateur se méfie, à justes raisons, des manipulations techniques dont une telle reproduction pourrait faire l'objet par l'expert technicien contre de candides citoyens.

---

49 Encyclopédie Dalloz : Droit Civil V. Op. Cit. Alex Weill François TERRE. Op. Cit.

2°) Admissibilité.

788- Les rédacteurs du code des obligations ont consacré ce mode comme un témoignage à part entière sauf exception de fraude ou de dol soulevée à l'instance. Aussi lorsque l'acte est attaqué pour fraude, dol, le demandeur devra se pourvoir mieux, pour la preuve, que de recourir à des présomptions. Par exemple produire un commencement de preuve par écrit, ou obtenir l'aveu ou encore déférer le serment.

Le juge, pour admettre une présomption, doit la fonder sur des faits graves précis et concordants rendant vraisemblables les prétentions du demandeur. De même le juge n'admettra les présomptions que dans le cas où il aurait admis le témoignage (article 289 RGO). C'est certainement ce qui a déterminé le législateur sénégalais à traiter les présomptions cumulativement avec le témoignage.

3°) Force probante :

789- La force probante des présomptions résulte de trois qualités effectives que le fait incriminé doit réunir. Ainsi l'article 289 RGO déclare que :

> « Les présomptions …sont laissées à l'appréciation du juge qui ne devra les admettre que si elles résultent de faits graves, précis et concordants ».

Les trois adjectifs graves, précis et concordants doivent être appliqués concomitamment. Par exemple un fait grave est un fait qui nécessite l'attention du juge à cause de son caractère sérieux pour la prétention, un fait précis serait un fait qui laisse peu de place au doute, qui établit une certaine vérité par son adresse dans les circonstances ou dans la situation juridique ; enfin un fait concordant sera celui qui établit un fort lien probable entre les prétentions contradictoires des parties[50].

Toutefois, il est à observer que malgré l'accord grammatical mettant au pluriel les adjectifs graves, précis et concordant, un seul fait, lorsqu'il revêt ces trois caractéristiques peut emporter la conviction du juge[51]. Laissées à la lumière et

50 Voy. Encyclopédie Dalloz. Droit Civil. Op. Cit.
51 Civ. Cour Cass. Française 18 octobre 1948.

à la sagacité du juge de fond, les présomptions constituent une question de fait échappant à la censure de la Cour Suprême[52].

C°) L'aveu.

790- Il ne résulte pas de définition textuelle de l'aveu du code civil français ou du code des obligations civiles et commerciales du Sénégal. Ces deux codes sont muets sur ce point précis.

On peut noter à l'avantage du législateur malien, une définition claire et précise de l'aveu, donnée dans l'article 291 RGO qui dispose :

> « L'aveu est la déclaration par laquelle une personne reconnaît pour vrai un fait de nature à produire contre elle des effets juridiques ».

De tous les modes de preuve, l'aveu est celui qui semble le plus convaincant rendant inutile le recours aux autres modes prévus et facilitant le travail d'administration de la justice par ses différents acteurs : magistrats, avocats et autres.

Ne dit-on pas d'ailleurs que « l'aveu est la reine mère des preuves ». Cependant, dans certaines matières l'aveu en tant que mode de preuve peut être l'objet de suspicion. Il en est ainsi dans un procès de dislocation de communauté de biens entrepris par les époux où pour « éviter une séparation de biens conventionnelle camouflée sous un simulacre de procès », il sera interdit au défendeur (l'un des époux) de prouver par voie d'aveu[53]. C'est aussi pour préserver les intérêts des tiers contre la communauté de biens.

L'aveu revêt deux formes : il es soit judicaire soit extra judiciaire.

1°) L'aveu judiciaire

Il faut d'abord définir l'aveu judiciaire avant de tenter de cerner ses caractéristiques.

---

52 Civ. Cour Cass. Française 18 octobre 1933.

53 Article 870 du code de procédure civile français in Droit civil. Raymond (Pierre). Les Régimes Matrimoniaux. Sirey, 22 rue, Soufflot. 7509 Paris 1978.

a°) Définition.

791- Il s'agit d'une affirmation ou plus exactement d'une reconnaissance faite contre lui-même par un plaideur ou son mandataire spécial devant le juge[54]. Ce qui laisse à supposer que l'auteur de l'aveu doit être capable c'est-à-dire ne doit être ni mineur ni majeur interdit. Son aveu ne doit pas être emprunt d'erreur ni surpris par dol (article 28 RGO). L'aveu consistera ainsi à un engagement conscient désormais dans les liens infaillibles d'obligations juridiques.

b°) Caractéristiques :

Ces caractéristiques sont édictées dans l'article 294 RGO et elles sont très précises.

b-1°) Révocabilité en toute matière :

792- Ce caractère universel explique que quels que soient la nature et l'objet d'une affaire, l'un des plaideurs peut toujours passer aux aveux. Toutefois dans la pratique judiciaire une certaine méfiance est observée contre l'aveu d'un des époux en instance de divorce ; car en l'acceptant toujours, on admettrait indirectement le divorce par consentement mutuel[55], cause qui n'est pas prévue par le code du mariage et de la tutelle du Mali.

b-2°) L'indivisibilité de l'aveu

793- L'aveu doit porter sur l'ensemble de l'objet du litige à la fois, c'est-à-dire que rien ne peut être ajouté on retranché, c'est un bloc à prendre ensemble. Ainsi pour une créance de 50000Fcfa prétendue, l'avouant ne saurait dire qu'il reconnaît cette dette mais sans les intérêts. Nécessairement les intérêts seront concernés par son aveu.

---

54 TERRE (F) et Cie. Op. Cit.

55 Le divorce par consentement mutuel n'est pas admis en droit malien. Toutefois il vient de faire l'objet d'une adoption en projet de loi dans le cadre du projet de loi sur le code des personnes et de la famille.

b-3°) L'irrévocabilité de l'aveu.

794- Sauf erreur de fait, l'aveu est irrévocable. Par exemple un héritier avoue une dette à l'égard d'un prétendu créancier du decu jus (son auteur). Quelques temps après, il découvre à la maison une décharge constatant l'acquittement de son défunt parent vis-à-vis de créancier. Son aveu est frappé d'une erreur de fait, par conséquent il est rétractable. Hormis une telle erreur, un aveu fait devant le juge lie à la fois l'avouant et le juge. Il ne saurait être rétracté même en cas d'erreur de droit puisque « nul n'est censé ignorer la loi ».

C°) Force probante.

794- Elle est établie par les dispositions de l'article 294 RGO qui énoncent que :

> « L'aveu judiciaire de la partie…fait pleine foi contre celui dont il émane ». Lorsque l'aveu donné, répond à toutes les conditions requises, il lie le juge qui tiendra nécessairement pour exacts, avérés les faits avoués.

2°) L'aveu extrajudiciaire.

796- L'aveu extrajudiciaire est tout aveu qui ne répond pas aux critères et conditions de l'aveu judiciaire. Il portera aussi sur de déclarations faites devant un officier ministériel ou incluses dans une lettre quelconque etc.[56]

Il est aussi important de savoir que certains aveux même faits devant quelque autorité, ne peuvent constituer des aveux dits extrajudiciaires. En effet les conditions d'obtention ou de réalisation de ces aveux peuvent ne pas être adéquates. C'est le cas d'un aveu recueilli au cours d'une enquête de police ou de gendarmerie[57] ainsi que les éléments de réponse contenus dans une sommation faite par un huissier[58].

La jurisprudence émet une réserve légitime par rapport à de tels aveux en raison du lieu et du contexte où ils sont donnés : liberté limitée, dérangement psychologique de l'avouant, inexpérience de l'avouant etc.

---

56 Jean Chevallier. Op. Cit. Boris Stark. Op. Cit.

57 Civ. 1er février 1970. Bâtonnier Tapo. Op. Cit.

58 Civ. 28 février 1970. Idem

a°) Caractéristiques :

Ses caractéristiques sont naturellement moins rigoureuses que celles de l'aveu judiciaire.

a-1°) révocabilité.

797- L'aveu extrajudiciaire est révocable, c'est-à-dire qu'une fois faite, l'avouant peut encore revenir sur son affirmation, sa reconnaissance et ce, qu'il y ait erreur de droit, de fait ou même quand il n'y a erreur d'aucune sorte.

a-2°) Divisibilité.

798- Lorsque l'aveu n'est pas fait en instance devant le juge, son auteur peut le diviser par une reconnaissance partielle et donc un rejet partiel des prétentions. Ainsi dans l'exemple du prêt de 50000Fcfa, le débiteur défendeur peut avouer, en reconnaissant la dette en capital seulement tout en niant les intérêts que cette somme devrait produire. De l'objet du litige, l'avouant peut donc opter pour une partie à laquelle il est prêt à s'engager et rejeter le reste où le demandeur devra continuer à exercer la charge de la preuve contre lui par d'autres moyens.

b°) Force probante.

799- Le code civil français ne dit rien au sujet de la force probante de l'aveu extrajudiciaire ; par contre les rédacteurs du Régime Général des Obligations du mali y suppléent expressément dans l'article 293 RGO qui déclare que :

> « L'aveu extrajudiciaire…n'est pris en compte que dans la mesure où la preuve testimoniale est admise ».

Il vaut comme présomption du fait de l'homme.

C'est reconnaître que sa force probante relève d'une question de fait qui dépend de l'intime conviction des juges du fond et échappe également à la censure de la cour suprême ; ce qui l'aligne sur le même ordre que le témoignage et les présomptions du fait de l'homme.

D°) Le serment.

Le serment est une expression couramment utilisée et au sujet de laquelle des nuances sémantiques ou plutôt usuels s'établissent. En outre dans son acception technique, le serment connaît trois formes distinctes : décisoire, supplétoire ou in litem.

1°) Notion.

800- Une différence notoire est à noter entre les diverses sortes de serment. Il est fait traditionnellement la distinction entre deux serments : le serment promissoire et le serment judiciaire.

Le serment promissoire est celui que prêtent certains professionnels ou occasionnels lorsqu'ils y sont tenus par la loi. C'est ainsi que les magistrats, les avocats, les jurés prêtent le serment promissoire par lequel ils jurent de bien fidèlement et loyalement exercer leurs fonctions, ou de garder le secret professionnel ou de dire la vérité lorsque c'est un témoin simple à un procès cité à l'initiative d'une partie.

Par contre le serment judiciaire aux termes de l'article 295 RGO :

> « Est l'affirmation sous une forme solennelle civile, religieuse ou coutumière d'un fait, profitable à celui qui le prête ».

A priori on pourrait s'interroger sur le fondement, l'opportunité d'un tel mode de preuve. Pour le bien fondé, même si de nos jours, il y a une dégradation notoire du sens religieux, des coutumes, le serment demeure fondé sur Dieu par le truchement de la religion, des oracles (fétiches) ou des coutumes[59].

801- Si le texte malien en donne une définition systématisée, le code civil et le code des obligations civiles et commerciales du Sénégal ne le définissent pas. En revanche une disposition pénale en droit français[60] confère une garantie au serment. Cet article précise en substance que :

59 TERRE et Alex Weill. Op. Cit introduction générale au droit.

60 Article 366 code pénal français.

> Celui à qui le serment aura été déféré ou référé en matière civile et qui l'aura faussement, sera puni d'un emprisonnement d'une année au moins et de cinq ans au plus et d'une amende de 360 à 20000 Fcfa.

Ce texte n'a pas d'équivalent en droit malien. Autant relever en droit français que le faux serment peut constituer à la fois une faute civile sanctionnée et une faute pénale punie.

2°) Le serment décisoire.

Le serment décisoire, tout comme l'aveu, est un mode de preuve extrêmement important pour l'issue d'une instance engagée.

a°) Définition.

802- En plus des termes de l'article 295 ci-dessus mentionné, l'article 296 al 1 RGO dispose :

> « Celui (serment) qu'une partie défère à l'autre pour en faire dépendre le jugement de la cause est appelée décisoire ». (supra 694).

Un tel serment décide du sort de la contestation entre les parties.

Son fonctionnement offre deux possibilités aux plaideurs.

D'une part un plaideur décidé à renoncer à sa prétention si l'adversaire a pu nier les faits sous la foi du serment, on parle de délation de serment, d'autre part le défendeur accepte d'être débiteur si le demandeur a pu accepter de jurer sous la foi du serment par lui référé. Une réponse sera obtenue soit à l'issue du premier jeu soit à l'issue du second et la solution du litige dépendra de ce jeu navettant.

Aux termes de l'article 298 RGO le refus par une partie de jurer en cas de serment, équivaut à un aveu judiciaire et les conséquences seront ainsi tirées par le juge.

b°) Nature juridique du serment décisoire.

803- D'après une opinion traditionnelle et certains doctrinaires contemporains[61] l'effet du serment ou le refus se comprend par une interprétation de la volonté des parties qui se font des offres réciproques. A partir de là, les auteurs ainsi que la jurisprudence établissent une analogie avec la transaction[62].

Toutefois, le caractère transactionnel du serment ne semble pas du tout convaincant. Les notions au moyen desquels ces auteurs expliquent cette nature contractuelle, sont à la fois vagues et fuyantes. En effet, d'après la loi, une convention implique accord de volonté pour créer, modifier ou étendre un droit (article 21 RGO). Or, en l'espèce (serment décisoire) on ne perçoit pas le côté accord de volontés, d'autant plus qu'une fois le jeu déclenché, il faut nécessairement « serment » autrement un « aveu tacite » en est déduit par le juge au détriment de la partie qui refuse de répondre. Il faut toujours signaler que la volonté de procéder par serment ne fait l'objet d'aucune convention au départ. Le serment fait suite à une initiative unilatérale d'une partie au procès.

c°) Conditions du serment.

804- Le serment décisoire a un caractère transactionnel ainsi il peut intervenir en toute matière où les parties peuvent transiger[63]. Il requiert deux conditions essentielles :

D'une part les critères de capacité de droit commun (article 28 RGO). C'est-à-dire être en état d'accomplir librement les actes de la vie juridique sans représentation ni assistance.

D'autre part le pouvoir c'est-à-dire d'abord avoir un intérêt à agir et ensuite lorsque l'on fait représenté, donner mandat spécial au mandataire.

d°) Effets.

805- L'article 298 RGO énonce que :

61 TERRE (F). Introduction Générale du Droit. Op. Cit.

62 Civ. 28 février 1938 dans mémoire de maîtrise Sékou F Cissouma. Op. Cit. P. 39.

63 Le serment décisoire ne serait pas possible dans les matières intéressant l'ordre public comme l'état des personnes sauf en matière de divorce. TERRE (F) Op. Cit. P. 294

> « Si la partie refuse de prêter le serment qui lui est déféré, son refus vaut aveu judiciaire ».

Du point de vue force probante, le serment régulièrement prêté entraîne la conviction du juge en le liant ainsi que la partie qui a succombé. Le serment décisoire apparaît ainsi comme une preuve idéale départageant les parties à un procès selon qu'il est prêté ou refusé.

3°) Le serment supplétoire.

806- Dans certains cas le juge se voit obligé de prendre certaines initiatives dans le procès civil dans le but de mieux asseoir sa procédure. Cela n'affecte en rien son impartialité. Dans le cas du serment, il ne choisit pas une partie à l'avance, mais n'importe laquelle, selon l'avancé et l'état des débats.

C'est ainsi que l'article 296 al 2 dispose que :

> « Celui (serment) qui est déféré d'office par le juge à l'une ou l'autre partie est appelée supplétoire ».

Le juge le défère soit pour en faire dépendre la décision de la cause soit pour déterminer le montant de la condamnation.

a°) Conditions.

807- Le serment supplétoire ne doit intervenir que lorsqu'il y a un certain bien fondé de la cause par suite de la production d'un commencement de preuve simplement ou encore lorsqu'il existe, sur le caractère décisif des preuves produites, un doute (article 301 RGO).

Aussi, ce serment ne saurait être référée par l'autre partie ; c'est une impossibilité d'origine légale (article 302 RGO). Pour asseoir sa conviction le juge peut déférer le serment à n'importe laquelle des parties d'où son indépendance et son impartialité effective.

b°) Différences avec el serment décisoire.

808- La différence fondamentale entre le serment décisoire et le serment supplétoire est que ce dernier ne lie ni les parties, ni le juge et celui à qui il est déféré ne succombe pas nécessairement s'il refuse de le prêter (article 303 RGO). Autrement dit que le serment supplétoire n'a aucune force probante particulière contraignante. C'est pour cela que son effet peut être assimilé à ceux des présomptions du fait de l'homme.

4°) Le serment en plaids ou in litem.

809- C'est une forme du serment supplétoire qui reçoit une application partielle précise. L'article 304 RGO l'énonce dans les termes suivants :

> « Le serment supplétoire sur la valeur de la prestation demandée ne peut être déféré qu'au demandeur et seulement s'il est par ailleurs impossible d'en déterminer autrement la valeur ».

Ce serment est encore appelé serment estimatoire[64].

a°) Conditions.

810- A l'analyse de l'article 304 RGO il peut être relevé trois conditions.

D'abord, le serment in litem ne peut être déféré qu'au demandeur au procès ; les circonstances de la cause faisant que le défendeur, lui, est tributaire de la sagacité du juge.

Ensuite il ne doit pas y avoir d'autres moyens ou techniques de pouvoir déterminer après coup la contenance ou la valeur de la chose, objet du litige. Par exemple aucun témoin n'existe pour rappeler le contenu ou la valeur, aucune technique scientifique ne peut, même par exemple à partir des cendres, lorsque la chose est perdue par incendie, déterminer la contenance ou la valeur.

Enfin il faut que le principe de la demande soit fondé. C'est-à-dire qu'il doit être acquis au demandeur qu'il a bien perdu sa chose à la suite de la faute du défendeur ; Par exemple à la suite d'un contrat de transport entre un transporteur et son client (transporté) la valise de ce dernier se perd en cours de route ou est brûlée par la faute du transporteur.

---

64 TERRE (F) Introduction Générale au droit. Op. Cit. P. 597.

Lorsque le transporteur ne nie pas la perte ou la destruction de la valise et qu'il se contente d'en nier la contenance ou la valeur globale (objets censés s'y trouvés). En ce moment le juge peut choisir d'interférer à la conscience du demandeur (client) en pareille situation en lui déférant le serment sur le montant de la valeur de sa valise.

b°) Différence avec le serment supplétoire.

811- Il existe une différence à double titre entre le serment supplétoire et le serment en plaids.

D'une part le serment in litem suppose que le juge à une idée précise sur le fond du litige mais que le surplus reste à prouver, alors que le serment supplétoire peut porter sur le principe même du litige.

D'autre part le serment in litem est un serment unilatéral et ne peut s'adresser au demandeur alors que le serment supplétoire, selon l'initiative du juge inspiré par l'avancée des débats peut être déféré à n'importe laquelle des parties, au demandeur comme au défendeur.

5°) Serment des personnes morales.

812- La notion de personne connaît une nuance fondamentale en droit. Il existe des personnes physiques, les individus physiquement touchables, raisonnant et agissant par eux-mêmes et des personnes dites morales dont l'existence découle d'une fiction juridique faisant droit à des entités ayant tous les attributs de la personnalité juridique, on parle de personnes morales. Elles sont généralement l'émanation de la volonté des personnes physiques individuellement ou collectivement. Ces personnes morales agissent par le truchement de certaines personnes physiques qui la représentent dans les actes et situations juridiques. Elles constituent de véritables acteurs de la vie commerciale (sociétés commerciales) et n'ont pas un rôle négligeable dans la vie civile (associations fondations sociétés civiles etc.).

Dans la vie quotidienne, il ne peut être exclu qu'une personne physique entre en conflit avec une personne morale ou même que deux personnes morales se trouvent devant le juge. Dans un tel cas peut-on parler d'aveu ou de serment ? Les rédacteurs du Régime Général des Obligations n'Y ont fait aucune allusion. Par contre une telle précaution a pu être prise par législateur Sénégalais dans son code des obligations civiles et commerciales dont l'article 36 dispose :

> « Pour les personnes morales l'aveu ou le serment est prêté par les personnes physiques qui les représentent statutairement ».

Spontanément, le dirigeant social statutaire compétent peut valablement faire un aveu qui engage la structure qu'il représente au procès. Aussi le juge pourrait déférer le serment au représentant légalement compétent d'une personne morale.

Le silence du législateur malien sur ce point pourrait s'interpréter dans le même sens que l'article 36 COCCS surtout que les personnes morales font l'objet d'une réglementation comme à travers les Actes Uniformes de l'OHADA impliquant entre autres le Mali et le Sénégal.

813- L'étude du problème de la preuve permet d'établir une importance indéniable de l'écrit comme mode probatoire certain dans l'ensemble de ses aspects. Il est vrai que le témoignage est un mode très usité dans notre société et les considérations religieuses (Islam) ne sont pas étrangères à cela, surtout des dispositions sont prises à la fois sur les plans civil et pénal pour garantir un témoignage sûr et impartial. En effet le faux témoignage est constitutif d'infraction et l'article 285 RGO autorise la récusation de témoins. Malgré cela le témoignage doit être réduit au profit de l'écrit compte tenu des impondérables pouvant l'affecter. Contrairement aux apparences la preuve par écrit est très vivement conseillée en droit musulman lui-même. En effet, le verset 282 de la sourate II recommande l'emploi de l'écrit dans l'établissement des conventions :

> « Ô croyants lorsque vous contractez une dette payable à une époque fixée, mettez-le par écrit….Ce procédé est plus juste devant Dieu, mieux accommodé au témoignage et plus propre à ôter toute espèce de doute »[65].

Ce verset est malheureusement interprété dans le sens d'une simple précaution mnémotechnique en droit musulman qui continue de donner une préférence au témoignage[66].

65 Milliot (Louis) Introduction à l'étude du droit musulman dans Mémoire de maîtrise de Sékou F Cissouma. P 43. ENA 1989.

66 Mnémotechnique se rapporte à la mémoire et il faut dire que l'interprétation donnée en droit musulman est fort critiquable.

Au surplus la primauté accordée à l'écrit en matière probatoire et sa grande pratique effective permettraient de régler très probablement le problème d'imprévision dans l'exécution des contrats (supra). En effet l'habitude de l'écrit pourrait asseoir l'habitude d'insertion des clauses d'échelle mobile.

BIBLIOGRAPHIE

Ouvrages généraux :

1°) Leçon de Droit Civil.
Henri et Léon et Jean Mazeaud. Chabas (François)
Obligations : Théorie Générale. Édition Montchrestien 9ème édition 1998.

2°) Manuel de Droit Civil Tome I. Pierre Voirin+ 23ème édition par Foubeaux Gilles 1991.

3°) Droit Civil : Les Obligations.
8ème édition 2002. TERRE (François). Simler (Ph) et Lequette (Yves). Dalloz.

4°) Droit Civil : Les Régimes Matrimoniaux. Marty (G)+ et Raymond (Pierre).

5°) Droit International Privé. 8ème édition Montchrestien Mayer (Pierre) Heuzé (Vincent). 2004.

6°) Benabent (A). Droit Civil : Les Obligations.
3ème et 11ème éditions. Montchrestien 1991.

7°) Droit Civil : Les Obligations Tome 4 PUF Carbonnier (Jean)

8°) Le Livre des Droits de l'Homme. Histoire et textes de la grande Charte (1215). Préesnté par Vincensini (Jean Jacques) Robert Laffont. Michel Archimbaud.

9°) Droit Civil et Commercial
Heubert-Bouvier (Nicole) 8ème édition PUF juillet 2002.

10°) Droit Civil : Les Contrats Spéciaux civils et commerciaux.
Mamuvie (Ph). Aynès (L) édition 1995-1996 Editions CUJAS.

Droit OHADA

11°) OHADA. Recouvrement des créances.
Anne-Marie A. Assi-Esso. Diouf (N'Diaw). Editions Bruyant. Bruxelles 2002.

12°) CIMA. Droit des Assurances.
Anne-Marie A. Assi-Esso, Joseph Issa-Sayegh et Jacqueline Lohoues-Oble. Éditions Bruyant. Bruxelles 2002.

13°) OHADA. Droit de l'arbitrage.
Meyer (Pierre). Éditions Bruyant. Bruxelles 2002.

14°) OHADA. Droit Commercial Général.
Akueté Pédro Santos Jean Yado Toé. Éditions Bruyant. Bruxelles 2002.

15°) Droit Civil : Les Obligations
Weill (Alex). TERRE (François). 4ème édition 1986.

16°) Chevallier (Jean). Cours élémentaires de droit : Droit Civil 1ère année.

17°) Milliot (Louis). Introduction à l'étude du Doit Musulman

18°) Starck (Boris). Introduction Générale à l'étude du Droit.

19°) Weill (Alex). TERRE (François). Droit Civil : Introduction Générale

20°) Encyclopédie Dalloz : Droit Civil 1ère édition 5 volumes, 1951-1955 ; 2ème édition : 7volumes 1969-1976.

21°) Droit Civil textes Séries 1967-1968 de l'Institut National des Techniques Économiques et Comptables en collaboration avec le Centre National de Télé-Enseignement. Ministère de l'Éducation Nationale

Recueils de textes et de jurisprudences

1°) Recueil des Codes et textes Usuels de la République du Mali 1959-1992. Ministère de la Justice du Mali.

2°) Recueil 2000. Codes et textes Usuels de la République du Mali.
Tome 1 et Tome 2.

3°) Code Civil français. Edition 2004 correspondant à la 103ème édition. Dalloz. Xavier Henry, Alice Tisserand, Guy Venandet et François Jacob.

4°) Code des Obligations du Mali annoté. Malilex. Edition Malilex 2001 Bâtonnier Tapo Kassoum et Mme Fofana S Dicko.

5°) Les grands Arrêts de la Jurisprudence Civile.
Tome 1 et 2. 11ème édition Dalloz Capilant (Henry) Terré (François) et Lequette (Y) 2000.

6°) Code des Obligations et Commerciales du Sénégal annoté. Textes nationaux et internationaux de l'OHADA intégrés. EDJA 2008. N'Doye Doudou.

7°) Lexique des termes Juridiques
13ème édition 2001 Dalloz. Crullien et Vincent (J).

8°) Les grands Arrêts de la Jurisprudence Administrative.
Long (M), Weill (P). Braibant (G) 8°) édition Sirey 1984.

Thèses et Mémoires

1°) Traoré Alpha : « L'écrit comme élément de preuve civile au Mali théorie et réalité ». ENA 1984.

2°) Cissouma Sékou F : La Preuve dans le code des obligations du Mali. ENA Sciences Juridiques 1989.

3°) Cissouma Sékou F : Le Statut de l'enseignement Privé au Mali. Thèse d'Edat en Droit privé. Université Cheick Anta Diop FSJP Avril 2008.

Cours.

1°) Cours de Droit des Obligations
TAPO (Abdoulaye Garba). Editions JAMANA.

2°) Cours de Droit des Obligations
Madame Coelo 2°) année Sciences Juridiques ENA 1986 inédit.

Internet exclusivement

1°) Hygiène – Sécurité- Environnement
De Pardieu Brocas Maffei et Leygonie.
2002 : une année fondamentale pour le droit à la sécurité alimentaire.

2°) Les principes de vigilance et de Précaution
Adrien Bisserbe Louis Marcellin, Pietro Santulli.
Université V (CHU ; Necker. Enfants malades).
Mesures d'éthique (sous la direction de M. le Professeur C Herne).

3°) Principe de Précaution : Quelques précisions
Heintz Valentine.

4°) La Précaution en droit Privé.
Un chargé de cours au CNRS.

5°) Réflexions sur les fondements de la responsabilité civile Les voies de reforme ; la promotion du droit à la sécurité.
Christophe RADE
Professeur à l'université Montesquieu Bordeaux IV.

Structures éditoriales du groupe L'Harmattan

L'Harmattan Italie
Via degli Artisti, 15
10124 Torino
harmattan.italia@gmail.com

L'Harmattan Hongrie
Kossuth l. u. 14-16.
1053 Budapest
harmattan@harmattan.hu

L'Harmattan Sénégal
10 VDN SICAP AMITIE 3
BP 45034 Dakar-Fann
direction@senharmattan.com

L'Harmattan Cameroun
Tsinga/Derrière polyclinique FECAFOOT
BP 11486 Yaoundé
Jacques.koukam@harmattan.fr

L'Harmattan Burkina Faso
Villa 281, secteur 23 623, rue 14.32
Ouagadougou
zagbie@outlook.fr

L'Harmattan Guinée
Almamya, rue KA 028 OKB Agency
BP 3470 Conakry
harmattanguinee@yahoo.fr

L'Harmattan RDC
185, avenue Nyangwe
Commune de Lingwala – Kinshasa
matangilamusadila@yahoo.fr

L'Harmattan Congo
219, avenue Nelson Mandela
BP 2874 Brazzaville
deunovmikhael@gmail.com

L'Harmattan Mali
Immeuble Mgr Jean Marie Cissé
Aci Hamadallaye
BP 145 Bamako
syllaka@yahoo.fr

L'Harmattan Togo
Djidjole – Maison Amela
face EPP BATOME
02 BP 20680 Lomé
didieramela11@gmail.com

L'Harmattan Côte d'Ivoire
Résidence Karl – Cité des Arts
Abidjan-Cocody
03 BP 1588 Abidjan
harmattan.ivoire@gmail.com

L'Harmattan Bénin
Rue 604, (Immeuble à l'entrée
de la rue UCAO- Cite de Saint-Jean)
Cotonou
stepcorpus@gmail.com

Nos librairies en France

Librairie internationale
16, rue des Écoles
75005 Paris
librairie.internationale@harmattan.fr
01 40 46 79 11
www.librairieharmattan.com

Librairie des savoirs
21, rue des Écoles
75005 Paris
librairie.sh@harmattan.fr
01 46 34 13 71
www.librairieharmattansh.com

www.ingramcontent.com/pod-product-compliance
Lightning Source LLC
LaVergne TN
LVHW021142061026
849535LV00002B/329
* 9 7 8 2 3 3 6 5 2 7 3 1 4 *